Bodo Hombach (Hg.)

Heimat & Macht

W0057690

Bodo Hombach (Hg.)

Heimat & Macht

Von Arnold bis Rau, von Clement bis Laschet –
Eine kurze Landesgeschichte NRWs

Tectum Verlag

Bodo Hombach (Hg.)
Heimat & Macht. Von Arnold bis Rau, von Clement bis Laschet – Eine kurze Landesgeschichte NRWs

© Tectum – ein Verlag in der Nomos Verlagsgesellschaft, Baden-Baden 2019
ISBN: 978-3-8288-4225-0
E-Book: 978-3-8288-7225-7
ePub: 978-3-8288-7226-4

Umschlagabbildung: © Tectum Verlag

Druck und Verarbeitung: Finidr, Český Těšín
Printed in the Czech Republic

Alle Rechte vorbehalten

Informationen zum Verlagsprogramm finden Sie unter
www.tectum-verlag.de

Bibliografische Informationen der Deutschen Nationalbibliothek
Die Deutsche Nationalbibliothek verzeichnet diese Publikation in der
Deutschen Nationalbibliografie; detaillierte bibliografische Angaben
sind im Internet über http://dnb.ddb.de abrufbar.

Bibliographic information published by the Deutsche Nationalbibliothek
The Deutsche Nationalbibliothek lists this publication in the Deutsche
Nationalbibliografie; detailed bibliographic data are available online
at http://dnb.ddb.de.

Inhaltsverzeichnis

Die Ministerpräsidenten des Landes Nordrhein-Westfalen 7
Vorwort von Christian Kullmann

Nordrhein-Westfalen – Eine politische Heimatkunde 11
von Ulrich Reitz

Die frühen Jahre: Von Amelunxen bis Meyers 165
von Detlev Hüwel

Ministerpräsident Heinz Kühn – Erneuerer und Gestalter 183
von Dieter Düding

Politik als Nächstenliebe zur Welt – Zwei Jahrzehnte Johannes Rau . . . 207
von Hans Leyendecker

Immer unter Dampf: Wolfgang Clement – das genaue Gegenteil seines Vorgängers Johannes Rau 223
von Hartmut Palmer

Der lange Weg in kurzer Zeit – Wie Peer Steinbrück befremdete, überzeugte und verlor 243
von Nils Minkmar

Jürgen Rüttgers und die Spuren des rheinischen Katholizismus 257
von Bernd Mathieu

Hannelore Kraft – Aufstieg und Fall einer sozialdemokratischen Hoffnungsträgerin 275
von Reiner Burger

Der Unterschätzte: Armin Laschet hat die Macht nicht erobert. Sie ist ihm zugefallen. Was fängt er mit ihr an? 293
von Stefan Willeke

Der Binde-Strich im Land – Ein Lob des Föderalismus 311
Nachwort von Bodo Hombach

Autorenverzeichnis 333

Namensverzeichnis 337

Die Ministerpräsidenten des Landes Nordrhein-Westfalen

Vorwort von Christian Kullmann

Elf insgesamt: zehn Männer, eine Frau; 292 Tage bis 20 Jahre; allein oder mit Partnern – alle diese Zahlen und Fakten erzählen eine Geschichte. Die Geschichte eines hohen Amtes und seiner Inhaber, der Ministerpräsidenten des Landes Nordrhein-Westfalen. Sie waren und sie sind die Autoren und Gestalter, die die Geschichte des Landes vielfältig und bisweilen widersprüchlich geprägt und geschrieben haben – jeder in seinem ganz eigenen Stil. Das vorliegende Buch würdigt Verdienste und Leistungen, es zeichnet eine Skizze politischer, auch persönlicher Arbeit. Dabei ist kein Geschichtsbuch im klassischen Sinne entstanden. Elf Experten – Historiker wie Journalisten – würdigen elf Persönlichkeiten von Rudolf Amelunxen bis Armin Laschet. Und sie schaffen damit zugleich eine kurzweilige und authentische literarische Reise durch über 70 Jahre Landesgeschichte.

Diese Geschichte beginnt im August 1946. Kurz nach dem Zweiten Weltkrieg galt es im jungen Bundesland Nordrhein-Westfalen, „die Richtlinien der Politik" zu bestimmen und dafür die Verantwortung zu tragen. So ist das Amtsverständnis des Ministerpräsidenten in der Landesverfassung seither definiert, so wird es heute von Armin Laschet in der Tradition seiner Amtsvorgänger erwartet. Laschet gibt die Richtung vor in einem Bundesland, in dem man damals wie heute das industrielle Herz Deutschlands schlagen hört – wenn auch in einem anderen Rhythmus. Über Jahrzehnte war Nordrhein-Westfalen das Energieland Nummer eins. Trotz des Strukturwandels und eines jahrzehntelangen, eher unterdurchschnittlichen Wirtschaftswachstums bildet das Land mit seinem

Bruttoinlandsprodukt das wirtschaftsstärkste in ganz Deutschland. An Rhein und Ruhr werden heute mehr als ein Fünftel der deutschen Wirtschaftsleistung erwirtschaftet.

„It's the economy, stupid!" Zu Deutsch: „Es ist die Wirtschaft, Dummkopf!" Dieses Motto aus dem amerikanischen Clinton-Wahlkampf bringt auf den Punkt, dass es die Wirtschaftslage ist, die entscheidet. Für Wahlkämpfe. Für die Menschen. Vor allem für erfolgreiches Regierungshandeln.

Wäre das Land ein eigener Staat, stünde er wirtschaftlich auf Rang 19 in der Welt – hinter der Türkei und vor der Schweiz. Das kommt nicht von ungefähr. Dahinter stecken Fleiß, Unternehmergeist – und eine vernünftige Wirtschaftspolitik. Das Rückgrat der Wirtschaft sind kleine und mittlere Unternehmen, unter ihnen 150 sogenannte „Hidden Champions", also meist im Verborgenen arbeitende Firmen mit internationalem Erfolg. Inzwischen werden in NRW die meisten Start-ups gezählt – mehr als in Berlin oder München. Wie Lokomotiven wirken daneben die Großunternehmen: 19 der größten 50 in Deutschland sind hier zu Hause. Maschinenbau, Chemieindustrie, Metallerzeugung und -verarbeitung sowie Automobile sind die Branchen, die das Land – gemessen am Umsatz und in dieser Reihenfolge – prägen. Innerhalb der Chemiebranche liegt NRW europaweit auf Rang 5 und weltweit auf Rang 14. Kein Zweifel: Nordrhein-Westfalen ist ein starkes Wirtschaftsland!

Ein starkes Land braucht eine starke Führung – damit es auch wirtschaftlich stark bleibt. Die Personen im Amt des MP, wie es im Behördendeutsch heißt, waren dafür in den vergangenen sieben Jahrzehnten verantwortlich, haben ihre Akzente in der Wirtschafts- und Industriepolitik gesetzt: je nach parteipolitischer Ausrichtung und gesellschaftspolitischer Notwendigkeit. Ausgerichtet an ihren Zielen, ihren Werten und ihrer Persönlichkeit.

Sie alle eint dabei eine Grundhaltung, die die Verfassungsväter vor mehr als 70 Jahren wegweisend formuliert haben: „Im Mittelpunkt des Wirtschaftslebens steht das Wohl des Menschen. Der Schutz seiner Arbeitskraft hat den Vorrang vor dem Schutz materiellen Besitzes. Jedermann hat ein Recht auf Arbeit" (Art. 24 Landesverfassung). Bemerkenswert:

Sogar von einer Vergesellschaftung ist hier die Rede: „Großbetriebe der Grundstoffindustrie und Unternehmen, die wegen ihrer monopolartigen Stellung besondere Bedeutung haben, sollen in Gemeineigentum überführt werden" (Art. 27 Landesverfassung). Eine Forderung, die sich heute nur aus dem historischen Kontext erklären lässt.

Zugleich hält die Landesverfassung in diesen Passagen fest, was Ministerpräsident Karl Arnold einst als „soziales Gewissen" bezeichnet hat. Frei nach der katholischen Soziallehre: Der Mensch ist wichtiger als die Sache. Gute nordrhein-westfälische Politik sucht daher stets den Ausgleich zwischen ökonomischer Vernunft und sozialen Bedürfnissen – und steht damit beispielhaft für das erfolgreiche gesellschafts- und wirtschaftspolitische Leitbild der Bundesrepublik Deutschland, für die Soziale Marktwirtschaft.

Die Ministerpräsidenten tragen eine hohe Verantwortung für unser Land: Was gut ist für Industrie und Wachstum, ist gut für die Menschen. Das klingt so einfach. Klientelpolitik, die nur wenigen nützt und viele überfordert, sollte es nicht sein. Und Ausnahmen dürfen nicht zur Regel werden. Diese Orientierung am Gemeinwohl hieß bei Ludwig Erhard „Wohlstand für alle". Ein gutes Ziel. Nur Wachstum schafft „gute Arbeit". Aber ohne „gute Arbeit" kann es kein Wachstum geben.

Um dies zu erreichen, sind die Interessen von Kapital und Arbeit immer wieder neu zu balancieren. Am Gemeinwohl orientiert und mit einem langen Blick. Die liebevolle Bezeichnung des MP als „Landesvater" (oder „-mutter") geht auf diese Eigenschaften zurück. Landesmütter und Landesväter dieser Art sind auch in Zukunft zeitgemäß.

Die Portraits in diesem Buch zeugen von verantwortlichem Handeln und Wirken und nicht zuletzt davon, dass auch Ministerpräsidenten einfach nur Menschen sind. Die gesammelten Geschichten erzählen von Größe und von Schwäche, von kleinen Wundern und von großen Fehlern. Sie bringen uns elf Menschen ganz persönlich näher, über deren politische Verdienste sich eben erst dann belastbar urteilen lässt, wenn die Geschichte einen Rückblick aus der Distanz erlaubt. Sie alle verband und verbindet eins: für unser Land stets das Beste zu suchen.

Nordrhein-Westfalen – Eine politische Heimatkunde

von Ulrich Reitz

Inhalt

I. Herzkammer 13

Weshalb Nordrhein-Westfalen ein linkes Land ist – was das mit Karl Arnold zu tun hat – mit Jürgen Rüttgers – und mit Armin Laschet – Die Wende der FDP – Weshalb Bayern (noch?) ein rechtes Land ist

II. Pendelpolitik 23

Bund und Land, Hand in Hand – Kraft will nicht nach Berlin – Arnolds Kampf mit Adenauer – Kühn und die FDP – Rau und die Grünen – Merkel opfert Rüttgers – Steinbrücks Geheimplan – Laschets Spion

III. Bonner Republik 41

Wie Wolfgang Schäuble die „Bonner Republik" Adenauers im Alleingang abschaffte – Der „Westen" als Deutschlands Staatsräson – was das für Nordrhein-Westfalen bedeutet – Warum Benelux näher liegt als Berlin und Dresden

IV. Heimat 50

Sigmar Gabriel: Wir leben in Zeiten der Suche nach Identität – Identität? – Giovanni Ali Lewandowski-Müller – 1000 Jahre Bayern, 70 Jahre NRW – Essen versus Dortmund – Der Identitätspolitiker Armin Laschet – Arbeiter-Verräter?

V. Wir in Nordrhein-Westfalen 75

Alles nur geklaut oder „Wir in Bayern" – Was die Krisen von Kohle & Stahl und Schulden mit einem Slogan zu tun haben – NRW = SPD = Rau – Gefühlspolitik statt Reformpolitik – Rüttgers: ein tragischer Kopist? – Kraft als Gefangene von Rau

VI. Schattenregierung 97

IC 72 oder Friedel Neubers polit-ökonomisches System – Raus Kampf gegen Schröder – Die Strukturpolitik der WestLB – Die CDU in der „Konsensfalle" – Die Flugaffäre oder: Über den Wolken muss die Freiheit grenzenlos sein

VII. Unter Tage 110

Hightech unter Tage – Von wegen nur Maschinenbau und Autos: Wie der Bergbau Deutschland prägte – Pate Europas – Montan-Mitbestimmung statt Klassenkampf – Von schwarzen und von grünen Subventionen – Werner Müller

VIII. Innovation 126

China, China, China – Peer S. trifft „Commander Wu" – Karl Ganser – Wolfgang Clement oder Modernisierung über Infrastruktur – Logistik heißt jetzt: Erich Staake – Meyers, Kühn, Rüttgers und die Unis – E-Mobilität: Günther Schuh

IX. Integration 146

Einwanderungsland war Nordrhein-Westfalen schon immer – Die empathische und die repressive Seite der Integrationspolitik – Der Fall Sami A. – Gegen den Strich: Willkommenskultur – El-Mafaalani – Eine Chefärztin

X. Literatur 162

I. Herzkammer

Weshalb Nordrhein-Westfalen ein linkes Land ist – was das mit Karl Arnold zu tun hat – mit Jürgen Rüttgers – und mit Armin Laschet – Die Wende der FDP – Weshalb Bayern (noch?) ein rechtes Land ist

Nordrhein-Westfalen ist, im Gegensatz zu Bayern, ein linkes Bundesland. Und so, wie das Rechtssein Bayerns an der CSU liegt, liegt das Linkssein Nordrhein-Westfalens an der CDU.

Wie das, werden jetzt einige vielleicht fragen: Nordrhein-Westfalen, das sei doch die „Herzkammer der Sozialdemokratie" – und wenn Nordrhein-Westfalen also links sei, dann müsse das doch an der SPD liegen. Denn die hat schließlich bis dato in 43 Jahren der gut 70-jährigen Landesgeschichte den Ministerpräsidenten gestellt.

In Bayern allerdings, der rechten Alternative zu Nordrhein-Westfalen, erzählen die parteipolitischen Zahlen eine weitaus eindeutigere Geschichte. Dort konnte die CSU den Ministerpräsidenten 61 Jahre lang stellen, und ein Ende dieser ganz und gar einmaligen christsozialen Erfolgsgeschichte ist auch nicht in Sicht, selbst wenn den CSUlern das hypernervöse öffentliche Schlottern um ihre Macht in den Genen zu liegen scheint. Daran ändert auch wenig, dass die CSU nach der Landtagswahl 2018 eine Koalition bilden musste, weil sie ihre absolute Mehrheit einbüßte. Das Bündnis bildete sie allerdings mit den Freien Wählern, die in Bayern so etwas wie eine lokalere CSU sind.

Die CSU und Bayern, das ist sozusagen eins. Von der SPD und Nordrhein-Westfalen wird man das kaum sagen können. Denn immerhin 27 Jahre wird das Land von Regierungschefs der CDU geführt. Die SPD stellte sechs Ministerpräsidenten, die CDU brachte es auf vier. Und die Hälfte der NRW-Zeitrechnung bildete die CDU die stärkste Kraft im Landesparlament. Dass die SPD es auf weitaus mehr Regierungsjahre bringt als die CDU, liegt nur eingeschränkt an der Sozialdemokratie selbst, sondern an FDP und Grünen, die der SPD als Koalitionspartner zu diesem Vorsprung an Jahren verhalfen.

Auch in den Kommunen ging es zwischen SPD und CDU hin und her. Nicht einmal das Ruhrgebiet war für die Sozialdemokraten auf kommunaler Ebene immer eine sichere Bank. Unterm Strich kann man sagen: Das auch heute noch in vielen Berichten gebrauchte Wort von Nordrhein-Westfalen als „Herzkammer der Sozialdemokratie" ist ein wirklich gelungener PR-Coup der SPD, den die CDU meistens noch medial unterstützt, damit ihre Wahlsiege sozusagen in Feindesland dann umso glanzvoller ausfallen. Tatsächlich ist „Herzkammer der Sozialdemokratie" ein sorgsam gepflegter Mythos.

Sozialdemokratisch regiert heißt nicht automatisch: sozialdemokratisch geprägt. Die SPD hat unter ihren Koalitionspartnern noch stets gelitten und ganz gleich, ob die Roten mit den Gelben regierten oder mit den Grünen, stets erscholl aus der SPD-Führung schon nach kürzester Zeit der Ruf nach: rot pur. Die SPD wollte von ihren Koalitionen früh erlöst werden, sie betrachtete sie im Grunde als Unfälle der Geschichte. Der Grund dafür liegt in einer idealistischen Überheblichkeit: Die meisten Vertreter der SPD glauben, die Regentschaft Nordrhein-Westfalens gebühre ihnen, weil dieses Land aufgrund seiner Geschichte und seiner Sozialstruktur in besonderer Weise sozial gerecht regiert werden müsse und weil aus sozialdemokratischer Sicht ohnehin im Recht ist, wer antritt, die Welt jeden Tag ein bisschen besser zu machen.

An dieser Stelle kommt nun die CDU ins Spiel. Von den vier Ministerpräsidenten, die Christdemokraten waren oder sind, wird man, mit
einer Ausnahme, drei auf dem linken Flügel verorten können. Das gilt
für einen ganz besonders: Karl Arnold. Da Arnold nicht nur der erste
frei gewählte Regierungschef Nordrhein-Westfalens war, sondern von
allen Christdemokraten auch am längsten regierte – neun Jahre lang –,
prägte er die Identität der CDU am nachdrücklichsten. Der wichtigste
Satz seiner Amtszeit war ein programmatisches Versprechen, das weit
über die Grenzen seines eigenen Bundeslandes hinausreichte: Nordrhein-
Westfalen werde das „soziale Gewissen" der gesamten deutschen Republik sein. Es gibt keinen einzigen Sozialdemokraten, der diesen Satz nicht
unterschreiben würde. Für die Christdemokraten gilt das ebenso – wenngleich mit einer Ausnahme: Franz Meyers aus Mönchengladbach war
dieses soziale Sendungsbewusstsein fremd, er war das, was man heute
konservativ-liberal nennen würde, abgemildert von einem guten Schuss
rheinischer Geselligkeit (einmal fiel er bei einem Karnevalsumzug vom
Pferd). Weil er in der Geschichte der CDU fast so etwas ist wie eine seltsame Ausnahme war, ist Meyers heute so gut wie vergessen.

Letzten Endes liegt es an Karl Arnold, dass Nordrhein-Westfalen
heute ein linkes Bundesland ist.

An dieser Stelle ein kurzer Rekurs auf „links" und „rechts": Für den
langjährigen und einflussreichen CDU-Generalsekretär Heiner Geißler
stammen die dichotomischen Begriffe aus dem Reich der „politischen
Gesäßgeografie", seien der realpolitischen Wirklichkeit nicht mehr angemessen. Die Welt sei grauer, die Unterteilung schwarz und weiß eine
allzu grobe Vereinfachung. Das stimmt, und es stimmt auch wieder nicht.
Natürlich ist für die Vertreter der Linkspartei die SPD eine rechte Partei.
So, wie für Vertreter der AfD die CDU eine linke Partei ist. Aber diese
Kategorisierungen durch Linkspartei wie AfD folgen nicht dem Bemühen um möglichst große Exaktheit in der politischen Positionsbestim-
mung, sondern um möglichst großen Eigennutz. Wenn man selbst den
durchaus arroganten Anspruch erhebt, als einzige Formation über links
bzw. rechts entscheiden zu können, muss der andere schon ein Abweich-
ler sein, um diesen Anspruch untermauern zu können. Dasselbe hatte
Heiner Geißler im Sinn: Er wünschte, die Unterschiede zwischen rechts
und links zu verwischen, um die CDU an ihrem Vorsitzenden Helmut
Kohl vorbei ein Stück weit nach links zu rücken, etwa in der Sozial-, aber

auch in der Deutschlandpolitik in den Jahren vor der Wiedervereinigung.

Selbstredend sind Jürgen Rüttgers und Armin Laschet nicht so links,
wie es Heinz Kühn oder Johannes Rau oder Hannelore Kraft waren oder
sind. Aus der Sicht von Angela Merkel wiederum sieht das anders aus:
Jenen Rüttgers, der ihre liberale Wende zu Beginn der Nullerjahre auf
dem Leipziger Parteitag mit voller Wucht und taktischer Finesse gleichermaßen bekämpfte, der sich für eine „Generalrevision" der Hartz-Ge-
setze der Regierung Gerhard Schröders Richtung „Gerechtigkeit" stark
machte, die damals Merkel in Richtung sozialer Strenge nicht einmal
weit genug gingen, jenen Rüttgers aus dem niederrheinischen Braunkoh-
lenrevier bei Brauweiler musste sie für links halten. Rüttgers selbst wiederum hält sich für einen Mann der Mitte, aber das tat auch schon Rüttgers' großes Vorbild Konrad Adenauer. Und den wiederum hielt Karl Arnold für ausgesprochen rechts, wobei aus dem, wie Arnold und Adenauer übereinander dachten, ein Machtkampf erwuchs, der mit harten Ban-
dagen ausgefochten wurde. Dabei konnte mal Arnold siegen (gegen Adenauers Wunsch setzte er eine Große Koalition mit der SPD in Düsseldorf durch), mal Adenauer (gegen Arnolds Wunsch setzte er eine kleine Koalition mit der FDP in Bonn durch).

Wolfgang Clement und Peer Steinbrück, diese Brüder im forschen
Geiste, hatten für die meisten ihrer Parteifreunde wenig mehr übrig als
Spott. Als Regierende hielten sie sich für Überflieger, vielleicht sogar zu
Recht, sahen die meisten Genossen in ihrem Bundesland in einem pro-
vinziell-miefigen Linkssein gefangen und verzwergt. Sie wollten einen
Neuanfang, auch einen ihrer eigenen Partei. Schließlich spielte der Zeitgeist auch eine Rolle – und der war Ende der neunziger, anfangs der Nullerjahre eher neoliberal. Wirtschaftsliberal zu sein galt als modern. Aber
waren Clement und Steinbrück, von denen einer bis heute bewusst Sozialdemokrat geblieben ist, deshalb schon rechts? Überhaupt – die SPD.
Sie war einmal, heute mutet das fast seltsam an, ausgesprochen national.
Adenauer hielt den SPD-Vorsitzenden Kurt Schumacher für einen „Na-
tionalisten", der wiederum hielt den Alten aus Rhöndorf für den „Kanzler der Alliierten". Wenn die Schumacher-SPD links war, dann wegen ihrer wirtschafts- und sozialpolitischen Vorstellungen, darum nannte sie
sich „sozialistisch". Außen- und deutschlandpolitisch war sie rechts: Ihre
Skepsis gegen Adenauers Westbindung, gegenüber Europa schlechthin,

ihr Wunsch nach einer gewissen Hinwendung Richtung Russland – diese Positionen finden sich heute weit rechts von der CDU: in der AfD.

Man sieht: mit dem Verzicht auf die Kategorien links und rechts kommt man auch nicht viel weiter. Man landet bei fortwährenden Relativierungen und spitzfindigen Definitionsversuchen. Und da wir hier kein überbordendes Werk verfassen wollen, schreiben wir weiter von links und rechts, mit Helmut Kohl und Gerhard Schröder wissend, dass Wahlen „immer in der Mitte gewonnen werden", und auf die Vernunft der Leser bauend, die schon ein Gefühl dafür haben, wie es gemeint ist.

Und deshalb ist Nordrhein-Westfalen eben ein linkes Bundesland.

Dafür sind auch FDP und Grüne verantwortlich, Grüne freilich stärker als Liberale.

Das verdeutlicht ein Blick in die frühe nordrhein-westfälische Landesgeschichte. Für Karl Arnold kam 1947 eine Koalition mit der FDP überhaupt nicht in Betracht. An seinem ersten Kabinett waren alle Parteien beteiligt, es gab sogar zwei kommunistische Minister darin, aber: keinen einzigen von der FDP. Arnold, der soziale Europäer, hielt die FDP für sektiererisch, national und bonzenfreundlich. Adenauer sah das ganz anders. Der „Alte" machte die erste Bundestagswahl 1949 zur Volksabstimmung über Marktwirtschaft oder Sozialismus, zog knüppelhart gegen die SPD zu Felde und strebte folgerichtig eine Koalition mit der FDP an. Zuvor hatte er sich für das marktwirtschaftliche, ordoliberale Modell des Wirtschaftsprofessors Ludwig Erhard entschieden und damit klar positioniert gegen das Ahlener CDU-Programm, das mit seinen Vorstellungen von einer Verstaatlichung von Schlüsselindustrien im Wesentlichen die Handschrift eines christkatholischen Sozialismus trug, dem sich Arnold verpflichtet fühlte.

Auf wen die Wahl als Koalitionspartner der CDU fiel, auf die FDP oder die SPD, war aus damaliger Sicht weitaus mehr als eine Richtungsentscheidung. Es war eine Systementscheidung. Heute, in einer Zeit, da sich die Programme der Parteien in der Mitte sehr einander genähert haben, mag das schwer nachvollziehbar erscheinen. Damals aber löste der harte Gegensatz von Parteien noch richtiggehende Fehden aus. Jedenfalls war die FDP in Arnolds Augen eine rechte Partei und er wollte links regieren. Also kam für ihn ein liberaler Koalitionspartner nicht in Frage. Und Adenauer, zu dieser Zeit immerhin Fraktionsvorsitzender der CDU im Düsseldorfer Landtag, versuchte alles, um Arnold an der Bildung einer Großen Koalition zu hindern – freilich vergeblich.

An diesem Beispiel sieht man im Übrigen: Geschichte hört nicht auf. Prägungen aus der Vergangenheit wirken lange fort. In den fünfziger Jahren war die FDP eine durchaus nationale Partei, sogar eine, die noch 1953 von den Engländern als Besatzern um ihre nationalsozialistischen Rest-Elemente bereinigt werden musste. Jedenfalls: Als diese FDP mit der SPD Arnold stürzte, um mit dem Sozialdemokraten Fritz Steinhoff 1956 die erste sozialliberale Koalition zu bilden, war dieser „Move", abgesehen von bundespolitischen Gründen, überhaupt nur möglich wegen der nationalen Gemeinsamkeiten der beiden Parteien, die einen Sturz des „Europäers" Arnold ideologisch grundierten. Dass die Landes-FDP früher einmal eine nationale Partei war, ist heute fast vergessen. Fast. Burkhard Hirsch ist zwar so etwas wie eine Ikone der linksliberalen FDP und Befürworter von „sozialliberal", weiß aber noch sehr genau um die nationalliberalen Wurzeln seiner Partei. Deshalb urteilt Hirsch noch heute über den West-Mann Adenauer: „Der wollte die Wiedervereinigung gar nicht."

Als die FDP zehn Jahre später mit dem sozialdemokratischen Ministerpräsidenten Heinz Kühn eine Koalition einging, war sie schon eine andere Partei geworden. Unter dem Einfluss einer Riege von jüngeren, ambitionierten Politikern, den „Jungtürken" Hans-Dietrich Genscher, Willy Weyer und Walter Scheel, waren die Liberalen auf dem Weg zu einer sozialliberalen, also: Mitte-links-Partei. Und der fiel es nicht schwer, sich mit Sozialdemokraten zusammenzutun. Kurze Zeit darauf, 1971, gab sich die FDP mit ihren „Freiburger Thesen" dann auch ein durchkomponiertes linksliberales Programm. Mit Burkhard Hirsch wurde einer der bis heute einflussreichsten linksliberalen Denker Innenminister und stellvertretender Ministerpräsident unter Kühn und Rau.

„Jungtürken" wurden grundsätzlich Reformer nach einer politischen Bewegung in der Türkei unter dem späteren Staatsgründer Kemal Atatürk genannt, die auf liberale Reformen und eine konstitutionelle Staatsform hinarbeiteten. Was damals in der FDP der „Jungtürke" war, wurde in den Nullerjahren in der CDU der „junge Wilde": Repräsentanten vom liberalen, ökologischen Flügel, der sich inzwischen auch bei den Christdemokraten gebildet hatte, die folgerichtig auf eine Koalition mit den Grünen hinarbeiteten. Heute koaliert in Nordrhein-Westfalen ein inzwischen älterer Wilder mit den „Jungtürken" von ehedem: Armin Laschet mit der FDP. Wobei: Laschet könnte ebenso gut mit den Grünen koalieren, dessen Vorgänger Jürgen Rüttgers hatte sogar gezielt auf ein Bündnis mit den Grünen hingearbeitet, was umgekehrt auch für das Verhältnis der Grünen zur nordrhein-westfälischen CDU galt.

Zurück zu den Grünen in den Anfangsjahren. Mit diesen Grünen erging es der SPD in Nordrhein-Westfalen wie zuvor dem sozialdemokratischen Bundeskanzler: Helmut Schmidt hatte die Grünen abgelehnt. Anfangs verstand er sie gar nicht, später verachtete er sie. Helmut Schmidt hatte das grüne Selbstverständnis, deren „Policy-Mix" aus Anti-Atomkraft, Technik-Skepsis, Feminismus und Friedensbewegung, wie es Peer Steinbrück heute erzählt, „überhaupt nicht auf der Pfanne". Dieses Nicht-Verstehen, was von der CDU anfangs geteilt wurde (Kurt Biedenkopf war der erste Christdemokrat von Rang, der fand, die Grünen stellten zumindest „die richtigen Fragen"), machte den Aufstieg der Grünen von einer Bewegung zu einer Partei und ihre nachhaltige Etablierung im Parteien-System erst möglich. Als Johannes Rau 1995 erkannte, dass er nur mit Hilfe der Grünen Ministerpräsident von Nordrhein-Westfalen bleiben würde, war sein Entsetzen groß, kaum kleiner als das seiner Nachfolger Wolfgang Clement und Peer Steinbrück, denen es in dieser Hinsicht auch nicht besser ergehen sollte.

Für die Sozialdemokraten schloss erst Jahre später Hannelore Kraft als Ministerpräsidentin Frieden mit den Grünen. Dafür musste sie Kommentare in Kauf nehmen, wonach nicht sie, sondern eigentlich ihre grüne Stellvertreterin Sylvia Löhrmann in diesem Bündnis im „Driver's Seat" sitzen würde. Ohne einen Generationswechsel hätte es diesen Kurswechsel der SPD in puncto Grüne kaum geben können: Kraft ist knapp 20 Jahre jünger als Clement und Steinbrück. Eine traditionelle anti-grüne Sozialisation hat sie – zumal als sozialdemokratische Seiteneinsteigerin – nie genossen.

Jedenfalls: Wenn von Nordrhein-Westfalen als einem linken Bundesland gesprochen werden kann, dann liegt das nicht nur an der durchweg sozialen Ausrichtung von Sozialdemokraten wie Union, sondern auch an der seit den sechziger Jahren linksliberalen FDP und den öko-libertären Grünen. Diese wurden in den achtziger Jahren praktisch gegen die Helmut-Schmidt-SPD gegründet, woran Joschka Fischer, so erinnert sich Sylvia Löhrmann, „uns immer wieder erinnert hat".

Wenn man das alles so liest, könnte man fast meinen, die politischen Parteien hätten das Land geprägt. Es ist aber auch umgekehrt denkbar: Das Land hat auch die Parteien geprägt.

Der Sozialkatholizismus ist die dominierende Denkungsart im Rheinland. Viele Jahre galt: In der Union konnte nur der etwas werden, der aus den Sozialausschüssen kam oder ihnen im Denken nahestand. Dazu ein Beispiel: Heute verdankt die Stadt Düsseldorf ihre Blüte im Wesentlichen einem ordoliberalen oder, wie Linke sagen würden: „neoliberalen" Oberbürgermeister. (Der Unterschied zwischen ordo- und neoliberal ist markant: Der Ordoliberale braucht den starken Staat, um die Interessen der Gesellschaft gegen die Großindustrie durchsetzen zu können, der Neoliberale will den Staat schwächen, damit die Großindustrie möglichst freie Bahn hat.)

Dass Joachim Erwin überhaupt Oberhaupt der Landeshauptstadt werden konnte, verdankte er einem Irrtum: Als die CDU diesen energischen Mann als ihren Spitzenkandidaten nominierte, ging sie von der festen Annahme aus, die sozialdemokratische Amtsinhaberin Marlies Smeets sei unschlagbar. „Sonst hätten die doch nie einen wie mich genommen", so hat es Erwin später selbst erzählt. Diesen Irrtum seiner Partei nutzte Erwin aus: Rigoros setzte er durch, was er für richtig befand, etwa den Verkauf der RWE-Anteile der Stadt, ohne auf die Befindlichkeiten seiner christsozialen Parteifreunde Rücksicht zu nehmen. (Den Ruhr-Kommunen empfahl er den RWE-Verkauf gleichfalls; wären sie damals klug genug gewesen, stünden viele von ihnen nicht mehr unter Notverwaltung.) Dem zur selben Zeit als Ministerpräsident eher sozial re- und agierenden Jürgen Rüttgers war Erwin darum in herzlicher Abneigung verbunden. Das galt selbstverständlich beiderseits.

Dass es bis heute einen signifikanten Unterschied zwischen der rheinischen und der westfälischen CDU gibt, liegt in eben jenem Umstand begründet: Die rheinische CDU ist sozial geprägt, die westfälische liberal. Die rheinische CDU hat dabei stets die bestimmende Macht gehabt: Alle vier christdemokratischen Ministerpräsidenten stammen aus dem Rheinland bzw. vom Niederrhein, mehr noch: Die Landesgeschichte der CDU kennt nicht einen Westfalen als Spitzenkandidaten einer Landtagswahl. Und, Ironie der Geschichte, der prominenteste und erfolgreichste Westfale der CDU heißt Karl-Josef Laumann und ist ein linker Sozialausschüssler.

Von wegen sozialdemokratische Herzkammer: Die SPD musste selbst das Ruhrgebiet erst erobern. Bedingt durch die Einwanderung aus katholisch geprägten Ländern wie Polen, Griechenland, Italien oder Spanien waren im Ruhrgebiet das christkatholische „Zentrum" und die CDU eine starke Kraft gewesen. Und wegen des großindustriellen Charakters des Reviers und einer klassenkämpferischen Grundeinstellung der Arbeiterschaft waren in den Anfangsjahren Nordrhein-Westfalens die Kommunisten eine echte Macht. Zur dominanten Kraft wurden die Sozialdemokraten erst mit den großen Krisen von Kohle (beginnend Ende der fünfziger Jahre) und Stahl (beginnend Mitte der siebziger Jahre). „Wir werden immer erst gerufen, wenn der Karren in die Grütze fährt", erklärt Steinbrück die traditionelle Rolle der SPD als Reparaturbetrieb des Industriestaates. Folgt man Steinbrücks Logik für einen Moment, ist die Rolle der CDU der Aufbau, die der SPD die Korrektur damit einhergehender Fehlentwicklungen. Aber ohne die Auflösung des linkskatholischen „Zentrums", die Marginalisierung der Kommunisten im Zuge des „Kalten Krieges" und ohne die realpolitische Wende, das „Godesberger Programm" von 1959, hätte die SPD in den sechziger Jahren kaum zur dann viele Jahre dominierenden Partei im Ruhrgebiet aufsteigen können.

Die Rolle von evangelischer Kirche, traditionell in Nordrhein-Westfalen eher links beheimatet, und katholischer Kirche, die sich in NRW aus dem Sozialen definierte, plus der dominierende Charakter als Land der Großindustrie führte dazu, dass Nordrhein-Westfalen zu einem linken Land wurde. Die großen Parteien nahmen diese mentalen Dispositionen in sich auf und verstärkten diese Prägung noch.

Bayern wurde umgekehrt zu einem rechten Land nicht nur dank der CSU, sondern auch wegen anders gelagerter Voraussetzungen: Hier war der Katholizismus vor allem konservativ grundiert, und es gab und gibt einen starken Mittelstand aus Industrie und Handwerk. Klassenkämpferisches Denken konnte sich hier nie entwickeln, ebenso wenig wie Ideen, wie der Gegensatz von Kapital und Arbeit zu überwinden wäre. Kein Wunder, dass die besondere Form von Montan-Mitbestimmung, die die Macht zwischen Arbeitgebern und Arbeitnehmern nach dem Prinzip halbe-halbe aufteilt, eine nordrhein-westfälische Erfindung ist.

Nordrhein-Westfalen ist also mit „Herzkammer der Sozialdemokratie" mindestens einmal allzu grob beschrieben, auch wenn sich diese Wendung bis heute in der medialen Berichterstattung wiederfindet. Wegen seiner Strukturen und der ausgesprochen sozialen Ausrichtung und Geschichte der CDU ist es aber ein linkes Land geworden.

Bis Ende der fünfziger Jahre, bis zum Beginn der Montankrise, war Nordrhein-Westfalen sogar das „Kernland der CDU". Konrad Adenauers begnadeter Biograf Hans-Peter Schwarz, von dem diese Charakterisierung stammt, begründete sie so: Adenauers Kabinett von 1957 (er hatte die absolute Mehrheit geholt) bestand im Wesentlichen aus nordrheinwestfälischen Ministern. Der Bundeskanzler – ein Nordrhein-Westfale. Desgleichen der Landwirtschaftsminister (Heinrich Lübke), der Innenminister (Gerhard Schröder), der Arbeits- und Sozialminister (Theo Blank), der Wohnungsbauminister (Paul Lücke) und auch noch der Finanzminister (Franz Etzel). Damit nicht genug: Zum ersten Reformer der Bundes-CDU wurde Franz Meyers (Mönchengladbach), von 1958 bis 1966 NRW-Ministerpräsident. Der CDU-Bundesschatzmeister war mit Ernst Bach ein Bürgermeister wiederum aus NRW und der heimliche Schatzmeister und vielleicht engste Berater Adenauers war der Bankier Robert Pferdmenges, gleichfalls ein Nordrhein-Westfale.

Für die SPD war Nordrhein-Westfalen also keineswegs eine „Bank", wie das Wort von der „Herzkammer" nahelegt. Überhaupt leidet die Diskussion an mangelnder Präzision. Es ist doch nicht so, als ob das Zusammenzählen von Landesregierungen das Ergebnis bringen könnte, ob Nordrhein-Westfalen rot oder schwarz geprägt ist. Muss man nicht die politischen Farben in allen Gebietskörperschaften in Rechnung stellen? Und zu welchem Ergebnis findet man dann?

Kreisfreie Städte, kreisangehörige Gemeinden, Landtag, Bundestag, Europaparlament – wenn man alle Wahlergebnisse für Nordrhein-Westfalen zusammennimmt, entdeckt man ein relatives Gleichgewicht – mit Vorteilen zugunsten der Christdemokraten. 1949 bis 1952 war Nordrhein-Westfalen durchgängig schwarz. 1961 bis 1964 war es dann wieder so – auf allen Ebenen dominierte die CDU. Rot war Nordrhein-Westfalen von 1989 bis 1994 – ganze fünf Jahre lang. Schwarz dann wieder von 2009 bis 2012. Und seit 2017. Bei der Betrachtung aller politischen Ebenen dominiert ergo nicht die SPD, sondern mit elf zu fünf Jahren schwarz im Verhältnis zu rot pur: die CDU.

Zahlen sind freilich das eine, Wahrnehmungen das andere. Es gab eine Zeit, in der Nordrhein-Westfalen tatsächlich zum sozialdemokratischen Stammland wurde. Und dafür war nur ein Mann verantwortlich: Johannes Rau. Weder sein Vorgänger Kühn noch seine SPD-Nachfolger Clement, Steinbrück und Kraft vermochten eine derart enge und vor allem nachhaltige Bindung zwischen der sozialdemokratischen Partei und dem Bundesland aufzubauen. Clement und Steinbrück wollten das nicht, sie strebten einen Bruch mit der Ära Rau an, und Kraft konnte es nicht, für sie hatten sich auch die strukturellen Verhältnisse geändert. Mit anderen Worten: Kernland der CDU war NRW knapp 20 Jahre lang, Herzkammer der SPD rund 25 Jahre lang, zählt man den Landtag. Nimmt man alle Ebenen, ist NRW eher ein CDU-Land. Aber macht das wirklich einen Unterschied, wenn man in Rechnung stellt, dass in Nordrhein-Westfalen eine eher linke, ausgesprochen sozial ausgerichtete CDU vorherrscht? Eher nicht.

Das heißt freilich nicht, dass es keine Herzkammer der Sozialdemokratie gäbe. Das Herz der SPD – es schlägt in Dortmund. Eindeutig. Dort regieren die Sozialdemokraten ununterbrochen – seit 1946.

II. Pendelpolitik

Bund und Land, Hand in Hand – Kraft will nicht nach Berlin – Arnolds Kampf mit Adenauer – Kühn und die FDP – Rau und die Grünen – Merkel opfert Rüttgers – Steinbrücks Geheimplan – Laschets Spion

2010 wird Hannelore Kraft als stilistische Nachfolgerin von Johannes Rau Ministerpräsidentin in Nordrhein-Westfalen. Sie hat gezeigt, dass sich mit einem Wir-in-NRW-Gefühlswahlkampf im Johannes-Rau-Land immer noch hinreichend viele Menschen bewegen lassen, ihr Kreuz bei den Sozialdemokraten zu machen. Kraft benötigt allerdings die taktische Hilfe der Linken und den psychologischen Beistand ihrer grünen Partnerin Sylvia Löhrmann, um Jürgen Rüttgers ablösen zu können. Aber von dieser Art Machtübernahme soll in diesem Kapitel nicht die Rede sein.

Kraft ist gerade im Amt, da passiert in Duisburg die Tragödie. Bei der Love-Parade sterben 21 Menschen, 541 werden schwer verletzt, Hunderte traumatisiert. Und Kraft hält die Trauerrede, die man daraufhin so halten muss: ehrlich betroffen, authentisch tröstend, sehr nahe bei den zutiefst entsetzten und verunsicherten Menschen. Plötzlich ist sie als Politikerin und einfühlsame Kümmerin bundesweit bekannt. Das Image, das sie sich im Wahlkampf aufgebaut hat, kann sie mit dieser Rede kraftvoll unterstreichen.

Nur ein Jahr später überholt Kraft die Bundeskanzlerin – sie ist jetzt vor Angela Merkel Deutschlands beliebteste Spitzenpolitikerin. In den Medien ist sie im Gespräch als nächste Kanzlerkandidatin für die SPD und Berliner Sozialdemokraten schlagen die populäre Kraft offiziell dafür vor. Jetzt, auf dem Höhepunkt ihres Ansehens, funktionieren Krafts politische Instinkte noch. Obwohl sie sich als Landespolitikerin sieht, weiß sie, dass man als nordrhein-westfälische Ministerpräsidentin stets auf Augenhöhe mit dem Bundeskanzler wahrgenommen werden sollte. „Jeder sozialdemokratische Regierungschef in den Ländern hat die nötige politische Erfahrung, um ein solches Amt auskleiden zu können", sagt sie in einem Interview mit der „Welt". Sie variiert damit ein älteres Zitat von Johannes Rau, wonach selbstredend der Ministerpräsident des größten Bundeslandes das Zeug zum Bundeskanzler habe. Was Kraft sagt, klingt heute ein wenig kryptisch, aber 2011 hat wohl jeder Krafts Botschaft verstanden. Hier meldet Nordrhein-Westfalens Nummer eins in Richtung eigene Partei und Konkurrenz von der CDU gleichermaßen den Anspruch auf Augenhöhe mit Deutschlands Nummer eins, Angela Merkel, an.

Eine Überraschung ist das nicht. So haben es alle ihre Vorgänger ebenso wie ihr Nachfolger Armin Laschet gehalten, als er in der Diskussion um Merkels Erbe deutlich seine Anwartschaft auf das Bundeskanzleramt anmeldete. Es ist damit quasi eine nordrhein-westfälische Tradition. Sie rührt her aus der Zeit zwischen dem Kriegsende und der Wiedervereinigung, als die nordrhein-westfälische Landeshauptstadt und die Bundeshauptstadt im selben Bundesland und am selben Fluss liegen. Der Rhein als Deutschlands Fluss Nummer eins bildet eine tatsächliche wie symbolische Verbindung zwischen Bonn und Düsseldorf. Es steckt aber viel mehr dahinter als nur die geografische Nähe und ein Fluss als mäandernde Verbindung.

Seit der Nachkriegszeit sind Landes- und Bundespolitik so eng miteinander verknüpft wie in keinem anderen Bundesland. Landespolitische Weichenstellungen haben eine unmittelbare Auswirkung auf große Koalitionsentscheidungen auf der Bundesebene. Zweimal war NRW sozusagen Koalitions-Avantgarde: bei der Bildung der sozialliberalen Koalition von Heinz Kühn und Willy Weyer 1966, der 1969 dieselbe Bündniskonstellation auf Bundesebene folgte, und dann 1995, als Johannes Rau den Grünen Michael Vesper zum stellvertretenden Ministerpräsidenten machte oder vielmehr machen musste. Nach diesem wichtigen Test im Landeslabor kopierten 1998 Gerhard Schröder und Joschka Fischer die Düsseldorfer Blaupause nach Bonn und dann nach Berlin.

Aber mehr als das: Grundlegende Personalentscheidungen fielen zwischen Düsseldorf und Bonn, später Berlin, im Zusammenspiel zwischen führenden landes- und bundespolitischen Akteuren. Nordrhein-Westfalen war seinerzeit politisch in Deutschland so bedeutsam, dass zwei landespolitische Akteure eine bundespolitische Spitzen-Entscheidung quasi unter sich ausmachen konnten: Wolfgang Clement konnte erst zum Ministerpräsidenten aufsteigen, nachdem klar war, dass der Düsseldorfer Amtsinhaber Johannes Rau in Berlin seinen Traum leben und Bundespräsident werden würde.

Kraft mag Berlin nicht. Der politische Betrieb ist ihr suspekt. Anders als ein Ministerpräsident ist ein Bundeskanzler beinahe jeden zweiten Tag im Flieger auf dem Weg zum nächsten Kriseneinsatz. Mal muss der Euro gerettet werden, mal die Nato, mal die gesamte Europäische Union. Gegenspieler heißen plötzlich nicht mehr Rüttgers oder Laschet und Lindner, sondern Putin, Trump und Xi.

Die Wahrscheinlichkeit, in Berlin einen weltpolitisch folgenreichen Fehler zu begehen, ist weitaus größer als in der überschaubareren Landespolitik. Wer in Berlin bestehen will, muss letztlich ein Alphatier sein: in der Grundausstattung von unerschütterlichem Selbstbewusstsein, bei den Extras hilft eine große Portion Rücksichts- und Ruchlosigkeit. Es erleichtert die Alphatier-Existenz, wenn man die Fähigkeit mitbringt, sich über diese egomanischen Qualitäten stets aufs Neue definieren und bestätigen zu können. In dieser Hinsicht war Konrad Adenauer nicht anders als Helmut Kohl oder Gerhard Schröder oder Angela Merkel. Wer die brütende Hitze in dieser Luxusküche der Politik nicht aushält, wird schon alsbald aus dieser Kochstätte wieder verjagt, wie Ludwig Erhard, Kurt Georg Kiesinger oder auch Willy Brandt, der, in diesem Fall lag Herbert Wehner brutal richtig, eben zu gerne „lau" badete.

Nach einer Kümmerin hat in Berlin noch nie jemand gerufen. Bundestagswähler wissen, dass sozial-empathische Eigenschaften nicht reichen, um Europas wichtigstes Land zu steuern. Sie erwarten mindestens belegbare Führungsqualität und, wenn es schlimm kommt, auch noch eine Idee, wie es mit dem Land weitergehen soll. In solchen Fällen muss dann auf Deutschlands Plätzen und Talkshows gleich die Freiheit gegen den Sozialismus verteidigt, mehr Demokratie gewagt oder eine geistig-moralische Wende veranstaltet werden. Drunter geht es dann eben nicht.

Kurzum: Wenn Kraft alles, was mit Berlin zu tun hat, rundheraus ablehnt, wenn sie „nie, nie als Kanzlerkandidatin" antreten will, dann ist das, ob nun bewusst oder unterbewusst, vor allem: Selbstschutz. Man kann das nachvollziehen. Aber eine solche Bescheidenheit hat einen Preis: Wer als nordrhein-westfälischer Ministerpräsident partout nicht Bundeskanzler werden will, also den Anspruch auf die erste Liga gar nicht erst stellt, steigt eben ab. Wer sich selbst verzwergt, muss sich nicht wundern, wenn andere ihn nicht mehr als Riesen wahrnehmen. So urteilen auch enge Weggefährten Krafts.

Als Hannelore Kraft im kleinen SPD-Kreis zum ersten Mal ihre harsche Abneigung gegen Berlin kundtat, da ging der damalige Parteivorsitzende Sigmar Gabriel auf die Parteifreundin zu: „Hannelore, sag das bloß niemanden." Denn: „Wenn du dich kleinmachst, werden dich auch die anderen kleinmachen." Gabriel ist auch heute noch davon überzeugt, dass Krafts Abstieg aus dem Olymp mit dem öffentlichen Bekenntnis, nie nach Berlin wechseln zu wollen, begann.

Wer sich wie Kraft aus der Bundespolitik abmeldet, dem verbleibt als Spielfeld schließlich nur noch die Landespolitik. Von nichts kann er dann mehr ablenken, wenn ihm im eigenen Bundesland die Fortune abhandenkommt. Das ist das eine: Es ist eine Frage taktischer Klugheit und pragmatischer Intelligenz. Das andere: Man gibt durch diesen Akt der Selbstreduktion freiwillig ein Instrument aus der Hand, um Anerkennung, Achtung, Respekt, ja vielleicht sogar Stolz beim eigenen Publikum zu erhalten. Die eigenen Anhänger werden sich irgendwann selbst mit in den Strudel wachsender Bedeutungslosigkeit gezogen sehen. Letztendlich unterschreibt man mit den besten Absichten sein eigenes Todesurteil.

Hannelore Kraft hat damit in der Landesgeschichte ein echtes Alleinstellungsmerkmal: Kein einziger ihrer Vorgänger hat sich bundespolitisch die Butter vom Brot nehmen lassen. Das fing schon mit dem ersten frei gewählten Ministerpräsidenten an. Karl Arnold konnte sich aus der Bundespolitik gar nicht heraushalten. Er hatte das Pech, dass von allen mächtigen CDU-Politikern der allermächtigste von ihnen in „seinem" Düsseldorf saß. In Arnolds Teich schwamm mit Konrad Adenauer der größte Hecht. Schlimmer hätte es für ihn kaum kommen können. Denn alles, was Arnold wollte, wollte Adenauer nicht. Arnold war links, fühlte gewerkschaftlich, dachte sozialistisch und für ihn war der allerorten proklamierte Neuanfang nach der Befreiung vom Dritten Reich gleichbedeutend mit einer Regierung, die er als überkonfessionelle, sozialistische Sammlungsbewegung verstand. Und mit der Erfahrung im

Kreuz, dass wesentliche Industrieführer mit Hitler gemeinsame Sache gemacht hatten, wollte er dies als verantwortlicher Politiker ein für alle Mal unterbinden – durch Verstaatlichung der Schlüsselindustrien, zuallererst derjenigen an der Ruhr.

Adenauer hatte mit dem Sozialismus nichts, aber auch gar nichts am schwarzen Hut, für ihn war diese Ideologie gleichbedeutend mit dem real existierenden Kommunismus Stalinscher Prägung. Die ideologische Gegnerschaft von Arnold und Adenauer hatte handfeste Folgen: Arnold wollte mit den gleichfalls sich sozialistisch definierenden Sozialdemokraten (die Godesberger SPD-Wende sollte erst gut zehn Jahre später stattfinden) eine Koalition eingehen. Also legte es Adenauer darauf an, nicht nur diese Art von Koalition in Düsseldorf zu verhindern, sondern gleich Arnold selbst. Adenauer versuchte, für das Amt des Ministerpräsidenten von Nordrhein-Westfalen den Verbandspräsidenten der katholischen Arbeitervereine, Josef Gockeln, zu platzieren. Der hatte aus Adenauers Sicht den Extra-Vorteil, immer schon gegen den christlichen Sozialismus gewesen zu sein (wie Adenauer-Biograf Hans-Peter Schwarz erzählt). Damit aber scheiterte Adenauer, Arnold war inzwischen zu etabliert und zu beliebt. Gockeln durfte später Landtagspräsident werden.

Das heißt freilich noch lange nicht, dass Adenauer seine Übergriffigkeiten aufgab. Immer wieder grätschte er Arnold zwischen die Beine, sorgte etwa dafür, dass der Ministerpräsident seine zwei kommunistischen Minister hinauswerfen musste. 1950 versuchte er erneut, Arnold aus dem Amt zu drängen, was erneut misslang. Dann versuchte er nochmals, Arnold zu einer Koalition mit der FDP zu nötigen. Auch das ging schief, andererseits schaffte es Arnold aber auch nicht, an Adenauer vorbei eine Koalition mit den Sozialdemokraten zu bilden. Darunter wiederum musste ein anderer leiden, den wir später noch näher beleuchten werden: Heinz Kühn, der zu Arnolds wichtigsten Koalitionspartnern gezählt hätte. So aber konnte Kühn erst 16 Jahre später selbst zur Regierung werden, dann allerdings als deren Chef.

Für Kühn war das Bündnis zwischen den laizistischen Sozialisten aus der SPD und den christlichen Sozialisten aus der CDU das Bündnis seiner Wahl: eine „soziale Koalition". Kühn sondierte länger als ein Jahr mit Arnold, bisweilen auch persönlich und unter vier Augen. Am Ende war alles doch vergeblich und Kühn erkannte, dass er in Düsseldorf erst einmal nichts mehr werden konnte. Also ging er nach Bonn, wechselte in den Bundestag und fiel von diesem Moment an seinem Lieblingsgegner, der seinen Aufstieg in Düsseldorf torpediert hatte, gehörig auf den Wecker: Konrad Adenauer. Kühn konnte holzen. Bliebe Adenauer weiter Bundeskanzler, sagte er laut „Kölner Stadtanzeiger", „würde es am Ende der zweiten Legislaturperiode keine Demokratie mehr geben". Eine drastische Übertreibung, auf jeden Fall ein Beleg dafür, dass die Verrohung der Sprache nicht erst mit der Existenz von sozialen Netzwerken begann.

Arnold, Kühn, Adenauer – in Wahrheit war schon in jenen Jahren der Abstand zwischen Bonn und Düsseldorf weitaus geringer als die rund 80 Kilometer Autobahn, welche die beiden Städte mit beneidenswert unmittelbarer Rheinlage voneinander trennt.

Das wurde nach der Landtagswahl 1954 wieder einmal deutlich. Erneut liebäugelte Wahlsieger Arnold, sich im Geiste treu bleibend, mit einer GroKo und wieder waren es bundespolitische Einflüsse, die ihn davon abbrachten. Adenauer glaubte, wenn die Koalition in Düsseldorf anders zusammengesetzt wäre als die auf Bundesebene in Bonn, werde dies seine Regentschaft gefährden. Ein Argument, dem sich Arnold nur schwer entziehen konnte. Schließlich hinderten ihn auch die bundespolitischen Ansichten der SPD daran, mit ihr in der Landeshauptstadt zusammenzugehen. Die SPD war immer noch strikt antiklerikal und europaskeptisch, obwohl der „Nationalist" Schumacher 1952 gestorben war und Erich Ollenhauer sein gemäßigterer Nachfolger wurde. Doch immer noch waren die Sozialdemokraten in Adenauers Augen wahlweise Sozialisten oder „Marxisten", und so durfte in Düsseldorf Arnold nicht tun, was er am liebsten getan hätte – wobei man erwähnen muss, dass Arnold die außenpolitische Linie Adenauers voll mittrug.

Arnolds letzte Koalition sollte nur zwei Jahre halten, und wieder lag es nicht an den Düsseldorfer Dingen, sondern an den bundespolitischen Verhältnissen. In Bonn entzweite sich Adenauer zusehends mit den Liberalen, besonders mit deren Vorsitzendem Thomas Dehler. Adenauer betrieb Dehlers Sturz und die CDU-Fraktion erhöhte stetig den Druck auf die FDP. Und dann passierte dem gewieften Machttechniker Adenauer doch einmal ein folgenreicher Kunstfehler: Er verlangte eine Änderung des Wahlrechts, und die Leidtragenden wären vor allem SPD und FDP gewesen. Das „Grabenwahlrecht" hätte allein die Liberalen, wie die CDU selbst nicht ohne dümmlichen Urheberstolz ausrechnete, zehn Mandate gekostet. Dehler, der den Machtkampf mit Adenauer doch noch überstanden hatte, fuhr jetzt im Kampf gegen das neue Wahlrecht schweres Geschütz auf. Er drohte mit dem Ende von sechs (!) Koalitionsregierungen zwischen CDU und FDP in den Ländern, was die Union die Mehrheit im Bundesrat gekostet hätte – mindestens. Daraufhin ließ Adenauer, inzwischen 80 Jahre alt, die Wahlrechtspläne fallen. Für seinen Parteifreund Arnold kam jedoch jede Hilfe, auch die des Bundeskanzlers, zu spät. Er verlor sein Amt. Der liberale Bundespräsident Theodor Heuss fand die Angelegenheit in Einklang mit Adenauer absurd und notierte: „Tolle Wirrnis: In Nordrhein-Westfalen wollen die Nazi-FDP mit den Soz.-Dem. und Zentrum den CDU-Arnold stürzen …"

Völlig zu Recht beklagte sich Arnold, der damit zum ersten Opfer eines konstruktiven Misstrauensvotums in der Nachkriegsgeschichte geworden war, dass damit „eine Schlacht im falschen Saal" geschlagen worden sei. Wie bitter: Arnold hatte nie eine Koalition mit den Liberalen gewollt, sich von Adenauer aber hineinzwängen lassen. Und wurde nun Opfer eines Putsches der Liberalen in Düsseldorf, der doch in Wahrheit Adenauer in Bonn gegolten hatte.

Zwei Jahre später, mitten im Wahlkampf 1958 und eine Woche vor der Wahl, starb Arnold überraschend an den Folgen eines Herzinfarkts. Die CDU stand plötzlich ohne Spitzenkandidaten da. Arnolds Popularität im Land war jedoch so groß, dass die Bevölkerung dem unbekannteren zur Wahl stehenden Franz Meyers, der im Kabinett Arnold Innenminister gewesen war, zu einem fulminanten Wahlsieg verhalf. Besser als Meyers hatte die CDU nie abgeschnitten und würde sie auch nie wieder abschneiden: 50,5 Prozent. Absolute Mehrheit.

Der nächste Fall, bei dem sich die Interessenlagen zwischen Landes- und Bundeshauptstadt folgenreich überschnitten, spielte sich 1966 ab. Kühn, 1962 vom Bundes- in den Landtag zurückgekehrt, hatte vier Jahre später unter dem Eindruck einer schwächelnden Konjunktur, der Krise im Bergbau und grassierender Abstiegsängste in den unteren Mittelschichten einen fulminanten Wahlerfolg gegen Meyers und dessen Christdemokraten eingefahren: 49,5 Prozent. Und doch reichte es nicht für eine Regierungsbildung. Amtsinhaber Franz Meyers hatte zwar eine beachtliche Wahlniederlage für die CDU zu verantworten, aber gemeinsam mit der FDP sollte es für ihn noch einmal reichen. Die SPD musste zurück in die Opposition – für kurze Zeit. Dann zerbrach in Bonn die Regierung von Ludwig Erhard, dessen christlich-liberale Koalition war an ihr Ende gelangt.

Dass dieses Bonner Ereignis Auswirkungen auf Düsseldorf haben würde, war klar. Dort führte, am CDU-Ministerpräsidenten vorbei, der selbstbewusste christdemokratische Fraktionschef Wilhelm Lenz geheime Sondierungsgespräche mit dem sozialdemokratischen Oppositionsführer Heinz Kühn. Die Sache blieb natürlich nicht geheim, die CDU rebellierte daraufhin gegen ein Bündnis mit den „Sozis", ebenso wie auf der anderen Seite die Sozialdemokraten gegen eine Regierung mit den „Schwarzen". Daraufhin bildete Kühn, der selbstredend auch schon mit den Liberalen sondiert hatte, die zweite sozialliberale Koalition. Sie bereitete den „Machtwechsel" in Bonn vor. Drei Jahre nach Kühns Amtsantritt konnte Willy Brandt mit Walter Scheel koalieren. Es war die erste sozialliberale Regierung auf Bundesebene.

Damit war augenfällig geworden: Ein sogenanntes „bürgerliches Lager" gab es nun nicht mehr – ein tiefer Einschnitt in der deutschen Nachkriegsgeschichte. Und der Ausgangspunkt dafür hatte in Düsseldorf gelegen, in der Landespolitik.

Es begann damit, dass Arnold als linker Christdemokrat mehr Gemeinsamkeiten mit den Sozialdemokraten erkannte als mit den Liberalen. Die Koalition mit ihnen sah er als Mesalliance an. Der Wandel der FDP von national zu sozialliberal war sodann die Voraussetzung für ein Bündnis zwischen FDP und SPD. Jedenfalls bescherte das Ende des bürgerlichen Lagers Nordrhein-Westfalen eine 39 Jahre lang dauernde Periode von sozialdemokratisch geführten Regierungen, bevor im Jahr 2005 Jürgen Rüttgers die schwarz-gelbe Wende gelang. Dazwischen lag die Gründung der Grünen als Bewegung und ihr Aufstieg zur Regierungspartei.

Und wieder nahm Nordrhein-Westfalen eine Schlüsselrolle ein. Zum zweiten Mal wurde das Land zur Koalitions-Avantgarde. Manchmal helfen selbst Aphorismen nicht mehr weiter. „Lieber ein Haus im Grünen als die Grünen im Haus", hatte Johannes Rau im Wahlkampf 1995 wieder und wieder ins Volk gerufen. „Wir brauchen kein fünftes Rad am Wagen", hatte die SPD plakatiert, ohne zu erklären, wer denn wohl die anderen vier Räder gewesen sein sollten. Gleichwohl: Der SPD reichten für rot pur nicht einmal satte 46 Prozent, die Grünen konnten sich auf zehn Prozent verdoppeln und Johannes Rau trank am Wahlabend sehr viel Pils, bevor er sich entschloss, diese Vernunftehe auf Probe einzugehen. Es war aus Sicht von Rau ein Akt doppelter Vernunft: Er wollte ja nicht nur jetzt wieder Ministerpräsident werden, sondern später auch noch zum Bundespräsidenten aufsteigen. Diesen Traum hatte er auch nach dem ersten missglückten Versuch gegen Roman Herzog noch nicht aufgegeben.

In der Rückschau wirkte es wie ein Signal, dass die Koalitionsverhandlungen zwischen SPD und Grünen nicht in Düsseldorf stattfanden, sondern in der nordrhein-westfälischen Landesvertretung in Bonn. Es wirkte wie eine Drohung gegen Helmut Kohl, der in unmittelbarer Nachbarschaft das Kanzleramt regierte. Joschka Fischer nutzte die Verhandlungen dementsprechend: „Rot-Grün ist nicht mehr aufzuhalten", rief er den lungernden Journalisten zu, die nächste Bundestagswahl im Blick. Er sollte Recht behalten.

Nachdem der Präsidial-Regierungschef Rau im Frühjahr 1998 an der Spitze der Regierung endlich dem drängenden Wolfgang Clement Platz gemacht hatte, konnten ein halbes Jahr später Gerhard Schröder, Oskar Lafontaine und Joschka Fischer publikumswirksam auf die Machtübernahme von SPD und Grünen anstoßen. Das Foto, das die drei mit Champagner-Kelchen zeigte, markierte – auch stilistisch – einen Epochenwechsel. Was in Düsseldorf bei reichlich Pils begonnen hatte, endete in Bonn mit Champagner. Ein halbes Jahr später wurde Rau im zweiten Anlauf zum Bundespräsidenten gewählt.

In der Rückschau auf die 20-jährige Ära Rau, die im Positiven wie im Negativen wohl prägendste Zeit der Landesgeschichte, fällt auf, wie sehr hier die Wechselwirkung zwischen Düsseldorf und Bonn machtwirksam wurde. Für Rau hatte das Ende der sozialliberalen Koalition unter Helmut Schmidt und die dann folgende langjährige Regierungszeit Helmut Kohls, die Freien Demokraten an seiner Seite, eine segensreiche Bedeutung: Alles, was in Nordrhein-Westfalen politisch problematisch lief, sei es die Schulden-Entwicklung ebenso wie die Krisen bei Kohle und Stahl, konnte Rau in Richtung Bonn schieben, Richtung Kohl. Helmut Kohl war ein integraler Bestandteil der Machtausübung Johannes Raus: Der Kanzler wurde der wichtigste Sündenbock des Ministerpräsidenten. Dieses „Spiel" konnte Rau durchhalten, solange aus Düsseldorf sozialdemokratisch, aus Bonn christdemokratisch regiert wurde.

Aber es war keineswegs nur Rau, der von dieser Art informeller Arbeitsteilung profitierte. Diese war nämlich zum beiderseitigen Nutzen. Auch Kohl hatte seinen Vorteil davon, dass in Düsseldorf Johannes Rau regierte. Und nicht etwa Kurt Biedenkopf. Das zeigte folgende Begebenheit:

Es ist der 6. März 1983, Helmut Kohl und die FDP haben gerade die Bundestagswahl gewonnen. Die durch konstruktives Misstrauensvotum gegen die Regierung Helmut Schmidt entstandene Kohl-Koalition ist nunmehr durch den Wähler legitimiert. Noch an diesem Abend ruft der frisch gewählte Bundeskanzler bei Bernhard Worms an. Seine klare Botschaft an den treuen Gefolgsmann in der Landeshauptstadt: Biedenkopf muss jetzt endlich weg. Kohl ahnt, dass sein inzwischen größter Rivale in der CDU, eben jener Kurt Biedenkopf, die nächste Landtagswahl, 1985, gewinnen kann. Und er weiß, auf einem Bundesparteitag stellen die Delegierten aus Nordrhein-Westfalen den mächtigsten Stimmenblock: 40 Prozent. Eine Gefahr für den Kanzler und CDU-Bundesvorsitzenden, wenn er seinen stärksten Gegner in Nordrhein-Westfalen sitzen hat.

In dieser Lage setzt Kohl auf den Machtwechsel in der Düsseldorfer CDU: Biedenkopf soll weg, Worms muss ran. Heiner Geißler, der sich später selbst mit Kohl überwarf, hat den Vorgang gegenüber Parteifreunden bestätigt: Der CDU-Führung, so Geißler, sei völlig klar gewesen, dass Worms gegen Rau nicht den Hauch einer Chance haben werde. Aber zur Arrondierung seiner Macht war es dem Bonner Kanzler wichtiger, dass in Düsseldorf ein roter Regent statt eines schwarzen Gegners sitzt. Den Preis für den Machtwillen des Bundeskanzlers von der CDU müssen in Düsseldorf die Christdemokraten zahlen. Kohl mischt hier ebenso skrupellos mit wie dessen Idol Konrad Adenauer Jahrzehnte zuvor; eine bemerkenswerte historische Kontinuität.

Die rot-grüne Ära in Berlin ging nach sieben Jahren zu Ende. Schröder hatte die rot-grüne Macht verloren. Und der Grund dafür lag wieder einmal in Düsseldorf. Clement-Nachfolger Peer Steinbrück hatten die zweieinhalb Jahre an der Spitze der Regierung nicht gereicht, um die Mehrheit der Bevölkerung von seinen Macher- und Denker-Qualitäten oder die eigene Partei von einem Regierungswechsel zu überzeugen mit dem Ziel: die Grünen aus der Regierung zu werfen, um eine andere Koalition zu bilden. Die Kommentatoren analysierten damals, Steinbrück habe, wie vor ihm schon einmal Clement im Schulterschluss mit dem damaligen nordrhein-westfälischen FDP-Vorsitzenden Jürgen Möllemann, die Freien Demokraten in seine Regierung holen wollen. So ist es aber offensichtlich nicht gewesen. Nachfrage bei Peer Steinbrück: Wie war es denn dann?

Steinbrück bilanziert heute den Dauerkonflikt mit den Grünen in den Jahren 2002 und 2003 selbstkritisch und ungeschminkt: „Rot-Grün war am Ende, die Leute hatten es satt." Und: „Dieser Konflikt ging zu meinen Lasten." Die Grünen standen als staatstragend da, Steinbrück und seine SPD in der Position der ewigen Nörgler und Unruhestifter, und welcher Wähler mag schon Quälgeister – zumal, wenn nicht klar ist, wohin die ganze Qual führen soll. In Berlin schauten sie jedenfalls sorgenvoll nach Düsseldorf. Der Krach zwischen Roten und Grünen in Düsseldorf gefährdete längst schon den Koalitionsfrieden in der Bundeshauptstadt, wo dieselben Farben regierten. „Dass mein harter Kurs die Koalition in Berlin gefährden würde, hatte ich unterschätzt", gibt Steinbrück heute zu. „Darum wurde ich an die Kette genommen." Und zwar vom Parteivorsitzenden Franz Müntefering und von Kanzler Gerhard Schröder.

Allerdings sei es nicht sein Ziel gewesen, die rot-grüne Regierung in Düsseldorf durch ein sozialliberales Bündnis zu ersetzen, wie viele damals glaubten, sondern: durch eine Große Koalition unter Führung der SPD, unter seiner – Steinbrücks – Führung. Der Ministerpräsident in Finanznöten hatte sehr genau studiert, dass die Union seit Jahren schon, längst vor seiner eigenen Regierungszeit, eine Methode kultiviert hatte, wenn es um konkrete Sparvorschläge ging: Sie schlug sich noch stets in die Büsche. So war das schon, als Johannes Rau seinen Büroleiter Steinbrück die Kniffe und Tricks der Politik lehrte. Und hier wollte Steinbrück ansetzen: Mit einer Großen Koalition wäre das nicht mehr möglich gewesen. Gemeinsam hätte man den Landeshaushalt konsolidieren können, für dessen verheerenden Zustand vor allem Johannes Rau verantwortlich war. Das hatte ihm sein langjähriger Freund und Finanzminister Diether Posser persönlich 1985 in einem „Alarmbrief" bescheinigt. So habe allein zwischen 1977 und 1984 die absolute Verschuldung des Landes um 408,9 Prozent zugenommen, während es im Bundesschnitt nur 188,9 Prozent gewesen seien. Damit ist Johannes Rau – und nicht Hannelore Kraft, wie von der CDU behauptet – Nordrhein-Westfalens Schuldenkönig. Seine Nachfolger mussten dessen machtpolitisch motivierte Freigiebigkeit ausbaden.

Steinbrück erzählt weiter: Sein Plan sei es gewesen, einen Emissär zur Führung der CDU zu schicken, um geheim die Chancen für die Bildung einer Großen Koalition auszuloten, einem Regierungsduo aus dem Ministerpräsidenten Steinbrück und einem CDU-Vize Jürgen Rüttgers. Von diesem Plan habe ihn dann jedoch „ein Freund" (Wolfgang Clement?) abgebracht.

Dieser Freund, dessen Namen Steinbrück nicht preisgibt, muss jedenfalls ein mit allen Wassern gewaschener Polit-Profi gewesen sein. Der habe mit Steinbrück den Plan als Szenario einfach durchgespielt. Also: Steinbrück schickt einen „Postillon d'Amour" zu Rüttgers, um auszuloten, ob der CDU-Chef zu einer solch heiklen Operation bereit wäre. Steinbrück hätte mit der Vize-Ministerpräsidentschaft dem Spatz in der Hand der Taube auf dem Dach als Nummer eins in NRW den Vorzug gegeben. Was aber, wenn Rüttgers sich für die Taube entschieden hätte? „Was wäre, wenn Rüttgers das dann bekanntgemacht hätte, nach dem Motto: ‚Stellt Euch vor, der Ministerpräsident hat gerade bei mir um Hilfe nachgesucht.'" Und was, wenn es danach im Landtag zu einem konstruktiven Misstrauensvotum gekommen wäre, „bei dem CDU, FDP und Grüne sich zusammengetan und mich und die SPD aus dem Amt gewählt hätten"? Das war das entscheidende Argument. Steinbrück ließ seinen waghalsigen Plan fallen, nachdem ihm klargeworden war, „dass Rüttgers mich hätte verhungern lassen können". Für eine solche Wendung der Dinge sei es im Grunde genommen damals schon zu spät gewesen. Immerhin: Steinbrück war offenkundig bereit, die Grünen aus der Regierung zu putschen. In früheren Zeiten hieß so etwas: Verrat. Steinbrück stimmt zu – und zitiert ein berühmtes Wort von Charles-Maurice de Talleyrand-Périgord, kurz: Talleyrand, einem der bekanntesten französischen Staatsmänner, der zu Zeiten der Französischen Revolution Spitzendiplomat gewesen war. Es lautet: „Hochverrat ist immer eine Frage des Zeitpunkts."

Abgeschlossen hat Steinbrück mit dem Thema bis heute nicht. Steinbrück bereitet es ein großes Vergnügen sich auszumalen, wie die deutsche Geschichte weiter verlaufen wäre, wenn die Genossen in Berlin ihm keine Knüppel zwischen die Beine geworfen hätten, sondern ihm strategisch gefolgt wären. Die GroKo aus Steinbrück und Rüttgers wäre also 2003 gebildet und 2005 wohl bestätigt worden, „denn ich lag ja in den Umfragewerten weit vor Rüttgers". Dann aber hätte es auf Bundesebene nicht zu vorgezogenen Neuwahlen kommen müssen, die Schröder ja unmittelbar nach der Schließung der Wahllokale in Nordrhein-Westfalen angekündigt hatte. Schröder hätte mit den Grünen weiter regieren können, und, falls diese Koalition dann an ihr Ende gelangt wäre, mit Angela Merkel – als Kopilotin – eine Große Koalition bilden können. An dieser Stelle ist man versucht, eines der bekanntesten Bonmots von Steinbrück zu zitieren: Hätte, hätte, Fahrradkette …

Es kam anders, nämlich zu einem geheimen Treffen zwischen dem nordrhein-westfälischen Ministerpräsidenten und dem Bundeskanzler. Und, weil beide Sozialdemokraten keine Kinder von Traurigkeit sind, verabredete man sich im Schlosshotel Bensberg zum Sterne-Menü. Sechs Wochen vor der Landtagswahl sagte Schröder dem Genossen Steinbrück dessen Machtverlust voraus: „Peer, du wirst die Wahl verlieren." Dieser traurigen Einschätzung stimmte Steinbrück freimütig zu. Daraufhin verriet Schröder, für diesen Fall werde er selbst Neuwahlen anstreben. Als Mann von Ehre behielt Steinbrück diese Sensation für sich; sein Sprecher Oliver Schumacher war der Erste, den er einweihte – am Tag der NRW-Wahl gegen 16 Uhr, nachdem die Demoskopen Steinbrück über dessen Wahlniederlage informiert hatten.

Über die damalige SPD-Parteiführung sagt Steinbrück heute, im Grunde habe dort eine mangelnde strategische Weitsicht geherrscht. „Die haben das nicht vom Ende her gedacht." Ein Wechsel zu einer Großen Koalition in Nordrhein-Westfalen „hätte Schröder an der Macht gehalten". Von dieser Episode ist Steinbrück das ambivalente Gefühl geblieben, in der Strategie richtig, in der Taktik aber falsch gelegen zu haben. So ein riskanter Wechsel in Düsseldorf hätte kommunikativ exzellent vorbereitet werden müssen. „Und das habe ich nicht getan", räumt Steinbrück selbstkritisch ein. Das SPD-Establishment habe ihn gebremst, „weil es immer auf der Bremse steht, weil es sich am Status quo orientiert, weil es dazu neigt, sich mit dem Ziel der Risiko-Vermeidung sein eigenes Grab zu schaufeln". Jedenfalls wäre aus seiner Sicht die CDU als Partner für die SPD viel verträglicher gewesen als die FDP. Die sei viel „zu flippig, zu sehr Lifestyle-Partei" gewesen. In der grundsoliden rheinischen CDU dominiere hingegen seit der Nachkriegszeit der Sozialkatholizismus, während der westfälische Teil eher mittelstandsorientiert und wirtschaftsliberal ticke. Wobei „ein Norbert Blüm besser in die Ahnenreihe der CDU-Granden passt als ein Friedrich Merz". Aber einerlei, wer bei der CDU das Sagen habe: „Wenn solche Leute dran sind, kann ich wenigstens gut schlafen."

Nach dem Regierungswechsel inszenierte Steinbrück-Nachfolger Jürgen Rüttgers zwischen der Landes- und der Bundeshauptstadt ein Wechselspiel zu seinen Gunsten. Erfolgreich schärfte er sein sozialpolitisches Profil, von entscheidender Bedeutung in einem Bundesland, das seine politische Existenz unter Karl Arnolds Führung als sozialer Modellfall der gesamten Bundesrepublik begann, gegen die Bundeskanzlerin in Berlin. Dass darunter die persönliche Beziehung zwischen ihm und Merkel erheblich litt, brauchte den Ministerpräsidenten nicht weiter zu bekümmern – er regierte schließlich mit eigener, von Merkel unabhängiger Legitimation durch die nordrhein-westfälischen Wähler.

In der Abgrenzung von der Bundespolitik fuhr Rüttgers im Fahrstuhl nach oben – mit der Bundespolitik aber auch wieder im Lift nach unten. Einige Wochen vor der Landtagswahl 2009 verabschiedeten die Europäer ein Paket, um Griechenland vor der Pleite zu retten. Rüttgers ist bis heute davon überzeugt, dass diese in Deutschland äußerst unpopuläre europäische Entscheidung für seine Wahlniederlage verantwortlich ist. Sein Nach-Nachfolger Armin Laschet teilt diese Ansicht weitgehend. Die Griechenland-Rettung zeichne zu circa 80 Prozent für die Wahlniederlage von Rüttgers verantwortlich. Was Laschet elegant umgeht: Die restlichen 20 Prozent verbucht er auf das Konto von Rüttgers selbst.

Jedenfalls ist auch die siebenjährige Regentschaft von Rüttgers Nachfolgerin und erster weiblicher Ministerpräsidentin, Hannelore Kraft, ohne die Wechselwirkung von Landes- und Bundespolitik kaum erklärbar. Das gilt für den Beginn der Regierungszeit von Kraft ebenso wie für deren Ende. Nach einer ganzen Reihe von Sondierungsgesprächen verkündete Kraft, die 2010 nur einen relativen Wahlsieg errungen hatte, aber keine regierungsfähige Koalition bilden konnte, sie werde nunmehr in die Opposition gehen. Die Parteizentrale in Berlin war mehr oder weniger fassungslos über so viel Machtvergessenheit. Vor allem war es der Parteivorsitzende Sigmar Gabriel, dem ein Verzicht auf Macht per se wesensfremd war – und bis heute ist. Gabriel jedenfalls überlegte, wie er Kraft doch noch nötigen könnte, Rüttgers abzulösen und zu regieren. Also rief er auf dem Weg nach Berlin, noch in seiner Heimatstadt Goslar auf dem Bahnsteig stehend, den starken Mann der Grünen an. Jürgen Trittin sollte seine grünen Parteifreunde in Nordrhein-Westfalen bewegen, Kraft zu ermutigen, das Risiko einer Regierung ohne klare Mehrheit einzugehen. Mit Sylvia Löhrmann stand für diesen Schachzug eine entschlossene und selbstbewusste Partnerin in Düsseldorf zur Verfügung – und so kam es dann auf Druck aus der Bundeshauptstadt zu dieser ersten Minderheitsregierung in Nordrhein-Westfalen. Womöglich deutete auch diese Begebenheit am Anfang der Regierungszeit von Hannelore Kraft auf deren späteres Scheitern hin. Kraft musste schließlich überredet werden, beherzt nach der höchsten Macht zu greifen, mittelbar von ihrem eigenen Parteivorsitzenden in der Bundeshauptstadt, unmittelbar von ihrer späteren Koalitionspartnerin. Sie selbst zögerte lange. So verhält sich niemand, der zur Nummer eins geboren ist.

Und nun das Ende: Wie sich doch die Dinge ähneln zwischen Rüttgers und Kraft. Was bei Rüttgers die Griechenland-Rettung war, war bei Kraft der Regierungswechsel in Berlin. Solange eine fürchterlich zerstrittene schwarz-gelbe Regierung unter der Führung Angela Merkels in Berlin regierte, konnte Kraft mit dem Finger dorthin weisen. Berlin wurde für sie zum glaubwürdigen Beispiel dafür, wie man es auf gar keinen Fall macht. Aber dann änderte sich die Lage. Schwarz-Gelb bekam vom Wähler die verdiente Quittung für diese Misstrauenskoalition – und Merkel blieb als einziger Ausweg zur Rettung ihrer Kanzlerschaft die Bildung einer Großen Koalition. Kraft kämpfte verbissen dagegen – sie wusste: Von dem Tag an, an dem in Berlin die Sozialdemokraten in der politischen Mitverantwortung stehen würden, war ihr ein wichtiges Legitimations-Instrument aus der Hand geschlagen. Sie konnte nicht mehr die Bundesregierung für alles Übel der Welt verantwortlich machen, um von eigenen Regierungsversäumnissen, schlechten wirtschaftlichen oder sozialen Zahlen abzulenken. Berlin, großkoalitionär regiert, bedeutete für Kraft eine reale Bedrohung: Sie würde von nun an keinen Sündenbock mehr haben. Darum ging sie ihren Parteivorsitzenden hart an, teilte ihm mit, die Große Koalition werde sie nicht mittragen. „Dann musst du gegen mich antreten", antwortete Gabriel. Kraft hätte das tun können, und ihre Chancen, Gabriel zu entmachten, um als erste Frau überhaupt die Spitze der ältesten deutschen Partei zu erobern, hätten seinerzeit sogar gut gestanden. Allein vor diesem letzten konsequenten Schritt zuckte sie zurück. Wie schon Jahre zuvor bei der Bildung einer Minderheitsregierung zögerte sie. Aber diesmal gab es niemanden, der sie zu ihrem Glück zwang.

Laschet ist bis heute davon überzeugt, dass sich mit dieser Entscheidung zur Großen Koalition in Berlin das Schicksal der Kraft-Regierung in Düsseldorf wendete. Von da an sei es nur noch bergab gegangen. Aber das heißt nun gar nicht, dass es von da an mit Laschet selbst immer nur bergauf gegangen wäre, dass sich seine Spitzenkandidatur zum Selbstläufer entwickeln würde, kurz: dass er sozusagen im Schlafwagen an die Macht käme.

CDU-Parteizentrale in der Wasserstraße: Zwei Jahre vor der Landtagswahl ist das Team von Laschet überzeugt, dass ihr Spitzenmann es aus eigener Stärke nicht schaffen kann, Kraft abzulösen. So schildert es ein Insider heute. Aber Laschets Mannschaft verfällt deshalb nicht in Mutlosigkeit. Man ist überzeugt: So stark, wie Kraft dastehe, sei die Ministerpräsidentin in Wirklichkeit nicht. Und: Sie werde noch Fehler machen. Das Team entschließt sich, Kraft mit der Fokussierung auf nur drei zentrale Themen anzugreifen: Wirtschaft, Infrastruktur, Schule. Später kommt dann noch die Innere Sicherheit dazu. Es sind jedenfalls die Felder, auf denen die Amtsinhaberin am angreifbarsten ist. Die Wirtschafts-Kennzahlen Nordrhein-Westfalens liegen deutlich unter dem Bundesdurchschnitt, Nordrhein-Westfalen ist zum verschrienen Stauland geworden – das Symbol dafür ist die Rheinbrücke bei Leverkusen –, die Schulpolitik entwickelt sich für die Landesregierung und die grüne Schulministerin Sylvia Löhrmann zum Desaster und in der Inneren Sicherheit hilft Laschet, dass Kraft an ihrem Innenminister Ralf Jäger geradezu stoisch festhält. Aber in den Umfragen steht die SPD mit Kraft an der Spitze unangefochten gut da, jedenfalls zu dieser Zeit noch.

Die CDU weiß um die Bedeutung der Bundespolitik für den eigenen Wahlkampf. Merkels Flüchtlingspolitik steht in der Kritik, die AfD profitiert davon, die CSU wird immer nervöser, je mehr Flüchtlinge nach Deutschland kommen. Laschet steht hinter Merkels Flüchtlingspolitik – nicht aus taktischem Kalkül, sondern aus Überzeugung. Er ist sozusagen ein gelernter Europäer: Herkunft aus Aachen, schon aufgrund ihrer geografischen Lage praktisch eine europäische Stadt, Karriere im Europäischen Parlament, großes europäisches Vorbild: Helmut Kohl, im Kabinett Jürgen Rüttgers Integrationsminister – auch kein Zufall. Für Laschet ist aktive Integrationspolitik Herzensangelegenheit. Je stärker nun Merkel unter „Friendly Fire" ihrer Partei gerät, umso unbeeindruckter bleibt Laschet bei seiner Position. Es wird nicht gewackelt! CDU-Mitglieder und Anhänger lernen über die Flüchtlingspolitik nun einen anderen Laschet kennen: einen Kämpfer. Laschet tritt bei den Handwerkern in Düsseldorf auf. Er weiß: Die Handwerker stehen der CDU vielleicht am nächsten, aber sie sind Freunde von Recht und Ordnung. Die Mehrheit lehnt darum die Flüchtlingspolitik Merkels ab. Laschet hält, sozusagen in der Höhle des Löwen, eine knappe Stunde eine fulminante, angriffslustige Rede. Rhetorisch so stark, wie es sein Publikum nicht erwartet hätte, und sehr kämpferisch. Am Ende applaudieren ihm die Handwerker nicht nur freundlich, sondern frenetisch: Standing Ovations! Die meisten begreifen: Man kann für Merkels Politik auch skeptische Bürgerliche gewinnen – wenn man sie denn systematisch und durchdacht begründet, was Merkel selbst abgeht, aber eine der Stärken von Laschet ist.

Die nordrhein-westfälische CDU blickt nach Berlin – und rechnet mit einem Kanzlerkandidaten Gabriel. Martin Schulz hat sie nicht so richtig auf der Rechnung, auch, weil sie weiß, dass Kraft Gabriel unterstützt. Sie fürchtet, Schulz könnte mit seiner bundespolitischen Agenda ihren NRW-Wahlkampf dominieren und damit ihr Profil angreifen. Es ist paradox: Exakt dies ist auch die größte Sorge der CDU. Schulz pfropft die Bundespolitik auf, die CDU kann mit ihrer landespolitischen Agenda nicht durchdringen und Kraft rutscht praktisch im Windschatten von Schulz durch und gewinnt die Wahl.

Die CDU hat in der Wasserstraße inzwischen die Abteilung „Gegnerbeobachtung" gestärkt, ein Mitarbeiter kümmert sich nun um nichts anderes mehr. Sein Name tut hier nichts zur Sache, er ist dem Autor bekannt. Am 1. Februar 2017 geht der Mann mittags in der Landtagskantine essen. Zu diesem Zeitpunkt ist es voll dort, es gibt überhaupt nur noch einen freien Tisch. Plötzlich tippt ein Finger dem Mitarbeiter auf die Schulter: „Entschuldigung, ist hier noch frei?" Die Ministerpräsidentin nimmt Platz am Tisch des CDU-Spions, den sie ganz offensichtlich nicht kennt. Dann ruft sie quer durch den Saal: „Hey Martin, setz dich dazu!" Und Martin Schulz setzt sich dazu. Die beiden Spitzengenossen reden nun über nichts anderes mehr als die Wahlkampfstrategie der SPD im Bund und in Nordrhein-Westfalen. Der unscheinbare Mitesser am Tisch stört sie nicht weiter dabei. Der wiederum kann vor Aufregung kaum essen und notiert im Kopf jedes Wort mit. Die Saar-Wahl steht bevor. Annegret Kramp-Karrenbauer sei eine gute Ministerpräsidentin, sagt Kraft. Für die SPD werde es sehr schwer, diese Frau zu schlagen. Anders sehe es dagegen aus in Kiel und Düsseldorf: „Das holen wir." Und dann sagt Kraft: „Aber Martin, hier hältst du dich bitte heraus." Bitte keine Initiativen von hier aus, keine eigenen Themen.

Als Agent Zufall von diesem Mittagessen in die Parteizentrale zurückkehrt und Bericht erstattet, können die versammelten CDU-Wahlkämpfer ihr Glück kaum fassen. Schulz würde für entscheidende Wahlkampfwochen quasi ausgeschaltet sein. Später, nach der verlorenen Wahl, kommen die CDU-Wahlkämpfer zu einer kompromisslosen Fehleranalyse: Mit ihrer Taktik habe Kraft nicht nur sich selbst „ausgeknockt", sondern auch Schulz. „Sie war die Totengräberin der SPD im Jahr 2017."

Schulz weiß, wie sehr ihm Kraft geschadet hat. Seitdem nennt er sie nur noch mit maximaler Distanz: „die Dame".

Aber so weit sind wir noch nicht. Am 19. März veröffentlicht Forsa eine Umfrage: Die SPD stark, die FDP stark, die Grünen schwach, die CDU schwach. In der CDU-Parteizentrale analysieren sie: Forsa-Chef Manfred Güllner habe die Rohdaten der SPD höher gewichtet, um eine sozialliberale Koalition als die wahrscheinliche Option nach der Wahl erscheinen zu lassen. In den Zeitungen stehen in den nächsten Tagen Kommentare durchgehend mit dem Tenor: Sozialliberal in NRW?

Für die SPD sind diese Schlagzeilen, obwohl sie eine Fortdauer der Regierung ihrer Spitzenkandidatin Kraft signalisieren, alles andere als positiv. Das Letzte, was sich die Genossen im Ruhrgebiet wünschen, ist eine Beteiligung der „neoliberalen" FDP von Christian Lindner an der Regierung von Kraft. Jeder weiß hier, dass Lindner der größte und aggressivste Kritiker der Ministerpräsidentin in den Landtagsdebatten der abgelaufenen Legislaturperiode war. An der Basis der SPD ist die Wirkung der Umfragen fatal. Dazu kommt eine verkopfte Plakat-Kampagne mit dem Signet „#NRWIR". Ein Motiv zeigt eine abgedrehte Blondine in einem Loft mit einem Mops auf dem Schoß. Unterschrift: „#NRWIR Malocher". Sie SPD-Wahlkämpfer senden an der eigenen Klientel vorbei.

Wenn man das heute rekapituliert, sieht es nach einem folgerichtigen Wahlsieg von Laschet aus. Das war es aber nicht. Aus CDU-Sicht hat Hannelore Kraft jene Fehler gemacht, auf die die Christdemokraten spekuliert hatten, aber verlassen konnten sie sich darauf nicht. Die nordrhein-westfälische CDU hatte einfach auch unverschämt viel Glück. Die Ministerpräsidentin spielte ihr in die Hände, und der Kanzlerkandidat tat es auch. Im Jahr 2017 war der Trend kein Genosse.

In der Rückschau wird klar, dass die Geschicke in Nordrhein-Westfalen ohne Rekurs auf die Bundespolitik nicht verstanden werden können. Nordrhein-Westfalen ist zu groß und daher wirtschaftlich und politisch zu wichtig, als dass die „große Politik" in Berlin es sich heute leisten könnte, Nordrhein-Westfalen aus ihren Erwägungen auszublenden. Und aus demselben Grund ist es umgekehrt in den meisten Jahren der Landesgeschichte genauso gewesen: Berlin ist weit und doch in der Landespolitik sehr präsent. Es gibt keinen Grund, weshalb sich dieses Sonderverhältnis zwischen Nordrhein-Westfalen und der Bundesrepublik Deutschland in den nächsten Jahren ändern sollte. Auf diese Kontinuität kann bauen, wer immer in Berlin oder Düsseldorf Politik macht.

An dieser Stelle soll noch eine für die Geschicke Nordrhein-Westfalens wesentliche Geschichte erzählt werden. Sie gehört zu den Wegmarken der deutschen Historie, und sie wird in den Geschichtsbüchern bis auf weiteres vor allem mit einem Mann verbunden bleiben. Noch einmal also zurück zur Jahrtausendwende. Die Rekord-Kanzlerschaft von Helmut Kohl war an ihr unfreiwilliges Ende gelangt. Der Pfälzer hatte länger regiert als Bismarck im ersten deutschen Reich und Adenauer in der zweiten Republik und sich trotzdem oder gerade deshalb von der Macht nicht trennen können. Wie wäre wohl die Geschichte weitergegangen, wenn Helmut Kohl Wolfgang Schäuble Platz gemacht hätte, wie er das sogar einmal, Mitte der neunziger Jahre, öffentlich angekündigt hatte? Jedenfalls war zur Jahrtausendwende ein ganz besonderes halbes Jahrhundert zu Ende gegangen – eine lange Zeit, in der im Rheinland quasi doppelt regiert worden war und in der sich die historischen Fäden oft genug schier unentwirrbar zwischen den beiden Hauptstädten Bonn und Düsseldorf verknäuelt hatten. Johannes Rau saß nun im Berliner Schloss Bellevue. Helmut Kohl war Geschichte und mit ihm war es die „Bonner Republik". Das wiederum lag daran, dass ein paar Jahre zuvor Wolfgang Schäuble doch noch seine Chance bekommen hatte, der deutschen Geschichte in die Speichen zu greifen. Er sollte sie kaltblütig nutzen.

III. Bonner Republik

Wie Wolfgang Schäuble die „Bonner Republik" Adenauers im Alleingang abschaffte – Der „Westen" als Deutschlands Staatsräson – was das für Nordrhein-Westfalen bedeutet – Warum Benelux näher liegt als Berlin und Dresden

Am 20. Juni 1991, das Bonner Parlament tagt in seinem Provisorium, dem früheren Wasserwerk, schreibt ein einzelner Abgeordneter quasi im Alleingang nationale Geschichte. Das Plenum ist an diesem sonnigen Sommertag bis auf den letzten Platz gefüllt, wie auch die Besuchertribüne und die Pressetribüne ohnehin. Wolfgang Schäuble ist der Redner Nummer sieben.

Es geht um den künftigen Sitz von Parlament und Regierung und damit auch darum, ob alles bleibt, wie es ist, oder ob es einen Neuanfang gibt. Es geht an diesem Tag nicht um die Verfassung, aber die Verfasstheit Deutschlands. Und es geht auch um die Verfasstheit Nordrhein-Westfalens, obwohl dieser Umstand in den Redebeiträgen bestenfalls eine sehr untergeordnete Rolle spielt.

Nordrhein-Westfalen spielte als bevölkerungsreichstes Bundesland und wegen seiner Bedeutung für das Wirtschaftswunder nach dem Krieg in den zurückliegenden 40 Jahren stets eine herausragende bundespolitische Rolle. Würde Nordrhein-Westfalen diese Rolle als Primus inter Pares unter den Bundesländern weiter ausfüllen können, auch wenn es nicht mehr die Bundeshauptstadt beheimatete? Wenn Parlament und Regierung von Bonn nach Berlin umzögen?

Am 12. Oktober 1990 wäre es dem psychisch kranken Attentäter Dieter Kaufmann um Haaresbreite gelungen, Wolfgang Schäuble zu töten. In der Gaststätte „Brauerei Bruder" in Oppenau, unweit von Schäubles damaliger idyllischer Heimatstadt Gengenbach, schoss Kaufmann um 22.04 Uhr aus nur 50 Zentimetern Entfernung mit einer Smith & Wesson, Kaliber 38, zweimal von hinten auf den christdemokratischen Spitzenpolitiker. Er traf Schäuble in den Kiefer und ins Rückenmark. Tagelang rangen die Ärzte im Uniklinikum Freiburg um Schäubles Leben.

Als Schäuble gut ein halbes Jahr später im Wasserwerk seinen Rollstuhl zum Mikrophon bugsiert, schwingt bei dessen Auftritt sein schweres persönliches Schicksal mit. Die meisten Abgeordneten sind voller Bewunderung für die Energieleistung, die Schäuble vollbracht hat. Er ist vom dritten Brustwirbel an abwärts gelähmt. Sein altes Stimmvolumen hat er eingebüßt, im Grunde kann er nur leise sprechen. Und doch: Von keinem Redner geht bis heute eine derartige Ernsthaftigkeit, Eindringlichkeit und Faszination aus wie von Schäuble, dem zähen Kämpfer und Intellektuellen. Es gibt sehr wenige, die über die rhetorische Gabe verfügen, ihre Zuhörer in den Bann zu schlagen. Und nur wenige Politiker haben wie Schäuble ein derart untrügliches Gespür für das richtige Wort zur richtigen Zeit, neudeutsch: Timing.

Die „Bonner" wähnten sich sicher. Vor Schäubles Rede war eine Mehrheit der Abgeordneten für Bonn, das hatten immer wieder informelle Zählungen ergeben. Geschickt hatten sie immer wieder Debatten inszeniert über die hohen Kosten eines Umzugs an die Spree, über die doch unzumutbare Trennung von Familien durch eine Verlegung der politischen Institutionen, über die armen Kinder, die dann die Schule wechseln müssten. Schäuble braucht in seiner Rede, die er erst am Abend zuvor nur kurz vorbereitet hatte, ganze zwei Sätze, um dieses menschliche, allzu menschliche, mitleidserregende Szenario abzuräumen: „Es geht auch nicht um Arbeitsplätze, Umzugs- oder Reisekosten, um Regional- oder Strukturpolitik. Das alles ist zwar wichtig, aber in Wahrheit geht es um die Zukunft Deutschlands."

Die Worthülle von der „Zukunft Deutschlands" lässt Schäuble so im Raum stehen, er lädt sie inhaltlich nicht weiter auf, spricht noch nicht, wie später dann, von Deutschland als „Schutz- und Schicksalsgemeinschaft". Er überlässt die Interpretation jedem einzelnen Abgeordneten – den er dann aus der bodennahen Interessenbindung an den eigenen Wahlkreis in luftige patriotische Höhen hebt. „Jeder von uns ist nicht nur Abgeordneter seines Wahlkreises und seines Landes, sondern wir sind Abgeordnete für das gesamte deutsche Volk." Der Satz klingt wilhelminisch. „Ich kenne keine Parteien mehr, ich kenne nur noch Deutsche", hatte Kaiser Wilhelm im August 1914 in einer „Balkonrede" angesichts des Ersten Weltkriegs ausgerufen. Schäubles Diktion hat eine ungeschminkte Botschaft: Wer ganz persönlich die Verantwortung für ein Volk von 80 Millionen Menschen auf seinen Schultern trägt, der darf doch nicht kleinkariert auf das eigene Häuschen schielen oder die jahrelange Gewöhnung an seine lieb gewonnenen Lebensumstände zum Maßstab einer Entscheidung von derartiger Tragweite machen. Diese Sätze Schäubles schrumpfen das Anliegen der Bonn-Fraktion zum Zwergen-Aufstand.

Damit nicht genug. Schäuble bohrt weiter in dieser Wunde, getreu dem Motto des gewitzten CSU-Spitzenmannes Theo Waigel: „Hast du einmal eine Wunde gefunden, gib dir keine Mühe, such nicht länger!" Nach der Wiederherstellung der Einheit überhaupt noch über den Sitz von Parlament und Regierung ringen zu müssen, „hat mich jedenfalls auch überrascht". Schäuble gibt den ehrbaren Bürger, der mahnend das immerwährende Berlin-Versprechen einfordert: Wort halten! Sodann beschwört er historische Bilder herauf: die Luftbrücke der Amerikaner 1953, den Mauerbau 1961, den Mauerdurchbruch 1989; die Einheit vom 3. Oktober 1990. Im Plenum fällt jetzt nicht einmal mehr eine Stecknadel, als Schäuble rhetorisch zustßt: „Ob wir wirklich ohne Berlin heute wiedervereinigt wären?"

Nun ist die Sache klar, auch den „Bonnern". Die Entscheidung ist gelaufen, obwohl sich noch mehr als 110 Abgeordnete zum Rednerpult gemeldet haben und die Debatte erst Stunden später, nach 21 Uhr, zu Ende gehen wird. Etliche Parlamentarier stehen applaudierend auf, Willy Brandt, der in bewegter Zeit Regierender Bürgermeister von Berlin war und sich in der Tradition Ernst Reuters bewegte („Ihr Völker der Welt (…), schaut auf diese Stadt"), die lebende Legende der Sozialdemokraten, steht von seinem Sitz auf, schreitet bedeutungsschwer die erste Reihe entlang, um diesem kleinen, zerbrechlichen Mann persönlich die Hand zu schütteln, um sich für dessen patriotischen Dienst zu bedanken.

Die Bedeutung von Schäubles Rede erschließt sich weniger aus ihrer Sprache allein. Wer sie heute liest, wird sie mit Respekt zur Kenntnis nehmen, aber kaum verstehen, welche geschichtsverändernde Wirkung sie hatte. Man findet sie schnell auf YouTube. Es sind neun Minuten und 29 Sekunden Anschauungsunterricht in Staatskunde und bewegender Rhetorik.

Über die Motive des Badeners Schäuble, sich derart für die Preußen-Metropole von ehedem ins Zeug zu legen, ist lange gerätselt worden. Schäuble hat sie nur vertraulich im kleinen Kreis kundgetan. Es ging ihm um die grundlegende Veränderung der Mentalität in Deutschland. Schon lange ging Schäuble die strukturkonservative, veränderungsrenitente, postmaterialistische deutsche Republik, wie er sie wahrnahm, gegen den Strich. Berlin war für ihn eine Symbolentscheidung: nicht nur ein Bekenntnis zum deutschen Osten, sondern ein Ausrufezeichen gegen das selbstgewisse deutsche „Das haben wir doch immer schon so gemacht". Berlin ist für den christdemokratischen Patrioten Wolfgang Schäuble darüber hinaus eine zutiefst nationale Entscheidung – ein Bekenntnis zur deutschen Geschichte samt ihrer dunklen Seite.

Wie anders hatte das doch Schäubles großer Parteifreund Konrad Adenauer noch gesehen. Als die Mitglieder des Parlamentarischen Rates 1949 darüber abstimmten, ob Frankfurt oder Bonn zur provisorischen deutschen Hauptstadt werden sollte, war die Lage die: An der deutschen Teilung war kaum noch zu zweifeln. Die Sowjets hatten in ihrer Besatzungszone, in Ostdeutschland, Fakten geschaffen – und ein kommunistisches System nach dem Vorbild Sowjetrusslands eingeführt. Die drei Westalliierten Amerika, England und Frankreich drängten auf eine westdeutsche Bundesregierung als Teil der Eindämmungspolitik gegen Moskau. Und Konrad Adenauer war fest entschlossen, zu liefern.

Kurt Schumachers SPD lehnte Adenauers Politik aus Westintegration und Wiederaufrüstung „leidenschaftlich" ab, notierte Heinz Kühn in seinen Memoiren. Schumacher war auf den Vorrang für eine Wiedervereinigung aller deutschen Teile festgelegt. Zwischen SPD und Union tat sich zu jener Zeit ein innenpolitischer und ein geostrategischer Graben auf.

Taktisch hatte es Adenauer mit der Herausforderung zu tun, dass die hessische CDU und Teile der bayerischen CSU für Frankfurt waren. Aber als Adenauer unmittelbar vor der entscheidenden Abstimmung eine „vertrauliche" dpa-Meldung verlas, wonach Schumacher in Köln gesagt habe, die Wahl Frankfurts bedeute eine gravierende Niederlage Adenauers, wurden die „Frankfurter" zu „Bonnern". Adenauer-Biograf Hans-Peter Schwarz resümierte: „33 gegen 29 Stimmen für eine Stadt, an die ein Jahr zuvor noch niemand gedacht hat, ist kein schlechtes Ergebnis." Über das freute sich natürlich dessen Düsseldorfer Rivale Karl Arnold und der kölsche Kardinal Josef Frings, Adenauers schlitzohriger Bruder im Geiste.

Wahrscheinlich gehört zu den schönsten deutschen Märchen, die vermutlich auch heute noch Geschichtslehrer ihren Schülern erzählen, die Version, Adenauer habe Bonn sozusagen im Alleingang aus dem egoistischen Motiv durchgesetzt, abends nach der Arbeit zum Essen nach Hause fahren zu können. Adenauer war die Sache so wichtig, dass er sie selbst klarstellte: „Mir ist oft vorgeworfen worden, ich hätte mich für Bonn als Bundeshauptstadt eingesetzt, weil Bonn nahe an meinem Wohnort Rhöndorf läge. Diesen Vorwurf betrachte ich als sehr naiv." Der ausschlaggebende Grund habe in der Situation der Zeit gelegen und mit seinem Motiv zu tun gehabt, für die Bundesrepublik Deutschland gegen die Besatzer wieder ein Stück mehr Freiheit durchzusetzen. Adenauer in seinen Memoiren:

„Die Engländer hatten eine Erklärung abgegeben, falls Bonn zum Sitz der vorläufigen Bundeshauptstadt gewählt würde, seien sie bereit, das Gebiet von Bonn aus der britischen Zone und Militärverwaltung freizugeben. Die Amerikaner konnten eine solche Erklärung hinsichtlich Frankfurts nicht abgeben, weil in Frankfurt eine große Zahl von amerikanischen Organisationen und sehr wichtigen Verwaltungsstellen ihren Sitz hatte, für die in einer anderen Stadt nur schwer hätte Raum geschaffen werden können."

Die Debatte um Bonn versus Berlin vor nunmehr einem Vierteljahrhundert wie auch die Frage nach Bonn versus Frankfurt erscheint heute wieder sehr aktuell. Auch heute geht es wieder um den „Westen", um den Nationalstaat contra Europa, um Europa als Föderation oder als

Bündnis von Vaterländern, General de Gaulles national grundierte Version von Europa. Es geht auch wieder um die Rolle Deutschlands: laut oder leise, patriotisch oder europäisch, guter und eher bescheidener Nachbar oder „selbstbewusste Nation". Es sind die Kategorien, die schon die Linien der Debatte 1991 bestimmten.

Die vielleicht intelligenteste Rede pro Bonn hielt damals der SPD-Intellektuelle Peter Glotz, der allerdings erst einige Zeit nach Schäuble sprach und also weniger durchdrang, wie auch die anderen „Bonner", von denen die meisten wohl einen schlechten Tag erwischt hatten. Glotz warnte vor einer „Berliner Republik" und vor einem gefährlichen Sog in Richtung Berlin, den kein Föderalist jemals riskieren dürfe. Glotz zitierte im „Wasserwerk" den Philosophen Helmuth Plessner, der geschildert hatte, was in Deutschland nach der Reichsgründung von 1871 passiert war: „Die Residenzstädte hatten ihre Rolle ausgespielt. Dresden und München, Darmstadt und Weimar konnten ihre modernen Ansätze gegen die Anziehungskraft der Berliner Möglichkeiten nicht mehr weiterentwickeln." Ausdrücklich wendete Glotz sich an den Bundeskanzler, von dem bekannt war, dass er als „Supereuropäer" mit einem europäischen Bundesstaat liebäugelte, auch wenn er das zu diesem Zeitpunkt nicht mehr laut sagte: „Herr Bundeskanzler, machen Sie sich klar: Mit dem Votum für Berlin schwenken Sie ab zum Europa der Vaterländer."

Und was heiße das schon, versprochen sei versprochen, führte Glotz weiter aus. „Ich bin nicht bereit, die Geschichtslegende zu akzeptieren, als hätten die Deutschen, verführt von Politikerreden, jahrzehntelang auf die Rückkehr der Regierung und des Parlaments nach Berlin gewartet." Eine gallige Anspielung darauf, dass die allermeisten Sozialdemokraten die deutsche Einheit bis Mitte der neunziger Jahre längst abgeschrieben hatten, inklusive Willy Brandt, wie insgeheim auch viele Christdemokraten. Brandt jedenfalls hatte noch 1988, ein Jahr vor der Maueröffnung, von der Wiedervereinigung als deutscher „Lebenslüge" geschrieben (in der zweiten Auflage seiner Memoiren hatte Brandt diesen Satz dann gestrichen).

Berlin, sagte der kernige Schriftsteller und Journalist Henryk M. Broder voraus, „wird eine europäische Metropole werden, auch wenn sich die Berliner noch mit Händen und Füßen dagegen wehren und die rheinischen Schnarchnasen ein zweites Bonn an der Spree haben möchten". Damit sollte Broder recht behalten.

Berlin ist inzwischen zum europäischen Magneten geworden, auch dank des lang anhaltenden wirtschaftlichen Aufschwungs. Kaum eine Stadt in Deutschland wächst so unaufhörlich wie die deutsche Hauptstadt und keine zieht dermaßen viele internationale Touristen an. Obwohl ökonomisch traditionell ein Trauerfall, konnte Berlin dank seiner quirligen, bunten Gründerszene aus aller Herren Länder mittlerweile zu einem digitalen Leuchtturm werden – ein Etikett, das die galoppierend steigenden Mieten inzwischen aber wieder gefährden.

Und doch: Deutschland ist ein föderaler, gewaltenteiliger Staat geblieben. Die glitzernde Metropole ist vielleicht Deutschlands Feierbiest Nummer eins, hat das Land aber nicht zu einem Nationalstaat werden lassen. Und an Deutschlands grundsätzlicher europafreundlichen Orientierung sind kaum Zweifel angebracht, auch wenn sich mit Angela Merkel ausgerechnet eine Nachfolgerin Helmut Kohls mit der Energiewende und der Flüchtlingspolitik einige so gravierende wie irritierende nationale Alleingänge erlaubte.

Der „Westen", das ist heute der Maastricht-Vertrag (1993), das Grenzöffnungs-Abkommen von Schengen (1995) und die „privilegierte Partnerschaft" zwischen Nordrhein-Westfalen und den Benelux-Ländern, für die der leidenschaftliche Europäer Jürgen Rüttgers als Ministerpräsident in der Gewissheit sorgen konnte, dass Frankreich, die Niederlande, Luxemburg und Belgien den Nordrhein-Westfalen allemal näherstehen als Polen oder Ungarn.

Der „Westen", das ist heute ein wesentlicher Teil von Deutschlands Staatsräson. Geriete das, was den „Westen" ausmacht, die geostrategische Orientierung Richtung Frankreich und Westeuropa wie die innenpolitische Verfasstheit als antiautoritäre, pluralistische Parlamentsdemokratie, ins Rutschen, geriete damit zugleich Deutschland insgesamt in Gefahr. Zuerst im Innern, dann aber würde Deutschland auch in Richtung Europa ein unberechenbarer Koloss in der strategischen Mitte Europas. Eine stärkere autoritäre Entwicklung in Deutschland könnten die übrigen Westeuropäer nicht mehr mit der gleichmütigen Lässigkeit hinnehmen wie ein Abgleiten etwa Polens in diese Richtung.

Heute jedenfalls geht die Gefahr einer befürchteten nationalstaatlichen Renaissance im Wesentlichen nicht, wie einst befürchtet, von Deutschland aus, sondern von jenen Ländern, die nach dem Fall der Mauer und dem Untergang der Sowjetunion der Europäischen Union beitreten konnten: den Ost- und Südost-Europäern. Sie bilden heute wenn auch keine Koalition, so doch eine Phalanx – mit rechtspopulistischen Parteien quer durch West- und Nordeuropa, die von einer Zerstörung des „Systems Brüssel" träumen und bestenfalls bereit sind, Europa als Freihandelszone zu akzeptieren.

Und Nordrhein-Westfalen? Und Düsseldorf? Es ist zweifellos etwas anderes, wenn „große" Politik in Berlin gemacht wird und nicht nur in einer „kleinen Stadt in Deutschland", wie der wunderbare Romancier John le Carré 1968 in seinem gleichnamigen Spionage-Roman die Regierungsstadt Bonn verspottete. Andere Bilder setzen sich in den Köpfen der Menschen fest: nicht mehr die einer rheinischen Idylle, mit dem sanften, gelassen dahingleitenden Strom, mit dem Ferienflair verbreitenden Siebengebirge im Hintergrund des Parlaments, des vom Architekten Günther Behnisch geschaffenen, schönsten Plenarsaals, den Deutschland je hatte. Nicht mehr die Aufnahmen aus dem luftigen, beschwingten, Weltoffenheit symbolisierenden Gebäude, sondern jene dieses trutzigen Reichstagsbaus von Paul Wallot im Stile der italienischen Renaissance, von Kaiser Wilhelm II. wegen des parlamentarischen Selbstbewusstseins, das der Koloss auch ausstrahlt, als „Reichsaffenhaus" verspottet. Wegen seiner Kuppel-Konstruktion aus Stahl und Glas galt der 1894 vollendete Wallot-Entwurf für damalige Zeiten als modern. Trotz der beeindruckenden Sir-Norman-Foster-Glaskuppel ist seine heutige Ausstrahlung dagegen eher preußisch-streng.

Materiell ist die heutige „Bundesstadt" Bonn nicht zum Verlierer des (Teil-)Umzugs der politischen Institutionen nach Berlin geworden. Und politisch auch nur zum Teil. Ein Teil der Ministerien, in der Spitze das Verteidigungsministerium, hat bis heute seinen Sitz in Bonn, ein Netzwerk von Institutionen der Vereinten Nationen und Nichtregierungsorganisationen kam hinzu. Bonn wurde, so eine CDU-Schrift, „zu einem Kompetenzzentrum für internationale Zusammenarbeit und nachhaltige Entwicklung". Dass sich die Stadt millionenschwer beim Bau eines internationalen Konferenzzentrums (WCCB) über den Tisch ziehen ließ, hat den Ruf Bonns nur einige Jahre beschädigen können. 2017 kamen dann 27 000 Experten nach Bonn, um in diesem Zentrum, dessen Kern der Behnisch-Bau bildet, am „Weltklimagipfel" teilzunehmen.

Im Vergleich zu Bonn hat Düsseldorf den Wegzug von Regierung und Parlament dennoch besser verkraftet. Das liegt zum einen daran, dass Bundespolitik nicht mehr in Nordrhein-Westfalen verantwortet wird, sondern knapp 600 Kilometer weiter östlich. Es liegt aber mehr noch an personellen Konstellationen.

Weil die SPD-Ministerpräsidentin Hannelore Kraft eine ausgewachsene Berlin-Allergie hatte, verzichtete sie weitgehend darauf, diese Bühne für sich zu nutzen. Dadurch wurde Düsseldorf sozusagen auf seine Landespolitik zurückgeworfen und auf diesem Weg kleiner gemacht. Journalistische Kommentatoren wie auch in Nordrhein-Westfalen beheimatete Politik-Professoren sehen darin eine Art von problematischer Selbstverzwergung.

Krafts Vorgänger Jürgen Rüttgers hatte dagegen offensiv die Berliner Bühne bespielt, indem er sich in wichtigen sozialpolitischen Fragen von der Bundeskanzlerin Merkel absetzte. Auch Krafts Nachfolger ist in den ersten beiden Jahren seiner Regierung auf der Berliner Bühne außerordentlich präsent. Er meidet kaum eine TV-Talkshow und „bespielt" regelmäßig Berliner Reporter und Korrespondenten. Allerdings setzt Armin Laschet dabei einen völlig anderen Akzent als sein CDU-Vorgänger Rüttgers: Der Ministerpräsident gibt den Kanzlerinnen-Versteher und stellt sich auf dem Berliner Parkett demonstrativ regelmäßig vor die in der Flüchtlingsfrage etwa von der Schwesterpartei CSU heftig attackierte Regierungschefin. Damit hält er jedenfalls die nordrhein-westfälische CDU, wie Rüttgers vor ihm, auch in der Bundeshauptstadt im Spiel.

Edmund Stoiber, der Nordrhein-Westfalens Ministerpräsidenten seit Johannes Rau gut kennt, formuliert es aus langjähriger Erfahrung als bayerischer Ministerpräsident und Ehrenvorsitzender einer Partei, die sich seit Strauß' Zeiten als „Regionalpartei mit bundespolitischem Anspruch" versteht, so: „Ein Ministerpräsident darf niemals den Eindruck erwecken, er sei in Wahrheit nur ein Oberbürgermeister."

Und Krafts direkter SPD-Vorgänger Peer Steinbrück, ein lustiger Lästerer von großem intellektuellen Vermögen, kreidet der Ex-Ministerpräsidentin an, sie habe ihre als stellvertretende Parteivorsitzende doch institutionell luxuriös abgesicherte bundespolitische Rolle ohne Not an einen anderen Genossen abgetreten: „an Ralf Stegner, diesen Klaus Kinski der SPD". Stegner und Kinski verbindet eine gerne zur Schau gestellte einzigartige, mürrische Leidensmiene, wobei Stegner, kaum überraschend, jenes fulminante schauspielerische Vermögen Klaus Kinskis nahezu vollständig abgeht.

IV. Heimat

Sigmar Gabriel: Wir leben in Zeiten der Suche nach Identität – Identitär? – Giovanni Ali Lewandowski-Müller – 1000 Jahre Bayern, 70 Jahre NRW – Essen versus Dortmund – Der Identitätspolitiker Armin Laschet – Arbeiter-Verräter?

„Heimat ist da, wo man sich nicht erklären muss"

(Johann Gottfried Herder, 1744–1803)

„Heimat ist da, wo sich das WLAN automatisch verbindet"

(Dirk von Gehlen, geb. 1975)

„Heimat ist wichtig." Gut, diesen Satz sagt jetzt Sigmar Gabriel, als wir uns im Berliner Traditionsstadtteil Dahlem in einem Biergarten treffen. Aber diesen Satz, den sich noch vor zehn Jahren auch Christdemokraten längst abgewöhnt hatten, sagen heute sogar Grüne – und veranstalten Sommertouren und nennen sie „des Glückes Unterpfand". Die hatten die Nase schon immer im Wind und wissen: Wer nicht Themen früh besetzt, dem werden sie von anderen geklaut. Und Heimat, das ist nun wieder so ein Thema.

Seltsam: Unsere Kinder, heißt: längst nicht mehr nur die Bürgerkinder, reisen und studieren in aller Herren Länder. Es kann gar nicht exotisch genug zugehen. Wer „nur" nach Vietnam fliegt, gilt schon beinahe als Langweiler, es muss, wenn Asien, dann schon Myanmar sein. Wir essen und trinken lange schon global. Unsere Wirtschaft ist schon lange heimatlos geworden. Noch vor zehn Jahren hatte jeder Vorstandsvorsitzende eines Unternehmens aus Nordrhein-Westfalen, der eine Regionalzeitung besuchte, einen „lokalen Block" auf seinem Sprechzettel, den ihm die wache Kommunikationsabteilung hineingeschrieben hatte. So, dass in den Zeitungen am Tag danach stand, dieses oder jenes Unternehmen bleibe selbstredend in NRW verwurzelt, obwohl das auch zu dieser Zeit für die meisten Companys schon lange nicht mehr wahr war.

Und unser wichtigstes Medium, das Smartphone, gibt es seit gut zehn Jahren. Seitdem kommunizieren wir auch global. Wir schauen auf transportablen Bildschirmen amerikanische Fernsehserien an, wer unter 40 Jahre alt ist, ist auf Facebook unterwegs, wer unter 30 Jahre jung ist, auf Instagram. Die Regionalzeitungen verlieren immer stärker an Bedeutung, was sich nicht nur an den Auflagenzahlen ablesen lässt, sondern auch an sogenannten weichen Faktoren, die in Wahrheit die harten sind: Inwiefern wird lokales Geschehen noch geprägt durch das, was in den Lokalteilen der Zeitungen steht? Wer morgens oder abends mit der Straßenbahn durchs Ruhrgebiet fährt, der sieht die Menschen auf ihren Smartphones daddeln. Die WAZ liest hier so gut wie niemand mehr, jedenfalls nicht auf Papier.

„Wir leben in Zeiten der Identitätssuche", sagt Gabriel. Und das ist so, nicht obwohl unser gesamtes Leben global ist, sondern weil es global geworden ist. Mit Globalisierung und Digitalisierung haben wir Ankerpunkte unseres Lebens verloren. Und die suchen wir jetzt anderswo. In der Sphäre zwischen Mystik und Politik.

Wer früher Mystiker war, hieß schon mal gerne Zarathustra und ging zur selbstgewählten Vereinsamung in den Wald. Heute lässt sich mit Mystik erfolgreich Politik machen. Identitätspolitiker verschiedener Schattierungen glauben an den weißen Biodeutschen. Und seitdem Flüchtlinge aus sonnigeren und strenggläubigeren Ländern kamen, sehen sie den weißen Mann auf dem Rückzug und die weiße Frau bedroht. Dafür lassen sich tatsächlich traurige Belege finden, aber eins ist doch ein grundlegender Irrtum: Als ob Deutschland je in seiner Geschichte abgeschottet gewesen wäre. Wer immer noch an so etwas glaubt wie „Rasse-Reinheit", der möge in Zuckmayers „Des Teufels General" nachlesen, wie der General Harras einem überzeugten Nazi diese Flausen austreibt – mit Hilfe des Niederrheins, über den Jahrhunderte lang Horden von Menschen von ganz anderswo gegangen sind.

Und Nordrhein-Westfalen erst: Ob am Niederrhein, im Münsterland, in Westfalen insgesamt, erst recht im Ruhrgebiet, aber grundsätzlich überall, wo Industrie stattfand und -findet, ging und geht es nicht ohne Einwanderung. Ein Autochthoner auf dem Gebiet des Kunstgebildes Nordrhein-Westfalen: Wie sollte der aussehen? Und welchen Namen trüge er – hieße er etwa Giovanni Ali Lewandowski-Müller?

Heimat zu finden in Zeiten, da schon der bloße Gebrauch des Wortes „Leitkultur" zunehmend unter Rassismusverdacht gestellt wird, ist keine einfache Sache. Überhaupt ist „Rassismus" zum neuen Buzzword kulturlinker Dominanz geworden, zur Distinktionsvokabel, die die Guten von den Bösen trennt; erreicht wird außer linker Selbstvergewisserung wenig damit, was aber auch gar nicht das Ziel ist. „Rassismus" ist kein Integrations-, sondern ein Teilungswort; wem es wirklich um kulturelle Benachteiligung geht, der braucht keinen „Rassismus", dem reicht „Diskriminierung" völlig aus.

Wie soll das mit Heimat und Identität funktionieren, wenn wir alle unser Leben immer mehr in Vereinzelung führen, ganz einfach, weil unsere Wünsche eben persönlich so sind und weil die Technologie Individualisierung möglich macht? Und weil das große Geschäft nicht mehr der Massengeschmack ist, sondern jedem Einzelnen sein Wunsch von seinen Einkaufs- und Verhaltens-Daten abgelesen und von Amazon prompt erfüllt werden kann. Zusammengenommen entsteht auch hieraus ein Massengeschmack, allerdings mit dem Unterschied, dass jeder glaubt, es sei nicht so und er werde ganz persönlich bedient.

Wer taugt überhaupt zum Identitätsträger? Wir sind Deutsche. Aber wer ist „Wir"? Seit der Affäre Özil während der Fußball-WM in Russland, scheint nicht mehr klar zu sein, ob ein deutscher Pass reicht, um deutsch zu sein. (Das ist jetzt keine übellaunige Klage, sondern eine sachliche Beschreibung der Dinge.) Die deutsche Fahne, die deutsche Hymne, die deutsche Nationalmannschaft – gegen einen heraufziehenden nationaleren Geist auf der Suche nach Identitäts-Haltepunkten war es wahrscheinlich keine gute Idee, 2015 die Nationalmannschaft in nur noch „die Mannschaft" umzutaufen. Das Wort „deutsch" kam weg und die Bezeichnung „national" obendrein. Das war wohl zu viel der Merkelisierung.

Gewiss: Der konservative Sauerländer Friedrich Merz hat das kraftvolle Wort von der „Leitkultur" ganz sicher auch aus einer Empörung gegen einen linken, nationalgrenzenlosen Wohlfühl-Globalismus erfunden. Eine konservative Provokation. Aber diese Wortschöpfung ist jetzt schon älter als ein Dutzend Jahre und hält sich immer noch: Weshalb wohl?

Der Mechanismus Provokation/Überreaktion funktioniert entlang der Leitkultur auch heute noch hervorragend. Mitte Mai 2017 schrieb die damalige Integrationsbeauftragte der Bundesregierung, Aydan Özoğuz, im Berliner „Tagesspiegel" einen Beitrag. Darin hieß es: „Eine spezifisch deutsche Kultur ist jenseits der Sprache schlicht nicht identifizierbar." In der allgemeinen Nachrichtenflut wäre das Özoğuz-Zitat eine Episode geblieben, hätte nicht der AfD-Chef Alexander Gauland drei Monate später im Wahlkampf so zugeschlagen: „Das sagt eine Deutsch-Türkin. Ladet sie mal ins Eichsfeld ein und sagt ihr dann, was spezifisch deutsche Kultur ist. Danach kommt sie nie wieder her, und wir werden sie dann, Gott sei Dank, in Anatolien entsorgen können." Darauf bekam Gauland den Shitstorm, den er sich mit dieser menschenverachtenden Wortwahl auch redlich verdient hatte. Jenseits der völkischen Entgleisung Gaulands – hat Özoğuz denn recht?

Peer Steinbrück ist überzeugt, dass seine Parteifreundin den Empfindungen von Millionen von Menschen in Deutschland widersprochen hat. Er mag das Wort „Leitkultur" nicht, aber er stellt fest: „Die Reformation, der deutsche Beitrag zur Aufklärung, unsere Literatur, auch und gerade die Exilliteratur, die deutsche Romantik, Musik und Malerei, die Philosophie, das Theater der zwanziger Jahre, das Bauhaus, aber auch viele regionale Gebräuche und Traditionen bis hin zu den Weihnachtsmärkten, die auf mittelalterliche Verkaufsmessen wie den Münchner Nikolausmarkt (1310) oder den Dresdner Striezelmarkt (1434) zurückgehen – dies sind beispielsweise spezifische Beiträge, die Deutschland und auch „Deutschsein" maßgeblich definieren und Identität stiften. Dazu gehören auch (…) ein verantwortlicher Umgang mit den zwölf Jahren Nationalsozialismus, die Anerkenntnis der Schuld an unvorstellbaren Verbrechen und daran anknüpfend unsere Erinnerungskultur."

Die Linke und die Leitkultur – Sozialdemokraten und Grüne haben sich, auch und gerade in Nordrhein-Westfalen, eine Chance entgehen lassen. Weshalb haben sie es nicht fertiggebracht, den ursprünglich konservativen Begriff von links her aufzuladen, mit einer großen Portion Sozialstaat – in Nordrhein-Westfalen wurde schließlich die Montanmitbestimmung erfunden –, mit Ökologie und dem Abschied von den montanen Großstrukturen.

Man erfährt jedenfalls im beschaulich-romantischen Godesberg, wo Steinbrück sich seit 30 Jahren wohl fühlt, dass der Mann ein Identitäts-Experte ist. Als wir uns treffen, direkt am Rhein und mit Blick auf Drachenfels und Petersberg, antwortet der frühere nordrhein-westfälische Ministerpräsident auf die Frage, ob es eine nordrhein-westfälische Identität gebe, dennoch (oder gerade deshalb) rundheraus mit: „Nein."

Viele versuchen sich daran, das neue Sehnsuchtswort Heimat zu kapern. In Bayern gab es zuerst ein Heimatministerium. Dort macht es auch Sinn, denn dass Bayern den Bayern Heimat ist, duldet keinen ernsthaften Zweifel. Auf Bundesebene gibt es seit der Regierungsbildung 2016 auch ein Heimatministerium, welches bis zum Redaktionsschluss dieses Buches ironischerweise von einem Bayern geleitet wurde. Und Nordrhein-Westfalen?

Der Ministerpräsident Armin Laschet nennt sein Heimatministerium so: „Ministerium für Heimat, Kommunales, Bau und Gleichstellung". Das ist schon sehr eigenwillig, vor allem aber sagt es unfreiwillig sehr viel aus über Nordrhein-Westfalen als Identitäts-Träger. Heimat, Kommunales und Bau mag man noch unter einen Hut bekommen, aber Gleichstellung? Man kann der Meinung sein, dass es sinnvoll ist, sich um das Thema Gleichstellung zu kümmern, wenngleich dies eine kreative Kaperung aus dem Repertoire der Grünen ist, die an der Regierung Laschet nicht beteiligt sind. Aber was hat Gleichstellung mit Heimat zu tun? Außer vielleicht, es handelt sich bei Nordrhein-Westfalen um ein Land, das Gleichstellung als Teil von Heimat betrachtet. Das wäre allerdings schon sprachlich ein Novum: Heimat ist etwas, das ist, Gleichstellung etwas, das erst noch werden soll. Vielleicht ist es aber so: Mit „Heimat" wollte die Regierung ein bisschen konservativ-heimelig sein, um das mit „Gleichstellung" sogleich wieder nach links einzuhegen. Ein wenig Heimat also – mit schlechtem Gewissen.

Weil „Heimat" zum Lebensgefühl und zur Staatsdoktrin zuallererst in Bayern wurde, fahren wir nach München, um dort Edmund Stoiber zu treffen, der im vielleicht schönsten Stadtteil, im bürgerlichen Lehel, unweit vom wilden Eisbach, ein stattliches Büro mit unscheinbarer Klingel an der Haustür unterhält.

Der langjährige bayerische Ministerpräsident, der bei seinem so legendären wie umstrittenen Vorgänger Franz Josef Strauß in die Schule ging, schaut schon etwas seltsam drein, so, als sei die Frage nach der bayerischen Identität nur ein schlechter Scherz. Dann aber greift er nach der bayerische Landesverfassung und liest uns einfach mal deren Präambel vor:

„Angesichts des Trümmerfeldes, zu dem eine Staats- und Gesellschaftsordnung ohne Gott, ohne Gewissen und ohne Achtung vor der Würde des Menschen die Überlebenden des Zweiten Weltkrieges geführt hat, in dem festen Entschluss, den kommenden deutschen Geschlechtern die Segnungen des Friedens, der Menschlichkeit und des Rechts dauernd zu sichern, gibt sich das Bayerische Volk, eingedenk seiner mehr als tausendjährigen Geschichte, nachstehende demokratische Verfassung."

Welche sprachliche Kraft, welches Geschichtsbewusstsein (1 000 Jahre reale monarchisch geprägte Landesgeschichte gegen das totalitäre imaginäre „tausendjährige Reich"), was für ein satter Sendungsauftrag. Christus-Kreuze in Amtsstuben – noch Fragen? Man vergleiche die vollblutige bayerische mit der vergleichsweise blutleeren Präambel der nordrhein-westfälischen Verfassung:

„In Verantwortung vor Gott und den Menschen, verbunden mit allen Deutschen, erfüllt von dem Willen, die Not der Gegenwart in gemeinschaftlicher Arbeit zu überwinden, dem inneren und äußeren Frieden zu dienen, Freiheit, Gerechtigkeit und Wohlstand für alle zu schaffen, haben sich die Männer und Frauen des Landes Nordrhein-Westfalen diese Verfassung gegeben."

Die Bayern kommen aus einer tausendjährigen Geschichte, die Nordrhein-Westfalen versprechen sich „gemeinschaftliche Arbeit" zur Überwindung der Not. Die Bayern versprechen ihren Bürgern Frieden, Menschlichkeit und Recht, die Nordrhein-Westfalen auch noch Gerechtigkeit und Wohlstand, die so gewissermaßen zum Staatsauftrag werden. Überspitzt: Die Bayern vertrauen ihren Bürgern und sichern deren Grundbedürfnisse ab, die Nordrhein-Westfalen nehmen ihre Bürger an der Hand und garantieren ihnen soziale Gerechtigkeit. Der Leser möge selbst beantworten, wo auf der nach oben offenen Identitäts-Skala die Bayern und wo die Nordrhein-Westfalen stehen. Und welche Grundausrichtung für mehr „Wohlstand für alle" sorgt. Natürlich ist das ungerecht. Die amerikanischen Besatzer kamen nach Bayern, das es mit all seiner Tradition schon gab, die britischen Besatzer mussten Nordrhein-Westfalen erst einmal gründen. Da muss man es als NRW schon schwerer haben im kompetitiven Identitäts-Check.

Wir treffen Wolfgang Clement, den Vorgänger Steinbrücks, gleichfalls in Bad Godesberg, wenngleich nicht am Rhein, sondern gegenüber der libyschen Botschaft, welche nur noch aus einer medizinischen Abteilung besteht, die wohlhabende Araber zur Steigerung des Bruttosozialprodukts in der auch mit Hilfe der Medizin erfolgreich transformierten früheren Bundeshauptstadt unfallfrei in die gut beleumundeten Godesberg-Kliniken schleust.

„Bindung", analysiert Clement, „entsteht aus der gefühlten Gleichheit der Lebensverhältnisse. Deshalb ist die Identität im Regionalen so viel größer als auf der Landesebene." Am stärksten ist das regionale Heimatgefühl und Selbstbewusstsein aus der Sicht Clements im Sauerland ausgeprägt, einfach, „weil es sich so stark entwickelt hat". Das Rheinland, Westfalen, der Niederrhein, das Lipperland, diese Regionen Nordrhein-Westfalens hätten eine Identität, „die durch gemeinsame Sprache und gemeinsame Geschichte definiert wird", sagt Steinbrück. Besonders ausgeprägt sei diese Identität im Ruhrgebiet. Wir lassen Clements Ruhrgebiets-Zuschreibungen an dieser Stelle einfach mal freien Lauf:

„Seine reichhaltige und vielfältige Kultur, die besondere Integrationsleistung über Jahrzehnte hinweg, die Mentalität des Zusammenstehens, gelernt von Generationen, gerade in Gefahrensituationen. Ich bin für dich da, egal, woher du kommst! Hier werden keine Girlanden geflochten, hier gibt es nichts Barockes. Die Menschen sind dirckt und geradeheraus. Das erinnert mich an die Mentalität an der Küste, die von den Fischern geprägt ist. Das war ebenso ein karges wie hartes Leben. Das ist ein Menschenschlag, da quatscht man eben nicht viel. Im Ruhrgebiet: die Einwanderungswellen, der Fußball, das Zusammenhalten in der Niederlage, die trotzige Mentalität nach draußen: Die können uns alle mal am Arsch lecken."

In Steinbrücks Anmerkungen steckt viel Klischee, mag man einwenden, allerdings wurde dieser Stereotyp von Ruhrgebiets-Eliten lange gepflegt. Die Wahrheit ist komplizierter, auch im Ruhrgebiet. Essen und Dortmund verstehen sich als Rivalen, immer schon. Dortmund begreift sich sozusagen als Hauptstadt Westfalens, Essen sieht sich, vielleicht eine Folge des hohen Nachkriegs-Reichtums, gleich als Hauptstadt des gesamten Ruhrgebiets, was natürlich die durchaus lokalstolzen Bochumer, Duisburger und Mülheimer auch nicht fröhlicher macht. Von den Bottropern, Hernern und Recklinghäusern, die nicht ganz so viel Stolz abbekommen haben, ganz zu schweigen.

Das Ruhrgebiet vereint einen rheinischen und einen westfälischen Teil, das merkt man heute noch. Der komplizierteste Identitäts-Fall im Revier aber ist Duisburg. Es ist die einzige Stadt, die es auf ihrer großen Fläche gar auf drei Identitäten bringt: eine rheinische im Westen, die sich in Richtung des reichen Düsseldorf orientiert, dessen Teil sie gerne wäre, eine niederrheinische im Norden und eine ruhrische im Osten. Der niederrheinische Part läuft mit seinen Häusern und Weiden ins Ländliche hinaus, der rheinische versammelt bürgerliche Häuser und sogar Villen, die jene gebaut haben, die derartige Behausungen in Düsseldorfs nur wenige Kilometer entferntem teuren Norden kaum hätten bezahlen können, und der ruhrische versammelt viel Elend und Armut und mühsame Integration.

Essen ist, wie andere Städte im Pott auch, eine sozial geteilte Stadt. Außenstehenden kann man diese Teilung leicht mit dem Hinweis auf den

Verlauf der A 40 erklären, der früheren Bundesstraße 1, dem Ruhr-Schnell-weg, der viele Jahre zu Recht „Ruhr-Schleichweg" hieß. Die A 40 ist eine soziale Demarkationslinie, was man daran erkennt, dass es bis heute kein Problem ist, im reichen Süden – hier übersteigt das Brutto-Vermögen pro Kopf jenes von Düsseldorf – wie im armen Norden Menschen zu finden, die im jeweils anderen Stadtteil in ihrem ganzen Leben nicht ge-wesen sind – und dies auch richtig finden.

Die WAZ, die sich immer schon als Klammer des Reviers verstand, hat einmal den Versuch unternommen, aus der irritierenden Vielfalt zwi-schen Mülheim und Dortmund eine Einheit zu schaffen: „Ruhrstadt" hieß das Projekt, mit dem folgerichtig viele Leitartikel unter dem damals noch kohlrabenschwarzen, brikettgleichen Zeitungskopf gefüllt wurden. Eine typische sozialdemokratische Idee, wie so viele andere der irrigen Vorstellung folgend, man könnte Realitäten wie Mentalitäten durch „So-cial Engineering" verändern. Die Chose scheiterte also grandios, denn auf diese plumpe Weise wollte sich der, sagen wir mal, Wattenscheider, nicht von der Landkarte durch grobe Eingemeindung wegrationalisie-ren lassen. Und dann passierte das Gegenteil: die Re-Regionalisierung, mehr noch – die Re-Lokalisierung. Die Wattenscheider fahren heute mehrheitlich wieder mit einem WAT-Autokennzeichen durch das Re-vier und den Rest der Welt, weil es ihnen gefällt, sich in Besinnung auf ihren eigenen Sprengel von der größeren Einheit, Bochum, zu unter-scheiden.

Auch anderswo im nordrhein-westfälischen Kunstprodukt ist viel-fältig, was von außen einheitlich aussieht. Den solideren Niederrhein sollte man nicht mit dem leichtlebigeren Rheinland in einen Sack ste-cken. Dazu sind die rotsteinigen Häuser am Niederrhein zu trutzig, de-ren Fenster zu klein, die Bäume längs der Alleen zu dick und es fällt zu viel Regen, ganz abgesehen vom Nebel, der im Frühjahr und Herbst die Landschaft in Melancholie taucht. Der Unterschied zwischen dem Nie-derrhein und dem Rheinland in einem Satz: Am Niederrhein *kommt* der Klempner. (Im Rheinland heißt es: „Entschuldigung, dä Termin han isch verjesse.") Die Unterschiede zwischen dem Rheinländer und dem Nie-derrheiner sind wichtig, auch heute noch, und Zugezogene, die sich in diesem Mentalitätsdickicht zurechtfinden wollen, tun gut daran, sich da-mit zu befassen. Sehr schön hat jedenfalls der Kabarettist Hanns Dieter Hüsch den Niederrheiner in dessen prekärem, leicht zu erschütterndem Stolz gezeichnet: „Der Niederrheiner hat von nichts eine Ahnung, kann aber alles erklären." Das allerdings macht die Räume zum red- und leutseligen Rheinländer auch schon wieder eng.

Aber selbst am Niederrhein: Der Erkelenzer, am Rande zur braunkohligen Einöde Richtung Aachen beheimatet, lässt sich nicht mit dem Mönchengladbacher vergleichen, der sich als stolzer und überhaupt urbaner definiert. Wobei der nach Mönchengladbach gegen seinen Widerstand eingemeindete Rheydter schon immer der Meinung war, dass in seiner industriell geprägten Stadt erst das Geld verdient werde, das dann die leichtsinnigeren Gladbacher ausgeben würden. Der Krefelder, im Bewusstsein einer stolzen Bürger- und Handwerkstradition, als Repräsentant einer „Seidenweberstadt", hält sich vom Gladbacher mentalitätsmäßig fern und beide, die Krefelder wie die Mönchengladbacher, halten die Düsseldorfer für Snobs, was ungerecht ist, weil viele der Ferraris, Aston Martins und Jaguars, die samstags auf der „Kö" ihre Schaurunden drehen, gerne mal aus Wesel kommen, vereinzelt wurden Poser-Exemplare sogar aus Emmerich gesichtet.

Wir sollten derartige Feindifferenzierungen natürlich auch für Westfalen vornehmen, wenn wir es denn könnten. Diesbezüglich aber immerhin ein nicht nur bei Wolfgang Clement beliebter Abgrenzungsspruch, der die westfälische Solidität ebenso betont wie die Empörung über mangelnde Verlässlichkeit des Rheinländers: „In Westfalen werden die Versprechen gemacht, die im Rheinland gebrochen werden." Als Gegenleistung für das Ertragen von so viel Schmach von allen ihn umgebenden Seiten muss man für den Rheinländer festhalten, dass er einfach besser durchs grundsätzlich lebensgefährliche Dasein kommt. Donald Trump, Wladimir Putin, Xi Jinping, die Euro-Krise, die Flüchtlingsflut, der Klimawandel? Stets verfügt der Rheinländer über den wirksamsten Trost für sich und sein Kölsch oder Alt trinkenden Nachbarn: „Et hätt noch immer joot jejange."

Bevor wir uns hier weiter in den Fallstricken dieses an Identitäten so irritierend reichen Nordrhein-Westfalen verfangen, kehren wir lieber zurück zu Edmund Stoiber. Der Alt-Bayer kennt sich mit den Nordrhein-Westfalen tatsächlich seit frühester Jugend aus. Bayern war wegen seiner dörflich-landwirtschaftlichen Prägung arm. Gleichzeitig jedoch wegen des bäuerlichen Eigentums auch stolz. Die nordrhein-westfälischen Arbeiter, vor allem die aus dem Ruhrgebiet, zählten im Nachkriegsdeutschland und auch noch viele Jahre danach zur proletarischen Aristokratie, sie waren also im Vergleich zu den Durchschnittsbayern reich. Stoiber erzählt von einem Clash of Civilizations, der sich aus diesen Gegensätzen ergab:

„Die konnten nach dem Krieg als erste wieder Reisen machen, also kamen sie irgendwann auch zu uns nach Oberaudorf. Da war ich ungefähr neun Jahre alt. Da kamen sie dann, aus Herne, Gelsenkirchen und natürlich aus Oberhausen. Und klar, aus Essen. Für uns war das damals der starke Teil Deutschlands. Ein bisschen haben uns unsere Gäste aus Nordrhein-Westfalen ihre Überlegenheit auch spüren lassen. Und, ja: Ein wenig langsam sind wir Bayern tatsächlich auch beim Sprechen. Die hielten uns schon für hinterwäldlerisch und nicht so liberal und so wortgewandt wie sich selbst. Ich habe diese Leute auch ein Stück weit bewundert: Die hatten ja schon die Menschen aus Polen und von anderswo integriert und wussten, was Toleranz heißt. Soweit waren wir Bayern noch nicht."

Aus dem bayerischen Rückstand, so erzählt es Stoiber, habe dann als erster Franz Josef Strauß handfeste Politik gemacht. Noch in den siebziger Jahren stand Bayern im Vergleich der Wirtschaftskraft der deutschen Flächenländer auf wenig schmeichelhaften unteren Rängen. „Wir müssen weg vom letzten Platz", das war damals, so Strauß-Adlatus Stoiber, die wichtigste Botschaft des bayerischen Ministerpräsidenten.

„Wir alle hatten den unbändigen Willen, nach oben zu kommen", erzählt Stoiber. Da waren alle bayerischen Regierungschefs gleich. Und nach oben zu kommen, das bedeutet: Veränderung. Nun hat allerdings kaum jemand Veränderung gerne. „Aber", so Stoiber, „wenn du arm bist, dann ist Veränderung auch eine Chance." Vielleicht erklärt das, weshalb sich der Reiche mit Veränderung, Fortschritt und selbstgewähltem Aufbruch schwerer tut als der Arme. Wer sich reich wähnt oder in seinem Wohlstand zunehmend von den Entwicklungen bedroht, der wird sich selbst noch dann an seinen sozialen Status klammern, wenn dies längst existenzbedrohend geworden ist. Womöglich ist es also das, was erklärt, weshalb heute Bayern wirtschaftlich eher oben ist. Und Nordrhein-Westfalen eher unten.

Vor allem sozialdemokratische Ministerpräsidenten, seit Heinz Kühn, inszenierten jede neue Universität in ihrem Land als ein weiteres Versprechen für sozialen Aufstieg. Eine neue Universität in Bayern hingegen bedeutete: Fortschritt, Innovation, Wachstum, Zukunft. Es gibt eine sehr lange Linie in Nordrhein-Westfalen. Und die verläuft parteiübergreifend so: Karl Arnold startete mit dem Versprechen, das soziale Gewissen der Republik zu sein. Heinz Kühn und Johannes Rau versprachen Aufstieg durch Bildung. Die Bergbau-Kumpel verlangten: Niemand darf ins Bergfreie fallen. Und Rau und Clement und Steinbrück lieferten, was die mächtigen Bergbau-Gewerkschaften verlangten.

Hannelore Kraft wollte eigentlich einen gewissen Bruch – Clement und Steinbrück und Rau einer alten SPD zuordnen, sich selbst als neue SPD darstellen; hier das Bündnis aus Industriegewerkschaften, Patriarchen, Ruhrgebiets-Baronen, dort die neuere, emphatischer daherkommende Kümmerer-Variante, die sich von den an Bedeutung verlierenden, gewerkschafts- wie unternehmerseitig patriarchalischen Industrie-Giganten ab- und der Dienstleistungsgewerkschaft zuwendet. Also sagte sie, darin anscheinend moderner als die montanfixierten Altvorderen, zu, kein Kind zurücklassen zu wollen. Aber auch Kraft konnte und wollte die alte Traditionslinie nicht kappen: Die letzte Lore heißt Hannelore, versprach sie den Bergleuten.

Jene Tradition, die in Nordrhein-Westfalen sozial geprägt ist, folgt in Bayern einer liberalen Idee. Stoiber: „Wir in Bayern waren immer für Chancengerechtigkeit. Aber nie für Ergebnisgleichheit." Und wenn man Chancengerechtigkeit verspreche, dann müsse man eben auch Eliten fördern. Das war in Nordrhein-Westfalen in der Tat lange verpönt. Stoiber: „Ich habe den Studenten immer gesagt: ‚Ihr müsst mehr leisten als andere. Das ist eure Verantwortung.' Gemeint war immer: ‚Es ist eure Pflicht, euch richtig anzustrengen.' Deshalb war das Schulsystem in Bayern auch immer besser als in Nordrhein-Westfalen. Ein Schulkind, das in Hanau in Hessen zur Schule ging und dann an eine Schule ins wenige Kilometer entfernte Aschaffenburg wechselte, musste damit rechnen, womöglich sitzenzubleiben." Die ersten Elite-Universitäten seien dann folgerichtig in Bayern entstanden und nicht in Nordrhein-Westfalen, die Technische Universität München und die Ludwig-Maximilians-Universität.

Die sprichwörtliche bayerische Fortschritts- und Innovationsfreundlichkeit, sie entwickelte sich aus einem Wettkampf mit dem lange dominanten Nordrhein-Westfalen. Stoiber: „Hier hinein gehört auch der FC Bayern München, der sich dann vom mittelmäßigen Verein zur weltweiten Spitzenmannschaft entwickelte." Während die Vereine, die der junge Stoiber als sportliche Ikonen des Westens erlebt hatte, Rot-Weiss Essen, Rot-Weiß Oberhausen, Wattenscheid 09, Stück für Stück in der Bedeutungsarmut versanken.

Das Liberale in Bayern kommt aus dem Bäuerlichen, aus der kleinen Einheit, aus dem Mittelstand. Das Soziale in Nordrhein-Westfalen kommt aus dem Industriellen, der großen Einheit, von den Ruhrbaronen, den mächtigen Gewerkschaften. Das Unternehmerische, Mittelständische, das sagt: „Du bist dein eigener Herr. Dein Risiko ist deine Verantwortung." Das Industrielle ist zugleich das Patriarchale. Es sagt: „Wir betreuen dich von der Wiege bis zur Bahre." Im Krupp-Krankenhaus geboren, in Margarethe Krupps-Siedlung aufgewachsen und (subventioniert) gewohnt, mit der Betriebsrente in den (Vor-)Ruhestand, gestorben schließlich in Krupps Hospital.

Wobei man das Liberale in Bayern schon noch exakter fassen muss. Strauß und seine Nachfolger agierten kaum je neoliberal. Wenn eine Firma von Belang drohte unterzugehen, griff die Regierung ein und versuchte zu retten, was zu retten war. Die Ansiedlungserfolge, die Strauß bei Rüstungs-, Elektro- und Raumfahrtunternehmen erzielte, beruhten auch nicht allein auf dem blauen Himmel über der Isar. Der Wandel Bayerns vom Agrarland über den Industrie- bis zum Wissensstandort verlief geplant. Und die oberste Planungsbehörde war die bayerische Staatskanzlei. Die „Frankfurter Allgemeine Sonntagszeitung" hält am 2. September 2018 fest: „In dem Land, in dem Ludwig Erhard, Ikone des politischen Ordoliberalismus und der sozialen Marktwirtschaft, höchstselbst als Staatsminister für Handel und Gewerbe seinen Aufstieg begann, wird in wirtschaftspolitischer Hinsicht wenig dem Zufall und noch weniger dem Markt überlassen. Und das zu einem Ausmaß, welches durchaus zu der Aussage berechtigt: Der bayerische Wohlstand ist staatsgemacht." Was früher die Luft- und Raumfahrt waren, das ist heute die Künstliche Intelligenz und die Robotik. Aber ohne den Faktor Identität mag das alles kaum funktionieren. Nachdem sie Bayern als „Deutschlands Märchenland" gezeichnet hat, bei Finanzkraft des Staates, Ideenreichtum der Wirtschaft und Qualität der Ministerialbürokratie weit vorne, weil man hier konsequent auf Leistung setzt und nicht auf fachfremde Dinge wie Genderpolitik, bilanziert die Zeitung: „Vielleicht ist das ja der wahre Schlüssel zum bayerischen Erfolgskonzept: die einigende Wirkung des gemeinsamen Stolzes auf die Heimat, wo die Berge so blau und das Gras so saftig grün sind."

Der bayerische Liberalismus hatte also seine patriarchalischen Züge – aber es ging ihm nicht zuallererst um die Herstellung irgendeiner Gerechtigkeit, sondern um die infrastrukturelle Voraussetzung dafür. Das nordrhein-westfälische Patriarchat war stets soziale Heimat. Ein persönlich beeindruckender Vorstandsvorsitzender des Bayer-Konzerns, der es ohne Abitur bis an die Konzernspitze gebracht hatte, Werner Wenning, erzählte einmal, was ihm in seiner Karriere nach seinem Empfinden den größten Ärger der Belegschaft eingetragen hatte. Es seien nicht die vielen Umstrukturierungen gewesen, verbunden auch mit sozialen Härten, sondern: die Schließung des Bayer-Kaufhauses und des Bayer-Schwimmbades. Das hätten die Mitarbeiter verstanden als das Ende der ganz besonderen Bayer-Identität. Vermutlich hatten sie recht.

Von der Wiege bis zur Bahre – niemand verkörpert diese patriarchalische Tradition so sehr wie Bertold Beitz. Wenn heute die Betriebsräte und die kapitalismuskritischen Gewerkschaften über die Umstrukturierung von Thyssenkrupp jammern, dann beschwören sie immer noch den alten Geist. „Heuschrecken" als wichtige Anteilseigner im Unternehmen? So etwas hätte Beitz doch nie zugelassen. Die großen unternehmensstrategischen Fehler des Krupp-Patriarchen, etwa das gigantische Verlustgeschäft in Brasilien, wurden in das milde Licht gnädigen Angedenkens getaucht, ebenso wie die Schließung des Stahlwerks in Rheinhausen, die Ende der achtziger Jahre in Duisburg ohne Beitz' Einverständnis nie hätte stattfinden können.

An einem eiskalten Winterabend Anfang des Jahres 1988 sitzt ein WAZ-Reporter (Name und Person sind dem Autor dieser Zeilen eng vertraut) in einem, sagen wir: reviertypischen, also kleinen, aber gemütlichen Wohnzimmer vor einem Tonband und einer Kanne Kaffee. Er lauscht einem Telefon-Mitschnitt, den der Wohnungsbesitzer, ein Rentner aus Oberhausen, angefertigt hat. Auto-Telefone sind da noch nicht abhörsicher, also ist der Mitschnitt illegal, das weiß auch der Rentner. Der Mann ist Hobbyfunker, heute würden wir sagen: ein Hacker, und die Telefonate von Krupp-Vorständlern sind zu seinem Hobby geworden. Der Mann mag keine Krupp-Vorständler. Er hält sie für Arbeiter-Verräter. Darum hat er, nicht zum ersten Mal, den WAZ-Reporter benachrichtigt, der solle doch mal vorbeikommen, er habe da was Interessantes. Den Kaffee hat seine Frau gekocht. Es ist Mitternacht. Und das Band ist politisch hoch brisant.

Es dauert noch einige Stunden, bis klar ist, was und vor allem wem die beiden Männer, der Reporter und der Rentner, da lauschen. Der

Morgen graut, die Klarheit naht: Die eine Stimme, die da vom Band knarzt, gehört dem Chef von Krupp-Stahl, Gerhard Cromme. Am anderen Ende hört der Stahl-Chef des Thyssen-Konzerns zu, Heinz Kriwet. Cromme erzählt von seinem vertraulichen Gespräch mit führenden Sozialdemokraten in der Düsseldorfer Staatskanzlei, bei dem es um die hoch umstrittene Schließung des Rheinhauser Krupp-Werkes ging. Seit beinahe einem halben Jahr gibt es Streiks und Straßenblockaden. Beinahe jeden Tag, erinnert sich der WAZ-Mann, seien bei den Arbeitern führende SPD-Vertreter, gerne auch Minister, aufgeschlagen und hätten sie ermutigt, den Protest gegen das Krupp-Management weiterzuführen. „Haltet durch" und „Wir sind an Eurer Seite", das seien die Durchhalte-Parolen gewesen. In Wahrheit ist es die letzte der ganz großen Schlachten, in der Stahl-Arbeiter und Sozialdemokraten Seit' an Seit' marschieren. Jahrzehntelang hatten die Betriebsräte ihre Identität aus dieser Formation abgeleitet, ebenso wie die sozial-moralischen Regierungen zu jener Zeit. Der Kampf um Krupp, das ist Ende der achtziger Jahre auch der Kampf um die Identität des ganzen Landes Nordrhein-Westfalen.

Deshalb ist es Sprengstoff, was Cromme jetzt an Kriwet berichtet: „Die Meinung war dort ... aber so können wir es natürlich nicht bringen ... Ja, macht es möglichst schnell, denn dann ist das Thema gelöst und so weiter, und der Krach ist weg." Als der WAZ-Reporter diese Sätze hört, da ist ihm klar: Das hier ist ein echter journalistischer Scoop, einer mit durchschlagender politischer Fallhöhe. Die SPD – nicht mehr Seit' an Seit' mit den Arbeitern, sondern mit dem verhassten Krupp-Management, was für eine Story! Ein paar Stunden schläft der WAZ-Mann, dann fährt er ins Büro und schreibt die Geschichte auf. Es ist völlig klar: Das hier ist keine normale Geschichte – damit wird sie zur Chefsache. Der Reporter muss seine Geschichte der Chefredaktion vorlegen – und die lehnt eine Veröffentlichung ab. Selbstredend nicht mit der Begründung, die WAZ stünde an der Seite der SPD, und überhaupt, Herausgeberin Anneliese Brost sei doch mit Johannes Rau persönlich und eng befreundet – das alles weiß der Reporter natürlich –, die offizielle Begründung der Redaktion lautet: Es handelt sich um einen illegalen Mitschnitt, und die WAZ als seriöses Blatt veröffentlicht so etwas nicht. Chefredakteur ist Siegfried Maruhn, ein in der Redaktion geachteter, von den Eigentümern des Blatts hoch respektierter, über-

aus seriöser Mann. Er steht zu diesem Zeitpunkt unmittelbar vor seiner Rente.

Der WAZ-Reporter ist fertig mit den Nerven und der Welt. Ihm ist gerade die Story seines jungen Reporter-Lebens durch die Lappen gegangen. Enttäuscht ist auch der Rentner in Oberhausen. Auf verschlungenen Wegen findet das Tonband – ohne Absender natürlich – dann seinen Weg zum Krupp-Betriebsrat Theo Steegmann. Der versteht, welches Juwel er da in der Hand hat, und weiß: Selbst wenn die Krupp-Fabrik nicht mehr zu retten wäre – nun kann er die Preise treiben. Also verabredet sich Steegmann, bei ihm ist der Rheinhauser Pfarrer Dieter Kelp, mit den Bonner Sozis Jürgen Schmude und Heinz Westphal – die lehnen es aber erst mal ab, sich das Band anzuhören, zumal Steegmann und Kelp für den ominösen Mitschnitt auch keine Quelle angeben können. Die Geschichte mit dem WAZ-Mann und dem Abhör-Rentner aus Oberhausen kennen sie nicht, auch nicht die linke „taz", die kurz darauf, illegal oder nicht, rebellisch ein Protokoll des Mitschnitts veröffentlicht, auch nicht der „Spiegel", der danach die Story auswalzt. Jetzt reagieren die wütenden Arbeiter. Sie besetzen die Rheinkniebrücke in Düsseldorf und sprühen historisch bewährte radikallinke Protest-Parolen: „Wer hat uns verraten …" Sie rücken vor auf die Bannmeile – der WAZ-Reporter ist wieder, wie fast immer, dabei. Sie rufen, durchaus burschikos: „Barschel, lass das Wasser ein, Johannes wird der Nächste sein." Kurz zuvor war der christdemokratische schleswig-holsteinische Ministerpräsident Uwe Barschel in dem Fünf-Sterne-Hotel „Beau Rivage" in Genf in einer Badewanne tot aufgefunden worden.

Die Sozialdemokraten wissen um die politische Gefahr. Ihre Identität steht zur Disposition, die große sozialdemokratische Erzählung von der Solidarität zwischen den Arbeitern und der Partei. Zu dieser Zeit ist die SPD unbestritten noch eine Arbeiterpartei. An der Rheinkniebrücke halten die Demonstranten den nordrhein-westfälischen Arbeitsminister Herbert Heinemann in dessen Auto an und stellen ihn aufgebracht zur Rede. Der ruft: „Der Cromme lügt, der Cromme lügt." Und dann: „Scheiße, wie kriegen wir das wieder hin?" Das Thema ist längst zur Chefsache geworden. SPD-Fraktionschef Friedhelm Farthmann rät zu einer öffentlichkeitswirksamen Klage der Landesregie-

rung gegen den Krupp-Manager Cromme. Johannes Rau rät ab: Das Gespräch sei schließlich illegal abgehört worden. Rau fordert von Cromme aber ein öffentliches Dementi, allen ist klar, das ist jetzt weniger der Wahrheit als der großen sozialdemokratischen Erzählung geschuldet. Aber die Stahlbarone wissen, dass sie die Landesregierung noch brauchen. Also schwurbelt Cromme sich die folgenden Worte zurecht: „Die Vertreter der Regierung" hätten in den Gesprächen mit den Managern „keine Zweifel darüber gelassen", dass eine „positive Unterstützung einer Stilllegung nicht zu erwarten" wäre. Das ist, dies für Freunde politischer Semantik, nicht einmal gelogen. Zwischen diesem „Macht es, aber macht es schnell" und einer „positiven Unterstützung einer Stilllegung" liegt schließlich noch ein Stückchen freie Interpretationsfläche. Die Manager können ihr Gesicht wahren, die Sozialdemokraten auch und der Ministerpräsident ist aus dem Schneider. Die Düsseldorfer Staatskanzlei bringt die Cromme-Erklärung unter die wartenden Journalisten, die drucken brav ab, was ihnen offiziell erzählt wird, auch die WAZ, obwohl sie es besser weiß. Rau zahlt nur einen kleinen Preis, wenn überhaupt: Er hat zugesichert, als Vermittler tätig werden zu wollen. Das passt: Der vermeintliche Arbeiter-Verräter ist in seine bewährte Rolle zurückgeschlüpft – als Versöhner aller Klassen. Rheinhausen macht ein bisschen später dicht als geplant, die 5300 Arbeitsplätze sind dann doch noch weg. Es dauert noch ein paar Jahre, aber dann entsteht auf dem Rheinhausen-Gelände doch noch etwas Neues – Duisport. Der Hafen wird sich zu einem der führenden deutschen Logistik-Unternehmen weiterentwickeln, es entstehen viel mehr Arbeitsplätze als zuletzt im Stahl. Aber das ist die nächste Geschichte (sie wird erzählt im Kapitel „Innovation").

Von der Wiege bis zur Bahre – als die Unternehmen wegen der Montankrise ihre Kümmerer-Funktion nicht mehr leisten konnten, wuchs der Staat Stück für Stück in diese Rolle hinein. Die Arbeiter, die Gewerkschaften, die untergehenden Patriarchen riefen nach dem Staat – und der lieferte, was verlangt wurde.

Es war auch ein Erziehungsprogramm zur Unmündigkeit. Noch heute unterscheidet Bayern und Nordrhein-Westfalen die Quote der Selbstständigen. Diese Quote markiert auch eine Demarkationslinie in Nordrhein-Westfalen selbst. In den Landesteilen, die traditionell mittelständisch geprägt waren, wie das Sauerland, Ostwestfalen, das Münsterland, der Niederrhein, ist heute der Wohlstand ungleich höher als in den industriell geprägten Gegenden, voran dem Ruhrgebiet.

Vermutlich haben die Subventionen einen Anteil am ausbleibenden Erfolg. Die Textilindustrie am Niederrhein ließ man sang- und klanglos untergehen, sie konnte auf staatliche Unterstützung nicht hoffen. Dieser Krisenregion blieb nichts anderes übrig, als den Versuch zu unternehmen, aus eigenem Antrieb wieder wirtschaftlich nach oben zu kommen. Das gilt auch für das Münster- und das Sauerland.

Alles keine Frage objektiver Kriterien, sondern eine von Identität und Mentalität. Selten nur schaffen Fakten Dispositionen, meistens ist es umgekehrt: Das Bewusstsein bestimmt das Sein. Um diese These zu überprüfen, fahren wir zu Professor Rolf Heinze nach Bochum. Dort lehrt Heinze seit vielen Jahren Soziologie. Eingehend hat er sich mit der sozialen Geschichte regionaler Räume beschäftigt.

Dass, wenn von Innovation die Rede ist, stets zuallererst das Silicon Valley und, wenn von innovativem Mittelstand gesprochen werde, Bayern und Baden-Württemberg genannt würden, findet Heinze eine arge Vergröberung. Auch in Nordrhein-Westfalen gebe es, im Kontrast zu den „altindustriellen" Montanregionen, Landstriche, die erfolgreich, innovativ und eben mittelstandsgeprägt seien, neben dem Münsterland ganz sicher auch Ost- und Südwestfalen. Diese Räume seien wirtschaftlich bis heute geprägt von kleinen und mittelständischen Unternehmen, geführt von Eigentümer-Unternehmern, die globale mit Heimat-Orientierung verbänden. Hinzu kämen außerordentlich bodenständige Arbeitnehmer. (Bis heute nennt sich die dort als Heimatzeitung erscheinende „Westfalenpost" im Untertitel: „Stimme der Heimat, Echo der Welt." Vielleicht verliert dieses Blatt deshalb unter den Ruhrgebietszeitungen der Funke Mediengruppe am wenigsten an Auflage.)

Heinze stimmt Clement in der Einschätzung eindeutig zu, dass es in den vergangenen Jahren zu einer zunehmenden Aufwertung der Regionen (zu Lasten eines Landesbewusstseins) kam. „Durch die Veränderungen auf den internationalen Märkten und der damit verbundenen Reorganisation der Produktion geht allgemein eine Aufwertung der Region und der zwischenbetrieblichen Kooperationsstrukturen einher." Es sei eine Strategie der „flexiblen Spezialisierung" entstanden, die darauf abziele, durch Diversifizierung größere Qualität und Kundennähe zu erreichen. Diese Strategie markierte wirtschaftshistorisch das „Ende der

Massenproduktion", die das Ruhrgebiet in den vergangenen Jahrzehnten erleiden musste.

Die Montankrise traf das südwestfälische Wirtschaftsgebiet eher als das Ruhrgebiet, aber Südwestfalen hatte eben eine mittelständische Grundstruktur, die offenkundig die besseren Rezepte für industrielle Transformation abliefert. Heute und in absehbarer Zukunft schaffen nicht mehr relativ isolierte Schlüsseltechnologien und dazu passende Dienstleistungen Wohlstand und Arbeitsplätze, „die Zukunft liegt in der Verknüpfung von Technologien und Dienstleistungen in regionalen Kompetenzzentren". Heinze spricht von einer regelrechten Modewelle an „Innovationsnetzwerken und -clustern". Dabei habe sich auch die Richtung der Forschungspolitik gedreht: „Im Fokus steht nun die Verbindung von Grundlagenforschung und anwendungsorientierter Technologieentwicklung. Zudem wird das regionale Umfeld in die Innovationsförderung integriert."

Darauf zu hoffen, dass es in Zukunft noch in größerem Stil zu Ansiedlungen von Unternehmen von außen kommt, hält Heinze für eine Illusion. Synergie von Wirtschaft und Wissenschaft in regionalen Kompetenzprojekten sei eine erfolgversprechende Alternative. „It's OWL" (Ostwestfalen) sei ein herausragendes Beispiel für eine solche Entwicklung. Das werde auch von der Landespolitik anerkannt. Garrelt Duin, unter Hannelore Kraft NRW-Wirtschaftsminister, nannte Kooperationen wie die in Ostwestfalen eine „Blaupause für andere Landesteile". Im Ruhrgebiet sei die interkommunale Kooperation hingegen deutlich geringer ausgeprägt. „Vor 20 Jahren hätte sich kein NRW-Politiker getraut, so zu argumentieren", sagt Heinze mit Blick auf die in dieser Zeit längst verblasste industrielle Dominanz des Ruhrgebiets. Seine Vorbildfunktion als Ort für „Strukturwandel" habe das Ruhrgebiet schon lange verloren. „Kernland" der Industrie sei heute nicht mehr das Revier, sondern Ost- und Südwestfalen. Das hat unmittelbare politische Folgen. So sind die Regionalräte aus Arnsberg, Detmold und Münster nicht mehr bereit, die dominierende Stellung des Ruhrgebiets bei der Verteilung der Fördermittel des Landes hinzunehmen. Wichtige Infrastrukturprojekte sollten hier (und nicht im Revier) angesiedelt werden: vom Straßenbau bis hin zu Schienenwegen, von der Breitbandversorgung bis hin zu Bildung und Gesundheit. Aus Westfalen solle „Bestfalen" werden.

Tradition und Aufbauleistung für ganz Deutschland hin oder her – das Ruhrgebiet wird sich etwas einfallen lassen müssen. Aus der Region mit dem „Pulsschlag aus Stahl" müsse eine vernetze Wissensregion werden. Sicher zähle die Hochschullandschaft im Ruhrgebiet zu dessen Stärken, „aber der Transfer in die Wirtschaft muss noch weitaus besser realisiert werden". Damit ist letztlich zutreffend die große Bedeutung der von der Regierung Laschet ins Leben gerufenen „Ruhrgebietskonferenz" umschrieben; sie wird koordiniert von dem im Ruhrgebiet seit Jahrzehnten bestens vernetzten Rechtsanwalt Stephan Holthoff-Pförtner, den Laschet zu seinem Minister für Bundes- und Europaangelegenheiten berufen hat.

Aus der philosophischen Cloud und der soziologischen Empfehlung zurück ins politische Leben. Wir müssen noch berichten, wie der derzeitige Ministerpräsident sich sortiert beim Thema Identität. Wir treffen Armin Laschet im Spätsommer in der Villa Horion, Horionplatz Nummer eins. Mehr müsste man eigentlich gar nicht erzählen. Kann man aber natürlich doch.

Wolfgang Clement hatte die Regierungszentrale ins luftige, gläserne, besonders ökologische Stadttor verlegt, dorthin, wo so viele andere Manager symbolträchtig und marketingbewusst Quartier bezogen hatten. Der Mietvertrag geht über 30 Jahre, und selbst der selbstbewusste Clement konnte nicht davon ausgehen, derart lange zu regieren. Er wollte Fakten schaffen und seine Nachfolger an seine Sichtweise binden. Das funktionierte dann auch – bei Steinbrück, Rüttgers und Kraft. Bei Armin Laschet nahm diese Geschichte dann ihr überraschendes Ende. Denn Laschet ist, bisher wenig ausgeleuchtet, ein Identitätspolitiker – geschichtsbewusst und mit einem feinen Sinn für Symbole gesegnet.

Die Villa Horion heißt so, weil am 14. März 1922 Johannes Horion, ein Zentrums-Politiker, als Nachfolger von Ludwig von Renvers als Landeshauptmann der Rheinprovinz dort einzog. Wichtiger für Laschets Entscheidung, als Regierungschef das technokratische Stadttor zu meiden, war indes eine andere Weichenstellung. Im Herbst 1959 zog der christdemokratische Ministerpräsident Franz Meyers in die Villa Horion, nach ihm Heinz Kühn von der SPD, nach diesem Johannes Rau. Beinahe 40 Jahre diente der graue Wuchtbau nordrhein-westfälischen Ministerpräsidenten als Amtssitz, bevor Clement ihn zum Symbol für alles Hergebrachte, Stillstehende erkor und wegzog, worüber Johannes Rau, mehr an Tradition interessiert als an Moderne, erheblich erzürnt war. Er drohte Clement, diesen in seinem Glaspalast nie und nimmer zu besuchen – und hielt Wort.

Knapp 20 Jahre später kehrte nun Laschet zurück – und beließ es nicht beim reinen Ortswechsel. Im Glashaus konnte man zwar Regierungschefs anderer Länder empfangen, aber die Architektur machte aus einem Staatsbesuch etwas Technokratisches oder gar Banales. Staatsbesuche sollen erhaben und würdevoll sein, dazu passen nicht neumodische Häuser mit zu niedrigen Decken und ohne Säulen. Wer auf die Idee kommt, an solchen Orten große Orchester aufspielen zu lassen, gibt sich selbst der Lächerlichkeit preis. Und wie soll das überhaupt aussehen, wenn man auf einer zinnoberroten Plattform aus Gummi am Ende einer sehr langen Rolltreppe einen traditionsroten Teppich auslegt?

Laschet mag rote Teppiche. Und große Konzerte. Und richtige Staatsempfänge. In Häusern mit hohen Decken. Und repräsentativen Treppen. Und Säulen vor den Türen. Der Staat soll wieder wer sein, das wird jetzt gerade zum konservativen Gegenentwurf für einen libertären Zeitgeist. Und den hat Laschet in der Nase. Er zeigt den Kabinettssaal, den Schlüssel zu dem Raum mit den zwei großen Fenstern Richtung Rheinkniebrücke und Landtag trägt er stets in der Tasche.

Dort drinnen steht jetzt ein großer Holztisch, Leder-Einlassung in der Mitte. Drumherum reichlich unbequeme Holzlehnen-Stühle mit durchgesessenen Lederauflagen. Das Unbequeme ist egal, „so lange sitzen wir ja hier nie", sagt Laschet. Das Durchgesessene ist entscheidend. Es sind die alten Regierungs-Möbel von Franz Meyers, dem in besonderer Weise daran lag, mit Hilfe von Symbolen etwas für das Landesbewusstsein zu tun. Das hat etwas: Die Heutigen sitzen auf den Stühlen der ganz Alten. Unbequem, um möglichst effizient zu regieren.

Gerade werkelt Laschet mit den Seinen an einem Haus der Geschichte. Es soll nebenan einziehen, im Behrensbau, der früheren Mannesmann-Zentrale. So ein Projekt, so ein Landesmuseum für politische Geschichte nach dem Vorbild des von Helmut Kohl geschaffenen Hauses der Geschichte in Bonn – wer hätte dem „grünen" Laschet so viel konservatives Traditionsbewusstsein und so viel planvolle Identitätspolitik zugetraut?

Als Bundespräsident Frank-Walter Steinmeier zu seinem Antrittsbesuch nach Düsseldorf kam – wenn zum ersten Mal der Bundespräsident kommt, dann ist es streng genommen kein Antrittsbesuch, sondern ein richtiger „Staatsbesuch" –, da schenkte ihm Laschet Printen aus seiner Heimatstadt Aachen. Weil Aachen in Nordrhein Westfalen liegt, aber mehr noch, weil Aachen Laschets Heimatstadt ist und weil er ein Lokalpatriot ist, darum ist so eine Packung Printen dann kein Staatsgeschenk zum Staatsbesuch, sondern etwas durchaus Persönliches. Dazu legte Laschet eine Auswahl der Werke Heinrich Heines – wegen dessen Herkunft aus Düsseldorf und weil Steinmeier ein Sozialdemokrat republikanischer Gesinnung ist, wie Laschet ein Christdemokrat republikanischer Gesinnung ist. Ein Ministerpräsident hat einige Möglichkeiten, Identitätspolitik zu betreiben – eine ist die sorgsame Wahl von Staatsgeschenken, eine andere die Auswahl von Begleitern bei Staatsbesuchen.

Als Laschet Ende Mai vergangenen Jahres Papst Franziskus besuchte, nahm er Navid Kermani mit. Der hat ein ziemlich erstaunliches Buch geschrieben über christliche Ikonographie, obwohl (weil?) er ein Moslem ist. Nun muss man wissen, dass Laschet lange schon nachdenkt über einen Frieden im Nahen Osten. Und ein Schlüssel erscheint ihm die Überwindung religiöser Gegensätze. So gesehen, war es dann doch ein starkes Stück Symbolpolitik, zum Oberkatholiken einen das Christentum interpretierenden Moslem mitzunehmen.

Seitdem Laschet Ministerpräsident ist, lässt er Staatsgäste auf dem Köln-Bonner oder dem Düsseldorfer Flughafen in Empfang nehmen von einem Ehrenspalier der Polizei. Es mag Kosmopoliten geben, die über so etwas schmunzeln – für Laschet ist das ein Stück Staats- und Heimatpolitik. Als einer der wenigen empfängt Laschet in der Staatskanzlei Botschafter aus aller Welt. Er tut dies nicht nur aus alter journalistischer Neugier – auch dies ist für ihn ein Akt der Repräsentation. Jeder Botschafter ist in dem Moment das Land, das ihn entsandt hat, entsprechend respektvoll geht Laschet mit den Diplomaten um. Es gab einiges Gemurre, als Laschet den ungarischen Botschafter empfing – wegen Viktor Orbán und seiner „illiberalen" und sagen wir mal: eigenwilligen Europapolitik. Für Laschet war es aber selbstverständlich, den Mann zu empfangen, um authentisch zu hören, was Orbán umtreibt.

Unter der Überschrift „Heimat" war es ganz sicher kein Zufall, dass Laschet zu seinem ersten Auslandsbesuch als Ministerpräsident Belgien, die Niederlande und Luxemburg besuchte. Es sind die direkten Nachbarn Nordrhein-Westfalens, und Laschet war ein Signal der Wertschätzung dieser Nachbarschaft wichtig – und ein Bekenntnis zum „Westen", zu Europa als seiner politischen Heimat. Ohnehin ist Laschet, seit vielen Jahren schon, bei Europa Überzeugungstäter. Die zweite Dienstreise führte den MP nach Israel; zum 70. Geburtstag dieses Staats gab Laschet ein Festessen – und lud alle lebenden Ministerpräsidenten Nordrhein-Westfalens dazu ein. Es war ein Signal nach innen wie außen, ein Bekenntnis zur Kontinuität des großen Stellenwerts von Israel in der nordrhein-westfälischen Außenpolitik. Und ein Signal dafür, dass es staatspolitische Fragen gibt, die wichtiger sind als parteipolitische Verortungen. Alle kamen: Clement, Steinbrück, Rüttgers und Kraft, was auch die Israelis beeindruckt hat.

Und so, wie Laschet den ungarischen Botschafter empfing, so ließ er es sich nicht nehmen, seine dritte Staatsreise nach Polen zu unternehmen, gerade weil die polnische Regierung von Brüssel wegen ihrer Demokratiedefizite unter Feuer genommen wurde. Laschet findet, in solchen Lagen helfe reden mehr, als symbolisch zu boykottieren. Demselben Muster folgt die Pflege der französischen Partnerregion Hauts-de-France. Weil hier der „Front National" immer stärker geworden war, wollte die Regierung Kraft von dieser Partnerschaft nichts mehr wissen. Laschet sagt: Gerade deshalb müsse man die Partnerschaft pflegen – auch, um Klartext zu reden über die Demokratie.

Welche Geschichte erzählt die Medienlandschaft über die Identität Nordrhein-Westfalens? Die einzige die Gemeinden, Städte und Regionen übergreifende mediale Klammer ist der öffentlich-rechtliche Landessender. Aber auch der WDR ist in gewisser Weise ein Kind der Besatzung, er spaltete sich einige Jahre nach der Landesgründung vom NWDR ab, will sagen: Der WDR war keine „organische" Gründung, nichts von unten Gewachsenes, er folgte in seiner Struktur dem Land NRW. Ein Landessender kann, selbst wenn er sich Mühe gibt, eine Landesidentität kaum stiften, sondern allenfalls eine vorhandene medial verstärken. Deshalb ist es durchaus mutig, wenn der Düsseldorfer Politik-Emeritus Ulrich von Alemann konstatiert: „Der WDR ist also in der Tat NRW."

Alemann beklagt, es gebe weder eine Landeszeitung noch ein überregional bedeutsames Blatt, vergleichbar der „Süddeutschen Zeitung" oder der „Frankfurter Allgemeinen". Aber abgesehen davon, dass die „Süddeutsche" sich nicht als Blatt für ganz Bayern versteht und die FAZ nicht als Blatt für Hessen, bei dem von Alemann beklagten vorgeblichen Mangel handelt es sich keineswegs um ein Versäumnis der Verlage. Die Zeitungslandschaft in Nordrhein-Westfalen ist fragmentiert, weil der Markt – die Leser wie die Anzeigenkunden – das genauso will. Versuche, in Nordrhein-Westfalen eine überregionale Zeitung, auch als landesweite Klammer, zu etablieren, sind kläglich gescheitert. So widerfuhr es der linken „taz" wie auch der „Süddeutschen". Deren Schicksal war nur folgerichtig. Die „Süddeutsche" kann an einem Tag mit, sagen wir, drei Reportern eine investigative Geschichte in Bottrop ausgraben und damit tatsächlich auch Leser in Bottrop überzeugen. Dann kaufen die Bottroper am nächsten Tag wieder erwartungsfroh die „Süddeutsche" und finden doch tatsächlich eine neue, ambitionierte Story – dieses Mal aus Paderborn. Nun allerdings fragt sich der Bottroper: Weshalb sollte ich Geld ausgeben für eine Geschichte aus Paderborn? Und da der Paderborner am nächsten Tag ebenso enttäuscht wird, werden überregionale Zeitungen außerhalb ihres Verbreitungsgebiets eine stabile Leserschaft plus regionale Anzeigenkunden kaum finden.

Regionalzeitungen wiederum scheiterten, unternahmen sie den Versuch, auf Kosten des etablierten regionalen Nachbarverlags ihr Verbreitungsgebiet zu vergrößern. Es hat Gründe, weshalb die in Düsseldorf beheimatete „Rheinische Post" in der Landeshauptstadt und am Niederrhein erfolgreich ist, aber erst gar nicht versucht, im gerade einmal 20 Kilometer entfernten Mülheim anzutreten, obwohl die Mülheimer Bevölkerung durchaus bürgerlich ist und also für eine „Rheinische Post" empfänglich sein könnte. Und die Expansion der WAZ fand dort ihre Grenze, wo regionale Verleger erfolgreiche Heimatzeitungen herausgaben: Lambert Lensing-Wolff in Dortmund wie Kurt Bauer in Recklinghausen.

Die Dortmunder Zeitungsgeschichte enthält noch eine andere Botschaft: Linke können nicht mit Geld umgehen. Die „Westfälische Rundschau" baute eine gigantische Redaktion auf, um mit den vom konservativen Medienhaus Lensing-Wolff geführten „Ruhrnachrichten" zu konkurrieren. Wohl in keinem anderen Blatt war der innere Einfluss des Betriebsrates größer, der Betriebsratsvorsitzende Malte Hinz konnte es zum Chefredakteur bringen. Weil die Zahlen zu schlecht und die Redaktionen zu groß waren, musste er am Ende die „Westfälische Rundschau" als eigenständige Zeitung zu Grabe tragen – ein linkes Blatt konnte sich in der Herzkammer der Sozialdemokratie (vgl. Kap. I) nicht gegen den konservativen Platzhirsch durchsetzen.

Wer die These von den linken Blättern, die sich wirtschaftlich am ehesten nicht bewähren, nicht glauben mag, möge sich in die Geschichte der „taz NRW" und der „Frankfurter Rundschau" vertiefen. Der Funke Verlag vermied es unter der Federführung des Konzern-Geschäftsführers Bodo Hombach erfolgreich, die „Frankfurter Rundschau" zu erwerben. Ein Blick in die Bilanzen an einem Samstagvormittag im Mai 2008 in Frankfurt hatte dem grundsätzlich durchaus Expansionswilligen den Appetit gründlich verdorben.

Kurzum: Sich über die Fragmentierung der Zeitungslandschaft zu beklagen, ist zumindest unhistorisch. Anders gewendet: Gäbe es ein nordrhein-westfälisches Landesbewusstsein, das man irgendwie medial hätte zu Geld verarbeiten können, dann gäbe es längst eine nordrhein-westfälische Landeszeitung.

Bleibt noch die Frage, was in puncto Heimat der Schwarze Adenauer mit dem Roten Steinbrück gemein hat, obwohl die beiden Herren doch ein halbes Jahrhundert und zwei Parteien trennen. Es ist der unromantische, prosaische Zugang zum Land Nordrhein-Westfalen. „Hat Nordrhein-Westfalen eine Identität?", fragen wir Steinbrück. Es folgt ein hartes wie schnelles „Nein". Es gebe keine gemeinsame Geschichte, erlebt über Jahrhunderte hinweg, kein gemeinsames Soziales. Wer bei Adenauer nach so etwas sucht, wird gleichfalls nichts finden – außer machiavellistischem Kalkül und einem ausgeprägten landeshistorischen Desinteresse.

Es gibt Liebesheiraten. Es gibt Zweckheiraten. Und es gibt arrangierte Ehen. Eine von letzteren ist das Land Nordrhein-Westfalen. Adenauer benötigt in seinen sehr dicken Memoiren ganze fünfeinhalb Seiten, um die „Bildung des Landes Nordrhein-Westfalen" völlig romantikfrei abzuhandeln. Am 15. Juli 1946 wird Adenauer „auf Ersuchen der britischen Militärregierung" nach Berlin beordert. Was er dort soll, weiß er ebenso wenig wie, wo er dort Quartier nehmen soll. Alles ist geheim und soll es auch bleiben.

„In Berlin forderte man mich auf, zu einer Besprechung mit dem stellvertretenden britischen Generalgouverneur, Generalleutnant Sir Brian Robertson, zu kommen. Dr. Schumacher, der Führer der SPD, war bei dieser Besprechung ebenfalls anwesend, außerdem als mein Begleiter mein Sekretär Dr. Löns sowie ein weiterer Vertreter der SPD. Ferner nahm teil der bekannte Berliner CDU-Führer Kaiser. Uns wurde eröffnet, dass die britische Militärregierung beschlossen habe, sofort in der ihr unterstellten Zone ein neues Staatsgebilde zu schaffen, das Land Nordrhein-Westfalen."

So etwas schaffen heutzutage nur die Chinesen. Oder die Nordkoreaner. Und dann protestieren weltweit Menschenrechtler gegen einen derartig menschenrechtsverachtenden Akt. Nordrhein-Westfalen ist, genau betrachtet, nicht eine Entscheidung, sondern ein Befehl. Ein Oktroi. Null Selbstbestimmung. Und das Bemerkenswerte ist: Den Menschen in diesem Nordrhein-Westfalen war das völlig egal. Nicht eine einzige Demonstration gegen diese Form quasi-diktatorischer Fremdbestimmung aus jener Zeit konnte verzeichnet werden.

Und weshalb wurde Nordrhein-Westfalen gegründet? Nun, als Paten wider eigenen Willen fungierten – die Russen. Und die Franzosen. Moskau wollte von einer Zusammenlegung der vier Besatzungszonen nichts wissen. Die Russen wollten mit ihrer eigenen Zone, der späteren DDR, ihr eigenes kommunistisches Ding machen, um ihr Einflussgebiet zu erweitern und in der Folge dem dekadenten Westen seine wirtschaftspolitische Minderwertigkeit vorzuführen. Ein Projekt, das nicht ansatzweise seine Ziele erreichte, weshalb die DDR nach 40 Jahren banaler sowjetrussischer Satelliten-Existenz das Zeitliche segnete.

Die Franzosen wollten das Ruhrgebiet politisch neutralisieren und das linke Rheinufer von Deutschland abtrennen, um es ihrem Staatsgebiet als materiellen Ausgleich für den von Hitler gegen ihr Land angezettelten Krieg einzuverleiben, ein Ansinnen, das angesichts von drei deutschen Angriffskriegen gegen Frankreich nachvollziehbar war. Schließlich ein Weiteres: Preußen, dieser Hort der Reaktion, sollte auf gar keinen Fall wiedererstehen.

Weiter im Originalton mit Adenauer: „Generalleutnant Robertson fragte Dr. Schumacher und mich, wie wir zur Schaffung dieses Landes Nordrhein-Westfalen stünden. Ich erklärte, daß man die bisherige Rheinprovinz möglichst weit mit westlichen und östlichen deutschen Gebieten verklammern müsse, um das linke Rheinufer gegen die von Frankreich erhobene Forderung auf dessen Abtrennung von Deutschland zu sichern. Ich sei daher mit der Schaffung des Landes Nordrhein-Westfalen einverstanden."

Ist da irgendwo Leidenschaft? Oder Liebe? Oder wenigstens Patriotismus? Und hat diese Gründung, außenpolitisch motiviert, überhaupt einen inneren Sinn?

P.S.

Adenauer memorierte weiter: „Dr. Schumacher erkundigte sich, ob irgendeine Änderung des Beschlusses noch in Frage komme. Er erhielt die Antwort: ‚Nein, der Beschluss steht fest.' Dr. Schumacher erklärte daraufhin, daß er und seine Partei gegen die Schaffung dieses Landes seien."

Sozialdemokratische Herzkammer?

V.   Wir in Nordrhein-Westfalen

**Alles nur geklaut oder „Wir in Bayern" – Was die Krisen von Kohle &
Stahl und Schulden mit einem Slogan zu tun haben – NRW = SPD =
Rau – Gefühlspolitik statt Reformpolitik – Rüttgers: ein tragischer
Kopist? – Kraft als Gefangene von Rau**

Einmal nur, ein einziges Mal in der nordrhein-westfälischen Landesgeschichte, entstand so etwas wie eine Landesidentität, genauer: ein Gefühl von Einheit zwischen politischer Elite, dem Land und seinen Bürgern. Es ist kein Zufall, dass Monarchien so etwas am besten hinbekom-
men. Ähnelte nicht Johannes Rau in seinen besten Jahren einem präsidialen Ersatzmonarchen?

Und es ist schon paradox, dass diesen einmaligen Effekt ausgerechnet eine aus schierer Verzweiflung geborene Kopfgeburt bewirken konnte: ein Wahlslogan, also eine politische Kampfparole. „Wir in Nordrhein-
Westfalen" hieß ja nicht nur das, sondern auch: „wir in Nordrhein-Westfalen und unsere Partei" – und unser Ministerpräsident. SPD gleich Johannes Rau gleich Nordrhein-Westfalen – das war die Botschaft. Und
deren klare Absicht lag auf der Hand. Der Sinn war es nicht, Nordrhein-
Westfalen endlich eine von möglichst vielen Einwohnern nachvollzoge-
ne Identität zu spendieren, sondern: der SPD 1985 einen Wahlsieg. Und
darum lässt sich „Wir in Nordrhein-Westfalen" auch aggressiv begreifen:
kein Akt der Versöhnung, sondern der Spaltung. Wir hier sind die Guten, ihr da seid die Bösen. Ein Klassiker der politischen PR.

Dieser PR-Charakter, die klare Ausrichtung auf den einen bestimmten machiavellistischen Zweck, begründet allerdings auch die begrenzte Reichweite der Kampagne. Sie war zugeschnitten auf Johannes Rau,
sie wirkte vor allem bei Johannes Rau – aber mit dem Ende seiner 20-jäh-
rigen Regierungszeit, 15 Jahre nach der Erfindung des Slogans, war es
mit ihm als Landesidentitäts-Ersatz dann auch wieder vorbei. „Wir in
Nordrhein-Westfalen", urteilt Johannes Raus sozialdemokratischer Nach-
Nachfolger Peer Steinbrück, „konnte deshalb so wirksam werden, weil

es dem Land eine Kompensation für dessen fehlende Identität gegeben hat." Kompensation – eben. Indes: „Eine fortwährende Identität hat dieser Slogan dem Land nicht gegeben."

Identität ist das eine, das andere aber ist der Erfolg. „Wohlstand für alle", „Keine Experimente", „Mehr Demokratie wagen", „Geistig-moralische Wende": „Wir in Nordrhein-Westfalen" entfaltet eine vergleichbare Musikalität – auch, weil der Satz aus der Not eine Tugend macht. Weil es eine Landesidentität, auf die sich alle hätten berufen können, nicht gab, machte der Satz aus allen eine Landesidentität. „Wir Nordrhein-Westfalen" hätte nicht funktioniert.

Erfolg ist eine Versuchung, im Positiven wie im Negativen. Deshalb reicht die politische Wirkungsgeschichte des „Wir"-Satzes über Johannes Raus Zeit hinaus. Für Rau und seine Zeit wurde er erfunden, Clement und Steinbrück nutzten diese Projektion, um ihre eigene Zeit, ihren Stil, ihre Sprache und ihre Politik von Rau abzugrenzen. Jürgen Rüttgers machte seine Anleihen bei ihm, Hannelore Kraft versuchte sich gar an einer vollständigen Renaissance, anfangs mit Fortune. Später wurde der Satz ihr zum Verhängnis. Darum erzählt dieses Kapitel die ganze Geschichte eines (gar nicht so) einmaligen Satzes.

Johannes Rau hatte lange studieren können, wie schwierig es war, dem künstlichen Staatsgebilde eine Seele einzuhauchen. Sein Vorgänger Heinz Kühn hatte es in unermüdlichen Reden und Reisen immerhin fertiggebracht, aus dem Gegensatzland aus Rheinland und Westfalen ein Bindestrichland zu machen. Kühns CDU-Vorgänger Franz Meyers war mit dem heute arg konventionell anmutenden Versuch, mit Hilfe landesbezogener Symbole wie Landesverdienstorden, Landeshymne und vor allem eines Großen Landeswappens den Bürgern ein Zusammengehörigkeitsgefühl zu geben, noch krachend gescheitert. Rau hatte sich indessen auf das Instrument konzentriert, das er am besten beherrschte: die Sprache.

Die durchschlagende Wirkung der „Wir in Nordrhein-Westfalen"-Parole erklärt Steinbrück heute so: „Der Zeitpunkt dafür, 1985, war einfach gut. Die Wirtschaft war auf dem absteigenden Ast, Nordrhein-Westfalen war vom Nettozahler im Finanzausgleich zum gebeugten Netto-Empfängerland geworden. Das Land hatte darüber seinen Stolz verloren. Dieser Slogan hat den Menschen ihren Stolz bis zu einem gewissen Grad wiedergegeben."

Der Stolz – das war das Bewusstsein der eigenen wirtschaftlichen Stärke; der große Anteil am Wiederaufbau der Bundesrepublik Deutschland nach dem Zweiten Weltkrieg; das unbändige Gefühl, die Besten zu sein. So etwas schwindet nicht mit einem einzelnen Ereignis, es braucht schon eine Reihe von Niederlagen, bis aus Stolz das Gefühl von Demütigung wird. Und das war genau jene Entwicklung, die die Kernzielgruppe der nordrhein-westfälischen SPD hinter sich gebracht hatte. Der Aufstieg der SPD begann mit dem Abstieg der Montanwirtschaft, schon Ende der fünfziger Jahre. Etliche Zechen- und Betriebsschließungen und Umstrukturierungen später war der alte Stolz fast gebrochen. An diesem Punkt entfaltete der SPD-Slogan seine psychologische Magie: Er gab den Gedemütigten ein Lebensgefühl zurück, das ihnen „der Markt" Zug um Zug genommen hatte, und schenkte ihnen einen dafür verantwortlichen Heilsbringer; etwas weniger pathetisch: einen „Kümmerer" – einen, der mit seinen einladenden Gesten und seiner bilderreichen, volksnahen Sprache, mit seinen Bonmots und Anekdoten die kühle Welt kalkulierender Parteien hinter sich zu lassen schien. Aus einem bloßen sozialdemokratischen Parteivorsitzenden und Vorsteher einer Landesregierung konnte der über Parteigrenzen hinweg respektierte, im eigenen Lager mehrheitlich verehrte sozialdemokratische Landesvater werden. Eine Entwicklung, die umso bemerkenswerter verlief, wenn man in Rechnung stellt, dass Rau sich seine Chance in immerhin zwei Kampf-Kandidaturen überhaupt erst verschaffen musste.

Es ist kein Zufall, dass dieser grandiose Erfolg im inzwischen erfolgreichsten deutschen Bundesland begann: in Bayern. Zwei der wichtigsten Zeitzeugen, Edmund Stoiber und Bodo Hombach, erzählen dieselbe Geschichte – kein Wunder, dass die beiden erfolgreichen Wahlkämpfer sich bis heute blendend verstehen.

Edmund Stoiber, der Ehrenvorsitzende der CSU: „In den siebziger Jahren hatte die CSU den Slogan: Wir in Bayern. Die CSU hat das mit der Einheit von Partei und Land dann immer weitergetrieben. Am Schluss hieß es dann nur noch: Wir! Der Rest war eine Selbstverständlichkeit. Und wenn dann einer nachfragte: Wir, was heißt das denn eigentlich, haben wir nur geantwortet: Mia san mia." Genau genommen heißt das: nichts. Aber in dieser Grauzone zwischen Selbst- und Sendungsbewusstsein steckt die ganze Wirkungsmacht dieser Parole. Sie kann freilich massenwirksam nur funktionieren, wenn sie vom richtigen Personal verkörpert wird. Bei der CSU war das Franz Josef Strauß, bei der SPD Johannes Rau. „Wir sind", sagte der damals 32-jährige Landesgeschäftsführer der SPD der „Süddeutschen Zeitung", „gewissermaßen die CSU von Nordrhein-Westfalen." Der Name des gelernten Fernmeldetechniker aus Mülheim: Bodo Hombach.

Solange Johannes Rau lebte, musste er als der Erfinder dieses Slogans gelten. Hombach selbst durfte diese fromme PR-Lüge oft genug in die ihm hingehaltenen Mikrophone sagen. Als begabter Propagandist wusste Hombach, wer nach außen hin der Held zu sein hatte. Und tatsächlich – was gibt es aus Marketing-Sicht Schöneres, als dass sich der Ersatzmonarch auch noch als Erfinder hervortut. Allerdings war der Ersatzmonarch auch nur ein Ersatzerfinder. Hombach war in die USA gereist, um den dortigen Wahlkampf zu studieren. Und auch in den Vereinigten Staaten holte er sich sein Wissen von einem tief konservativen Politiker: von Ronald Reagan. Dort lernte er, dass man Wahlkämpfe auf nur eine Person zuschneiden müsse, obwohl dies eine erhebliche Verzerrung der politischen Wirklichkeit darstellt und enorm unsozialdemokratisch war. Dass ein erfolgreicher Regierungschef ohne ein mindestens ebenso erfolgreiches Team von Kabinettsmitgliedern, Fraktionsführern und Partei-Vasallen wenig bis nichts bewirken kann, fällt einer derartigen Personalisierung völlig zum Opfer. Und dass die SPD zugunsten einer Person auf ihren missionarischen Programmanspruch verzichtete, wirkt in der Rückschau verwunderlich. Der unschlagbare Vorteil dieser Methode: Dem Wahlvolk wird eine Symbol- und Projektionsfigur präsentiert. Dass dies nur funktioniert, wenn die Figur kongenial zur Strategie passt, versteht sich von selbst. „Unser Hauptargument im Wahlkampf heißt Johannes Rau. Unser Ziel ist es, ihm eine Mehrheit zu verschaffen", erklärte Hombach im April 1985. Das Motto der SPD im Landtagswahlkampf laute: „Erstens Rau, zweitens Rau und drittens nochmals Rau." Was waren das für Zeiten, als die SPD über so starkes Spitzenpersonal verfügte, dass sie es getrost riskieren konnte, ohne ihr heutiges Mantra von der „sozialen Gerechtigkeit" Wahlen gewinnen zu können.

Hombach selbst holte sich dann den Slogan dort ab, wo man ihn erfunden hatte, in Bayern. Stoiber bestätigt den Vorgang: „Und dann ist einer gekommen und hat das für die SPD in Nordrhein-Westfalen nachgemacht: Bodo Hombach." Die Sitzung der SPD-Planungsgruppe für die Landtagswahl 1985 hatte ernüchternd geendet. „Wir haben kein Thema", hatte Hombach ungeschminkt festgestellt und war nach Bayern gefahren, von wo er eine Broschüre mitbrachte. Die trug die Unterschrift des damaligen christsozialen Generalsekretärs Otto Wiesheu. Dort stand: „Wir in Bayern und unsere CSU." Und damit war dann die Sache gelaufen, der Rest ist Geschichte.

Von wegen. Als schnöde Raubkopie, das war den SPD-Wahlkampfplanern klar, würde der Slogan in Nordrhein-Westfalen sicher nicht funktionieren. Man musste ihn passend machen, genauer: Die SPD und das Land mussten passend gemacht werden. Hombach gab eine Umfrage bei dem Meinungsforschungsinstitut Infratest in Auftrag. Das Landesbewusstsein sollte erforscht werden. Das Ergebnis war niederschmetternd. Die Wahlforscher, so erzählt es Hombach, fanden heraus: „Es gibt kein Landesbewusstsein."

Der über die wichtige Herausforderung, wie sich aus schlechten wirtschaftlichen Zahlen, einem fehlenden Landesbewusstsein und einem Ministerpräsidenten, der für das alles nun bereits sieben Jahre Verantwortung trug, doch noch ein Wahlsieg basteln lassen könnte, grübelnde Hombach traf sich wenige Tage später mit seiner Genossin Ilse Brusis bei seinem Düsseldorfer Lieblingsgriechen „Zorbas". Brusis war gerade nach Bochum umgezogen. Hombach, aus Bayern kommend, frotzelte die Genossin an: „Ilse, wie kannst du dir ausgerechnet in Bochum eine Wohnung suchen – da gibt es keine Trachten und nicht einmal typische Speisen." Und Brusis antwortete: „Deshalb lebe ich ja da!" Diesen Moment muss man sich vorstellen als Geburtsstunde für „Wir in Nordrhein-Westfalen".

Hombach beauftragte Infratest, ein weiteres Mal nach dem Landesbewusstsein zu forschen. Dieses Mal sollten Sätze auf ihren Zuspruch oder ihre Ablehnung getestet werden. Einer dieser Sätze lautete: „Wir haben große Probleme in Nordrhein-Westfalen, aber wir schaffen es immer alleine." Die meisten Befragten konnten diese aus Demütigung und Trotz geformte Botschaft unterschreiben. Und ein zweites Ergebnis hielt Infratest für Wahlkampf-Organisator Hombach bereit: Es durfte nicht heißen: NRW, es müsse heißen: Nordrhein-Westfalen.

Der Auto-Aufkleber mit „Wir in Nordrhein-Westfalen" wurde fünf Millionen Mal verteilt und wurde so zur Werbefläche im Straßenverkehr. Heute würden Werbe-Leute von einem „viralen Effekt" sprechen. Die meisten Menschen, auch CDU-Anhänger, konnten sich mit der SPD-Wahlkampfformel identifizieren. Hombach: „Wir wollten wie die CSU in Bayern sein." Nichts anderes hatte Franz Josef Strauß mit seinem Satz, Bayern müsse endlich weg vom letzten Platz, im Sinn gehabt.

Der Slogan war geboren, die Psychologie fügte sich – eins fehlte noch: Die SPD musste verschwinden. Wer einen Ersatzmonarch zur Wahl präsentieren will, darf keine Parteien mehr kennen, sondern nur noch Nordrhein-Westfalen. Dahinter stand für die sozialdemokratischen Wahlkämpfer die Erkenntnis, dass sie von einer Einheit zwischen Land und SPD nicht mehr als Selbstverständlichkeit ausgehen konnten. Hombach und die Seinen wussten sehr genau, dass Nordrhein-Westfalen eben kein „Stammland" der SPD war. Also wollten sie sich auf diese sehr alte und sehr oft von Medien als Wahrheit weitergetragene Scheinwahrheit nicht mehr verlassen. In der Folge der 68er Jahre hatte auch in der SPD ebenso wie in den Gewerkschaften eine Ideologisierung eingesetzt. Von diesen Entwicklungen musste Johannes Rau in den Augen der Wahlkampfplaner quasi abgekoppelt werden. Dass er für die schlechten Zahlen verantwortlich war, für die drastischen Schulden (in der Landesgeschichte Nordrhein-Westfalens hat kein Regierungschef so schnell so hohe Schulden gemacht wie Johannes Rau – er ist der „Schuldenkönig" von NRW) und die geringe Investitionsquote, sollte gleich mit verschwinden. Und es musste ein Feindbild gefunden werden. In der politischen Auseinandersetzung war das natürlich die CDU. Hier wird der versteckte diskriminierende Charakter der „Wir in …"-Botschaft deutlich: Wir, das sollten alle Menschen guten Willens sein. Alle – außer der CDU. Die Kampagne musste also einen dem schnöden Alltag längst entwachsenen, überparteilichen, strahlenden Ersatzmonarchen präsentieren, gegen den jeglicher CDU-Konkurrent wirkte wie ein humorloser Spielverderber. Und so geschah es auch.

Die Hälfte der Plakate, die von der SPD im Wahlkampf 1985 geklebt wurden, enthielten die Botschaft: „Wir in Nordrhein-Westfalen und unser Ministerpräsident." Darin kam die SPD folgerichtig gar nicht erst vor. Die zweiten 50 Prozent der Plakate wurden von Klaus Staeck entworfen, einem linken Plakatkünstler von schneidender Schärfe. Dessen Botschaft, von nun an tausendfach entlang der Straßen Nordrhein-Westfalens zu sehen: „Alle Elendigen wählen CDU." Das erste Motiv zielte darauf ab, unzufriedene CDU-Wähler für die SPD einzusammeln. Das zweite hatte das Ziel, die eigenen Stammwähler in möglichst großer Zahl an die Wahlurnen zu bringen. Zielgenauer konnten Rau und Hombach den Versuch, die eigenen Truppen zu mobilisieren und für möglichst viele Deserteure beim Gegner zu sorgen, kaum umsetzen. 20 Jahre später sollte eine Ostdeutsche für die CDU die Rezeptur der West-Sozis erfolgreich

kopieren: Angela Merkel. Nur nannten es die christdemokratischen Wahlkampfplaner nicht etwa: „Wir in Deutschland", sondern sophistisch:
asymmetrische Demobilisierung.

Für die Demobilisierung des Gegners war Hombach der Spezialist.
Persönlich trug er seine Botschaften an wankelmütige CDU-Wähler heran. Zum größtmöglichen Nutzen für seine Partei zelebrierte er die eigene Überparteilichkeit. „Wer zu 100 Prozent Parteigänger ist, gehört in
die Psychiatrie", rief Hombach provozierend aus. Oder auch: „Wer sagt:
Meine Partei hat immer recht, hat einen flackernden Blick." Stattdessen
formulierte Hombach bescheiden: „Meine Partei hat öfter mal recht."
Oder auch: „Ich bin ein 51-Prozent-Parteigänger." Im Wahlkampf, erklärt Hombach, geht es immer um das letzte Drittel der Wähler – nie
nur um die eigenen Leute, nie nur um die der Anderen.

1990 konnte das Erfolgsduo Rau/Hombach der SPD mit demselben
Rezept und verfeinerten Methoden ein letztes Mal die absolute Mehrheit an Mandaten verschaffen. Ausgangspunkt war ein Memorandum,
das Hombach im Oktober 1989 aufgeschrieben hatte. Es enthielt praktisch das Drehbuch für den folgenden Landtagswahlkampf. Kern war
die Feststellung, die SPD alleine werde es auf nicht mehr als 46 bis 47 Prozent der Stimmen bringen. Die nötigen restlichen zwei bis drei Prozent
müsse die SPD sich woanders holen – im CDU-Lager. Die SPD-Kampa-
gne setzte erneut – und noch radikaler – nur auf Johannes Rau. Die Plakate mit seinem Foto trugen nur noch den Hinweis: „Unser Ministerpräsident." Auf die Nennung der SPD wurde nunmehr völlig verzichtet.

Wenige Jahre später setzte ein anderer SPD-Wahlkämpfer erfolgreich auf Überparteilichkeit: Es gebe für ihn keine christ- oder sozialdemokratische Wirtschaftspolitik, sondern nur eine, die vernünftig, und
eine andere, die unvernünftig sei. Es war kein Zufall, dass Hombach
schließlich bei Gerhard Schröder anheuerte. 1997, ein Jahr vor dessen
Wahl, hatte er mit seinem Buch vom nötigen „Aufbruch" praktisch das
Drehbuch für Schröders Wahlkampf und Kanzlerschaft geschrieben.

Geradezu diabolisch war ein Fernsehspot, den Hombach in Auftrag
gegeben hatte. Er zeigte einen Taxi-Fahrer, der aus dem Wagen heraus
von hinten gefilmt wurde. Zur Erinnerung: Im Herbst 1990 stand die
Bundestagswahl an. Johannes Rau, in der gesamtdeutschen Volkspartei
sozialisiert, stand, gemeinsam mit der SPD-Ikone Willy Brandt, auf der
Seite derjenigen, die klar für die Wiedervereinigung votierten. Auf der
anderen Seite stand der sozialdemokratische Spitzenkandidat Oskar La-

fontaine, wie DDR-Chef Erich Honecker aus dem Saarland stammend. Lafontaine wollte mit einem sozialen Neidwahlkampf gegen die Einheit punkten. Und in diese komplizierte Gemengelage hinein verkündete Hombachs Taxifahrer seine Botschaft: Im Herbst, bei der Bundestagswahl, da werde er CDU wählen – aber bei der Landtagswahl selbstverständlich Johannes Rau. Von diesem Bubenstück Hombachs sollte sich die Beziehung zwischen Lafontaine und ihm nie wieder erholen.

Hombach hatte tatsächlich nichts dagegen, dass Helmut Kohl die Bundestagswahl gewann. Umso leichter würde es ihm und seinem Wahlkampf-Team fallen, hernach gegen Kohl Wahlkampf für eine absolute SPD-Mehrheit in Nordrhein-Westfalen zu machen. Auch dies erklärt Johannes Raus lange Amtszeit: Rau lebte sehr gut aus dem Antagonismus zu Kohl. Er machte sich den Pendeleffekt zunutze, wonach die deutschen Wähler zwischen dem Bund und den Ländern in der Regel nicht „durchwählen", sondern mit gegenteiligen Wahlergebnissen für „Checks and Balances" sorgen. Für Rau war Kohl ein willkommenes Feindbild, genauso wie umgekehrt für Kohl der nordrhein-westfälische Ministerpräsident für eine Politik stand, die unmittelbar ins Verderben führte. Kohl gegen Rau und Rau gegen Kohl war für beide Spitzenleute ihrer so unterschiedlichen Parteien das, was man eine „Win-win-Situation" nennt. Soziologisch gefasst: eine asymmetrische Mobilisierung.

Eine Taktik bleibt eine kalte Idee, ein bloßes Konstrukt, wird sie von der Persönlichkeit, für die sie ersonnen wird, nicht auch ausgefüllt. Helmut Kohl hat Politik gemacht über seine Körperlichkeit, seine schier erdrückende Masse. Damit konnte er Schutz signalisieren, viel öfter aber: Bedrohung und einen unbändigen Kampfeswillen. Was für Kohl sein Körper war, war für Johannes Rau seine Sprache. Das „Wir" war vor allem ein Trost – für verloren gegangene Herrlichkeit. Der Trost währte so lange, dass erst sehr spät auffiel, dass Rau sein immanentes Versprechen einer Rückkehr der alten Arbeiterherrlichkeit nie erfüllen konnte; er musste es auch nicht.

Rau kreierte einen eigenen Sound. Er war der Erfinder der Kümmerpolitik. „Wir möchten da, wo es hakt, helfen", war so ein typischer Rau-Satz, bei dem es fast schon keine Rolle mehr spielte, in welchem Kontext er gesagt wurde. Das funktionierte in Datteln wie in Delhi. Arbeiter waren mit solchen Sätzen vielleicht zu fangen, aber bei Industrie-Kapitänen verfing der Sound nicht mehr. Rau sagte diesen Satz etwa auf einer Asien-Reise, begleitet von einer Wirtschaftsdelegation. Natürlich blieb von der Hilfe nur das Wort, geliefert hat Rau nicht, der nordrhein-westfälische Export nach Asien ging in dem Jahr, in dem Rau seinen Satz sagte, um ein ganzes Drittel zurück. Der Reporter Reinhold Michels von der „Rheinischen Post", der damals Rau nach Indien begleitete, notierte mit scharfem Blick: Während des Aufbruchs nach Indien sei der Eindruck entstanden, „als reisten hier der Politiker Rau und 25 nordrhein-westfälische Firmenvertreter nicht miteinander zur Markterkundung, sondern nebeneinander her. Es ist auch bei Rau noch etwas zu spüren von der alten sozialdemokratischen Scheu vor der Wirtschaft."

Genau hierin, in Raus Scheu vor der Wirtschaft, in seiner Neigung, sich auf seine Sprache mehr zu stützen als auf eine die alten Industrielandschaften ins Innovative umwälzende Politik, liegt der Grund für den nach ihm folgenden klaren Bruch: Wolfgang Clement und Peer Steinbrück erhoben erst gar nicht einen Anspruch, irgendwen versöhnen zu wollen oder in präsidialen Höhen Gemeinschaftsstifter zu sein. Sie hatten die Kehrseite von Raus Gefühlspolitik erfasst. Sie wollten es nicht mehr dabei belassen, selbstzufriedene Instinkte zu befriedigen, um den Sündenbock für ausgebliebene Erfolge im politisch anders gefärbten Bonn zu suchen. Sie wollten ihre eigenen Erfolge organisieren. Bonn lasse NRW im Stich, war das Mantra des Ministerpräsidenten. RP-Reporter Michels kommentierte empört: „Wohin ist dieses Land gekommen, dass es gleichsam mit dem Hut in der Hand vor Bonner Türen Mahnwache hält."

Dreimal, 1980, 1985 und 1990, fuhr Rau mit seiner Empathie-Rhetorik gegen „schnöde Wirtschaftsfakten" absolute Mehrheiten ein. Das „Wir in Nordrhein-Westfalen" erlaubte es Rau, Gefühlspolitik als Ersatz für Reformpolitik zu betreiben. „Schon damals", notierte die in Düsseldorf erscheinende „Wirtschaftswoche" im Mai 2017 in der Rückschau, „regierte die SPD an der Realität vorbei." Bereits 1980, lange also vor der Erfindung von „Wir in Nordrhein-Westfalen", beschrieb der „Spiegel" Raus Erfolgsrezept so: „Seine behutsame Art, sein Streben nach Harmonie und der Versuch, ein Landesvater für alle zu sein." Das persönliche Beantworten unzähliger Briefe, das Schreiben mit einem Füllfederhalter, die vielfach medial dokumentierten Fragen an verdutzte Bürger, wie es deren Söhnen Klaus und Marius denn seit dem letzten Aufeinandertreffen ergangen sei, das Anekdotische – das war das Arsenal des Menschenfischers Rau.

Im Hauptbahnhof Frankfurt wird Johannes Rau, der weiter zum Flughafen fährt, um nach Indien aufzubrechen, von einem strammstehenden Schaffner mit roter Bahnmütze verabschiedet. Rau sagt mit mürrischer Miene zum Bahn-Beamten: „Sie haben's gut, Sie bleiben in Frankfurt, ich muss nach Delhi." RP-Reporter Michels steht daneben, als ihm von der anderen Seite Raus Regierungssprecher Helmut Müller-Reinig zuraunt: „Der vermisst schon nach zwei Tagen Würstchen und Kartoffelsalat." Von solchen menschlichen, allzu menschlichen Geschichten und Geschichtchen lebt man als Zeitungsreporter sehr gut – aber auch als Ministerpräsident.

So erfolgreich Johannes Raus Wahlkampfrezeptur auch war – sie birgt, einfach nur plump kopiert, eine große Gefahr in sich. Wäre die persönliche Strahlkraft des als ersatzmonarchischen Übervater inszenierten Spitzenkandidaten nicht groß genug, würde die Masche nicht mehr funktionieren. Dann würde ein empathischer Kümmerer als Kaiser ohne Kleider enttarnt werden. Dann wäre auf einmal die Leistungsbilanz wichtiger als die Ausstrahlung. Und falls dann die Bilanz ernüchternd ausfiele, würde jeder Versuch, dessen ungeachtet weiter unverdrossen an den Stolz der Wähler zu appellieren, zu einem hohlen PR-Akt. Stolz auf was denn? Johannes Rau als „Role Model" würde dann zur Falle.

Vielleicht erklärt dies die auf den ersten Blick überraschende Wahlniederlage von Hannelore Kraft gegen Armin Laschet. Und vielleicht auch die von Jürgen Rüttgers gegen Hannelore Kraft. Wie geschichtsmäßig war also der lange Schatten des erfolgreichsten sozialdemokratischen Ministerpräsidenten und Wahlkämpfers?

In der CDU sind viele davon überzeugt, Rüttgers sei letztendlich nicht nur, aber doch auch am Versuch gescheitert, Johannes Rau und seinen „Wir"-Stil zu kopieren. Dieses Bild hat sich auch in wichtigen Medien festgesetzt. Etwa der FAZ. Deren kundiger, langjähriger Landeskorrespondent Rainer Burger analysierte scharf: Die „oberflächliche Inszenierung von Rüttgers als „Johannes Rau II." habe zu „chronischen Authentizitätsproblemen" bei Rüttgers geführt und dessen politischen Gegner, Hannelore Kraft an der Spitze, geradezu eingeladen, den Ministerpräsidenten als „Sozialschauspieler" zu denunzieren. Die Staatskanzlei, urteilte die „Westdeutsche Zeitung", gelte als „Erfinder des Arbeiterführers Rüttgers" und habe mit Nachdruck dessen Bemühungen unterfüttert, „sich zum Erben des langjährigen Ministerpräsidenten Johannes

Rau aufzuschwingen". Nach Rüttgers Wahlniederlage kursierte in der CDU, aber auch in den Medien eine Wahlanalyse, die Guido Hitze verfasst hatte. Hitze ist nicht irgendwer. Unter dem Titel „Verlorene Jahre" hatte Hitze auch mit Hilfe etlicher Zeitzeugenberichte auf 2000(!) Seiten eine akribische Dokumentation über das komplette Scheitern der Christdemokraten gegen Johannes Rau vorgelegt. Rüttgers selbst hatte den promovierten Historiker von der Konrad-Adenauer-Stiftung in die Staatskanzlei geholt, wo er sich aber schon bald mit Rüttgers engstem Vertrauten, Boris Berger, überwarf. Sein unmittelbar nach Rüttgers' Wahlniederlage verfasstes „Memorandum zum Ausgang der NRW-Landtagswahl vom 9. Mai 2010" war als intern gedacht, blieb aber wegen seiner Brisanz nicht lange geheim. Kern der Analyse: Rüttgers sei inszeniert worden, ihm wurde „eine völlig wesensfremde Identität verpasst". Dadurch sei er zu einer „Kunstfigur", zu einem „Plagiat ohne Authentizität" gemacht worden. Dazu gehöre der „Arbeiterführer und das Johannes-Rau-Imitat". Dadurch sei Rüttgers in eine „Glaubwürdigkeitsfalle" geraten. In Krisensituationen wie bei Opel Bochum etwa „versagte die mitfühlende Betreuungsmasche, weil seine ganze Persönlichkeitsstruktur Rüttgers daran hinderte, sich mit den Arbeitern wirklich gemeinzumachen". Auf der anderen Seite hätten sich CDU-Stammwähler gefragt, „weshalb sie 20 Jahre hindurch eine Politik als falsch bekämpft hätten, dessen Protagonist nunmehr von Staats wegen zum Vorbild erklärt und auf ein Denkmalpodest gestellt wurde". Diese Inszenierung habe dazu geführt, dass zahlreiche Affären und Affärchen („Rent a Rüttgers") im Jahr vor der Landtagswahl die Glaubwürdigkeit von Rüttgers beschädigen konnten. Diese Affären wurden wiederum aus Reihen der von Rüttgers enttäuschten oder geschassten CDU-Funktionsträger an die Presse und einen Blog durchgestochen, der im Ruf stand, mittelbar für die SPD zu arbeiten. Bewiesen wurde die naheliegende Vermutung jedoch nie. Für den „Welt"-Landeskorrespondenten Kristian Frigelj stand jedenfalls fest, dass die Affären eine hausgemachte Ursache hatten. Oliver Wittke, der heute Parlamentarischer Staatssekretär beim Wirtschaftsministerium in Berlin ist, hatte zuvor Rüttgers als Verkehrsminister gedient, musste aber zurücktreten, weil es sich schlecht mit diesem Amt vereinbaren lässt, wenn man mit dem Auto zu schnell unterwegs ist. Wittke jedenfalls nannte Hitzes Analyse zu 100 Prozent zutreffend. Ministerpräsident Armin Laschet, der übrigens nicht auf Hitzes CDU-Expertise verzichten wollte und ihn nach seinem Wahlsieg für den Aufbau des Museums für Landesgeschichte beauftragte, nennt sie heute „grundsätzlich richtig". Auch habe die wiederholte Verunglimpfung von Hannelore Kraft als „Kraftilanti", eine Anspielung auf die sozialdemokratische Spitzenkandidatin in Hessen, Andrea Ypsilanti, die 2008 eine vorher ausgeschlossene Regierungsbeteiligung mit der Linkspartei angestrebt hatte, nicht zu einem Ministerpräsidenten gepasst und ihn Stimmen bei Wählerinnen gekostet. Wobei Laschet, als Integrationsminister unter Rüttgers quasi hautnah dabei, die Verhältnisse in eine andere Dimension rückt. Rüttgers hausgemachte Fehler hätten die CDU bei der Landtagswahl 2010 circa zwei Prozent gekostet, die Griechenland-Rettung durch die Bundeskanzlerin unmittelbar vor der Landtagswahl indes mindestens dreimal so viel.

Wir treffen Jürgen Rüttgers an seinem Arbeitsplatz in der Kanzlei Beiten Burkhardt in der in Düsseldorf unmittelbar am Rhein gelegenen Cecilienallee. Rüttgers bestreitet, dass es seine Strategie gewesen sei, Johannes Rau zu kopieren. Die Sache sei anders gewesen. Rau habe eben sehr viele Jahre regiert und er, Rüttgers, habe seinen Leuten gesagt, wenn die CDU sich weiter kleinmache, „dann werden wir es nie schaffen". Augenhöhe sei nötig gewesen zum sozialdemokratischen Ministerpräsidenten, der über Parteigrenzen hinweg, ergo auch von CDU-Anhängern, respektiert worden sei. Daraus leiteten Rüttgers und sein Team eine Strategie ab, die zwei Jahrzehnte lang die SPD in der Zeit von Rau gefahren hatte: Rüttgers sollte für nicht nibelungentreue SPD-Wähler wählbar sein. Bei der Wahl 2005 ging dieses Kalkül auf. Rüttgers blieb seiner Strategie treu – wie Umfragen und Zustimmungswerte zeigten, lange mit Erfolg. Ablesbar war dies an der Zusammensetzung des Landeskabinetts. Vom linken Flügel der CDU berief Rüttgers Karl-Josef Laumann zum Arbeitsminister und den Schwarz-Grün-Freund Laschet zum Integrationsminister. Laumann muss sich nicht anstrengen, um zu reden wie ein Arbeiterführer mit rotem Parteibuch, Laschet nicht, um in Ausländerfragen wie ein Grüner zu sprechen. Die CDU-Stammwähler konnten sich an die ordoliberale Wirtschaftsministerin Christa Thoben halten und den konservativen Finanzminister Helmut Linssen. So wie Rüttgers hatte es zuvor Rau gehalten, und bei Rüttgers lief die Sache lange gut – bis er begann, seine Rolle als Arbeiterführer zu sehr zu verinnerlichen und sich damit, so werten es wichtige Zeitzeugen, allzu sehr auf die Seite des strategischen Vorbilds Rau zu schlagen, was ihn bei den eigenen CDU-Leuten Rückhalt kostete.

Rüttgers selbst erzählt die Geschichte jedenfalls so weiter. Dann sei Rau Bundespräsident geworden – und er als Oppositionsführer habe vor der Frage gestanden: Angreifen, etwa wegen der „Flugaffäre", oder eben nicht? Denn gerade im bürgerlichen Lager gebe es seit jeher einen großen Respekt vor den Institutionen des Staates und ganz besonders vor dem Bundespräsidenten. Also: keine Angriffe gegen Rau.

Rüttgers erinnert daran, dass er in vielen Jahren zuvor zu den scharfen Kritikern Johannes Raus gehört habe – „schon seit JU-Zeiten". Rüttgers war in jungen Jahren Vorsitzender der rheinischen Nachwuchsorganisation der CDU. Er rechnet es sich an, dass Johannes Rau bei seiner ersten Kandidatur zum Amt des Bundespräsidenten 1994 gegen den CDU-Politiker Roman Herzog unterlag. „Als Erster Parlamentarischer Geschäftsführer habe ich die Wahl von Johannes Rau verhindert." Rüttgers hatte mitbekommen, dass Rau alle nordrhein-westfälischen Wahlleute für die Bundesversammlung zu sich in die Staatskanzlei geholt hatte, um für sich als Staatsoberhaupt zu werben. Als Parlamentarischer Geschäftsführer und damit „Einpeitscher" der Unionsfraktion war es die Aufgabe von Rüttgers, jegliche Erfolge der SPD zunichtezumachen – also auch den von Johannes Rau. CDU-Wahlleute, die Rau quasi in Versuchung geführt hatte, drehte Rüttgers, der eine erstaunliche Härte entwickeln konnte, wieder um. Herzog wurde 1994 „Ruck"-Präsident.

Vor der Villa Horion zur Rheinkniebrücke hin steht ein lebensgroßes Denkmal von Rau. Es ist ein Werk der britischen Bildhauerin Ann Weers-Lacey und zeigt Rau in einer typischen Pose mit nach vorn gerichtetem Blick und ausgestreckter Hand. Richtig ist tatsächlich, dass Jürgen Rüttgers für die Aufstellung dieses Denkmals verantwortlich ist. Falsch ist indes die Annahme, Rüttgers habe das Denkmal veranlasst. Nach Johannes Raus Tod habe dessen Frau Christina ihn aufgesucht, gemeinsam mit dem langjährigen Präses der Evangelischen Kirche, Nikolaus Schneider. Christina Rau habe ihm eröffnet, die Familie Raus habe für dieses Denkmal gesorgt und nun wolle man über einen denkbaren Standort sprechen. So sei es die Villa Horion geworden. Dass, daran erinnert Rüttgers ausdrücklich, der Platz vor dem heute wieder als Staatskanzlei genutzten Gebäude heute „Johannes-Rau-Platz" heiße, gehe nicht auf ihn, sondern auf eine Entscheidung des sozialdemokratischen Düsseldorfer Oberbürgermeisters Thomas Geisel zurück. Bei dem Treffen mit Christina Rau und Schneider sei dann auch über die Trauerfeierlichkeiten geredet worden. Als Ministerpräsidenten habe die SPD ihn eingeladen. Rüttgers: „Sollte ich ablehnen, nur weil Frau Kraft redet?"

Die Denkmal-Geschichte, die Rüttgers in Teilen der CDU nach wie vor vorgehalten wird, hat noch eine weitere Seite. Er habe bei der Familie des ersten frei gewählten nordrhein-westfälischen Ministerpräsidenten Karl Arnold „geworben", parallel zum Denkmal für Rau eines für Arnold aufzustellen. Dieser Idee kam Arnolds Familie dann nach, das Denkmal findet man in unmittelbarer Nähe des Haupteingangs zur Staatskanzlei, quasi dem Rau-Denkmal gegenüber. Somit sorgte Rüttgers dafür, dass die Staatskanzlei von den beiden wohl wichtigsten Ministerpräsidenten eingerahmt wird.

Im Nachhinein – war es ein Fehler, sich Johannes Rau zu eigen gemacht zu haben? Rüttgers bestreitet, dass es so gewesen sei. „Zu glauben, man könne ein paar Reden halten und wäre dann der zweite Johannes Rau, ist doch nicht von dieser Welt. Das Wichtigste in der Politik ist es, authentisch zu bleiben."

Und was war der Hauptgrund für Ihre Abwahl, Herr Rüttgers? „Eine Woche vor der Landtagswahl trafen wir uns im Jagdhaus Schellenberg in Essen, hoch über dem Baldeneysee", erzählt Rüttgers. Bei dem vertraulichen Sechser-Treffen waren dabei: Rüttgers, sein CDU-Generalsekretär Andreas Krautscheid und sein engster Vertrauter Boris Berger, Angela Merkel und ihr CDU-Generalsekretär Hermann Gröhe plus ihr enger Vertrauter Ronald Pofalla. Rüttgers und sein Team wussten seit zwei Wochen, dass kaum noch eine Chance bestand, die NRW-Wahl zu gewinnen. Folgerichtig war die Stimmung, so erzählt es einer der Teilnehmer, äußerst gespannt. Tatsächlich sei es vor allem um Schuldzuweisungen gegangen: Wer sollte die Verantwortung für die absehbare Wahlniederlage übernehmen? Es wurde immer lauter im Séparée von Schellenberg, zwei Stunden ging es hin und her, Rüttgers Leute hielten Merkels Leuten die Berliner Fehler vor, für Merkel konterte Pofalla: „Ihr habt euren eigenen Mist gebaut". Für Rüttgers misslich war, dass die beiden engsten Merkel-Vertrauten, Gröhe und Pofalla, aus seinem eigenen Landesverband kamen.

Irgendwann sagte Merkel zu Rüttgers: „Übrigens, wir müssen jetzt etwas für Griechenland tun", es gehe nicht anders, der Euro müsse gerettet werden.

„Wann?", fragte Rüttgers nur.

Merkels Antwort: „Am Freitag."

Rüttgers konsterniert: „Was, zwei Tage vor meiner Wahl?"
Merkel im Alternativlos-Modus: „Es geht nicht anders."
Rüttgers erzählt, schon lange vor der NRW-Wahl habe er Merkel ge-
warnt, nicht über die „Bild-Zeitung" eine Kampagne gegen Griechenland zu fahren. „Am Ende müsst ihr dann doch zahlen." So kam es dann
auch. Zwei Tage später, am Wahlsonntag, um 18.20 Uhr, erklärte Rüttgers knapp, er übernehme für diese Wahlniederlage die Verantwortung.
Wegen der Griechenland-Entscheidung seien 350 000 Menschen, die bei
der Landtagswahl 2005 für die CDU gestimmt hätten, nicht zur Wahl
gegangen. „Am Ende fehlten pro Wahlkreis nur 50 Stimmen". Und auch,
wenn es nicht mehr gereicht hätte, mit den Freien Demokraten die Koalition fortzuführen: „Die Grünen wären gerne gekommen." Allein – zu
Schwarz-Grün fehlte Rüttgers ein einziges Mandat.

Die Wahl 2010 hatte nicht zu klaren Mehrheiten geführt. Also musste zwischen allen Parteien die Möglichkeit einer Zusammenarbeit sondiert werden. Gespräche fanden mithin auch zwischen CDU und SPD
statt. Dabei wurde auch über eine „israelische Lösung" nachgedacht.
Nach der Knesset-Wahl 1984 war die Regierungsbildung in Israel schwierig geworden, keiner der großen Blöcke verfügte über eine Mehrheit. In
dieser Situation entschieden sich der konservative Likud-Führer Yitzhak
Shamir und der Chef der Arbeitspartei Shimon Peres, die Macht über
die Legislaturperiode hinweg zu teilen: zwei Jahre der eine, zwei Jahre
der andere, wobei der andere der jeweilige Stellvertreter des einen sein
sollte. Nach dem Muster sollte die ersten beiden Jahre Rüttgers als Ministerpräsident amtieren, um dann in dem Spitzenamt von Kraft abge-
löst zu werden. Doch die Israelis bleiben – bis heute – mit diesem Modell einzigartig. In Nordrhein-Westfalen verlief die interessante Idee im
Sande. Die Sozialdemokraten wollten Rüttgers nicht als Regierungschef
ertragen, die Christdemokraten nicht den Wechsel zu Kraft kurz vor der
nächsten Landtagswahl. Rüttgers: „Ich habe gesagt: ‚Ich höre auf.' Das
war klar."

Seine Wahlniederlage führt Rüttgers im Wesentlichen auf die bundespolitische Entscheidung zurück, Griechenland mit einem starken Eu-
ro-Rettungspaket unter die schlaffen Arme zu greifen, aber interessan-
terweise auch auf sein Regierungshandeln. Immerhin: „Wir haben in
fünf Jahren mehr geschafft als zwei Vorgänger und eine Nachfolgerin zu-
sammengenommen." Es habe eine tief gehende Transformation des Landes gegeben. „Damit macht man sich auch keine Freunde." Und dann

sagt Rüttgers einen ausgesprochen selbstreflektierten Satz: Im Übrigen sei ihm klar gewesen, dass er im Unterschied zu Johannes Rau „vom Typ her kein Landesvater" sei.

Hannelore Kraft inszenierte sich als das Gegenstück: die Landesmutter. Sie wollte ein weiblicher Johannes Rau sein. Wenn man denn den Vorwurf der Kopie des Originals erheben will, so trifft er wohl weniger auf Rüttgers zu denn auf Kraft. Ruttgers bemächtigte sich teilweise der Rhetorik Raus, er nahm auf ihn Bezug, stellte ihn als Vorbild für staatsmännisches Handeln heraus. In seiner Politik aber praktizierte Rüttgers das Gegenteil. Kaum ein Regierungschef hat in so wenigen ihm zur Verfügung stehenden Jahren das Land so verändert wie Rüttgers mit seiner schwarz-gelben Koalition. Eine Einschätzung, die Rüttgers Vor-Vorgänger Wolfgang Clement im Kern bestätigt: Rüttgers Veränderungspolitik sei „durchaus in die richtige Richtung" gegangen. Auch Rüttgers Nachfolgerin Kraft bestätigte diese Einschätzung indirekt, indem sie den deutlichen Unterschied zwischen den Taten des liberalen Reformers Rüttgers in Kontrast stellte zu dessen oft sozialkonservativer Rhetorik. Deshalb nannte sie Rüttgers einen „Sozialschauspieler".

„Das Wir, das zusammenhält in der Gesellschaft, an dem wollen wir weiter arbeiten." In ihrem letzten Wahlkampf hatte Hannelore Kraft den gefühligen Rau-Sound perfektioniert. Das „Wir" in Kombination mit Nordrhein-Westfalen, das war mit den Jahren zu einem Markenzeichen der Sozialdemokraten geworden. Weite Teile der Partei klammerten sich an die Hoffnung, es könne eine Renaissance ihrer goldenen Zeiten geben. „Hannelore Kraft zeigte sich in Worten und Gesten als eine gelehrige Schülerin des Mannes, der das Mantra verkörperte: Johannes Rau", analysierte die „Wirtschaftswoche". Vielleicht kopierte sie Rau nicht nur in Worten, sondern auch im Wirken: Die Schulden stiegen an, das Wirtschaftswachstum sackte auf null und selbst sozial fiel Nordrhein-Westfalen in den Kraft-Jahren zurück. Die starke Persönlichkeit Johannes Raus, seine überzeugende Rhetorik, aber auch soziologische Umstände, wie die relative Einheit einer zu diesen Zeiten noch mächtigen Arbeiterklasse, die relative Übereinstimmung von SPD und Gewerkschaften sowie die selbst verursachte Schwäche der Christdemokraten in NRW, hatten die eher dürftige Leistungsbilanz der Regierungen Rau noch übertünchen können. Dazu kamen starke Kabinette mit angesehenen Ministern, die auch in der Bundespolitik, etwa in der Konferenz der Innen- und der der Finanzminister, eine einflussreiche und auch in der Öffentlichkeit weitgehend überzeugende Rolle spielen konnten. Die Rahmenbedingungen hatten sich gründlich geändert, als Hannelore Kraft an die Regierung kam. Von dem einst überzeugenden Personal der SPD waren allenfalls noch Spurenelemente übriggeblieben. Ein Wirtschaftsminister Harry Voigtsberger erreichte zu keiner Zeit jenen Kredit, den einst Reimut Jochimsen aus dem Kabinett Rau in der Ruhrgebietswirtschaft und darüber hinaus genossen hatte. Die Arbeiterklasse war im Zuge der Montankrise schon stark erodiert, und am Ende der Amtszeit von Kraft blieb praktisch eine vom akademischen Milieu dominierte „Lehrer-Partei" zurück. Sigmar Gabriel unterstreicht diesen Befund: Die SPD in Nordrhein-Westfalen habe sich mit den Jahren „entkernt".

Die Grünen, für Rau und seine Zeitgenossen noch „Fleisch vom Fleisch der SPD" und darum eigentlich ein schmerzlicher Irrtum der Geschichte, waren immer eigenständiger und stärker geworden, sie setzten nicht nur in Umweltthemen den gesellschaftspolitischen Standard, sondern auch in der Innenpolitik mit einer deutlichen Skepsis gegenüber dem Thema der Inneren Sicherheit, dazu mit einer Fokussierung auf gesellschaftliche Minderheiten wie Schwule und Lesben und der Begründung einer den Feminismus auf die nächste Stufe stellenden Genderpolitik. Sie ignorierten leere Stellen bei der Integration von Ausländern, wie sie für besserverdienende Milieus typisch geworden ist. Und sie betrieben eine industriefeindliche Politik, die sie über das in den Jahren immer stärker gewordene Umweltministerium gegen das parallel in seinen Kompetenzen ausgedünnte Wirtschaftsministerium durchsetzen konnten. Ökopartei, das hieß dann eben auch: Anti-Chemie-Partei, Anti-Gen-Partei, Anti-Auto-Partei und Anti-Kohle- und Öl-Partei. In dieser Kombination stehen die Grünen für eine Anti-These zu eben jenen christ- wie sozialdemokratischen Weichenstellungen, denen die Bundesrepublik Deutschland ihren Wohlstand verdankt.

War die SPD unter Kühn, Rau, Clement und Steinbrück noch eine „Arbeiterpartei", der Wertewelt von Kohle und Stahl verpflichtet und industriepolitisch ein verlässlicher Partner von Gewerkschaften und Arbeitgebern, etwa bei komplizierten Umstrukturierungen, so ergrünten die Sozialdemokraten in den Folgejahren deutlich. Die Bedeutung der einstigen gewerkschaftlichen Supermacht der Bergbaugewerkschaft IGB CE ging mit dem Kohle-Ausstieg immer mehr zurück, parallel wuchs die der Dienstleistungsgewerkschaft Verdi. Das spiegelte sich in der Politik der SPD, die nicht mehr Arbeiterpartei sein wollte und sich zudem als „Partei der kleinen Leute" verabschiedete. Es war eine Art von Selbstverkleinerung. Der selbstbewusste Anspruch der Grünen, die SPD als Volkspartei mittelfristig abzulösen, findet hier seinen Ursprung.

Eigentlich war für den Politikansatz von Johannes Rau am Ende des ersten Jahrzehnts im neuen Jahrtausend kein Platz mehr. Wegen der veränderten Rahmenbedingungen war die Zeit für Gefühlspolitik abgelaufen. Und doch hatte Hannelore Kraft mit ihrer Inszenierung als „Johanna Rau" noch einmal Erfolg, bevor sie genau daran dann allerdings sieben Jahre später scheiterte. Wie kam es dazu?

Kraft konnte sich einerseits in der Kontinuität von Johannes Rau, andererseits aber auch als „neue" SPD-Führerin inszenieren, weil Clement und Steinbrück zuvor in Stil wie Inhalt klar mit Rau gebrochen und damit erhebliche Verfremdungseffekte innerhalb der SPD ausgelöst hatten. Diese führten in der Konsequenz dann zum mehr oder weniger erzwungenen Parteiaustritt von Wolfgang Clement und zur krachenden Abwahl von Peer Steinbrück als Ministerpräsident. Der technokratische „Manager der Nordrhein-Westfalen AG" Clement und sein politischer Zwillingsbruder Steinbrück schufen, in Kombination mit der liberalen Agenda-Politik Gerhard Schröders auf Bundesebene, erst jene sozial-empathische Lücke, die Kraft ausfüllen konnte.

Kraft kam dabei entgegen, dass die Auseinandersetzung mit CDU-Mann Jürgen Rüttgers im letzten Jahr von dessen Amtszeit mehr und mehr zu einem Wettstreit darüber geworden war, wer von beiden persönlich am glaubwürdigsten war und am unverfälschtesten beim Wahlvolk ankam. Und dieses Kampffeld verließ Kraft 2009 als Siegerin, was umso bemerkenswerter war, da sie anfangs als völlige Außenseiterin galt, es eine ernsthaft für CDU und FDP bedrohliche Wechselstimmung nicht gab und die Reformpolitik von Rüttgers zwar einzelne Gruppen wie Beamte und Bergleute verprellte, aber grundsätzlich gesellschaftlich getragen wurde.

Ohne die liberale Wende der SPD, symbolisiert durch die Agenda-Reformen und verkörpert von Gerhard Schröder, Wolfgang Clement und Peer Steinbrück, hätte Hannelore Kraft sich kaum erfolgreich als soziale und empathische Wiedergängerin Johannes Raus inszenieren können.

Und auch in anderer Hinsicht konnte Kraft einen Bruch zu den vom linken Flügel als „neoliberal" verunglimpften Führungsfiguren der Sozialdemokraten vollziehen. In unterschiedlicher Ausprägung hatten Schröder, Clement und Steinbrück die Grünen noch einzuhegen (Schröder) oder als Koalitionspartner zu eliminieren (Clement, Steinbrück) versucht. Kraft hingegen suchte den Schulterschluss mit ihnen. Das war durchaus konsequent – war doch die SPD inzwischen selbst ergrünt und bestenfalls noch rudimentär eine „Arbeiterpartei". War Johannes Rau 1995 noch äußerst widerwillig eine Koalition mit den Grünen eingegangen, so war Rot-Grün für Kraft knapp 15 Jahre später die Wunsch-Konstellation. Zeitweise erschien in dem rot-grünen Spitzenduo „Hanni und Nanni" die Grüne Sylvia Löhrmann sogar die Stärkere zu sein. Löhrmann war es schließlich, die Kraft in eine „Koalition der Einladung" schob, die sich je nach Vorhaben parlamentarische Mehrheiten suchte. Das funktionierte überraschend gut, weshalb die Einschätzung auf konservativer Seite, es habe sich in Wahrheit um eine von der Linken tolerierte Minderheitsregierung gehandelt, nicht zutrifft. Die CDU hielt es jedenfalls nicht ein einziges Mal für nötig, eine Demonstration gegen die erste Regierung Kraft zu organisieren. Vielmehr vereinbarten die Christdemokraten mit der Regierungschefin und deren grüner Schulministerin einen „Schulfrieden", vordergründig, um die Existenz des Gymnasiums gegen gleichmacherische Gesamtschulinteressen bei SPD, Linken und Grünen abzusichern.

Ihre zweite Wahl konnte Kraft, inzwischen als Verkörperung Raus und Antithese zu den Schröder-„Machos" etabliert, auch deshalb überzeugend gewinnen, weil die CDU mit ihrem Spitzenkandidaten Norbert Röttgen einen erbarmungswürdigen Wahlkampf hinlegte, der ihn zu keinem Zeitpunkt als ernsthafte Alternative zur sozialdemokratischen Amtsinhaberin erscheinen ließ. Röttgen wollte zum damaligen Zeitpunkt als „Muttis Klügster" eigentlich Bundeskanzler werden und betrachtete wohl die Regentschaft in Nordrhein-Westfalen als minderwertige Alternative. Folgerichtig fand er sich nicht zu der Erklärung bereit, im Falle einer Wahlniederlage von Berlin nach Düsseldorf zu wechseln. Aus dem Jahre zuvor gescheiterten Versuch des kraftvollen CDU-Sozialpolitikers Norbert Blüm, Rau abzulösen, hätte Röttgen lernen können, dass die bürgerliche Zielgruppe an Spitzenpolitikern vor allem eines nicht schätzt: übertaktierenden Machtegoismus.

Clement, Steinbrück, Hombach – für Hannelore Kraft waren das „Machos". Zu den „Machos" kann noch eine vielsagende Begebenheit erzählt werden. Einmal trafen sich die erfolgreiche Wahlkämpferin Kraft und der erfolgreiche Wahlkampfmanager Hombach zu einem ordentlichen Abendmahl im Restaurant „Zur Traube" in Grevenbroich. Zu der „Traube" darf angemerkt werden, dass nichts mehr zu einer gewissen überregionalen Bekanntheit Grevenbroichs beitrug als eben jenes gastronomische Etablissement von Dieter Kaufmann. Die zwei Michelin-Sterne begriffen der Chefkoch, der in London während seiner Lehrjahre noch Winston Churchill bedient hatte, und dessen Frau Elvira als Pflicht, jeden Tag eine Spitzenleistung auf dem Teller abzuliefern. Jedenfalls entwickelte sich unter dem Eindruck beiderseitig empfundener kulinarischer Befriedigung zwischen den beiden Sozialdemokraten ein Dialog, der sehr viel aussagt über deren unterschiedliche Politikstile und auch die Spaltung der SPD in Schröderianer und Parteilinke begründet.

Die „Machos", so Kraft in Anspielung auf Schröder, Clement, Steinbrück und Hombach, hätten ihre Macht verloren, weil sie eine Politik betrieben hätten, die sie selbst für richtig befunden hätten, anstatt ihrer Partei, der SPD, zu folgen. Hombach erwiderte, dann hätte ihm und auch sicher Schröder Politik keinen Spaß mehr gemacht. Daraufhin Kraft: „Deshalb bist du ja auch ein Macho."

Wir fragten natürlich die „Machos" danach. Hombach, heute abgeklärt, formuliert es akademisch: „Der Verzicht auf eine Politik, die Widerstand auslöst, ist nur dann gut, wenn man Politik nicht braucht. In Zeiten, in denen man die Politik braucht, wird dieser Verzicht gefährlich." Steinbrück: „Vom Ministerpräsidenten darf erwartet werden, dass der eine Politik macht, die über den Parteien steht. Das ist der Sinn des Amtes. Bloße Parteipolitik zu veranstalten, ist gerade nicht der Sinn dieses Amtes."

Kraft versuchte es dann mit der Rau-Masche erneut 2017. Diesmal aber scheiterte sie – weshalb? Lag es daran, dass Kraft sich zur Gefangenen von Johannes Raus Gefühlspolitik gemacht hatte, die dann scheitert, wenn es nur noch Gefühle gibt, aber keine Erfolge mehr? Oder daran, dass sich Kraft der SPD ausgeliefert hatte, einer Partei, die vor allem soziale Sicherheit verspricht, also keinen Wandel, sondern Schutz vor ihm, die ergo die strukturkonservativste Partei Deutschlands ist? Lag es daran, dass Kraft Politik vor allem verstand als Reparaturwerkstatt von Kapitalismus und Globalisierung, ein Reparateur aber stets nur den Schäden hinterherläuft? Lag es daran, dass Kraft ganz einfach keine „Macho-Politik" machen wollte? Lag dieser selbstgewählte Verzicht an ihrer eigenen Ambitionslosigkeit?

Es war wohl von allem reichlich und deshalb für eine Wiederwahl zu viel. Selbst gegen einen zunächst krassen Außenseiter wie den „netten Herrn Laschet", dem zu Beginn des Wahlkampfs 2017 selbst in der eigenen Partei nur eine Minderheit einen Erfolg gegen Kraft zutraute.

Am 19. Mai 2016 erscheint in der „Zeit" ein langer Artikel. Er stammt aus der Feder von Stefan Willeke und heißt: „Sie will: nichts." Es ist ein Totalverriss, die maximal mögliche Entzauberung einer Magierin, die Verdüsterung einer Lichtgestalt. Und es ist die Vorhersage einer persönlichen wie parteipolitischen Katastrophe genau ein Jahr vor deren tatsächlichem Eintreffen. Kaum je hat ein einzelner Zeitungsartikel eine derartige politische Wirkung entfaltet wie jenes meisterhaft komponierte Stück. Von nun an war Kraft nicht mehr sakrosankt, vielleicht wurde sie dadurch auch zum Abschuss freigegeben. Weil die Berichterstatter und Korrespondenten von Regionalzeitungen die Story als glaubhaftes Drehbuch für den Niedergang der Ministerpräsidentin empfanden, haben viele von ihnen dort in den Folgemonaten argumentative Anleihen genommen. So veränderte dieses „Zeit"-Dossier die politische Stimmung in Nordrhein-Westfalen grundlegend.

Willeke thematisiert darin Hannelore Krafts Antriebsarmut, ihre „Kraftlosigkeit", enttarnt die Mechanismen ihrer Verantwortungsflucht und Selbstimmunisierung in kritischen Schlüsselsituationen wie den Kölner Silvesterkrawallen, beschreibt ihre zunehmende Aggressivität, die ihr Kümmerer-Image beschädigt, und ihre wachsende Vereinsamung innerhalb der eigenen Regierung und ihrer Partei. Niemand wagt am Schluss noch Widerspruch gegen die herrische Regentin.

In der Story findet sich eine knappe Bilanz ihres Wirkens, die deutlich macht, dass die Ministerpräsidentin nicht mal ihr Hauptziel, kein Kind zurücklassen zu wollen, erreichte: „Zusammen mit Bremen hat Nordrhein-Westfalen jetzt die höchsten Arbeitslosenquoten in Westdeutschland. NRW, das bedeutet auch: der bundesweit niedrigste Anteil von Frauen in Vollzeitjobs. Das schlechteste Ergebnis beim Haushaltsdefizit 2015. Die höchste Steigerungsrate bei der Kinderarmut. Die meisten Insolvenzen von Firmen. Die höchsten Schulden. Die höchste Kriminalitätsrate unter den westdeutschen Flächenländern. Die höchsten kommunalen Steuersätze. Und, und, und. Der Kölner Bundestagsabgeordnete Karl Lauterbach sagt: ‚Uns in Nordrhein-Westfalen werden keine Eliten von außen retten. Wir müssen es schon selber tun.'" Doch dafür ist es längst zu spät. Für das Land Nordrhein-Westfalen und seine Entwicklung, man kann es kaum anders sagen, war das Jahrfünft der Regierung Kraft II eine verlorene Zeit.

Einmal hatte der Verfasser die Gelegenheit, Hannelore Kraft persönlich zu fragen, wie sie den Artikel in der „Zeit" empfunden habe, schließlich sei der Autor, Willeke, ja auch bei ihr gewesen zu einem langen Vier-Augen Gespräch. Auf die inhaltlichen Punkte und die dort anhand öffentlich zugänglicher Zahlen geschilderte Bilanz ließ Kraft sich dabei ebenso wenig ein wie auf die akribisch belegten Defizite ihrer Regierungsarbeit oder die Kritik an ihrem immer häufiger pampigen Auftreten. Stattdessen sagte sie nur: Dies sei eine „Auftragsarbeit". Und auf die Frage, im Auftrag wessen, raunte sie: „Na, Hombach."

Eine seltsame Verschwörungstheorie. Eine handfeste Beleidigung des Journalisten von der „Zeit" obendrein. Und ein gutes Stück Geschichtsvergessenheit. Hatte denn nicht eben jener Hombach das „Wir in Nordrhein-Westfalen" erfunden? Jene Art von Gefühlspolitik, deren sich Kraft dann Jahre später noch bemächtigen konnte, anfangs sogar erfolgreich? Am Ende wurde diese Art, Politik zu machen, Kraft dann zum Verhängnis, was an ihr selbst lag, an niemandem sonst. „Hannelore Rau" lautete eine Überschrift, die der „Spiegel" einmal über ein Porträt von ihr setzte.

Jürgen Rüttgers war ein bürgerlicher Reformer, wenn auch kein Landesvater. Johannes Rau war einer, aber auch jemand, der mit den Jahren empathische Inszenierung zunehmend als Ersatz für eine innovative Wirtschafts- und Wissenspolitik begriff. Der sozialdemokratische Reformer Wolfgang Clement war wohl zu forsch und darum nur streckenweise erfolgreich. Dem kompromisslos Liberal-Sozialen Peer Steinbrück ließen Schröders Berliner Hartz-Reformen in Düsseldorf nur zweieinhalb Jahre; er wird in den Geschichtsbüchern allerdings als erfolgreicher Bundesfinanzminister an der Seite der Bundeskanzlerin Merkel einen gebührenden Platz finden, vielleicht auch als talentierter Buchautor. Was lässt sich in dieser Reihe über Kraft sagen? Dass sie zu wenig wollte? Oder konnte? Oder, so wie der Ex-Raucher zum Nichtraucher-Taliban wird, sie es als späte SPD-Seiteneinsteigerin nur noch der SPD recht machen wollte? Kraft hielt wichtige und richtige Reden. Ihre Auftritte im Ausland waren tadellos. Aber Nordrhein-Westfalen ist ein wichtiges Industrieland in digitaler Transformation. In keinem anderen Bundesland ist das Einwandererthema so bedeutsam und komplex wie hier. Weil dieses Land keine Identität hat, muss jeder Regierungschef umso stärker seine eigene Identität begründen und damit überzeugend auch auf jene wirken, die kein SPD-Parteibuch haben. Nordrhein-Westfalen ist ein schwieriges Land. Zu schwierig für Hannelore Kraft. Der Versuch mit „#NRWIR", der so gewollt digital-affinen Fortentwicklung von „Wir in Nordrhein-Westfalen", war ihr letzter, eine sozialdemokratische Tradition am Leben zu erhalten. Es war eine Schrumpfversion.

VI. Schattenregierung

IC 72 oder Friedel Neubers polit-ökonomisches System – Raus Kampf gegen Schröder – Die Strukturpolitik der WestLB – Die CDU in der „Konsensfalle" – Die Flugaffäre oder: Über den Wolken muss die Freiheit grenzenlos sein

Unpräzise ist der oft gelesene Vergleich von Friedel Neuber mit einem „Paten" vor allem aus einem Grund: Der Bankmanager war zwar Jäger, erschossen hat er aber niemanden. Den einen oder anderen erledigt, das – ja. Aber bitte ohne Krach. Und ohne Blutvergießen.

Wenn die Scheinwerfer aus waren und er sich sicher wähnte im Dunkel der Nacht, konnte die öffentliche Lichtgestalt zum fiesen Finsterling mutieren. Dann wandelte sich Dr. Jekyll, „der gute Mensch aus Wuppertal", zu Mr. Hyde, dem ruchlosen Rächer. Dann wurde Johannes Rau zum mit allen Wassern gewaschenen, um schmutzige Tricks nicht verlegenen, skrupellosen Kämpfer in eigener Sache. So wäre es ihm um ein Haar gelungen, mit der Hilfe seines mächtigen Exekutors, dem Vorsitzenden der WestLB, Friedel Neuber, den niedersächsischen Spitzenkandidaten Gerhard Schröder 1998 um seine Wiederwahl zum Ministerpräsidenten zu bringen. Und da Schröder den Wahlsieg in Niedersachsen zur Voraussetzung für seine Kanzlerkandidatur im selben Jahr gemacht hatte, hätte Rau es beinahe geschafft, die Ablösung Helmut Kohls durch Gerhard Schröder zu verhindern. Welchen Verlauf hätte die Geschichte wohl genommen?

Für dieses bemerkenswerte Stück Zeitgeschichte gibt es Zeugen. Der frühere SPD-Vorsitzende Sigmar Gabriel, der nach Schröders Wahl zum

Bundeskanzler in Niedersachsen Ministerpräsident geworden war, bestätigt im Gespräch den Vorgang. Und ebenso Bodo Hombach, der den Erfolg von Raus Intrige, so Gabriel, „maßgeblich" verhinderte. Was war Raus Motiv, Schröder verhindern zu wollen?

Johannes Raus Lebenstraum war es, Bundespräsident zu werden. Dafür benötigte er die Unterstützung der SPD. Und die wollte Gerhard Schröder ihm vorenthalten. Der Niedersachse war gegen die Präsidentschaft des Nordrhein-Westfalen. Ein anderer Sozialdemokrat war indessen dafür: Oskar Lafontaine. Der Saarländer war der große Rivale des Niedersachsen beim SPD-internen Ringen um die Kanzlerkandidatur. Und er stützte Raus Ambitionen, Deutschlands Staatsmann Nummer eins zu werden. Raus Plan: Schröder ausschalten, Lafontaine zum Kanzlerkandidaten machen und sich selbst zum Bundespräsidenten. Wer in eigener Sache so groß denkt und ins ganz helle Licht will, tut gut daran, wenn er für die Schmutzarbeit, ohne die solche Operationen am offenen Konkurrenten nun einmal nicht zu haben sind, seine Leute hat. Rau sollte ein einziger Helfer genügen – jemand, der sich in heiklen Situationen längst schon bewährt hatte.

Die Stahlfabrik im niedersächsischen Salzgitter gehörte der Preussag AG. Die wiederum zählte zur WestLB. Und deren Chef hieß Friedel Neuber. Johannes Raus Engster verkaufte das Werk Salzgitter in einer Nacht- und Nebelaktion an die österreichische voestalpine AG, zu der Salzgitter, daran erinnert Gabriel, auch schon einmal gehörte. Das war früher, also: ganz früher. Da hieß der große Laden noch „Reichswerke Hermann Göring", was den einen oder anderen Niedersachsen zu dem gewiss nicht stubenreinen Spott verleitet haben soll: „Dann können wir ja auch gleich wieder den alten Namen nehmen!"

Der Stahl-Deal war ein Politikum allererster Ordnung. Schröder hatte den 9 000 Stahlwerkern in Salzgitter versprochen, im Falle eines drohenden Verkaufs ihres gefährdeten Werks müssten sie sich keine Sorgen machen. Dieses Gespräch war mit dem voestalpine-Handel so nicht mehr zu halten. Hombach, der damals schon zu Schröder hielt und darum Rau und Neuber ein Dorn im Auge war, erklärte, was die politischen Folgen des ökonomischen Geschäfts gewesen wären: Wäre der Düsseldorfer Coup gelungen, so Hombach, „hätten die mitten in der heißen Wahlkampfphase einen Clown aus Schröder gemacht, und die Arbeiter hätten ihm zu Recht die Stahlbarren in die Fenster der Staatskanzlei geschmissen".

Schröder blieben nur Stunden, um Raus Coup zu verhindern. Am 9. Januar 1998 sollte der Kaufvertrag unterschrieben werden. Am Morgen desselben Tages fuhr der niedersächsische Ministerpräsident nach Düsseldorf. Mit dabei hatte er Salzgitter-Chef Hans-Joachim Selenz. Mittags kam es im Vorstandsbüro Neubers zum Showdown zwischen Raus verschlagenem Banker-Politiker und den zwei Niedersachsen. Dabei schleuderte Schröder Friedel Neuber einen denkwürdigen Satz entgegen: „Ich weiß jetzt, dass die Steigerung von Todfeind Parteifreund ist."

Was dann passierte, hielt der „Spiegel" folgendermaßen fest: „Schröder ließ sich ein weißes Blatt geben, zog einen Stift aus der Tasche und schrieb einen Vertragsentwurf: Der Mehrheitsanteil der Stahlfabrik wird nicht an Österreich, sondern an das Land Niedersachsen verkauft. ‚Friedel', sagte Schröder und reichte ihm freundlich das Blatt, ‚an sich müsste ein Notar das jetzt abzeichnen, aber ich glaube, wir brauchen das nicht zu unterschreiben. Unter Ehrenmännern gilt das auch so.'"

Neuber stoppte notgedrungen den Vertrag mit den Österreichern, berichtete den bedauernswerten Vorfall an Rau und setzte den Salzgitter-Chef auf seine Abschussliste. Es verging nur wenig Zeit, bis ein weiterer Mensch ein Problem bekam. „Irgendjemand", notierte der „Spiegel", „muss kurz darauf der Staatsanwaltschaft gesteckt haben, mit der Bezahlung des Hombach-Privathauses in Mülheim sei etwas nicht in Ordnung." Den Kredit für das so geschmackvoll wie luxuriös eingerichtete backsteinrote Reihenendhaus in Mülheim hatte Hombach von niemand anderem bekommen als von der WestLB. Jahre später endete die Episode für Hombach juristisch zwar mit einem Freispruch erster Klasse, aber allein der Korruptionsverdacht und das langjährige Gerichtsverfahren reichten aus, um Hombach vorerst politisch zu erledigen. Und zwar ganz nach Art ehrenwerter Herren in Nadelstreifen: ohne Blutvergießen.

Der gemeinsame Weg von Rau und Neuber, die ungewöhnlichste, dauerhafteste, verschwiegenste und wirkungsvollste Partnerschaft zweier politischer Alphatiere, hatte schon 1962 begonnen und sollte erst 1998 enden – mit Raus Wahl zum Bundespräsidenten. Mit den problematischen Folgen jener Partnerschaft sollte Rau jedoch noch zwei Jahre länger beschäftigt sein. Die „Flugaffäre" sorgte dafür, dass zum ersten Mal in der Geschichte der Bundesrepublik der erste Mann im Staat ins Zwielicht geriet.

Im Juli 1962, mit nur 27 Jahren, schaffte der in Duisburg-Rheinhausen als Sohn eines Schlossers geborene Neuber, der spätere Krupp-Lehrling, Buchhalter, Juso-Vorsitzende des Bezirks Niederrhein, den Einzug in den nordrhein-westfälischen Landtag. Johannes Rau fand schnell Gefallen an dem so fleißigen wie hemdsärmeligen, ehrgeizigen Mann, der immer wieder gerne erzählte, er komme aus einer Arbeiterfamilie. Kurz nachdem er 1968 den Fraktionsvorsitz übernommen hatte, sorgte Rau dafür, dass Neuber die einflussreiche Funktion des finanzpolitischen Sprechers seiner Fraktion übernehmen konnte.

Neuber hatte einen unbändigen Ehrgeiz und einen großen Aufstiegswillen. Nach der Lehre bei Krupp – hier hatte schon sein Vater gearbeitet – büffelte Neuber in Abendkursen nach, was ihm Abiturienten voraushatten. Er wollte immer der Beste sein und der Jüngste obendrein. Sein Vater hatte Neuber zur SPD gebracht, das reformorientierte Godesberger Programm der SPD fand Neuer überzeugend, auch die wirtschaftspolitische Formel, die heute schon beinahe als neoliberal gilt: „So viel Markt wie möglich, so viel Staat wie nötig."

Nach der Landtagswahl 1970 machte Ministerpräsident Heinz Kühn Rau zum Wissenschaftsminister. Im selben Jahr schaffte es Neuber auf den Stuhl des Präsidenten des Rheinischen Sparkassen- und Giroverbandes. Da war er erst 35 Jahre alt. Und nur zwei Jahre später hatte Neuber seine nachhaltigste Idee: Er gründete einen Sparverein. Mit 100 D-Mark Einlage war man anfangs dabei – unter der Voraussetzung, dass man eingeladen wurde. Denn der „Investmentclub 72", kurz IC 72, war nicht nur ein Sparverein, wie es sie im Ruhrgebiet und anderswo zu Tausenden gab. Es war ein Netzwerk. Vielleicht war es auch ein Schattenreich. Oder eine Nebenregierung. Hier sollen millionenschwere Investitionsentscheidungen ebenso besprochen worden sein wie politische und wirtschaftliche Karrieren. Michael Frenzel etwa war IC-72-Mitglied, zuvor West-LB-Vorstandsassistent unter dem CEO Friedel Neuber und dann dank Neubers Patronage Chef des Touristikriesen TUI. Auch Babcock-Borsig-Vorstand Klaus Lederer verdankte, wie die „Welt" notierte, seinen Aufstieg der unmittelbaren Hilfe Neubers.

Was das Allerwichtigste war: Es war nicht nur ein Verein für Genossen, auch Mitglieder anderer Parteien durften mitmachen. Und Journalisten, falls sie denn einflussreich genug waren, so einflussreich wie etwa der spätere WDR-Intendant Friedrich Nowottny, der als politischer ARD-Moderator aus der damaligen Bundeshauptstadt Bonn einer der populärsten Journalisten war. Oder Sparkassendirektoren, Bürgermeister, Kabinettsmitglieder und wichtige Abgeordnete aus dem Landesparlament. Eines der ersten Mitglieder hieß: Johannes Rau. Je höher Rau in der politischen Hierarchie aufstieg, desto wichtiger wurde auch Neubers Netzwerk. Ein einflussreiches CDU-Mitglied im IC 72 war der Finanzpolitiker Theo Schwefer. Dieser Umstand sollte sich für Rau und Neuber noch als nützlich erweisen. Denn die Landesregierung hatte zwar das Recht, den WestLB-Chef zu nominieren, war aber auf die Zustimmung der übrigen Anteilseigner angewiesen. Und hier hatten, als die Wahl Neubers anstand, aufgrund der kommunalpolitischen Ergebnisse die Sparkassenchefs mit CDU-Parteibuch die Mehrheit. Wie hilfreich war es doch da, dass Schwefer, Verwaltungsratsmitglied der WestLB, per Brief an den damaligen Verwaltungsratsvorsitzenden und Landwirtschaftsminister Reimut Jochimsen Friedel Neuber als neuen Chef der Landesbank vorschlug – und das, obwohl Neuber gar nicht die fachliche Qualifikation besaß für diesen Top-Banker-Job. Dass Neuber persönlich verstrickt war in eine dubiose Affäre um den Oberhausener Bauunternehmer Josef Kun, der Neuber dessen Haus zu einem Dumpingpreis errichtet hatte, was sogar zum Gegenstand eines eigenen parlamentarischen Untersuchungsausschusses geworden war, konnte die Wahl des Duisburgers auch nicht verhindern. Sie fand, von der Öffentlichkeit so gut wie unbemerkt, in der Sommerpause des Jahres 1981 statt.

Darüber urteilte Guido Hitze, Autor der umfassendsten Dokumentation über das Versagen der CDU in der Regierungszeit Rau, so: Damit habe Schwefer „das Gebaren von Bank und Landesregierung und letztlich auch sein persönliches Verhalten der politischen Kontrolle durch die parlamentarische Opposition" entzogen und der Exekutive praktisch „freie Hand" signalisiert. Schon bei seiner ersten wichtigen Bewährungsprobe, der Wahl Neubers zum Bankchef, hatte dessen IC-72-System perfekt funktioniert – mit Hilfe ausgerechnet der CDU. Sein Verhalten hat sich für Schwefer ausgezahlt. Als im Herbst 1984 der Posten des Chefs der „Westdeutschen Lotterie GmbH" neu zu besetzen war, fiel die Wahl schnell auf den hilfsbereiten CDU-Mann. Das war ein halbes Jahr vor der Wahl. Schwefer war nicht nur ein herausragender Debattierer, sondern auch designierter Finanzminister nach einem möglichen Regierungswechsel. Später erklärte der spätere CDU-Finanzminister Helmut Linssen auf Nachfrage von Historiker Hitze unumwunden, Schwefer sei von Rau/Neuber aus der CDU „herausgekauft" worden. Schwefer dürfte, bei weniger Stress, erheblich mehr verdient haben als ein Landesminister – einmal abgesehen davon, dass die Christdemokraten gegen Rau und die Seinen bei der Wahl 1985 ein weiteres Mal chancenlos waren. Theo Schwefers neue Heimat, die WestLotto, war eine hundertprozentige Tochter der WestLB.

Sein Büro an der Spitze der WestLB ließ Neuber, der leidenschaftlicher Jager war, zu seinem Einzug ausstaffieren wie eine Jagdhütte. „Ein 400 Jahre alter Eichentisch, ein Bauernschrank, Stoff- und Messinglampen zogen ein. Das Selbstporträt von Max Beckmann, das der frühere WestLB-Chef Ludwig Poullain an der Wand hängen hatte, wurde in den Flur verbannt. Neuber ließ historische Landkarten aufhängen und ein Ölgemälde mit Fasan", hielt der „Spiegel" fest. Zum Ausgangspunkt so mancher Firmenübernahme machte Neuber sein kleines Jagdhaus in der Eifel oder das idyllisch an einer niederrheinischen Seenplatte gelegene Schloss Krickenbeck, in dem der trinkfeste Neuber legendäre Feste feierte, zu denen er einflussreiche Politiker, Wirtschafts- und Medienleute einlud.

Neuber entwickelte die WestLB zum Instrument für die Strukturpolitik der Landesregierung. Das ging weit über deren Statuten und deren gesetzlichen Auftrag hinaus, aber es war ein typisch sozialdemokratischer Politikansatz. Neuber fädelte die Übernahme des Warenhauskonzerns Horten durch die Metro ein, half beim Aufstieg der WestLB-Tochter LTU zum Charterriesen, sorgte damit für den Ausbau des Düsseldorfer Flughafens zum Drehkreuz, bahnte die Fusion der Stahlkonzerne Hoesch, Krupp und Thyssen an oder rettete Unternehmen wie den ostwestfälischen Gildemeister-Konzern vor dem Konkurs. Illegal war das alles nicht, erfolgreich sogar in diesen ersten Jahren. Dass zwischen den Interessen der Bank und denen des Landes nicht mehr klar zu unterscheiden war, daran nahmen bestenfalls Puristen der Gewaltenteilung Anstoß. Der Schwerpunkt von Neubers Strukturpolitik lag im Ruhrgebiet, wo die Sorgen am größten und die SPD-Stimmenanteile am höchsten waren. Und nachdem das Land an den Protesten der Opposition vorbei die landeseigene Wohnungsbauförderungsanstalt der WestLB übereignete, konnte die Bank damit ihre Eigenkapitaldecke kräftig aufbessern, so dass von nun an Geld praktisch keine Rolle mehr spielte.

Und nachdem im IC 72 nach Rau nicht nur der Landesfinanzminister Heinz Schleußer, mithin der oberste Kontrolleur der WestLB, sondern auch noch der Justizminister Rolf Krumsiek Mitglied geworden war,

war Neuber praktisch politisch nach allen Seiten hin abgesichert. Er hatte ein Frühwarnsystem für unternehmerische Notlagen aller Art installiert und sich politisch gegen so gut wie alle Anwürfe immunisiert, und das auch noch mit Hilfe der CDU-Opposition. Damit war Neuber in der operativen Wirtschaftspolitik zur Nummer eins in Nordrhein-Westfalen aufgestiegen.

Es hatte sich eine für den Ministerpräsidenten äußerst praktische Arbeitsteilung etabliert. Während Johannes Rau selbst über den Wassern schweben und sozusagen den Landespräsidenten geben konnte, kümmerten sich um die praktische Politik andere: der Finanz- und der Justizminister und mittendrin der Chef der Staatskanzlei, Wolfgang Clement. Mit Neubers Hilfe hatte sich ein politisches System etabliert von einer Stärke und Undurchdringlichkeit zugleich, das für kaum jemanden zu knacken war, zumal auch noch etliche personelle Überkreuz-Konstellationen in diversen Aufsichtsräten von Unternehmen dazukamen und die Opposition Teil der gesamten Veranstaltung war. Es war der Höhepunkt des „Rheinischen Kapitalismus", der Verflechtung von Politik, Banken und Unternehmen, jener informellen Wirtschaftsverfassung, die dann erst zu Beginn der Nullerjahre durch den Finanzkapitalismus angelsächsischer Prägung in Tateinheit mit der Bundesregierung unter Führung von Gerhard Schröder hinweggerafft wurde. Dieses „große Spiel" war dann auch für die enorm expandierte WestLB zu groß geworden, zumal die Europäische Kommission die deutschen Landesbanken zu diesem Zeitpunkt schon ins Visier genommen hatte. Das krachende Ende der WestLB, seines Imperiums, bekam Neuber dann nur noch vom Spielfeldrand aus mit.

War das nun alles mit der Mafia vergleichbar? Achim Rohde, mit Neuber befreundet, war wichtige zehn Jahre lang, von 1985 bis 1995, Fraktionsvorsitzender der FDP im Düsseldorfer Landtag. „Mafiöse Strukturen hat es in NRW nie gegeben", urteilte er noch lange nach Ende seiner Amtszeit im Zeitzeugen-Gespräch mit Historiker Hitze. Aber: NRW wurde zu dieser Zeit von fünf oder sechs Leuten regiert. Das war „ein sehr wirksames Kartell", das einen wesentlichen Beitrag zur langen Regierungszeit von Johannes Rau leistete.

Dazu gehörte, dass Rau auch CDU-Politikern einträgliche Posten zuschanzte, die allerdings im politischen Sinne ungefährlich waren. Die jeweilige Nummer eins musste immer ein Sozialdemokrat sein, den kleineren Dienstwagen durfte indes auch schon einmal ein Christdemokrat fahren. Das trug dazu bei, dass die CDU sich in der Opposition mit den Jahren mehr und mehr einrichtete. Allzu willig tappte sie in die von Rau und den Seinen geschickt konstruierte Konsensfalle. Während die CDU-Opposition dem Ministerpräsidenten und den Seinen in der offiziellen Politik, im Landtag und in den heftigen Debatten dort, nur wenig ersparte, war sie in deren informellen, oft nicht mehr sichtbaren Teil verstrickt. „Mitwisser und Mitakteur", urteilt Hitze. Gekauft allerdings war die Opposition nicht.

Als einmal Wolfgang Clement gefragt wurde, ob der Beitrag der nordrhein-westfälischen Regierung plus der WestLB beim Aufbau der brandenburgischen SPD in den Jahren unmittelbar nach dem Zusammenbruch der DDR nicht de facto eine verdeckte Parteienfinanzierung darstelle, antwortete der nur, das sei Blödsinn. „Wir wollten nur helfen." Zu der Zeit ging es eben chaotisch zu und nach korrekter Gewaltenteilung fragte in den Jahren nach der Maueröffnung kaum jemand. So konnte ein einmaliger Fall von ost-westlicher Aufbauhilfe möglich werden.

Irgendwann im Jahr 2000, elf Jahre nach der Maueröffnung, tauchten brisante Akten auf. Sie stammten aus der früheren Ständigen Vertretung Bonns in der DDR. Zu dieser Zeit hieß eine westdeutsche Botschaft „Ständige Vertretung", weil die Bundesrepublik Deutschland die DDR offiziell noch immer als Provisorium einstufte und es infolgedessen Staatsbeziehungen nicht geben durfte.

Im Januar 1990, gerade einmal zwei Monate nach dem Fall der Mauer, also einem Dreivierteljahr vor der Wiedervereinigung, eröffnete die WestLB bereits eine Filiale in der DDR, von der in diesem Moment noch nicht feststand, ob sie dem Untergang geweiht sein würde. Über die Art der Wiedervereinigung wurde da noch heftig diskutiert. Sollte das Ende der DDR ein Akt der Kapitulation eines gescheiterten, diskreditierten Systems werden, dann würde Deutschlands Einheit per einfacher Beitrittserklärung Ost-Berlins vollzogen. Wäre es eine völlige Neugründung des Staates, käme der Grundgesetz-Artikel 146 zur Anwendung. Erst Monate später stand fest, dass die DDR über einen Beitritt zur Bundesrepublik Deutschland einfach abgeschafft werden sollte.

Die Feier der WestLB fand jedenfalls im Hotel „Unter den Linden" statt, pikanterweise eine inoffizielle Stasi-Hochburg. Friedel Neuber, der Bank-Chef, war selbstredend zugegen. Neuber, ohnehin frei von irgendwelchen Selbstzweifeln, stellte an diesem Abend fest, die nordrhein-westfälische Landesbank habe nunmehr von allen westdeutschen Banken in der DDR die stärkste Stellung inne. Der Ministerpräsident stellte gegen Ende seiner Rede den Gästen Hans-Christian Hoffmann vor. Der Mann entstammte der Bonner NRW-Vertretung. Er werde nun, so Johannes Rau, ein Verbindungsbüro seines Landes in Ost-Berlin leiten. Hoffmann sei sein persönlicher Beauftragter. Was Rau den illustren Gästen vorenthielt, war ein bemerkenswertes Detail: Hoffmann war zwar Rau unterstellt, genauer: dem Staatskanzlei-Chef Wolfgang Clement. Die Rechnung für diesen besonderen Angestellten übernahm allerdings nicht Clement, sondern: die WestLB. Die entscheidenden Passagen aus Hoffmanns Vertrag sind es wert, zitiert zu werden. Sie lauten:

„Die Bank stellt Herrn Hoffmann mit Wirkung vom 1. Februar 1990 bis zum 31. Dezember 1995 an. Die Anstellung erfolgt ausschließlich zur Wahrnehmung der Funktion des Leiters des Verbindungsbüros Nordrhein-Westfalens in Berlin (Ost). (…) Herr Hoffmann unterliegt hinsichtlich der Art und des Umfangs der Aufgabenerledigung den Weisungen des Chefs der Staatskanzlei des Landes Nordrhein-Westfalen."

Unterschrieben hatte den Vertrag nicht Wolfgang Clement, sein eigentlicher Chef, sondern: Friedel Neuber.

Dieses Verbindungsbüro Nordrhein-Westfalens war nichts anderes als ein getarntes „Büro Stolpe". Seine Hauptaufgabe war wohl, die Wahlkampfkampagne der SPD in Brandenburg zu finanzieren. Dem DDR-Konsistorialpräsidenten Manfred Stolpe, der erster Ministerpräsident des wiederhergestellten Bundeslandes Brandenburg werden sollte, schrieben NRW-Beamte seine Wahlkampfargumente auf. Verantwortlich dafür war Georg Wilhelm Adamowitsch: der Leiter des Büros von Johannes Rau höchstpersönlich. Der Einsatz der nordrhein-westfälischen SPD, welchen diese als staatsbürgerlichen Akt begriff, war von Erfolg gekrönt. Bei der Landtagswahl 1990 ging Stolpe mit 38,2 Prozent als Sieger durchs Ziel.

Es gab einige Stoßseufzer prominenter Ostdeutscher, die im Gedächtnis hängen geblieben sind. Dazu gehörte die Sottise des späteren ersten ostdeutschen Bundespräsidenten und früheren Beauftragten für die Stasi-Akten, Joachim Gauck: „Sie hatten das Paradies erträumt und wachten auf in Nordrhein-Westfalen." Johannes Rau, selbst ernannter Aufbauhelfer, hätte das sicher sehr ungerecht gefunden, ebenso wie Friedel Neuber, der Aufbau und Erfolg der SPD in Brandenburg bezahlen durfte. War das eigentlich ein Verstoß gegen das Parteienfinanzierungsgesetz, vergleichbar Helmut Kohls schwarzen Kassen? So genau wollte das damals niemand wissen. Es wurde auch niemals aufgeklärt.

Und heute ist die Angelegenheit verjährt. Aber wer weiß: Vielleicht kommt ja doch noch ein Politik-, Soziologie- oder Wirtschaftsprofessor in Nordrhein-Westfalen auf die Idee, den staatskapitalistischen Komplex Rau/Neuber oder Neuber/Rau in einer Doktorarbeit untersuchen zu lassen.

Heute ist nicht mehr der genaue Zeitpunkt zu ermitteln, zu dem Friedel Neubers Schattensystem die Bodenhaftung verlor. Mit Michael Douglas in der Hauptrolle wurde die erste große Bankenkrise verfilmt. Der Streifen hieß „Wall Street" und versuchte sich an einer Erklärung des Finanzkapitalismus. Das war 1987. Als der Film anlief, war Friedel Neuber längst zum „master of the universe" aufgestiegen. Wenn man in Duisburg-Rheinhausen geboren ist, ist das ein sehr weiter Weg. Wer sich aus kleinen Verhältnissen aus eigener Kraft nach oben gearbeitet hat, wer es allen zeigen konnte und nun also ein „Herrscher der Welt" war, einer wie Gordon Gekko aus dem Film, der muss sich für unangreifbar halten, für übermächtig, für patengleich. Der Mann mit den mächtigsten Freunden, den NRW-Präsidenten voran und die halbe Industrie und die halbe Opposition. Und diese Freunde hatten eine Eigenschaft, die Freunde im normalen Leben nicht mitbringen: Sie sind vom Meister aller Klassen abhängig, materiell vielleicht, aber mehr noch: politisch. Wer so einer Macht überhaupt etwas entgegenzusetzen vermag, muss schon aus demselben Holz geschnitzt sein und, wie bereits geschildert, Gerhard Schröder heißen.

Als Friedel Neuber ein Luxus-Lufttaxi-Unternehmen für Polit-VIPs eröffnete, da muss er seine Bodenhaftung schon lange verloren haben. Aber es ging gut, erstaunlich lange sogar, 15 Jahre waren es insgesamt, obwohl es viele Mitwisser gab, unter ihnen auch Journalisten. Was da gut ging, ist filmreif: den Ministerpräsidenten in Jets der Edelholzklasse zu Terminen zu fliegen, deren Charakter zwischen dienstlich und privat – freundlich formuliert – nicht so ganz klar ist, den Finanzminister mitzunehmen, der die eigene Bank doch in deren Haushaltsführung kontrollieren soll, und als Piloten einen dubiosen Aufschneider fliegen zu lassen, der mit den Herren auch schon mal zusammen trank und nach einem Glas noch lange nicht Schluss machte, der den Polit-Promis bisweilen ein paar Akten und Schriftstücke klaute, um sie, wer weiß wofür das irgendwann mal gut ist, zu kopieren. Und dann auch noch die Sache mit den Nacktfotos. Die Ehefrau des Piloten hielt es irgendwann für nötig, zu erklären, dass nicht sie es sei, die auf den kompromittierenden Bildern mit der Polit-Prominenz zu sehen sei. Finanzminister Schleußer sei öfter mit dem Jet in den Urlaub gedüst, berichtete sie dem Untersuchungsausschuss, habe mal ein Klapprad, dann wieder Angeln und Gummistiefel mit an Bord genommen – und „mehrere Male eine wesentlich jüngere Begleiterin".

Über den Wolken konnte die rote Freiheit schon mal grenzenlos sein. Alle Ängste, alle Sorgen, sagt man, blieben darunter verborgen. Und dann – wurde alles, was uns groß und wichtig erschien, plötzlich nichtig und klein.

Sozialdemokraten beim Sex über den Wolken im von der Landesbank finanzierten Privatjet: das ist der Gipfel staatsmonopolistisch-kapitalistischer Dekadenz, könnte man sagen, aber irgendwie ist das auch verwegen.

Der Pilot hieß jedenfalls Peter Wichmann, seine Frau hieß Sabine, der Mann war schwer krebskrank, er hatte also außer dem Leben nichts mehr zu verlieren. Seit das alles in einem Untersuchungsausschuss bekannt wurde, verzichtete jedenfalls Clement, wie der „Spiegel" kabarettreif anmerkte, darauf, Johannes Raus Flugaffäre eine „Luftnummer" zu nennen.

Schleußer, der bei Bekanntwerden der Flugaffäre schon länger als zehn Jahre im Amt und über die Parteigrenzen hinaus angesehen war, hatte private Flüge rundweg geleugnet. Wolfgang Clement hatte ihn vehement verteidigt. Als dann aber bekannt wurde, dass Schleußer nicht nur zwei-, sondern dreimal auf Einladung der WestLB nach Jugoslawien geflogen war, blieb dem Finanzminister im Januar 2000 nur noch der Rücktritt. Peer Steinbrück wurde Schleußers Nachfolger. Hätte es die Flugaffäre nicht gegeben, Steinbrück wäre nie Ministerpräsident geworden.

Restlos aufgeklärt wurde die Flugaffäre nie. Was auch daran lag, dass die führenden CDU-Politiker dachten, es würde ihnen womöglich noch mehr schaden als der SPD und ihrer Ikone, wenn sie den ernsthaften und daher humorlosen Versuch unternehmen würden, das alles ins Scheinwerferlicht zu rücken. CDU-Vizechef Norbert Blüm, selbst einmal erfolgloser Spitzenkandidat gegen Johannes Rau, sagte, die Debatte über die Flüge müsse nun auch einmal zu Ende gehen. „Man sollte ihn jetzt in Ruhe lassen – und zwar schon deswegen, weil man das Amt des

Präsidenten nicht beschädigen sollte", so Blüm in der ostdeutschen Il-lustrierten „Super Illu". Im ZDF nahm Raus Vorgänger als Bundesprä-sident, CDU-Mann Richard von Weizsäcker, den Sozialdemokraten in Schutz, mit dem bemerkenswerten Hinweis, Rau habe doch die Öffent-lichkeit nicht vorsätzlich hinters Licht führen wollen, sondern „mehr-fach die Öffentlichkeit nachinformiert".

Als es schließlich nicht mehr anders ging, weil der Druck der Medi-en auf den Bundespräsidenten und dessen Amtsverständnis zu groß ge-worden war, entschuldigte Rau sich, in bekannt gestelzter Manier, für die Flug-Eskapaden. „Ich stehe nicht an zu sagen: Dafür entschuldige ich mich." Gleichwohl habe er keinen Anlass, im Büßergewand zu gehen, denn weder habe er gegen ein Gesetz verstoßen noch moralisch anstö-ßig gehandelt. Allerdings betrachte er sich auch nicht als unfehlbar. „Und wenn ich es aus heutiger Sicht sehe, dann war vieles nicht gut, und dann würde ich es heute anders machen." In seinem Verhältnis zur WestLB wäre mehr Distanz besser gewesen – „jedenfalls was das Nutzen von Flugmöglichkeiten angeht". Genau: Für die andere Art von Distanz, die absichtsvolle Vermischung von politischen und wirtschaftlichen Landes-interessen mit den unternehmerischen Interessen der Bank, für die moch-te Rau sich nicht entschuldigen. Denn sie hatte seine lange Regentschaft stets mit abgesichert. Es ist schon paradox: Wahrscheinlich hat seine Wahl zum Bundespräsidenten Johannes Rau vor den politischen Konse-quenzen der Flugaffäre gerettet.

2001 endete Neubers Zeit als Chef der WestLB. Danach wurde bei der Landesbank nichts mehr gut. 2003 stürzte die Bank über den briti-schen Fernsehverleiher „Boxclever" und weitere 15 Risiko-Aktivitäten. Die schillernde Investmentbankerin Robin Saunders hatte das Geschäft eingestielt. „Boxclever" ging pleite, die WestLB kostete dieses Geschäft 1,7 Milliarden Euro. Daraufhin musste der WestLB-Vorstandschef Jür-gen Sengera, einst von Steinbrück als Neubers direkter Nachfolger in-stalliert, gehen. Steinbrück bewertete danach seine Rolle in Bezug auf die WestLB selbstkritisch. „Ich hätte als Finanzminister stärker und schneller auf eine Konsolidierung des Landesbankensektors drängen sol-len, als diese Banken noch kräftig waren." Deutschland habe nicht sie-ben oder acht Landesbanken vertragen. Die Existenz der Bank freilich hatte Steinbrück nie in Frage gestellt, obwohl ein Mensch von ordolibe-raler Gesinnung durchaus auf die Frage hätte kommen können, was so eine Landesbank überhaupt im kommerziellen internationalen Geschäft zu suchen hatte. Aber Steinbrück sah die Sache, wie zuvor Clement auch, durch die Brille eines Managers der Nordrhein-Westfalen AG, stolz auf die sechstgrößte Volkswirtschaft in Europa. Also aus der Neuber-Perspektive: Alles meins. Da tut man sich dann schwer, abzugeben.

Bis zum Jahr 2005 konnten die Landesbanken in Deutschland nicht pleitegehen. Dann jedoch endete ihr Versicherungsschutz, die „Gewährträgerhaftung". Deshalb kauften die Landesbanken schnell noch verbriefte US-Immobilienkredite, die sogenannten „subprime credits". In der Finanzbranche war die Rede vom „stupid german money" – vom „dummen deutschen Geld" –, weil die Banken so gut wie alles kauften, was ihnen angeboten wurde. In der Finanzkrise, die auf die US-Immobilienblase folgte, wurden die Papiere dann wertlos.

Im April 2007 wurden Fehlspekulationen im Eigenhandel mit Aktien öffentlich. Die Aktienhändler hatten im großen Stil auf die Kursdifferenz von Stamm- und Vorzugsaktien von VW, BMW und der Metro spekuliert. Die WestLB verlor dadurch rund 250 Millionen Euro. Der Vorstandsvorsitzende Thomas Fischer sprach von einem „Anschlag auf die Bank". Kurz danach musste er wegen dieser Aktien-Affäre seinen Vorstandssitz räumen. 2012 gingen dann bei der Düsseldorfer Bank endgültig die Lichter aus. Der Schaden für den Bund, das Land Nordrhein-Westfalen und seine Sparkassen, bilanzierte der „Bayerische Rundfunk", „soll bis zu 20 Milliarden Euro betragen".

Vielleicht sollte man das alles zu einer Doktorarbeit verarbeiten. Aber mit akademischen Werken ist das so eine Sache. Die allermeisten verschwinden in den Archiven und wer den akademischen Grad eines Doktors anstrebt, ist eher nicht gepolt auf die einerseits slapstickartigen, andererseits zynischen Seiten der WestLB-Saga. Und das wäre doch schade, bei diesem erregenden Stoff. Wie wäre es also mit einem Spielfilm? Mit dem richtigen Regisseur – Nico Hoffmann? – und attraktiven Schauspielern hätte die Story das Zeug zum Kassenschlager. Noch lebt Michael Douglas ja. Und er sieht erfreulicherweise auch ähnlich faltenreich aus wie der beinahe lebenslange HB-Arbeiterzigaretten-Raucher Friedel Neuber. Den Johannes Rau könnte ja Robert de Niro mimen. Zur Not.

VII. Unter Tage

Hightech unter Tage – Von wegen nur Maschinenbau und Autos: Wie der Bergbau Deutschland prägte – Pate Europas – Montan-Mitbestimmung statt Klassenkampf – Von schwarzen und von grünen Subventionen – Werner Müller

> *„Ja, ich freue mich, dass ich wieder zu Hause bin. Ich war all die Schönheit und den blauen Himmel ein wenig leid."*
> *Kopfschüttelnd, ohne zu antworten, steuert der junge Mann das kleine Auto weiter nordwärts, auf Oberhausen zu.*
> *„Und alle die schneeweißen Berge, die Seen, diese sauberen Dörfchen, ich hätte es keine zwei Tage mehr ausgehalten; und diese Barockkirchen da unten, so viel Gold, so viel Gips, so viel liebliche Engel; nein, ich freue mich, wenn ich heute Abend mit dir im Kintopp sitze, weißt du, in dem alten, unten an der Ecke der Bochumer Straße."*
> *„Ausgerechnet in dem?"*
> *„Ausgerechnet in dem, in dem will ich sitzen und will die Leute riechen, und nachher will ich ein Bier und einen Schnaps trinken in der Kneipe unten an der Ecke zum Wiehagen."*
> *„Da?"*
> *„Ja, da. Ich will so richtig wissen, dass ich wieder zu Hause bin."*
>
> Aus: Heinrich Böll: *Im Ruhrgebiet* (1958)

Die Geschichte des Bergbaus lässt sich aus verschiedenen Perspektiven aufschreiben und das allein zeigt, von welcher immensen Bedeutung dieser Industriezweig war. Alle Welt bringt das industrielle Deutschland in Verbindung mit dem deutschen Auto, ein Bild, das sogar zuletzt noch ein amerikanischer Präsident verstärkte, als er erklärte, er wolle auf New Yorker Straßen nicht mehr so viele Mercedes-Autos sehen. Neben dem deutschen Auto sind es die deutschen Maschinen, die den legendären Ruf von Deutschland als Land der Tüftler und Ingenieure festigten – so sehr, dass die deutsche Bundesregierung begonnen hat, gegen einen „Ausverkauf" als strategisch eingestufter Firmen an chinesische Investoren vorzugehen. Was ist dagegen der deutsche Bergbau? Eine Petitesse? Eine Episode nur? Tatsächlich hat die deutsche Kohle Deutschland ebenso geprägt wie das deutsche Auto oder die deutsche Maschine – nur eben in anderer Hinsicht.

Als Ende des vergangenen Jahres die letzten Zechen dicht machten, Ibbenbüren und Prosper-Haniel in Bottrop, da zogen damit Politik, Bergbau-Unternehmen und Gewerkschaften keinen überfälligen Strich unter ein lange antiquiertes Kapitel – obwohl die verbreitete Wahrnehmung durchaus so lautete. Tatsächlich aber hatten sich im Laufe der Jahre deutsche Zechen von Menschenmaterial auffressenden, schmutzigen Anlagen zu High-Tech-Betrieben entwickelt und wer auch nur einmal Gelegenheit hatte, dort hinunterzufahren, konnte sich der Faszination aus prägender Arbeitergeschichte und technischer Leistungsfähigkeit kaum entziehen. Die Arbeitsstätten hatten zuletzt nichts mehr gemein mit den Knochenjob-Arbeitsplätzen aus der Zeit nach dem Krieg, für die sich viele Deutsche zu fein gewesen waren. Gewiss, es gab immer noch diese monsterhaften Kohle-Hobel, die oberschenkeldicken Schläuche und auf dem Boden liegenden Kabel, stark wie Taue. Aber alles, was wichtig war, wurde über Sensoren gemessen, die Temperaturen, die Schadstoff-Konzentrationen in der Luft, die geologischen Gegebenheiten ohnehin. Die besten Maschinen, die besten Messgeräte – aus alledem waren mit den Jahren, ausgerechnet auf den Zechen, die vor Unfällen sichersten Industriearbeitsplätze in Deutschland entstanden. Vier Unfälle auf eine Million Arbeitsstunden – das war weltweit spitze für industrielle Arbeitsplätze. Das Wirtschaftsmagazin „brand eins", dessen Spezialität die Verblüffung ist, machte dazu folgende Rechnung auf:

- Zahl der Arbeitsunfälle im deutschen Bergbau im Jahr 2016 pro 100 Arbeiter: 1,1
- Zahl der Arbeitsunfälle in den Fabriken des Autobauers Tesla im Jahr 2016 pro 100 Arbeiter: 8,1

Dafür gab es Gründe, und die liegen weniger in einer postum glorifizierten Menschenfreundlichkeit dieser Industrie aus männlicher Härte und Herz als in ökonomischen Zwängen. Die deutsche Steinkohle erlebte ihr bestes Jahr 1957, danach ging es bergab, in Wellen zwar und begleitet von politischen Aufwallungen, endlosen Verhandlungsrunden und großen Demonstrationen, doch erscheint aus heutiger Sicht das Ende als folgerichtige Entwicklung. Was sich nicht mehr rechnet, wird abgeschaltet. Wobei das mit dem Rechnen eine komplizierte Angelegenheit ist, wie wir noch sehen werden.

Die Arbeitsplätze unter Tage genossen einen schlechten Ruf, anfangs völlig zu Recht, nicht nur, weil es harte Muskelarbeit war, sondern auch harte Lungenarbeit. Die Zechenbetreiber hatten es darum stets schwer, genügend Arbeiter zu finden. Deshalb bedienten sie sich einerseits im Ausland, andererseits kamen sie auch nicht daran vorbei, die Arbeitsplätze kontinuierlich qualitativ weiterzuentwickeln. Daran hatten die Gewerkschaften den größten Anteil: Den ständigen Zustrom ausländischer Arbeiter sah der DGB kritisch, fürchtete – zur Erinnerung: das war lange vor irgendwelchen „Flüchtlingsströmen" – um die Balance zwischen ausländischen und deutschen Arbeitnehmern unter Tage. Die Jobs mussten daher auch für Deutsche attraktiver gemacht werden, wovon die zahlreichen ausländischen Arbeitskräfte wiederum profitierten. Die Bergbau-Gewerkschaft hatte daran ein großes eigenes Interesse. Für sie war die ständige Verbesserung der Arbeitsqualität quasi ein Leistungsnachweis, der ihr bei der Rekrutierung neuer Mitglieder half. So entstand gesundheitlicher Fortschritt aus einer Win-win-Situation. Die ständige Verbesserung der Arbeitsplätze unter Tage nutzte den Gewerkschaften, den Arbeitgebern und auch der Politik.

Soziale Aufstiegsgeschichten haben indes auch andere Branchen geschrieben. Seinen größten Einfluss hat der Bergbau auf die Politik gehabt, vor allem auf die europäische Ausrichtung Deutschlands und die Spielregeln der inneren Demokratie. Sie wurden im Nachkriegsdeutschland ganz wesentlich vom Bergbau geprägt. Die Verfasstheit des Bergbaus legte den Grundstein für Europa einerseits und die Regeln der Sozialpartnerschaft andererseits. Beides – Europa und der nicht als Klassenkampf errungene Ausgleich von Kapital und Arbeit – bildet, neben der technologischen Leistungsfähigkeit, bis heute die Grundlage für den Wohlstand Deutschlands.

Nach dem Krieg hatten Unternehmer, Gewerkschaften und Politik ein existenzielles Interesse an der Entwicklung einer gemeinsamen Außenwirtschaftspolitik. Alle „Player" auf der deutschen Seite wollten die Isolierung oder gar Abtretung des Ruhrgebiets (an Frankreich) verhindern, ebenso wie dessen flächendeckende Demontage. Die internationale Entwicklung, das Heraufziehen des Kalten Krieges, die Spaltung von West und Ost in zwei Blöcke, spielte den deutschen Akteuren in die Hände. Sie erklärt, weshalb die Sozialisierung der Bergbauindustrie, die sogar die CDU 1946 noch richtig gefunden hatte, alsbald vom Tisch war. Im Grunde hatte sie sich mit der Gründung der amerikanisch-britischen

Bi-Zone erledigt. Das war das eine, das andere: die Montanunion. Sie war die deutsch-französische Antwort auf den Plan des amerikanischen Finanzministers Henry Morgenthau aus dem Jahr 1944, Deutschland als weltpolitischen Unruheherd auf ewig zu eliminieren. Das Land sollte diesem Plan entsprechend deindustrialisiert werden, um nur als Agrarstaat weiterzuleben. Unter dem Eindruck des Hungerwinters 1946/47 und des Kalten Krieges schwenkten die Amerikaner um und setzten auf Wiederaufbau. Die Sozialisierungsfrage hatte sich zwar inzwischen erledigt, aber offen war, ob es einen nationalen oder europäischen Wiederaufbau geben sollte.

In dieser Situation hielt der französische Außenminister Robert Schuman eine richtungsweisende Radio-Ansprache. Sie sollte zum Grundstein der Europäischen Union werden. Frankreich wolle „die Gesamtheit der deutsch-französischen Kohlen- und Stahlproduktion unter eine gemeinsame oberste Aufsichtsbehörde" stellen und die anderen Länder zum Beitritt einladen. Diese Oberste Aufsichtsbehörde, die Europäische Gemeinschaft für Kohle und Stahl, EGKS, wurde dann zum Nukleus für die spätere Europäische Kommission. Nach Schumans Einladungsmuster verläuft die Entwicklung der Europäischen Union bis zum heutigen Tag. Und auch in der Frage „‚Nation first' oder ‚Europe first'?" enthielt der Schuman-Plan schon alles, was bis heute gilt. In Europa sollten weder die Nationalstaaten allein das Sagen haben noch ein europäischer Zentralstaat, sondern etwas dazwischen, das nie vollkommen sein würde und stets aufs Neue auszubalancieren wäre.

Für den deutschen Bundeskanzler Konrad Adenauer war der Schuman-Plan ein außenpolitisches Geschenk: Er würde es Deutschland ermöglichen, in den Kreis der zivilisierten Mächte in Europa zurückzukehren. Schumans Plan war zugleich die Geburtsstunde der deutsch-französischen Partnerschaft, die bis heute in Europa als Motor für alle Entwicklung oder als Ursache für alles Übel gilt – wenn sie denn einmal nicht funktioniert. Adenauer brauchte für sein außenpolitisches Ziel innenpolitischen Rückhalt – was konkret hieß: die Unterstützung der Gewerkschaften. Und die nannten dem deutschen Kanzler ihren Preis – so wurde die Montan-Mitbestimmung geboren. Damit wurde die Augenhöhe der Gewerkschaften mit den Arbeitgebern in den Schlüsselindustrien Bergbau und Stahl festgeschrieben. Es ist schon eine feine Ironie, dass diese Entwicklung ausgerechnet ein christdemokratischer Bundeskanzler möglich machte, den wir heute wohl als „neoliberal" einstufen würden. Aber Adenauer war eben vor allem eins: Pragmatiker und eben kein Ideologe. Der Verbleib des Ruhrgebiets in Deutschland, die Rückkehr Deutschlands nach Europa und die Verankerung eines sozialen Ausgleichs zwischen Arbeitgebern und Arbeitnehmern als Alternative zum Klassenkampf in den Zeiten der Weimarer Republik – diese wesentlichen Ziele waren Adenauer allemal wichtiger als irgendwelche ordnungspolitischen Bedenken. Dass bei der Montanunion nicht nur Frankreich und Deutschland mitmachten, sondern auch die Benelux-Länder und Italien, zeigt die visionäre Kraft von Schumans Idee, aus der nur wenige Jahre später die Europäische Wirtschaftsgemeinschaft (EWG) und die Europäische Atombehörde (Euratom) erwuchsen.

Zu „keinem Zeitpunkt", so der Freiburger Wirtschaftshistoriker Franz-Josef Brüggemeier in seiner grundlegenden, aktuellen Geschichte des europäischen Bergbaus „Grubengold", „waren der politische und vor allem der positive Einfluss von Kohle und Bergbau so groß wie in diesen Jahren". 1946 bis 1957, das waren die „goldenen Jahre" des Steinkohlebergbaus.

Die Montangeschichte lässt sich nicht nur aus der Sicht von Technologie, nationaler und internationaler Politik erzählen, sondern auch aus umweltpolitischer Perspektive. Ohne den Bergbau lässt sich die heutige „Energiewende" nicht erklären. Es gab allerdings einen bemerkenswerten Vorläufer der heutigen, „grünen" Energiewende. Nennen wir sie die „rote Energiewende".

Wer heute jungen Menschen erzählt, die SPD sei einmal eine atomfreundliche Partei gewesen, schaut in ungläubige Gesichter, die sogleich „Fake News" unterstellen. Aber es war tatsächlich so. Die Ergrünung der SPD, ihr Wandel von einer Industrie- in Richtung einer Ökopartei, fand erst viele Jahre später statt. In den fünfziger Jahren aber glaubte die SPD nicht nur noch an den Sozialismus als Motor der Geschichte, sondern auch an die Atomkraft als Treiber für Deutschlands Wohlstand. 1956 verabschiedete die SPD einen „Atomplan": „Ein neues Zeitalter hat begonnen, die kontrollierte Kernspaltung und die auf diesem Weg zu gewinnende Kernenergie leiten den Beginn eines neuen Zeitalters für die Menschheit ein. Die Hebung des Wohlstandes, die von der neuen Energiequelle ausgehen kann, muss allen Menschen zugutekommen." Die Atomenergie könne entscheidend helfen, die Demokratie im Innern und „den Frieden zwischen den Völkern zu festigen. Dann wird das Atomzeitalter das Zeitalter werden von Frieden und Freiheit für alle." Die Atom-

Euphorie der SPD hielt sich bis in die siebziger Jahre hinein. Erst danach kippte die Stimmung bei den Sozialdemokraten, vollends allerdings erst nach der Reaktorkatastrophe 1986 im sowjetischen Tschernobyl. Noch im selben Jahr legte sich die SPD programmatisch auf den Ausstieg aus der Atomenergie innerhalb von zehn Jahren fest.

Die Ruhrkohle und die Bergbau-Gewerkschaft trugen die Atom-Begeisterung der fünfziger und sechziger Jahre mit. Der inzwischen strauchelnden Steinkohle eröffnete sie die ganz neue Perspektive, womöglich 50 Prozent der Primärenergie mit Hilfe der Atomkraft decken zu können. Über den Zusammenhang zwischen Kohle und Atom hat der von vielen Menschen geradezu verehrte frühere Bundeskanzler Helmut Schmidt von der SPD noch 1988 in der „Zeit" so geurteilt: „Wir haben den Steinkohlenbergbau in Deutschland, gleich ob an der Saar, an der Ruhr oder im Eschweiler Bergwerksverein, im Laufe der letzten 20 Jahre gewaltig subventioniert, direkt und indirekt – auch durch die sozialen Hilfen gegenüber Bergarbeitern und Knappschaftsversicherungen. Ich bin auch heute fest überzeugt davon, dass dies richtig war; denn wer die Kohle aufgibt, der muss die Kernkraft erheblich ausbauen." Seine Sozialdemokraten waren zu diesem Zeitpunkt längst auf einem anderen Trip.

Bernd Tönjes war mit 14 Jahren zum ersten Mal „auf Zeche". Er erzählt von dem typischen Geruch dort, von der Wärme und davon, dass es schon sein Vater zum Schachtsteiger auf „Fürst Leopold" gebracht habe. Und von der Stärke des Bergbaus, der den Wohlstand in Deutschland mit erwirtschaftet habe. Von dem ganzen politischen Auf und Ab, den Kämpfen. Weshalb der Bergbau stets etwas Besonderes für die Politik gewesen sei. Erinnert an Rainer Barzel und seinen berühmten Satz aus dem Jahr 1966: „Wenn es an der Ruhr brennt, hat der Rhein nicht genug Wasser, um die Flammen zu löschen." Wer heute mit dem RAG-Stiftungschef Tönjes über die Gründe für das Ende der Steinkohle-Förderung in Deutschland spricht, hört eine besondere Geschichte, eine jenseits des Öko-Mainstreams. Hieß es nicht immer: Von der Kohle müsse man sich aus umweltpolitischen Gründen trennen, früher wegen des von Willy Brandt propagierten „blauen Himmels über der Ruhr", später wegen des drohenden Klimawandels? Aber weshalb werde dann, so der Bergbau-Mann, unverdrossen Import-Steinkohle zur Energiegewinnung eingesetzt, die doch keinen Deut sauberer sei als die Steinkohle aus dem Ruhrgebiet und aus dem Saarland? Oder mit den Worten des kernigen

langjährigen RAG-Gesamtbetriebsratschefs Ludwig Ladzinski: „Als ob aus einem mit Importkohle betriebenen Kraftwerk Rosenduft kommt …"
Und die andere Frage, die nach den immensen Begleit-Kosten der Kohleförderung, den jahrzehntelang gezahlten Subventionen, zaubert einen ungläubigen Blick in Tönjes' Gesicht. Denn die Subventionen, die für die von verschiedenen Bundesregierungen ausgerufene Klimapolitik seit inzwischen mehr als zehn Jahren gezahlt würden, ließen sich doch mit denen für die Kohle nicht im Geringsten vergleichen. Sie seien nämlich unvergleichlich höher. Da hat Tönjes tatsächlich einen schmerzhaften Punkt getroffen.

Die Fakten geben dem Kohle-Mann recht. 1989, im Jahr des Mauerfalls, erreichten die Subventionen für die Steinkohle ihren Höhepunkt: 7,5 Milliarden Euro in einem Jahr. Insgesamt flossen in den 70 Jahren Steinkohle-Förderung rund 200 Milliarden an Subventionen. Das ist tatsächlich sehr viel Geld. Aber, so „Arbeiterführer" Ladzinski, zu jener Zeit seien lediglich zwei Prozent der gesamten in Deutschland gezahlten Subventionen in den Bergbau geflossen. Es sei doch eine „irrige Vorstellung" gewesen, man könne durch ein Ende der Subventionen „die Republik retten".

Man hätte es bei den erneuerbaren Energien auch anders machen können als mit der Subventionierung der Steinkohle. Man hätte auch aus der Geschichte lernen können. Man, konkret: die Kabinette Gerhard Schröders und Angela Merkels, haben sich dagegen entschieden. Sie machten einfach weiter. Und sie machten es teurer. Die erneuerbaren Energien benötigen nicht 40 Jahre wie die Kohle, um es auf 7,5 Milliarden Euro pro Jahr zu bringen, sondern ganze neun Jahre. Zwischen den zehn Jahren zwischen 2006 und 2016 kostete die EEG-Umlage – die zahlt der Staat Ökostrom-Produzenten als Ausgleich für die Differenz von Garantie- und Marktpreis – mehr als 170 Milliarden Euro. Folgt man den Energiewende-Kritikern des Instituts für Wettbewerbsökonomik der Universität Düsseldorf, dann werden sich die Gesamt-Subventionen für die 25 Jahre zwischen 2000 bis 2025 auf weit mehr als 500 Milliarden Euro belaufen. Verglichen mit den Kosten der Energiewende wären dann die Subventionen für die Steinkohle ein Discountpreis gewesen.

Doch nicht nur der Vergleich der ausgegebenen Summen führt zu einem interessanten Ergebnis. Auch in puncto Regulierung ging die Energiewende über die Kohle-Subventionierung weit hinaus. Vergleichbar ist das System aus Garantiepreisen für die Erzeuger von Energie, langen

Laufzeiten der Verträge und der Verpflichtung der Verbraucher, die zusätzlichen Kosten zu begleichen. Aber die den Ökostrom-Erzeugern obendrein zugesprochene Abnahmegarantie für alle erzeugten Strommengen „hätten die Zechen sicherlich auch gerne durchgesetzt", urteilt Historiker Brüggemeier. Auch umweltpolitisch war die Energiewende eher eine Enttäuschung. Anfangs, in den Nullerjahren, gingen die Treibhausgase ein wenig zurück, seit knapp zehn Jahren stagnieren die Werte. Und erst in Jahren wird sich zeigen, ob ein energetischer Neuanfang, eben eine Energie*wende*, wirklich eine lohnende Idee war oder ob nicht eine konsequente Verbesserung der Energieeffizienz, die in den achtziger und neunziger Jahre zu einer drastischen Reduzierung von Emissionen geführt hatte, die besseren Ergebnisse gebracht hätte.

Beide Energiewenden, die rote in den siebziger und achtziger Jahren und die grüne in den Nullerjahren, werden in der politischen Diskussion kaum in Frage gestellt. Ist das ein Fehler? Für den Ausstieg aus der Atomkraft war letztendlich eine Mehrheit der deutschen Bevölkerung, obwohl mit einer Beibehaltung der Kernkraftwerke oder gar mit dem Zubau einer neuen Generation von AKW die Klimaziele, die heute der vielleicht größte politische Treiber sind, am wirkungsvollsten zu erreichen gewesen wären. Zu den bemerkenswertesten politischen Erfahrungen zählt, dass die immensen Kosten der Energiewende, die anteilig am höchsten auf jene entfallen, die am unteren Ende der Einkommensskala stehen, in keinem Wahlkampf der vergangenen 20 Jahre eine Rolle spielten. Das spornt die Verfechter der grünen Energiewende an, immer noch einen Schritt weiterzugehen.

Über die Braunkohle-Förderung im Rheinland und in der Lausitz wird inzwischen nach derselben Methode verhandelt wie über die Steinkohle. Und das, obwohl die Braunkohle für die nächsten 40 Jahre eine sichere und, anders als erneuerbare Energien, auch berechenbare Stromgewinnung ermöglicht, die einzig verbleibende heimische Energiequelle ist und – Achtung! – subventionsfrei gefördert werden kann. In der politischen Schlacht um ein Stückchen Hambacher Forst konnten weder die Landesregierung noch der Energie-Erzeuger RWE oder die konsensgetriebene Gewerkschaft IG BCE mit vernünftigen Argumenten punkten – den Ton setzte ein Haufen von Krawalleros aus nah und noch mehr fern, die ein Vergnügen daran fanden, Polizisten mit Zwillen zu beschießen oder mit Fäkalien zu bewerfen. In diesem Konflikt finden sich die Grünen, ansonsten für ihre pragmatische Vernunft gefeiert, auf der Seite der Öko-Populisten wieder – zurück zu den ideologischen Wurzeln? Wer einen Beleg haben will für den möglichen Triumph des Wünschbaren über das Machbare, der kann hier fündig werden.

Aber zurück zur Steinkohle: Wenn nun aber weder Klimaschutz noch Geld als Gründe für den Ausstieg aus dem Steinkohlebergbau zwingend überzeugen können – was dann?

Im Zeitzeugen-Gespräch erinnert Bernd Tönjes an die Landtagswahl im Saarland im Jahr 1999. Im kleinen Saarland sei die relative Bedeutung der Kohle viel größer gewesen als im ungleich größeren Nordrhein-Westfalen. Und doch hatte der Spitzenkandidat der CDU, Peter Müller, schon im Wahlkampf erklärt, den Bergbau im Saarland so schnell wie möglich abschaffen zu wollen. Über Jahre hinweg war die positive Stimmung in der Bevölkerung gegenüber der Kohle erodiert. Reinhard Klimmt, der als saarländischer Ministerpräsident den in Schröders rotgrüne Koalition gewechselten Oskar Lafontaine beerbt hatte, erinnert sich, wie der Bergbau unaufhaltsam an Rückhalt verlor: „Jede Grubenschließung, jede Frühpensionierung, jede Umschulung verkleinerte das Protestpotential. In den beiden Revieren wuchs der Druck von außen – und auch von innen. Bergschäden, neue Abbauvorhaben und die zu erwartenden oder doch zu befürchtenden Zerstörungen über Tage wurden mehr und mehr zum öffentlichen Thema." Und dann schied Bergbaufreund Lafontaine auch noch (im Streit über die Finanzpolitik, in Wahrheit als Folge eines verlorenen Machtkampfs mit Schröder) überraschend aus dem Bundeskabinett aus. CDU-Mann Peter Müller konnte daraufhin die Saar-Wahl für sich entscheiden.

Das „Learning" sei sofort klar gewesen, erinnert sich Tönjes: „Mit dem Kohleausstieg kann man auch in einem Kohle-Land Wahlen gewinnen." Müllers Erfolg im Saarland sei die Blaupause für Jürgen Rüttgers Taktik in Nordrhein-Westfalen sechs Jahre später gewesen. „Als auch in Nordrhein-Westfalen die CDU die Staatskanzlei eroberte und mit Ministerpräsident Jürgen Rüttgers an der Spitze den Ausstieg aus dem Bergbau zum Programm machte, war die letzte Bastion des Bergbaus geschleift", analysiert Reinhard Klimmt. Das war 2005.

Tönjes und dessen Vorgänger an der Spitze der RAG, Werner Müller, machen mithin vor allem parteipolitische Gründe für den Kohleausstieg verantwortlich. Die CDU habe erkannt, dass man die Kohle abschaffen müsste, um das enge machtpolitische Band zwischen der SPD und den Montan-Gewerkschaften zerschneiden zu können. In der NRW-

CDU habe es viele gegeben, vor allem in deren westfälischem, mittel-standsfreundlichem Teil, „die gesagt haben: Die Roten müssen weg im Revier, deshalb muss die Kohle weg", so Tönjes.

So will es Rüttgers, der, wie vor ihm Müller, mit dem Kohleausstieg eine Wahl gewonnen hatte, heute nicht stehen lassen. Er verweist darauf, dass es in der Bergbau-Gewerkschaft wie auch in der RAG starke CDU-Kräfte gegeben habe, die „inzwischen der Meinung waren, dass das Weiter-so der SPD ein Ende haben müsse". Lange vor der Wahl, noch einige Zeit vor dem Wahlkampf, habe er Geheimgespräche mit IG-BCE-Vize Fritz Kollorz geführt, ebenso wie mit Wilhelm Beermann, der bis 2001 der erste Vorstandsvorsitzende der Deutschen Steinkohle AG gewesen war, für Rüttgers noch wichtiger: stellvertretender RAG-Vorstandschef und Arbeitsdirektor. Außerdem habe er von Beginn an die Ruhr-CDU eingebunden, die traditionell den christlichen Sozialausschüssen und damit der Kohle verbunden war. Ohne die eigene „Kohlefraktion" von dem Ausstieg aus der Steinkohle zu überzeugen, hätte Rüttgers diesen Schritt kaum wagen können. Denn „dass das ohnehin politisch brandgefährlich war, stand ja fest". Er persönlich habe gegen die Kumpel nichts gehabt, sagt Rüttgers, immerhin stamme er aus dem rheinischen Braunkohlerevier, wo es sein Großvater zum Steiger gebracht habe. Aber es sei auch klar gewesen: Jene 500 Millionen Euro, die aus dem Landeshaushalt jährlich in die Kohlesubventionen flossen, „die brauchten wir einfach".

Tatsächlich hatte sich 2005 die Stimmung gegen die Kohle gedreht. Ludwig Ladzinski beschrieb es realistisch: „Wenn die Politik immer heftiger klagt, welche Summe sie in die Steinkohle pumpt und deshalb beispielsweise bei Kindergärten streichen müsse oder dass es in den Schulen weiter ziehen würde, weil das Geld für neue Türen fehlt, dann kippt die Stimmung und immer weniger wollen von der Steinkohle noch was wissen." Rüttgers konnte mit seinem Anti-Kohle-Kurs also schon auf breiten gesellschaftlichen Rückhalt bauen. Für die Kohle war zu diesem Zeitpunkt nur noch die SPD, genauer: die SPD in Nordrhein-Westfalen. Bundeskanzler Gerhard Schröder war kein Kohle-Mann, er hatte dem Bergbau weitere Sparrunden verordnet. „Damit konnten wir weder leben noch sterben", sagt Tönjes. Die Freien Demokraten waren seit Jahren gegen die Kohle-Subventionierung gewesen und machten im Wahlkampf 2005 am stärksten dagegen Front. Der liberale Fraktionschef Gerhard Papke forderte einen Kohle-Ausstieg gar für das Jahr 2012. Weniger laut sagten das die Grünen, aber sie waren seinerzeit aus Umweltgründen gegen die Kohle, außerdem war für sie alles, was nach SPD plus Gewerkschaften plus Kohle roch, einfach nur „alt". Und sie wollten die Neuen, die Zeitgemäßen sein. Die Kohle-Fraktion hatte also ihre jahrzehntelange Mehrheit eingebüßt. Aber noch war nicht klar, wie die Abwicklung der Kohle überhaupt funktionieren sollte. An dieser Stelle kam der Energiemanager Werner Müller ins Spiel.

Über den Parteilosen Müller kann man in der Rückschau wohl sagen, dass er der einzige erfolgreiche politische Seiteneinsteiger war, was an und für sich schon viel aussagt über die Durchlässigkeit der Politik für Vertreter aus der Wirtschaft. Seinen politischen Aufstieg verdankte Müller drei Umständen: Gerhard Schröder kannte und schätzte Müller aus dessen Zeit als niedersächsischer Ministerpräsident; Bodo Hombach hatte es abgelehnt, Bundeswirtschaftsminister zu werden, weil er den Schröder-Rivalen Oskar Lafontaine lieber aus der weitaus stärkeren Position als Kanzleramtsminister bekämpfen wollte; und schließlich war mit Jost Stollmann Schröders Wunschkandidat für den Posten des Wirtschaftsministers just an Lafontaine gescheitert, weil der eine Kastration des Wirtschafts- zugunsten des Finanzministeriums durchgesetzt hatte, der passionierte Segler Stollmann aber kein Kapitän ohne Segel werden wollte. Auch mit beschnittenen Kompetenzen gelang es Müller, sich einen Platz in der Wirtschaftsgeschichte zu sichern: Letzten Endes managte er den deutschen Atomausstieg.

Kreativ, unorthodox, unabhängig, couragiert – vielleicht brauchte es so jemanden wie Müller, einen studierten Volkswirten, Philosophen und Linguisten sowie promovierten Sprachwissenschaftler, einen kunstsinnigen Grenzgänger zwischen Politik und Wirtschaft, um das Ende der Kohle als Arbeitgeber sozialverträglich und für den Steuerzahler obendrein gebührenfrei zu organisieren. Müller schrieb mit der Erfindung einer Stiftung, die aus dem profitablen „weißen" Teil der RAG, aus der Chemie und den Wohnungen, die Ewigkeitslasten des „schwarzen" Teils, der Folgen des Kohlebergbaus, finanzieren sollte, ein gutes Stück Industriegeschichte. Ausgerechnet die kohlekritischen Grünen würdigten das – und wünschten sich eine vergleichbare Stiftungslösung für den Ausstieg aus dem Braunkohle-Tagebau.

Die Stiftung begann als Akt der Enteignung. Die RAG-Aktionäre hatten sich geweigert, den „weißen" Teil zu kaufen. Müller selbst erzählt die bemerkenswerte Story so: „Den mittelbaren Anlass lieferte das Aufsichtsratsmitglied Ekkehard Schulz, der Vorstandsvorsitzende von Thyssenkrupp. Als wir das Konzept erörterten, dass die Aktionäre der öffentlichen Hand die weiße Seite abkaufen, sprang er erbost auf und sagte: ‚Ich gehe jetzt, eher schenke ich Euch meine Aktien.' Den Satz habe ich mir dann abends überlegt." Es galt also, die Aktionäre de facto zu enteignen und diese Aktien in einer Stiftung zu parken. Mit dieser gewagten Idee konnte Müller bei Gerhard Schröder nicht landen, er sei als RAG-Chef zwischen den Eigentümern und den Gewerkschaften „hin- und hergeschubst" worden – und dann kam der Regierungswechsel in Berlin. Müller: „Angela Merkel hat von Anfang an gesagt, dass sie es gut findet und uns unterstützt." Deren damaliger Generalsekretär Ronald Pofalla übernahm sogar wörtlich die Forderung des langjährigen Bergbau-Gewerkschaftschefs, Adolf Schmidt, wonach „keiner ins Bergfreie" fallen dürfe.

Dieses Versprechen der Merkel-Regierung brachte sie in einen Clinch mit dem in Düsseldorf regierenden Ministerpräsidenten Rüttgers, der mit dem Kohle-Ausstieg seine Wahl gewonnen hatte, nun möglichst schnell ernst machen wollte und auf die Kumpel im Revier im Allgemeinen und Müller im Besonderen ohnehin schlecht zu sprechen war; hatte doch Müller aktiv Wahlkampf gegen den CDU-Mann gemacht: Öffentlich hatte er die Bergleute aufgerufen, Rüttgers ihre Stimme zu verweigern. „Wer uns Bergleute abschaffen will, den können wir nicht wählen." Das sei, erinnert sich Tönjes, „der Bruch zwischen Müller und Rüttgers" gewesen. Und der sollte noch Folgen haben.

Nun gab es schwierigste Verhandlungen in Berlin, wo inzwischen Merkel mit einer Großen Koalition regierte. In den Kohleausstiegs-Verhandlungen saß Rüttgers plötzlich seinem sozialdemokratischen Vorgänger Steinbrück gegenüber, der es inzwischen zum Bundesfinanzminister gebracht hatte. Der wiederum bildete am Verhandlungstisch eine informelle Koalition nicht nur mit Müller und dem Gewerkschaftsvorsitzenden Hubertus Schmoldt, sondern auch mit Merkels Kanzleramtsminister Thomas de Maizière. Rüttgers drohte Freund wie Feind, die Verhandlungen krachend platzen zu lassen, „dann bin ich hier raus", ging auf de Maizière los, dem er klarmachte, über die Politik, die in Nordrhein-Westfalen gemacht werde, habe nicht der Berliner Kanzleramtsminister zu entscheiden, sondern ausschließlich er, der Ministerpräsident. Außerdem warf er dem Parteifreund vor, ein „Lügner" zu sein. Am Ende des Getöses stand ein Kompromiss, den auch heute noch die Beteiligten unterschiedlich interpretieren. Für Rüttgers ist es entscheidend, dass er erreicht habe, schon 2014 als Bundesland keine Kohle-Subventionen mehr zahlen zu müssen, Müller und die Gewerkschaften betonten das Festhalten an 2018 als endgültigem Ausstiegs-Datum. Aus ihrer Sicht gelang es, Rüttgers mit Hilfe von Merkel sozusagen auszutanzen. In der Rückschau wirkt diese Differenz von vier Jahren wie eine Petitesse, es war aber keine. Ein Ende der Kohle-Finanzierung schon 2014, wie das auch die Europäische Kommission favorisierte, hätte im Bergbau zu Entlassungen geführt, was Bergbau-Arbeitgeber wie -Arbeitnehmer und die Bundeskanzlerin verhindern wollten, es hätte von den Kumpeln als Wortbruch der Politik interpretiert werden können – womit am Anfang vom Ende der Steinkohle in Deutschland ein Vertrauensbruch gestanden hätte.

Später kam es dann noch zu einem eigentümlichen Handschlag zwischen der Bundeskanzlerin und dem RAG-Gesamtbetriebsratschef Ludwig Ladzinski – nämlich im Zuge einer Auseinandersetzung mit der Europäischen Union, die auf einen früheren Ausstieg gedrängt hatte. Ladzinski erzählt die Geschichte so: „Nach einer Veranstaltung gab es Kaffee, ich kam mit Frau Merkel ins Gespräch und erzählte ihr von der Unruhe in den Betrieben. Sie sagte darauf: ‚Ich kann Ihnen versprechen, am Termin 2018 wird nicht gerüttelt.‘ Ich war noch mehr überrascht, als sie mir dann auf meine Frage, ob ich das verwenden dürfe, antwortete: ‚Kein Problem.‘ Dann haben wir noch ein Foto gemacht und es dementsprechend veröffentlicht."

Die „Kohlefraktion" hatte damit ihr Geschichtsurteil gefällt. Es gab eine Heldin (Merkel), einen Verräter (Schröder) und einen Bösewicht (Rüttgers).

Das zwischen Rüttgers und Müller verdorbene Verhältnis mündete zur Gründung der RAG-Stiftung in einen erbitterten Machtkampf. Müller wollte unbedingt den Vorsitz der Stiftung übernehmen, schon allein als deren Erfinder sah sich der Manager in seinem Anspruch legitimiert. Genau das wollte Rüttgers unbedingt verhindern, und zwar nicht aus fachlichen, sondern aus machtpolitischen Motiven. Rüttgers erinnert daran, dass der Stiftung ausdrücklich die Förderung der Kultur im Land erlaubt sein sollte. Als Stiftungschef hätte Müller, so sieht es der damalige Ministerpräsident, „seine Macht verstetigen" und eine „Parallelregierung" installieren können.

Eine der letzten Schlachten schlug Rüttgers im Kampf um einen „Sockelbergbau". Den wollte Krafts Landesregierung noch durchsetzen, ein vor allem taktisch geprägtes Unterfangen. Ein letztes Mal wollte sich die nordrhein-westfälische SPD als Partei der Kumpel inszenieren. Die „Süddeutsche Zeitung" beschrieb das Manöver als „Rache an Rüttgers", nach dem Motto: „Wenn Rüttgers den Arbeiterführer mimt, machen wir auf Kumpelfreund." Zu diesem Zeitpunkt war der IG-Bergbau-Chef Schmoldt schon lange bereit gewesen, auf einen Steinkohle-Sockel-Bestand zu verzichten. Kraft wolle „die Hoheit im Revier erobern – und nehme dazu die RAG in politische Geiselhaft", urteilte einer der besten Kenner der politischen Szenerie, der Wirtschaftschef der „Rheinischen Post", Thomas Wels. Es war der letzte Versuch, auch Müllers, unter dem Stichwort „Energieknappheit" von den Produktionskosten der heimischen Kohle abzulenken, die dreimal so hoch lagen wie die der Importkohle. Rüttgers konnte den Machtkampf gegen Müller, gegen Müller und die SPD, schließlich doch noch für sich entscheiden, den Sockel-Bergbau auch mit Hilfe von EU-Kommission und Grünen im Land erledigen und verhindern, dass Müller zum, wie es Rüttgers sah, „Neben-Ministerpräsidenten" aufstieg. Der Grund war ein personeller Scoop.

„Gottseidank hatte ich dann jemanden, der auch für die andere Seite unangreifbar war: Wilhelm Bonse-Geuking", sagt Rüttgers. Unangreifbar war Bonse-Geuking tatsächlich: Er hatte Bergbau studiert, an der RWTH Aachen, viele Jahre als Manager bei der VEBA gearbeitet, wie Werner Müller auch, um danach zum Europa-Chef von BP aufzusteigen. Fünf Jahre lang führte Bonse-Geuking die Stiftung – solide, erfolgreich und vor allem so politisch unauffällig, wie Rüttgers das von ihm erwartet hatte. Weil aber politische Ämter auf Zeit vergeben werden, erfüllte sich Werner Müllers letzter Traum, die RAG-Stiftung zu führen, dann doch noch: Nachdem Hannelore Kraft die Wahl gegen Rüttgers gewinnen konnte, installierte sie, mit Hilfe der IG BCE und wiederum Merkel, Werner Müller 2012 an der Spitze der Stiftung. Deren Vorsitzender blieb er bis zum 24. Mai 2018, nachdem ihn eine schwere Krebs-Erkrankung gezwungen hatte, zu demissionieren.

Michael Vassiliadis ist Chef der vielleicht interessantesten deutschen Gewerkschaft. Was ihn und seine Organisation von anderen unterscheidet, ist ein „Miteinander" statt „Gegeneinander". Arbeitgeber wollen rationalisieren, Gewerkschaften halten dagegen. Gewerkschaften verlangen höhere Löhne, Arbeitgeber drohen daraufhin mit Werksschließungen. Das sind deutsche Rituale. Jeder kennt sie. Bei der Bergbaugewerkschaft läuft es anders. Es lief schon früh anders. Hier wurde eine neue

Form von Sozialpartnerschaft ausprobiert und schließlich etabliert: Eine Gewerkschaft, die mitverantwortlich ist, indem sie auf Augenhöhe eine unternehmerische Rolle einnimmt. Das ist das Wesen der besonderen Form von Mitbestimmung in diesem Industriezweig, der Montanmitbestimmung. Und vielleicht ist es kein Zufall, dass an deren Beginn wie an deren Ende zwei CDU-Politiker Pate standen: Konrad Adenauer, der sie möglich machte, Angela Merkel, die ihr zu deren letzten großen Erfolgen verhalf.

Vivawest, eines der größten deutschen Wohnungsunternehmen, Evonik, ein erfolgreicher Chemiekonzern, die RAG für die geordnete Abwicklung des Bergbaus – das ist das Erbe. Also: Ende gut, alles gut?

Nein, sagt Vassiliadis, der gelernte Chemielaborant, der diese Gewerkschaft seit neun Jahren führt. Sicher, über das friedliche Ende dieses zentralen Stücks deutscher Industriegeschichte könne man Genugtuung empfinden. Auch über eine Gewerkschaft, die sich treu blieb, Wort halten konnte. Aber der Ausstieg – wirklich richtig?

Dass der Bergbau zu Ende gehe, „ist kein Gewinn, es ist ein herber Verlust. Hier wird nicht nur eine weltweit führende Technologie mit beispielhaften Sicherheitsstandards aufgegeben, mit den Bergleuten gehen auch ein gewaltiger Wissensschatz und eine fast zum Mythos verklärte Kultur des Zusammenhalts verloren, die weit über die Zechenmauern hinaus das Zusammenleben ganzer Regionen geprägt hat. Darüber kann man nur traurig sein." Dabei wäre der Ausstieg aus der Steinkohle ohne die konstruktive, unternehmerische Rolle der Bergbau-Gewerkschaft nicht möglich gewesen.

Ob das Nachfolgekapitel des Bergbaus, die so ökologisch wie parteipolitisch motivierte Energiewende, zum Erfolgsfall für Deutschland wird, ist noch keineswegs gesichert. Das Ende des Bergbaus ist wie eine Zugfahrt ohne Rückfahrkarte. Die Schächte werden verfüllt, geöffnet werden können sie nicht mehr. Die Bilanz sieht so aus: 8,5 Milliarden Tonnen Steinkohle wurden gefördert. Aber 440 Milliarden Tonnen wurden auch noch unten gelassen. Der Zug ist abgefahren. Im Grunde schon seit 1968, dem Gründungsjahr der RAG. Seit diesem Zeitpunkt wird die Bergbau-Geschichte als eine Story des geordneten Abschieds dargestellt. 50 Jahre dauerte der, was schon deswegen bemerkenswert ist, weil heute, im Zeitalter der disruptiven Digitalisierung, die Veränderungsgeschwindigkeit so hoch geworden ist. Energiepolitik ist eine Langstreckendisziplin, die digitale Ökonomie ist, damit verglichen, eine Sprintstrecke. Vielleicht

wirkt deshalb heute der Bergbau wie die Erinnerung an eine längst verlorene Zeit. Mit der Digitalökonomie, der vierten industriellen Revolution, haben wir zugleich den Blick auf die lange Linie verloren. Ungefährlich ist das nicht. Die teuren Fehler der Energiewende lassen sich
auch lesen als Folge einer Reihe allzu kurzfristiger, kurzsichtiger Entscheidungen. Wäre es nicht klüger gewesen, sich einige Zeit zu lassen,
um vor einem derart durchgreifenden Neuanfang erst zu einem fundier-
ten Urteil dieser vergangenen 50 Jahre Energiegeschichte zu kommen?

Was geht, lässt sich analysieren, was kommt, lässt sich nicht vorher-
sagen. Was geht, ist, wie Wirtschaftshistoriker Brüggemeier bilanziert,
„die Fähigkeit von Zechen und Montanindustrie generell, Arbeitskräfte
zu gewinnen und sie zu integrieren". Wer aus aller Herren Länder kam,
gleich welchen Glaubens er war, wurde gebraucht – und das war das
Wichtigste. Über den Bergbau wurde Deutschland zum Einwanderungsland – und auch über diesen Zusammenhang wurde viel zu wenig ge-
forscht. Der Bergbau brauchte Arbeitskräfte aus dem Ausland? Die Politik besorgte der Industrie wunschgemäß diese Menschen – per Anwerbe-Abkommen in den sechziger Jahren. Einwanderungsland, das heißt:
Ein Land definiert seine ökonomischen Interessen und steuert entlang
dieser Notwendigkeiten die Einwanderung. Exakt so geschah es im Bergbau. „Auf Zeche" waren eben Akademiker nicht gefragt, sondern harte,
anpassungsfähige Arbeiter. Und die hatten dann, Beispiel Türkei, eben
nicht aus der multikulturellen Metropole Istanbul, sondern aus den Weiten Anatoliens zu kommen. Wer Arbeitskräfte holt, holt Familien. Man
kann Einwanderung nicht nach Belieben an- und dann wieder ausschalten. Einwanderung folgt nicht kurzfristigem Kalkül, wie es der Industrie
zu eigen sein mag, sondern langen Linien. Wer heute Menschen nach
Deutschland holt, um eine kurzfristige Unterdeckung an Arbeitskräften
zu bedienen, sollte sich schon einmal Gedanken machen, was er mit den
Kindern und Kindeskindern der Einwanderer anfangen will und was er
veranstalten muss, damit deren Integration funktioniert.

Im Bergbau konnten sich die Zugewanderten verhältnismäßig schnell
Respekt erwerben. Wer auch nur ein einziges Mal „dort unten" war, versteht, weshalb es in dieser Parallelwelt auf Herkunfts- oder was auch immer für Unterschiede nicht ankam. In einer Welt, in der Heinz und Ali
auf Gedeih und Verderb aufeinander angewiesen sind und sich nach der
Schicht nackt gegenseitig den Kohlenstaub vom Kreuz schrubben, muss
man über das Zusammenleben von deutschen und ausländischen Men-

schen (Männern) nicht mehr lange nachdenken. Deshalb war der Bergbau eine Integrationsmaschine – die erfolgreichste in Deutschland bislang. Heutige Zuwanderer haben es in puncto Respekt weitaus schwerer, auch, weil sich gerade die Sorte auf harter Arbeit beruhenden Jobs verabschiedet, die Integration auf guten Willen plus Muskelkraft reduzierte. Die neue Einwanderungsformel heißt: Flexibilität plus Schnelligkeit plus Intelligenz plus Bildung.

Nostalgie ist nicht unbedingt etwas Vergangenes, sondern etwas, das vorbei ist, aber immer noch wirkt. Die Wertewelt des Bergbaus lohnt alle Nostalgie. Wer heute die neue, selbstverständlich super-ökologische Firmenzentrale der RAG auf Zeche Zollverein in Essen-Katernberg besucht, wird von zugewandten Männern in der kohlschwarzen Gala-Uniform der Bergleute in Empfang genommen. Diese Männer sind stolz. Auf das was war. Und das, was hoffentlich bleibt.

„Was machst du denn da?"
„Ich hole Wasser, frisches Wasser."
„Wozu?"
„Ich wasche die Blätter."
„Welche Blätter?"
„Von den Kartoffeln."

Aus: Heinrich Böll: *Im Ruhrgebiet* (1958)

VIII. Innovation

China, China, China – Peer S. trifft „Commander Wu" – Karl Ganser – Wolfgang Clement oder Modernisierung über Infrastruktur – Logistik heißt jetzt: Erich Staake – Meyers, Kühn, Rüttgers und die Unis – E-Mobilität: Günther Schuh

Gerhard Schröder, Heinrich von Pierer, Peer Steinbrück. Drei Männer von einer Wesensart. Sie sind Kraftkerle. Temperamentsbolzen. Ihre Hauptuntugend heißt: Ungeduld. Macher, neudeutsch: „movers & shakers". Basta-Figuren. Zartfühlende würden sagen: Es sind Machos. Biographisch Kinder des Wirtschaftswunders. Aus der Zeit, als Deutschland neu erfunden und neu gebaut wurde. In der „skeptischen" Generation gab es nicht nur Skeptiker, sondern auch solche mit einem Extra-Gen ausgestattete – das für Großdenker. Drei kernige Typen, ein Sehnsuchts-ort: China. Kein Wunder. Das Riesenreich in Fernost ist die dynamischs-te Nation der Welt. Vielleicht bald auch die innovativste. Auf jeden Fall die bevölkerungsreichste. Gleichermaßen bewundert wie gefürchtet. Wenn China etwas will, ist das Land nicht zu stoppen. Das eint seine so unterschiedlichen Führer, von Mao über Deng bis Xi. Sie alle denken nie klein, stets groß.

Silvester ist die große Zeit für ambitionierte Neuanfänge. Silvester 2002 verbringen die drei mentalitätsverwandten Altersgenossen gemein-sam in China. Nein – nicht in der langweiligen Beamtenmetropole Pe-king, sondern dort, wo der rastlose Tag aus 48 Stunden zu bestehen scheint – in: Shanghai. Wo es seit 40 Jahren mit der Wirtschaft nach dem Toyota-Prinzip läuft: Nichts ist unmöglich. Wo vor wenigen Jahren noch ein Sumpf war, auf der „Schäl Sick" des Huangpu-Flusses, gegenüber dem altehrwürdigen „Bund", da leuchtet heute in der Nacht die schil-lerndste Silhouette der Welt. Und dort endet oder startet, wie man's nimmt, der Transrapid, vielleicht das letzte große Ding, das deutsche In-genieure entwickelt haben. Der schnellste Zug der Welt. Der nicht ein-mal fährt – sondern schwebt. Dieses Wunderding hat an jenem Jahres-wechsel seine Jungfernfahrt. Da dürfen die drei Deutschen, denken sie sich, natürlich nicht fehlen. Schade nur, dass der Zug nicht in Deutsch-land schwebt oder quer durch Europa, sondern – eben in China. Wes-halb ist das so?

Das liegt jedenfalls auch an einem kleinen, energischen Menschen, den alle hier nur respektvoll „Commander Wu" nennen – Anklänge an die Science-Fiction-Serie „Raumschiff Enterprise" sind kein Zufall. Der Chinesen-Commander ist der Bauleiter des Transrapid. Und so wie ame-rikanische Helden „keine Gefangenen" machen, hat der knallharte Herr Wu darauf verzichtet, einige Hunderttausend Menschen zu fragen, ob sie damit einverstanden wären, ihren Wohnsitz zu wechseln, bevor er, der Commander, sie umsiedeln werde. Denn diese 30-Kilometer-Trasse sei jetzt schon wichtiger als jeder von ihnen, sogar als alle Bewohner zu-sammengenommen. Dafür brauchte Massa Wu nicht jene mindestens 20 Jahre, bis in Deutschland aus einem Plan für einen Flughafen ein Flug-hafen aus Beton und Elektronik wird, sondern: ganze zwei Monate. Und wenn man nun wie unsere drei Chef-Dynamiker sich ohnehin gewaltig ärgert über das Stillstands-Land daheim und seine nutzlosen Bürokraten und diese bedenkenträgerhaften, biotopverliebten Grünen, die als Minister ihren Dienst-Audi noch für jeden räudigen Feldhamster bremsen lassen, dann wird von diesem Moment an alles nur noch schlimmer. Dann wird die Sehnsucht riesengroß zusammen mit der Wut, die deren Verwirklichung im Wege steht. Leider wissen wir nicht, was die drei auf dem Rückflug ausbaldowert haben. Fest steht allerdings, was Peer Steinbrück, kaum wieder daheim in Nordrhein-Westfalen, im rot-grünen Koalitionsausschuss den strukturkonservativen Sozis und den strukturökologischen Grünen erzählte. Nämlich, dass jener „Commander Wu", konfrontiert mit auch nur der Ahnung von Zweifeln an seinem Tun, demonstrativ seine beeindruckende Pistole auf den Tisch zu legen pflege und dass danach meistens Ruhe einkehre. Die Grünen sind sich sicher, dass sie das richtig verstanden haben. In diesem Moment sitzt „Commander Wu" nicht in Shanghai, sondern in Düsseldorf. Aus Steinbrück, dem Spitzenbeamten, der es ohne Truppen und weil es auch sonst die Geschichte gut mit ihm meinte und weil der bei den Sozis viel beliebtere Harald Schartau eben kein Landtagsmandat hatte, zum Ministerpräsidenten von Deutschlands bevölkerungsreichsten Bundesland gebracht hat, ist plötzlich ein Machthaber ganz nach der Art der Chinesen geworden: „Commander Peer". Das Problem nur: Deutschland ist nicht China und eine Demokratie ist eine vergleichsweise anstrengende Veranstaltung, in der es nicht auf die Meinung einzelner ankommt, sondern bei der viele mitreden wollen – und können.

„Meine größte Niederlage", erzählt Steinbrück heute selbstkritisch, „das war der Metrorapid." Ein großes Ding. Transrapid auf nordrhein-westfälisch. Daran ist „Commander Peer" gescheitert. Nun ist es aber so, dass Commander nicht scheitern. Wir möchten uns gar nicht erst vorstellen, was mit dem Herrn Wu passiert wäre, hätte er das Ding gegen diese paar Landsleute nicht zum Schweben gebracht. Steinbrück wurde jedenfalls kurz danach abgewählt, lebt aber wenigstens heute noch.

Karl Ganser ist der Sohn eines Landwirts aus dem bayerischen Schwaben. Er studierte in München Biologie, Geologie und Chemie und entschied dann, Stadtplaner werden zu wollen. Als ihm Hans-Jochen Vogel von der SPD vorschlug, für die Sozialdemokraten als Münchner Oberbürgermeister zu kandidieren, schlug Ganser aus. Er fürchtete um seine Unangepasstheit. „Innovation", zitiert die „Zeit" Gansers Credo, „findet aber nur dort statt, wo man sich nicht anpassen muss." Von München kam Ganser nach Bonn, übernahm die Bundesforschungsanstalt für Lan-

deskunde und Raumplanung. Dort entdeckte ihn der Landesbauminis-
ter Christoph Zöpel, ein querköpfiger Unruhegeist auch er, holte ihn in
sein Ministerium, um ihn dann zum Chef der Internationalen Bauaus-
stellung – IBA – zu machen. Es ist gut möglich, dass niemand so viele
Innovationen im Ruhrgebiet möglich gemacht hat wie dieser Karl Ganser. Eines der allergrößten Infrastrukturprojekte, die Renaturierung von
Europas dreckigstem Fluss, der Emscher, die zur Kloake der Ruhr-In-
dustrialisierung wurde, nahm in diesem Geist seinen Anfang. Mehr als
hundert, zum Teil spektakuläre Bauwerke, wie Zeche Zollverein in Essen-Katernberg oder der Tetraeder auf einer Halde in Bottrop, haben
unter seiner Ägide das Gesicht des Ruhrgebiets verändert, aus dem alten Revier ein „neues Ruhrgebiet" gemacht. Der Nordsternpark, eine re-
novierte Zeche in Gelsenkirchen, ist heute als Industriekultur-Denkmal
das vielleicht schönste Bürogebäude im Revier. Von den oberen Etagen
aus hat man einen spektakulären 360-Grad-Blick über die gesamte Fläche zwischen Duisburg und Dortmund, inklusive BVB-Stadion, pardon:
Signal Iduna Park, bis zur Schalke-04-Schüssel. Eine Menge ökologischer
Bauten sind darunter wie die knapp 180 Meter lange Halle auf der Gelsenkirchener Zechenbrache Mont Cenis; für Ganser war die Ökologie
die passende Fortsetzung der Industrie.

Ganser entwickelte das IBA-Projekt selbst, durfte es dann umsetzen
und brachte es weit, weil sein Ehrgeiz und seine gewinnenden kommu-
nikativen Fähigkeiten ihn so weit trugen. Eine Waffe hat Ganser nie auf
einen Tisch gelegt. Christoph Zöpel ermunterte seinen Bruder im Geiste, und Johannes Rau ließ die beiden machen. Eines jedenfalls war Ganser gewiss nicht: ein „Commander Wu".

Womöglich steckt in diesen so ungleich verlaufenden Karrieren von
Steinbrück und Ganser ein zeitgemäßes „Learning": Wenn es um Innovation geht, siegt Beharrlichkeit, nicht Geschwindigkeit. Geduld, nicht
Ungeduld. Zähigkeit und Projekttreue, nicht Themen-Hopping. Bevor
die neue Sau durchs Dorf getrieben werden kann, muss die alte erlegt
sein.

Anti-Basta, das scheint das eine zu sein, das andere: Menschen für
sich einnehmen, für Mehrheiten sorgen, beharrlich Mittel und Wege finden. Was von unten kommt hat vielleicht eine größere Chance als alles
noch so gut Gemeinte von oben. Und wenn dann schon von oben, dann
das, was einen unmittelbaren Sinn ergibt. Dass man nach dem Ende des
schmutzigen Teils der Industrialisierung deren menschenfeindliche Fol-

gen beseitigen sollte, leuchtet unmittelbar ein. Für solche Art von Riesenprojekten muss man sich dann selbst in dichtest besiedelten Regionen wie dem Ruhrgebiet gar nicht mehr eigens Mehrheiten besorgen; es gibt die dann schon. Es gehört nicht viel Phantasie dazu, um sich vorzustellen, dass die Emscher-Region schon bald zu den beliebteren Siedlungsplätzen im Ruhrgebiet zählen wird. Diese fünf, sechs, sieben Milliarden, die das am Ende verschlingen wird, hat bislang jedenfalls noch niemand in Frage gestellt. Was man mit einem Zug, der in China mit bis zu 341 Kilometern durch eine von Menschen „befreite" Gegend rauscht, in Europas dicht besiedelster Region anfangen sollte, hat sich dagegen kaum einem Bürger im „Pott" je erschlossen. Nicht einmal dem Shanghai-Mitfahrer Gerhard Schröder, der den Metrorapid nie verstanden haben will.

Und auch für die unbedingten Freunde der Umwelt hält die Emscher-Renaturierung eine Botschaft bereit: Es geht dabei nicht um „Umwelt first", sondern um „Menschen first".

Über Wolfgang Clement urteilen Grüne-Weggenossinnen wie Bärbel Höhn oder Sylvia Löhrmann, der sei ein „Schlagzeilen-Politiker" gewesen. Dazu ließe sich sagen: Was soll man auch anderes sein als so ein Schlagzeilenmensch, wenn man einmal Journalist war? Politik nach Schlagzeile, das legt nahe: Es ging dem Mann nur um den einmaligen öffentlichkeitswirksamen Effekt, nicht um „Nachhaltigkeit", um Lautstärke statt um Wirkung.

„Lieber Herr Clement", fragen wir den alten Unruhegeist, „was ist von Ihnen als Politiker geblieben? Wo ist Ihre Spur? Ihre Innovation? Was haben Sie bewegt?" – „Jede Menge Umgehungsstraßen", legt Clement sogleich los, „und um jede, aber wirklich jede davon, musste ich mit den Grünen kämpfen." – In Ordnung, das können wir jetzt wirklich nicht mehr im Einzelnen rekonstruieren. „Was noch?" – Clement muss nicht lange nachdenken, bis ihm das Nachhaltigste seiner Projekte einfällt: „Die Verlängerung der Braunkohleförderung bis 2045. Das ist auch heute noch richtig. Wenn wir vorher aussteigen wollen, werden wir das bitter bezahlen. Das kostet dann richtig viel Geld. Und man darf doch nicht vergessen: Mit der Braunkohle haben wir die beste Art der Rekultivierung entwickelt. Politiker aus der ganzen Welt schauen sich das an und beneiden uns darum. Das ist doch der beste Beitrag, den man zum Klimaschutz leisten kann. Die Braunkohlepolitik ist damit eine grüne Veranstaltung." Damals sei es ihm und dem Umweltminister Klaus

Matthiesen noch gelungen, „mächtige Demonstrationen" gegen die Anti-Braunkohle-Politik der Grünen zu organisieren. Aber die SPD von damals, die sei heute verschwunden. „Die reden jetzt doch genauso wie die Grünen. Schauen Sie sich doch nur mal [die sozialdemokratische Bundesumweltministerin] Svenja Schulze an." Was Clement besonders schmerzt: Schulze ist auch noch ein Gewächs der nordrhein-westfälischen SPD. (Sigmar Gabriel erzählt, Frau Schulze sei von der nordrhein-westfälischen SPD ins Berliner Kabinett entsorgt worden, um den Posten des Landesgeneralsekretärs mit jemand anders besetzen zu können.)

Wolfgang Clement ist halt ein Infrastruktur- und Energiepolitiker. Solche Leute weihen gerne Straßen ein und bohren große Löcher in die Erde, aus der sie Rohstoffe holen, die dann zu Strom werden, der aus Steckdosen kommt. Das finden sie innovativ. Oder sie machen in Logistik und gründen dann, gerne auf einem früheren Malochertempel-Gelände wie Duisburg-Rheinhausen, einen hochmodernen Logistikstandort des Duisburger Hafens.

Erich Staake kommt aus Hildesheim, also nicht aus dem Ruhrgebiet, und vielleicht erklärt auch das, weshalb der Mann im Revier nicht nur eine beispiellose unternehmerische Karriere machen, sondern der Region auch eine nachhaltige Innovation bescheren konnte. Und zwar ausgerechnet dort, wo das Ruhrgebiets-Typische, die Montan-Industrie, an sein Ende gelangt war: in Duisburg-Rheinhausen – wo 1987 die letzte Schlacht um die alte Schwerindustrie-Herrlichkeit geschlagen wurde, die das Krupp-Hüttenwerk zwar auch nicht mehr retten konnte, aber dem Ministerpräsidenten Johannes Rau das Versprechen abrang, sich um Ersatzarbeitsplätze zu kümmern. Wobei es nach dem Arbeitskampf dann doch noch zehn Jahre dauerte, bis es so weit war und Erich Staake mit seinem Großprojekt auf dem alten Werksgelände loslegen konnte. „Duisport" sollte vom alten Glanz nur wenig übrig lassen – ein Werkstor von Krupp und ein paar Villen für Ruhrbarone, die inmitten tausender Container aus aller Welt wie Fremdkörper aus buchstäblich grauen Vorzeiten so denkmalgeschützt wie nutzlos herumstehen.

Nach Auto und Handel ist die Logistik Nummer drei der Deutschland AG, was so gut wie niemand weiß, sie ist das Schwungrad der Globalisierung und in ihr steckt ein Wachstumspotenzial von vielleicht mehr als 70 Milliarden Euro. Schon heute steht die Logistik für 230 Milliarden Euro Wertschöpfung und für 2,5 Millionen Jobs in Deutschland. Dieser Wirtschaftszweig ist dynamisch und wird zunehmend digitaler. Sie ist ein sehr wichtiges Stück „Made in Germany" und zeigt vielleicht beispielhaft, wie industrielle Zukunft in Deutschland im Zeitalter der „Disruption" aussehen könnte: mittelständisch organisiert, stets offen für immer mehr internationale Partner, vollständig transparent, absolut kundenorientiert und selbstverständlich verzahnt mit der wissenschaftlichen universitären Forschung. 2017 wurde Deutschland zum Logistikweltmeister gekürt. Ein Zufall war das nicht.

Zwei Liberale sorgten dafür, dass Erich Staake nach Duisburg kommen konnte, um dieses Konversionsprojekt – von der Schwerindustrie zur global vernetzten industriellen Dienstleistung – auf den Weg zu bringen: Otto Graf Lambsdorff, mehr noch Wolfgang Clement, der in seiner damaligen Partei, der SPD, schon vor 20 Jahren ein Exot war. 1998, das war die Zeit, so erinnert sich Staake heute, in der bei einer bestimmten Sorte von Sozialdemokraten, mit Gerhard Schröder und Wolfgang Clement an der Spitze, die Einsicht wuchs, dass man lukrative halbstaatliche Posten nicht mehr quasi-automatisch an verdiente Genossen vergeben sollte, sondern an Unternehmer. „Ich will nicht den besten Hafenmeister, sondern den besten Unternehmer", begründete seinerzeit Clement die Berufung Staakes. Für dieses Denken wurde Schröder als „Genosse der Bosse" in der eigenen Partei gescholten, wobei er mit dicken und teuren Zigarren sowie edlen Anzügen auch dazu neigte, dem Affen Zucker zu geben. Schröder war jedoch nicht naiv. Traf er sich mit Unternehmern und Managern, hatte er stets dieselbe Botschaft an diese Kreise: „Mir ist zu 100 Prozent klar, dass mich von Euch niemand wählt, aber ich will Euch auch nicht gegen mich haben." Clement sah es genauso.

Erich Staake war gerade einmal 28 Jahre alt, als er in Gütersloh bei Bertelsmann als Manager anheuerte. Nach nur zwei Jahren schickte ihn der damalige Vorstandschef Mark Wössner nach Luxemburg: „Mach da mal 'nen Fernsehsender auf." Und so bekam Staake die Chance, als kaufmännischer Chef im Duett mit dem Programmdirektor Helmut Thoma RTL aufzubauen. Später schickte Wössner Staake in die USA, wo der sogleich feststellte, dass der Transport der von Bertelsmann in den Staaten produzierten Paperbacks quer durchs große Land pro Stück beinahe ebenso viel kostete wie die Bücher selbst. Staakes pragmatische Lösung: Er kaufte eine Transportfirma und organisierte die Lieferung selbst. Das war sein Einstieg in die Logistik. Bertelsmann, das war für Staake wohl die entscheidende Schule, wobei ihn Wössner, wegen seiner Entscheidungsfreude und der Neigung zum zackigen Umgangston, bis zuletzt für einen Ex-Bundeswehr-Offizier gehalten hatte – ein Irrtum. Jedenfalls: „Bertelsmann, das war Unternehmertum pur", erinnert sich der Manager.

Clement ist auch heute noch stolz darauf, was aus der Industriebrache vor den Toren Duisburgs geworden ist. „Auf Logport I arbeiten heute rund 5 000 Arbeitnehmer, deutlich über tausend mehr als gegen Ende des Krupp'schen Hüttenwerkes". Aus seinem Mund klingt das wie: „Versprochen – geliefert." Deutschland hat mit 25 Prozent einen hohen Anteil am europäischen Logistikmarkt, Nordrhein-Westfalen trägt dazu den bei weitem stärksten Anteil bei. Und Duisport sei, so Clement, „sein zugkräftigster Motor".

Man muss wissen, dass der Hafen einmal eine verschlafene Behörde war, geprägt von einer Mentalität, wie sie eben im öffentlich-rechtlichen Raum vorherrscht. 1998 schrieb der Duisburger Hafen Verluste – wäre er kein öffentliches Unternehmen gewesen, wäre er Pleite gegangen. Darum machte Staake gleich in seiner ersten Betriebsversammlung klar: „Wir brauchen eine neue Haltung." Dass diese Botschaft zündete, nennt Staake heute seinen größten Erfolg: Nur weil 90 Prozent der Belegschaft mitgezogen haben, konnte aus einer Behörde ein Unternehmen werde – eines, das funktioniert wie ein Familienbetrieb: Es geht nicht um die kurzfristige Maximierung von Gewinnen wie bei börsengesteuerten Unternehmen, sondern um die Optimierung unternehmerischer Möglichkeiten, um eine langfristige Perspektive, um Kontinuität. Unternehmerische Verantwortung wird durch persönliches Vorbild gelebt. Im Grunde sind es die mittelständischen Tugenden des Wirtschaftswunders, übersetzt in die neue Zeit.

Die neue Zeit bedeute, dass das für die Branche typische „Jetzt-erobere-ich-noch-ein-paar-neue-Märkte-Denken" in der Logistik passé sei. Hier gehe es, sagt Staake, um „internationales Netzwerk-Management" und darin war Deutschland – und Duisport – international Vorreiter. Heute ist Logistik nicht mehr nur ein Dienstleister, sondern, was deren durchgreifenden Wandel wohl am besten erklärt, „Teil der Wertschöpfung global agierender Unternehmen". Die wollen alle Prozesse in Echtzeit abbilden, möchten wissen, wo sich ihr Container gerade jetzt befindet, wie innen die Raumtemperatur ist, wann er ankommt und wie es dann weitergeht. Das alles ist nicht trivial, wenn man weiß, dass etwa ein Transport quer durch China, Kasachstan, Weißrussland, Polen bis nach Duisburg durch acht Zeitzonen geht. Deshalb entwickelt Duisport eine digitale Buchungsplattform, um Transportlösungen für jeden Kunden maßschneidern zu können. „Von morgens bis abends müssen wir uns den Kopf unserer Kunden zerbrechen", sagt Staake. Diese Service-Qualität sei tatsächlich die Basis für das erfolgreiche Duisport-Geschäftsmodell.

Unternehmertum heißt: Mut. Staake riskierte es, eine permanente Container-Schienenverbindung vom zentralchinesischen Chongqing bis Duisburg aufzubauen. Es funktionierte. Chongqing ist die Computer-Werkbank der Welt, und heute verkehren 35 lange Züge zwischen Duisburg und verschiedenen Destinationen in China – pro Woche. In ein paar Jahren sollen es fünfzig sein. Dass Duisport der europäische End- und Startpunkt der alten chinesischen Seidenstraße ist und nicht etwa Rotterdam, ist Staakes feiner Nase für innovative Entwicklungen zu verdanken. Früh erkannte er das wirtschaftliche Potential des gigantischen Infrastrukturprojekts der chinesischen Regierung für Zentraleuropa und hat angeboten, einen wichtigen Teil der Logistik zu organisieren – wenn denn die Seidenstraße in Duisburg starte und ende. Staake hatte die Weitsicht, dass sein Metier eine wissenschaftliche Grundierung braucht und permanent von Forschern begleitet werden sollte. Das leistet nun in Dortmund das Fraunhofer-Institut für Materialfluss und Logistik, die Universität Duisburg-Essen ist gleichfalls beteiligt.

Was früher nur ein Hafen war, ist heute ein „Hotspot" für Innovation. Hier gibt es mit „startport" eine Innovations-Plattform für Logistik-Gründer, i3D-Drucker, die Auftragsproduktionen für Industrie-Unternehmen erledigen, und auf Logport I eine mit Siemens gemeinsam entwickelte Form der digitalen Verkehrslenkung. Deren Ziel: Staus, Lärm und Emissionen zu verringern. Im Hafen werden auf Hallenfassaden ultraleichte Solarfolien erprobt, ein Gemeinschaftsprojekt mit dem Innogy-Partner Heliatek. Duisport ist längst Teil der Energiewende. Gefördert von der Europäischen Union, unter Beteiligung der Uni Duisburg-Essen, entwickelt Duisport mit seinem Partner RWE den Hafen zum Standort für umweltfreundliches Flüssiggas (LNG).

Wer als Netzwerker zwischen Politik und Wirtschaft international unterwegs ist wie Staake, muss auch ein politischer Mensch sein. Wir fragen ihn nach dem sogenannten „16+1-Format", der Zusammenarbeit vorwiegend osteuropäischer Staaten auf politischer Ebene mit China. Lange flog dieses Projekt der Regierung in Peking unterhalb des europäischen Radars, auch Medien nahmen kaum Notiz. Dabei ist „16+1" Teil eines „great game", groß angelegter politischer Geostrategie. Peking hat erkannt, dass die Westeuropäer nach der Wende von 1989 den Osten Europas mit aufbauten – um ihn dann sich selbst zu überlassen, nach dem Motto: „Wir haben Euch geholfen, nun müsst ihr selbst klarkommen." Die Chinesen wussten früh um die politische Stimmung in den osteuropäischen Ländern, die denselben Wohlstand wie die Westeuropäer erreichen wollten. Das nutzte die Regierung in Peking aus und bot großzügig Kredite für Aufbau und Weiterentwicklung der Infrastruktur in Osteuropa. Staake fragt sich, wie die Europäische Kommission es zulassen konnte, „dass eine solche Spaltpilz-Organisation überhaupt entstehen konnte". Auch den strategischen Kampf zwischen den USA und China um die Vorherrschaft im Südchinesischen Meer und die Rückwirkungen auf die Handels- und Wirtschaftspolitik in China verfolgt Staake, schon aus unternehmerischem Eigeninteresse, sehr genau.

Erich Staake ist jetzt 65 Jahre alt, joggt regelmäßig eine halbe Stunde mit seinem Schweizer Mischlingshund Sammy und könnte sich das Leben eigentlich ein Stück angenehmer gestalten. Aber wie soll das gehen? Die Geschwindigkeit nimmt immer noch weiter zu, die Kunden erwarten seine persönliche Präsenz. „Dieser Job geht nur ganz oder gar nicht."

So einen Logistik-Hub wie den Duisburger Hafen halten Infrastruktur-Fans wie Clement für innovativ. Ein Autoingenieur kann einen Elektromotor innovativ finden, ein Prozesstechniker eine energieärmere Fabrik, ein Pharmaforscher ein neues Medikament gegen das Volksleiden Rheuma. Was der eine fortschrittlich findet, beurteilt der andere als Rückschritt. Wer Autos grundsätzlich nicht mag, wird auch den Elektromotor rückständig finden. Wolfgang Clement hat ein Faible für immer bessere Kraftwerke, ist das nun innovationsfeindlich?

Zu dem, was von Clement bleibt, zählt er selbst den Bahnanschluss für den Flughafen Köln-Bonn. Dazu hat ihm sogar ein gewichtiger CDU-Mann gratuliert. Dieser Bahnanschluss, so Helmut Kohl zu Clement, sei die wichtigste Maßnahme für die Zukunft von Bonn nach dem Teilwegzug der Bundesregierung gewesen. Überhaupt: Der „phänomenale finanzielle Ausgleich, 2,8 Milliarden Euro", für die Ex-Hauptstadt sei vor allem sein Werk gewesen, sagt Clement. Damit habe man einer ganzen Stadt eine neue Zukunft ermöglicht – sei das etwa nicht innovativ? Und schließlich: das Hirnforschungszentrum in Bonn, zweifelsfrei eine innovative, menschenfreundliche Einrichtung.

Aber auch Clement ist in der Rückschau selbstkritisch: „Wir haben zu wenig Geld in Neues investiert." Den entscheidenden Fehler habe die SPD begangen. Schröders Arbeitsmarktreformen „hätten wir fortsetzen und ergänzen müssen um eine Bildungsreform". Darüber, wie die hätte aussehen sollen, darüber hat Clement auch heute noch glasklare Vorstellungen. Im Stakkato listet er auf: „Kindergartenpflicht, Vorschule, keine Klassen mit mehr als 20 Kindern, Berufsberatung drei Jahre vor dem Schulabschluss". Und schließlich: Deutschland müsse Bildungspolitik „aus einer Hand" machen. Alle Bundesländer müssten sich auf Bildungsstandards einigen. „Wenn das nicht geschieht, ist der Föderalismus in Deutschland nicht mehr zu rechtfertigen." Das sei für ihn persönlich der entscheidende Grund, weshalb er sich für die FDP engagiere: „Die haben in der Bildungspolitik das beste Programm." „Bildung, Bildung, Bildung" – das sagt heute so gut wie jeder Politiker. Aber Bildung heißt auch: vorausschauende statt nachsorgende Sozialpolitik. Und hierin liegt der eigentliche Grund für die tiefe Entfremdung zwischen der SPD und dem früheren SPD-Ministerpräsidenten – bloß nachsorgende Sozialpolitik, Sozialpolitik als Reparaturbetrieb, das hält Clement für gescheitert, schon vom Ansatz her für einen Irrtum.

Bildung früher, beginnend in den sechziger Jahren, das hieß: Wir gründen Universitäten. Im kollektiven Gedächtnis ist das Bildungsthema zu einer sozialdemokratischen Geschichte geworden. „Bildung gleich

sozialer Aufstieg gleich SPD", so lautet dafür die gängige Formel. Allein –
einem Faktencheck hält diese nicht stand. Bildung war mindestens ebenso sehr ein christdemokratisches Thema.

Franz Meyers von der CDU hat als Ministerpräsident als Konsequenz aus der Montankrise im Revier mit den Universitätsgründungen
angefangen, die Ruhr-Universität Bochum geht auf ihn zurück, ebenso
die Uni Dortmund, die sich unter dem ehrgeizigen Rektorat der Mathe-
matikerin Ursula Gather zu einer angesehenen Technischen Universität
weiterentwickelt hat. Bochum war, man muss sich das einmal vorstellen,
die erste größere Hochschulansiedlung auf dem Gebiet Nordrhein-Westfalens seit 1870. An den Bildungs-Idealisten Wilhelm von Humboldt
dachte damals bei der Grundsteinlegung allerdings kaum jemand. Die
neuen Hochschulen sollten das Bildungsniveau der Arbeiterschaft erhöhen und der Wirtschaft Fachkräfte beschaffen, die sie immer dringen-
der brauchte. Wissenspolitik war damals Strukturpolitik. In Bochum hatten zwischen 1959 und 1962 fünf Schachtanlagen dicht gemacht, 40 Prozent der Arbeitsplätze im Bergbau waren schlagartig weggefallen. „Strukturwandel" hieß die allgemeine Parole, die konkrete Antwort war die
Ruhr-Uni.

In den späten sechziger und siebziger Jahren „setzte die Landesregierung Hochschulen ins Land wie Tulpenzwiebeln", spöttelte die WAZ.
Heinz Kühn von der SPD hat nach Meyers damit konsequent weiterge-
macht und am eifrigsten in dieser Hinsicht war Johannes Rau. Auf Bochum und Dortmund folgte Bielefeld, dann die Gesamthochschulen Essen, Duisburg, Wuppertal, Siegen und Paderborn, 1975 schließlich die
einzigartige Fernuniversität in Hagen.

Und dann gründete Konrad Schily 1982 in Witten-Herdecke eine
private Universität und die Landesregierung tat sich keineswegs leicht
damit. Eine private Universität, ausgerechnet im Ruhrgebiet, das die Sozialdemokraten (fälschlicherweise, vgl. Kapitel I) als ihre „Herzkammer"
einstuften, – war das nicht ein intolerabler Fremdkörper? Der Gedanke,
Bildung zu privatisieren und zu kommerzialisieren, ist aus sozialdemokratischem Denken heraus gleich doppeltes Teufelszeug. Und dennoch:
Als der bekannte Journalist Hans Leyendecker 1986 für das Spiegel-Buch
„Bruder Johannes" Rau fragte, welche Entscheidungen seinen Stempel
trügen, antwortete der: „(...) daß es gelang, eine private Universität zu
gründen". Tatsächlich war die Landesregierung mehr als skeptisch und
darum gerade nicht hilfreich gewesen. Eine Begebenheit macht den Un-

terschied zwischen liberalem und sozialdemokratischem Wissenschaftsverständnis deutlich. An der Universität sollte ein Zahnmedizinisches Institut aufgebaut werden. Dessen Forschungsschwerpunkt sollte es sein herauszufinden, wie man Zahnbehandlungen preiswerter machen könnte. Für dieses Institut hatte die sozialdemokratische Landesregierung bis zu 90 Millionen D-Mark bereitgestellt. Dann jedoch verließ der mit dem Aufbau des Zahninstituts beauftragte Professor Heinz Spranger den öffentlichen Dienst – um dasselbe Institut an der Privatuni Witten-Herdecke aufzubauen. Er benötigte dafür 3,4 Millionen D-Mark. Die „Zeit" kommentierte den Vorgang ironisch: „Fast möchte man fragen, ob die ersparten Millionen der offenkundig effizienter arbeitenden Privatuniversität nicht für andere Zwecke geschenkt werden sollten."

Jedenfalls: Wo früher Kumpel und Malocher klar in der Mehrheit waren, sind es heute Studenten und Professoren. Das Ruhrgebiet hat sich grundlegend gewandelt, beinahe deindustrialisiert. Es ist heute die dichteste Wissenslandschaft ganz Europas.

Auf die erste Phase der Wissenschaftspolitik, die der Universitätsgründungen zwischen den sechziger und den achtziger Jahren, folgte Mitte der neunziger Jahre Phase zwei: die der Internationalisierung der deutschen Wissenslandschaft und der Europäisierung der Wissenspolitik. Sie wird untrennbar mit dem Namen der Hauptstadt der norditalienischen Region Emilia-Romagna verbunden bleiben: Bologna.

Jürgen Rüttgers muss schon von Berufs wegen eine klare Vorstellung von Innovation haben. Schließlich war der CDU-Mann einmal „Zukunftsminister". So, wie Clement Infrastruktur- und Energiepolitiker ist, erwarb sich Rüttgers bleibende Verdienste in der Bildungspolitik, genauer: der Hochschulpolitik. Rüttgers Wirken hält eine weitere Lehre in Sachen Innovation bereit: „Wenn du dich einmal für eine Sache entschieden hast, gib dir keine Mühe, such nicht länger." Hochschulpolitik betrieb Rüttgers mit Leidenschaft und langem Atem. Er begann damit als Bundespolitiker und bekam die seltene Chance, seine grundlegenden Weichenstellungen danach als Ministerpräsident in die Praxis umzusetzen.

Am 25. Mai 1998 feierte die französische Universität Sorbonne ihren 800. Geburtstag und vier europäische Bildungs- und Forschungsminister unterschrieben an diesem Tag in Paris eine Erklärung. Dieses Forschungs-Kerneuropa bestand aus Italien, Frankreich, Großbritannien und Deutschland. Für die Bundesrepublik unterschrieb Rüttgers. Es war der Beginn der größten Hochschulreform der Neuzeit; ihr haben sich inzwischen 47 Länder angeschlossen.

Die Diskussion darüber hatte zu Beginn der neunziger Jahre begonnen und Rüttgers hatte seine Vorstellungen für eine grundlegende Renovierung der Universitäten bereits im Februar 1994 niedergelegt („Hochschulen für das 21. Jahrhundert"). Es enthält schon damals, fünf Jahre vor „Bologna", die wesentlichen Kritikpunkte an den Unis: zu lange Studiendauer, das Studium „zu weltfremd, theoretisch, abstrakt", die mangelnde Vergleichbarkeit zwischen dem deutschen und dem angelsächsischen System aus Bachelor- und Masterabschlüssen, das Fehlen eines „Credit Transfer Systems" (also der permanenten Bewertung von Studienleistungen nach Punkten), ein zu geringer Praxisbezug des Studiums sowie die Gängelung der Hochschulen. Rüttgers war die dem deutschen Bildungsföderalismus geschuldete quälende Diskussion leid und machte sich für eine Reform „auf einen Schlag" stark. Ein wichtiges Ziel war die internationale Wettbewerbsfähigkeit der Hochschulen, die Rüttgers ernstlich bedroht sah. In Deutschland allein hätte Rüttgers diese tiefe Reform niemals durchsetzen können. Europa wurde für ihn zum Hebel, die nationale Hochschulpolitik aus ihren Angeln zu heben.

Für Studierende, die keine wissenschaftliche Karriere anstrebten, sollte es den Bachelor-Abschluss geben. Für den wissenschaftlichen Nachwuchs war der „Master" vorgesehen. Das Studium wurde über die Credit-Points verschult, die Regelstudienzeiten sollten auf diesem Weg erheblich sinken. Die Universitäten sollten nicht mehr nach dem Prinzip Gießkanne finanziert werden, sondern nach individueller Leistungsfähigkeit. Die Gründung privater Universitäten sollte erheblich erleichtert werden. Konsequenterweise sah Rüttgers' Plan 1994 vor, die Hochschulen praktisch in die Freiheit des Staates zu entlassen. Bis dies dann in Nordrhein-Westfalen mit dem „Hochschulfreiheitsgesetz" umgesetzt wurde, sollten allerdings noch einmal mehr als zehn Jahre vergehen.

In der „Sorbonne Declaration" findet sich der Satz: „Man sollte nicht vergessen, dass Europa nicht nur das Europa des Euro, der Banken und der Wirtschaft ist." Ihr Bekenntnis zu humanitären Werten, zu einer ausdrücklich europäischen Hochschullandschaft in der Kontinuität der „Europäischen Gelehrtenrepublik" der frühen Neuzeit, formulierten die vier Forschungsminister zehn Jahre vor „Lehman Brothers" und dem Ausbruch der Weltfinanzkrise.

Als eines der letzten Gesetze der Regierung Kohl wurde am 20. August 1998 das Hochschulrahmengesetz beschlossen. Damit wurden Bachelor- und Masterstudiengänge erlaubt. Ein Drittel der Vorschriften für Verwaltung und Organisation wurde gestrichen. Eine leistungsorientierte Finanzierung, die Evaluierung von Forschung und Lehre, kürzere Regelstudienzeiten, die Einführung von Zwischenprüfungen wurden Teil des Hochschulalltags. „Es war eine Rosskur", sagt Rüttgers. Als die europäischen Staaten 1999 den Vertrag von Bologna unterzeichneten, war Rüttgers nicht mehr dabei, aber die Grundlage hatte er – gemeinsam mit seinen drei europäischen Kollegen – gelegt.

Ein Jahr nachdem Rüttgers 2005 die Regierung in Nordrhein-Westfalen übernommen hatte, wurde am 31. Oktober 2006 das Hochschulfreiheitsgesetz verabschiedet. Mit diesem Gesetz wurde für 53 Hochschulen die Fachaufsicht der Landesregierung abgeschafft, die Selbstverwaltung der Universitäten und Fachhochschulen eingeführt, die Personalhoheit für die Berufung von Professoren an die Unis delegiert. Acht neue Fachhochschulen wurden von der schwarz-gelben Landesregierung neu gegründet.

Wissenschaftsminister Andreas Pinkwart von der FDP führte ein System nachgelagerter Studiengebühren ein, was er als Akt sozialer Gerechtigkeit sah. Weshalb sollte eine Krankenschwester mit ihrem kleinen Lohn über die Steuern den teuren Studienplatz für die Tochter oder den Sohn eines bestverdienenden Chefarztes bezahlen? Man muss feststellen, dass sich dieses Argument nicht nur in Nordrhein-Westfalen, sondern in ganz Deutschland nicht durchsetzen konnte. Triumphiert hat vielmehr der simple Satz, sozial gerecht sei es, wenn die Bildung komplett vom Staat finanziert werde. Auch nach dem jüngsten Regierungswechsel in Nordrhein-Westfalen, von Rot-Grün zu Schwarz-Gelb, änderte sich an dieser Bewertung nichts. Die Regierung von Armin Laschet machte die von der Regierung Kraft nach der Abwahl von Rüttgers und seiner Koalition auf Wunsch der Gewerkschaft Verdi verfügte Staatswende in der Hochschulpolitik rückgängig und entließ die Universitäten aufs Neue in deren Freiheit. Aber für die erneute Einführung von Studiengebühren fehlte ihr der politische Mut; und das, obwohl eine Studie der Universität Bochum ergeben hatte, dass wegen der Studiengebühren eben *nicht* weniger Studierende aus sozial schwächeren Familien an die Uni gegangen waren. Vielleicht war dies aber auch ein Akt von parteipolitischer Weisheit – manchmal lohnt es sich im politischen Geschäft, auf

Großkonflikte zu verzichten, selbst wenn es richtig wäre, in einen solchen Clinch mit der meinungsbestimmenden Mehrheit zu gehen.

Die Bologna-Reform ist auch heute noch nicht beendet. Sie kann es auch nicht sein. Kritik daran gab es von Beginn an, zumal Rüttgers früh einen Teil der Professorenschaft mit seiner provozierenden Bemerkung „Humboldt ist tot" gegen sich aufgebracht hatte. Mancher Professor sah seine Privilegien durch mehr Wettbewerber und größere Transparenz seines Schaffens bedroht. Studierende wiederum klagten über die Verschulung des Studiums, das zwar zu einer größeren Planbarkeit für sie führte, aber auch weniger Spielräume für freies Lernen außerhalb der Studienpläne zur Folge gehabt habe. Die Wirtschaft tat sich lange mit dem „Bachelor" schwer, hielt ihn für zu schmalbrüstig. Zwei Drittel der Studierenden entschieden sich unter dem Eindruck dieser Diskussion, dem „Bachelor" einen „Master" hinterherzuschieben. So wurde auch der „Master" zu einem Abschluss, der weniger dem Einstieg in eine wissenschaftliche Karriere diente, als vielmehr dem beruflichen Erfolg und einer schnelleren Karriere mit besseren Verdienstmöglichkeiten. Eine durchgängige Anerkennung aller Studienleistungen in Europa ist immer noch nicht erreicht, und die Abbrecherquote ist immer noch viel höher, als Rüttgers erwartet hatte.

Als Jürgen Rüttgers selbst mit seinem Jura-Studium begann, Anfang der siebziger Jahre, entschieden sich zehn Prozent aller Abiturienten für ein Studium. Heute sind es mehr als 50 Prozent. Wer wie Rüttgers Deutschlands Zukunft in einer Wissensgesellschaft sieht, wird das als großen Fortschritt bewerten. Eine durchgreifende Innovation waren seine Hochschulreformen allemal.

Inzwischen ist die Hochschullandschaft ein weiteres Mal im Umbruch. Der dritte Teil der Wissenschaftspolitik findet längst statt und wer wissen möchte, wie es mit den Universitäten, den Professoren und den Studenten sowie dem Mittelstand weitergeht, der sollte nach Aachen reisen.

Günther Schuh wollte einmal Wissenschaftsminister werden und dass dies nicht geklappt hat, verdankt sich dem unglücklichen Versuch des CDU-Politikers Norbert Röttgen, 2012 Ministerpräsident werden zu wollen. Schuh war Röttgens Schattenminister – es blieb beim politischen Schatten. Allerdings sollte man auch nicht glauben, man könne sozusagen straflos in Nordrhein-Westfalen Minister werden wollen, wenn man der Führung einer Universität angehört. Von der Aachener Universitätsleitung wurde Schuh nach Röttgens verlorener Wahl bedeutet, sich doch besser aus seiner Leitungsposition zurückzuziehen. Denn so eine Universität sei nun einmal abhängig von der Politik, und die, nämlich die neue rot-grüne Landesregierung, könne es als Provokation empfinden, wenn ein versuchter Minister mit dem falschen Parteibuch, ein Konkurrent gewissermaßen, nach wie vor die Uni repräsentiere. Dieser Vorgang hat Schuh nicht weiter geschadet, allerdings landete der Fall im Feuilleton der FAZ. Der zuständige Herausgeber, Jürgen Kaube, höchstpersönlich verfasste einen wütenden Kommentar über die (Un)Freiheit der Wissenschaften in Deutschland am Beispiel der Universität Aachen. So wurde der Professor Schuh nicht Minister, sondern als Unternehmer immer erfolgreicher. Heute ist er einer der wichtigsten Innovatoren aus Nordrhein-Westfalen.

Das neue Auto ist Persil-sauber, Porsche-schnell und Golfdiesel-zuverlässig. CDU-Frauen und SPD-Männer können damit bis nach Italien fahren, weil an jeder Highway-Raststätte eine schnelle Strom-Ladestation steht, welche die Batterie auf Rädern volllädt, kaum dass der Nachwuchs die Öko-Burger vertilgt hat. – Das ist jetzt, nach der Diesel-Krise, der große Plan der Politik und der Auto-Bosse. Aber ist das auch ein guter Plan für Deutschland?

Um das herauszufinden, kann man bei Günther Schuh nachfragen. Der ist noch heute Jürgen Rüttgers dankbar, denn der habe den Weg freigemacht für die Erschließung des ehemaligen kaiserlichen Armee-Aufmarschgeländes. Deren Eigentümerin, die Bahn, überzeugte Rüttgers, das Gelände für die Autofabrik herzugeben, mit dem nachvollziehbaren Argument, ein Krieg gegen die Niederländer oder Belgier stünde „nicht unmittelbar" bevor. Rüttgers bekam das Gelände frei für die RWTH und Schuh konnte hier mit seinen Kollegen seinen Campus aufmachen.

Rüttgers spricht noch heute gerne von „unserem Silicon Valley": Ein Professor gründet eine Firma, sammelt bei Investoren weltweit viel Geld ein (fast eine Milliarde Euro inzwischen), die Firma expandiert, immer mehr Partner kommen an Bord, und am Ende hilft dieses Joint Venture aus Wissen, mittelständischem (Eigentümer-)Unternehmer-

tum, internationalem Geld und Vernetzung, die Welt ein Stück zu verbessern.

Wenn man Schuh zuhört und dabei die Augen schließt, dann hört er sich so beruhigend und zuversichtlich und fröhlich und kölnisch an wie der jüngere Wolfgang Bosbach. Oder Wolfgang Niedecken von BAP. Öffnet man die Augen dann wieder, steht ein Zweimeter-Mann vor einem, den es aus dem bergischen Bensberg ins hügelige Aachen verschlagen hat. Und wenn man ihm eine Weile gelauscht hat, dann glaubt man fast schon ganz fest daran, dass der Ort für das „nächste große Ding", die Verkehrsrevolution nämlich, in Aachen zu finden ist.

Der fröhliche Gelehrte Günther Schuh ist Professor für Produktionstechnik an der renommierten Rheinisch-Westfälischen Technischen Hochschule. So ein Produktionstechniker ist nicht per se ein Auto-Erfinder, sondern jemand, der überall, wo irgendwas produziert wird, das Produzieren einfacher macht. Und vielleicht ist ja das das Vertrackte an dem großen neuen E-Auto-Plan, dass der zu kompliziert ausgefallen ist. Falls das stimmt, ist es vielleicht nicht schlecht, wenn sich jetzt mal ein großer Vereinfacher wie Schuh dieses Themas annimmt.

Wer schon ein paar Mal in Aachen war, der weiß, dass das eine eigene Welt ist. Ein bisschen weit weg von allem Großen und Lauten, mit einem alten Dom, sehr vielen jungen, selbstbewussten Leuten und überdurchschnittlich vielen Ingenieuren, die sich selbst zu den besten der Welt zählen. Und für die ist „Think big" keineswegs automatisch dasselbe wie „Silicon Valley".

Schuh war mal da, im bewunderten Tal leicht oberhalb von San Francisco. Seitdem lässt er andere davon schwärmen. Für ihn ist das kein guter Platz auf der Welt. „Ein unglaublich brutaler Ort", sagt er. Mehr als neun von zehn Neugründungen scheiterten dort, mit allen oft sehr persönlichen, brutalen Folgen für die Scheiternden. „Fail hard, fail fast" („Scheitere heftig, scheitere schnell"), was die Digital-Afficionados so erzählen, ist tatsächlich nur die Parole der Überlebenden. Von den vielen anderen redet in der Regel niemand mehr. Schuh findet es dagegen einfach nicht schön, zu scheitern. „Das wollen wir hier nicht."

Wer den „Rheinischen Kapitalismus", die Konsens-Alternative zu einer globalisierten Wirtschaftsform, in der nur noch jeder selbst sich der Nächste ist, noch nicht für tot hält, versteht genau, was der Professor Schuh aus dem eigenwilligen Aachen da meint. Und überhaupt sieht der Hüne die Amerikaner kühler. Trump sei ja schon schlimm, schlimmer aber noch seien jene, die ihn gewählt hätten. Die Amerikaner seien weit weniger gebildet als die Deutschen, sie seien „Bildungsverlierer" – kein Wunder, wenn solche Leute sich dann so einen Präsidenten wählten. Das klingt schon selbstbewusst. Aber Schuh hat sich sein Selbstbewusstsein erarbeitet.

Seine erste Firma baute den „StreetScooter", einen Elektro-Transporter, und bot ihn Autofirmen an. Die behandelten ihn, erzählt er, nur mitleidig lächelnd, wie einen von „Jugend forscht". Also baute er den Transporter in Eigenregie für die Post, deren weitsichtiger Vorstand Jürgen Gerdes ahnte, dass es schlau sein könne, Pakete in Städten emissionsfrei zuzustellen. Dann kaufte die Post „für ein paar Milliönchen" Schuhs Fabrik, heute vertreibt sie selbst den Scooter. Es ist eine der schönsten deutschen Start-up-Stories.

Die nächste, an der Schuh werkelte, hieß „e.GO". Das knuffige Elektro-Auto im Smart-Format kam im vergangenen Herbst auf den Markt, aber – anders als der 22 000 Euro teure E-Smart – für 11 900 Euro (nach Abzug der E-Prämie). Schuh baute ihn in der von ihm eigens konzipierten Industrie-4.0-Fabrik. Und Schuh weiß auch schon, was er danach macht: Er baut einen elektrischen Kleinbus, den E-Mover. Der soll auch autonom fahren können. Und dann den E-Booster mit fünf oder sechs Sitzen. Der wird das Sprit-Taxi ablösen.

Was kann dieser deutsche, fröhliche Ingenieur, was die Auto-Männer nicht so gut können? Vielleicht ist ja das Problem dieser Benzin-im-Blut-Typen, dieser Car-Guys, dass sie Car-Guys sind. Schuh denkt aber nicht „Auto first" wie diese, sondern „Mensch first". Und weil so ein Mensch Gefühle hat, bekommt jedes von Schuhs kleinen Vehikeln einen Namen. „Ein Auto ist auch nur ein Mensch." Die ersten beiden hießen „Tom" und „Jerry".

Wenn Schuh vom Menschen spricht, dann meint er „Stadtmensch first". Der Stadtmensch muss zu viel Stickoxid und Feinstaub einatmen, was wirklich sehr giftig ist. „Ich würde empfehlen, kleine Kinder auf den Arm zu heben. Die Dosis unten in deren Höhe kann tödlich sein."

Die Diesel-Bauer haben beim Diesel-Bauen viele Jahre lang nur an das klimaschädliche CO2, um das die Schlechte-Gewissens-Politik diesen Hype veranstaltete, nicht aber an die unmittelbar gesundheitsgefährdenden Stickoxide gedacht. Genau deshalb braucht es jetzt eine „Revolution".

Günther Schuhs Revolution hat da mal eine Frage: „Was muss man tun, um eine Stadt emissions- und staubfrei zu machen?" Die Antwort ist ganz einfach: „Diesel und Benziner müssen draußen bleiben." Das neue Stadtauto ist elektrisch – und zwar nur elektrisch. Wer hingegen zwischen Land und Stadt pendeln muss, fährt einen Plug-in-Hybrid: bis zur Stadtgrenze mit Diesel oder Benzin angetrieben, danach elektrisch. Und wer noch von Paderborn nach San Gimignano fahren will, nimmt den Euro-6-Diesel. Wie bitte, einen Diesel?

Genau. Der Diesel ist für Schuh kein Feindbild wie für so viele öko-beseelte E-Fans, sondern: ein „Kunstwerk". Diesel dürfe man auf gar keinen Fall verbieten, wie das die Briten oder Norweger für die nächsten Jahre geplant hätten. Gut gemacht oder nur gut gemeint? „Ich nehme an, bei den Briten beflügelt das die Pferdezucht", spottet Schuh. Und die irgendwie typisch deutsche Idee, einen billigen Stromer für wirklich alle Anwendungen zu bauen? Daran hält Schuh „alles für falsch". In den nächsten zehn Jahren werde es keine Lithium-Ionen-Batterie mit einer entsprechenden Leistung für wenig Geld geben. „Das ist gegen die Naturgesetze." An dieser Stelle sollte man einfügen, dass Tesla-Gründer Elon Musk anders denkt.

Und was tut der, der jetzt mal nicht gleich drei Autos kaufen will, um überall ökologisch korrekt unterwegs sein zu können? Schuhs Antwort heißt: Carsharing. Allerdings meint er das ein wenig anders, als sich das die Firmen heute so vorstellen. Künftig sollen Mitarbeiter, die in Städten arbeiten, statt einer Gehaltserhöhung vom Arbeitgeber ein E-Dienstauto bekommen (Leasing-Rate: 120 Euro pro Monat). Jeder Ar-

beitgeber solle so handeln, „nur dann ist er ein anständiger Arbeitgeber". Mit großen Immobiliengesellschaften, die mehr als tausend Wohnungen vermieten, verhandelt Schuh über Ladesäulen in deren Tiefgaragen und eine Carsharing-App für deren Mieter. Und seine Autos, die sind, wie weiland der Trabbi, aus Plastik und Aluminium und haben ein Bosch-Aggregat. Das ist wichtig, weil Bosch nur Sachen bauen könne, die 100 Jahre hielten. „Dieses Auto können Sie vererben." Auch das ist neu. Und vielleicht mehr als ein PR-Gag.

Der fröhliche rheinische Professor Schuh fährt selbst einen Plug-in-Panamera von der Firma Porsche. Nicht nur deshalb hat er Spaß am Leben. Das Schöne am Gründen und am Dasein als Start-up sei ja, dass man dann immer ein „Jung"-Unternehmer bleibe. Im vergangenen Herbst wurde Schuh unbeschwerte 60 Jahre alt.

IX. Integration

Einwanderungsland war Nordrhein-Westfalen schon immer – Die empathische und die repressive Seite der Integrationspolitik – Der Fall Sami A. – Gegen den Strich: Willkommenskultur – El-Mafaalani – Eine Chefärztin

Seit es existiert, ist Nordrhein-Westfalen ein Einwanderungsland. Dies wurde von den politischen Eliten – mit Ausnahme der Grünen, zu deren DNA es seit ihrer Gründung zählt, Einwanderung positiv zu bewerten – bis in die Nullerjahre hinein geleugnet. Diese Leugnung liegt daran, dass Einwanderung nach Deutschland ungeordnet stattfand. Das macht den Hauptunterschied zwischen einem Einwanderungsland und einem Einwanderungsland wider Willen aus: Ein Einwanderungsland, das bewusst ein solches sein will wie die Vereinigten Staaten von Amerika, Kanada oder Australien, sucht sich aus, wer einwandern darf oder soll. Das ist in der Regel ein sehr harter Prozess – für Hochqualifizierte, die mangels guter Entwicklungs- und Karrierechancen ihre eigene Heimat verlassen wollen; Geringqualifizierte sind zumeist chancenlos. Einwanderungsländer gehen davon aus, dass geringer qualifizierte Menschen auf Kosten der Allgemeinheit sozusagen durchgefüttert werden müssen, ihre Einwanderung ergo nicht im Interesse der Mehrheitsgesellschaft liegen könne. Für humanitäre Einwanderung, etwa von politisch Verfolgten oder anderen Flüchtlingen, legen Einwanderungsländer oft Obergrenzen fest, weil sie davon ausgehen, dass auch deren Einwanderung nicht in jedem Fall im Interesse des Landes liegt.

Darum war Nordrhein-Westfalen kein Einwanderungsland, sondern lange ein Einwanderungsland wider Willen. Einwanderungsländer wider Willen gehen davon aus, dass die Eingewanderten sich entweder schnell integrieren und man sich nicht weiter um sie kümmern muss oder dass sie das Land so schnell wie möglich wieder verlassen. Allerdings sind die meisten der ursprünglich nicht gewünschten Einwanderer in Nordrhein-Westfalen geblieben und ein Teil der Integrationsprobleme hat darin seine Ursache. Einwanderungsländer wider Willen betreiben in der Regel keine Integrationspolitik, denn das würde bedeuten, die Eingewanderten als Teil der Gesellschaft anzuerkennen. Es gibt aber eine Ausnahme: Von Mitte der sechziger bis Anfang der siebziger Jahre war Nordrhein-Westfalen ein Einwanderungsland. Das war die Zeit der Anwerbe-Abkommen, die mit südeuropäischen Ländern wie Italien, Griechenland, Portugal und Spanien sowie der Türkei geschlossen wurden. Diese gezielte Einwanderung richtete sich allerdings nicht nach politischen, sondern ausschließlich nach wirtschaftlichen Interessen. Der FDP-Politiker Burkhard Hirsch, im letzten Kabinett von Heinz Kühn Innenminister und im ersten Kabinett von Johannes Rau stellvertretender Ministerpräsident, erzählt, dass anfangs die Einwanderung aus Anwerbe-Ländern auf zwei Jahre begrenzt gewesen sei. Das habe die Politik dann aber geändert. Dies erfolgte nicht aus eigenem Antrieb, sondern die Wirtschaft forderte das ein. Motto: Man habe die Eingewanderten aufwendig ausgebildet und dürfe sie darum nicht gleich wieder heimschicken. Auf diese Art von Arbeitsteilung zwischen Wirtschaft und Politik hinzuweisen, erscheint wichtig. Die Wirtschaft ruft bis heute gerne nach Arbeitskräften aus dem Ausland, aktuell, um die Facharbeiterlücke zu schließen. Dagegen verweist sie bei den Integrationslasten, etwa für Schulen, stets auf die Verantwortung der Politik. Im Umweltschutz hat sich das Verursacherprinzip etabliert, in der Integrationspolitik nicht. Jedenfalls dauerte die Phase, in der Nordrhein-Westfalen ein Einwanderungsland war, gerade einmal zehn Jahre. Allerdings war es in dieser Zeit ein Einwanderungsland ohne Integrationspolitik. Denn der wirtschaftliche Bedarf an Arbeitskräften stand ausschließlich im Fokus, nicht aber die politisch-gesellschaftliche Dimension, die Folgen der Arbeitskräfte-Einwanderung. Später habe man dann, erzählt Hirsch weiter, den Nachzug der Ehefrauen zu ihren in Deutschland arbeitenden Männern gestattet – allerdings ohne auch nur einen Gedanken an die Deutschkenntnisse dieser Frauen zu verschwenden. Das sei ein „großer Fehler" gewesen, sagt Hirsch heute, den hätten die Kinder ausbaden müssen.

Nordrhein-Westfalen ist de facto stets ein Land gewesen, das durch Einwanderung geprägt wurde. Nach dem Zweiten Weltkrieg begann die Einwanderung mit aus Polen geflohenen Schlesiern, die oft unfreundlich aufgenommen wurden, weil nach dem Krieg die Not ohnehin groß war, die Bereitschaft, das Wenige, was da war, auch noch zu teilen, wenig ausgeprägt war. Allerdings wurden die Schlesier als irgendwie deutsch und als Opfer des Stalinismus anerkannt, was ihnen in den antikommunistischen Nachkriegsjahren die Akzeptanz erleichterte. Außerdem integrierten sie sich schnell, vor allem, weil sie auf dem Arbeitsmarkt gebraucht wurden.

Auf die Schlesier folgten die ersten Ausländer, eben aus Südeuropa, dann Türken, bis die damalige sozialliberale Regierung unter Kanzler Willy Brandt 1973 den „Anwerbestopp" beschloss. Dies geschah unter dem Eindruck der Ölkrise, die einen Einbruch der wirtschaftlichen Konjunktur zur Folge hatte und zur wohl ersten großen Diskussion über die Grenzen der Belastbarkeit Deutschlands durch Einwanderung führte. Warnende Stimmen in dieser Richtung gab es auch seitens der Gewerkschaften, die sich um den Betriebsfrieden vor Ort sorgten.

Schon vor dem Zusammenbruch der Sowjetunion kamen in den achtziger Jahren Russlanddeutsche in die Bundesrepublik. Dies führte zu heftigen politischen Debatten. Der damalige SPD-Spitzenpolitiker Oskar Lafontaine warf die Frage auf, ob bei der Einwanderung Herkunft oder Not wichtiger sei, ob also hungernde Afrikaner nicht satten Russlanddeutschen vorzuziehen seien. Jedenfalls kann man nicht behaupten, Russlanddeutsche seien durchweg mit offenen Armen empfangen worden.

Von einer Million Einwanderer, die in den achtziger Jahren nach Deutschland kamen, hatten 800 000 den Status als Aussiedler – Menschen mit deutschen Vorfahren. Von den bis heute insgesamt 4,1 Millionen Menschen mit Aussiedler-Status stammen zwei Millionen aus Polen. Sie sind, nach den Türken, die zweitgrößte Einwanderergruppe. Da aber Türken die Bundesrepublik wieder verlassen, stehen Polen an der Spitze der deutschen Einwanderer-Statistik. Das weiß in Deutschland kaum jemand und im Alltag merkt man es auch nicht. Polen sind bei weitem die am besten integrierten Einwanderer, was daran liegt, dass die meisten von ihnen ihre alte Identität so schnell wie möglich ablegten. „Deutsch bedeutete Erfolg und Geld. Polnisch bedeutete Armut. Und etwas Dreck", begründete in der „taz" Emilia Smechowski, ein Kind polnischer Einwanderer aus den achtziger Jahren, die Entscheidung ihrer Eltern, die polnische Identität so schnell wie möglich hinter sich zu lassen. In dem Report, einem langen Stück, kommt der polnische Historiker Robert Traba zu Wort: „Die Generation Ihrer Eltern, die damals zu Hunderttausenden nach Deutschland kam, litt unter einem Minderwertigkeitskomplex. Sie hatte das Gefühl, etwas aufholen zu müssen, was die Deutschen ihnen voraus hatten. Der Druck, so zu werden wie die Deutschen, war groß. Sie haben sich nicht integriert, sondern assimiliert. Assimilation aber führt ins Nichts." Ein interessanter Gedanke. Zu Beginn der breiteren Integrationsdebatte galt Assimilation vielen Experten sozusagen als die Spitze auf der Integrationsleiter. Ob das ein Irrtum war?

Beginnend in den achtziger Jahren, folgte in den neunziger Jahren eine arabisch-libanesische Einwanderungswelle als Folge des Libanon-Krieges. Die meisten dieser Einwanderer kamen als Staatenlose. In Deutschland pflegten sie ihre traditionellen Clan-Strukturen. In der politischen Debatte spielte dieser Umstand damals ebenso wenig eine Rolle wie in der Berichterstattung der Medien, auch nicht in den Lokalteilen der Regionalzeitungen, die eigentlich diese bedenkliche Entwicklung in den Städten hätten thematisieren müssen. Heute stellen arabische Clans eine große Herausforderung dar für die Innere Sicherheit, auch und gerade in Nordrhein-Westfalen. Mehr als 40 Prozent der jugendlichen Intensivtäter entstammen laut FAZ dieser Bevölkerungsgruppe. Auch für junge Männer ohne vielversprechende Perspektive gilt: Niemand wird zur Kriminalität gezwungen. Gleichwohl hätte eine nachhaltige Integrationspolitik sicher vieles verhindern können. Als Einwanderer erhielten die meisten nur eine Duldung, Deutschland ging davon aus, dass diese Menschen irgendwann in ihre angestammte Heimat zurückkehren würden. Eine Integrationspolitik fand schlichtweg nicht statt: Es gab für die Flüchtlinge aus dem Libanon-Krieg keine Arbeitsgenehmigungen, keine Sprachkurse, alle sechs Monate drohte ihnen die Abschiebung, die Schulpflicht der Kinder wurde nicht überwacht, sie wohnten oft in verwahrlosten Verhältnissen. Zusätzliches Problem: Die meisten hatten keine Heimat, galten auch in den nahöstlichen Ländern als gesellschaftliche Außenseiter. Sie hatten keinen Anreiz, in ihre Herkunftsländer zurückzukehren und konnten und können dorthin auch nicht abgeschoben werden – der Libanon will von ihnen nichts wissen. Also blieben sie in Deutschland, die Duldung der meisten wird nun seit vielen Jahren halbjährlich verlängert, was auf Dauer ein unhaltbarer Zustand ist. Deshalb diskutiert die Politik über eine Stichtagsregelung, wodurch zumindest die hier Geborenen aus dieser Gruppe einen gesicherten Aufenthaltsstatus bekamen.

Die seit 2014 stark angewachsene Flüchtlingsbewegung aus arabischen und afrikanischen Ländern bildet den Schlusspunkt in der Geschichte Nordrhein-Westfalens als Einwanderungsland wider Willen.

Integrationspolitik hat zwei Seiten: eine repressive und eine empathische. Die repressive setzt Grenzen, auch harte, wie bei der offensiven Bekämpfung krimineller Familienclans im Ruhrgebiet, die der aktuelle Innenminister Herbert Reul betreibt, oder bei der konsequenten Abschiebung von islamistischen Gefährdern, die Ministerpräsident Armin Laschets liberaler Integrationsminister Joachim Stamp schon im jüngsten Wahlkampf angekündigt hatte; die empathische bietet Chancen, etwa Deutschkurse oder islamischen Religionsunterricht. Der Zuschnitt des Ministeriums von Stamp ist bemerkenswert. Zum ersten Mal findet repressive und empathische Integrationspolitik unter dem Dach eines Ministeriums statt: die Abteilung vier in seinem Ministerium integriert, die Abteilung fünf schiebt ab. Ansonsten blieb Integrationspolitik auch in der Regierung Laschet bislang eine in Zuständigkeiten aufgesplittete Angelegenheit. Für die Beiräte, die sich um den Islamunterricht kümmern, ist das Schulministerium zuständig, für die Frage, ob Islamverbände als Körperschaften öffentlichen Rechts anerkannt werden sollen, die Staatskanzlei; die Gefängnisseelsorge liegt beim Justizministerium. Für den Dialog der Muslime untereinander und mit ihnen ist wiederum das Integrationsministerium verantwortlich. Würde das ein privatwirtschaftliches Unternehmen wohl auch so organisieren?

Aber auch in der Integrationspolitik geht es keineswegs nur friedlich zu: In der Organisation von islamischem Religionsunterricht oder der Ausbildung von Imamen an deutschen Universitäten steckt politischer Sprengstoff. Welche Rolle sollen etwa türkische Verbände spielen, die heute faktisch an der Regierung des aktuellen Ministerpräsidenten Recep Tayyip Erdogan hängen?

Lange Zeit galt die Türkisch-Islamische Union der Anstalt für Religion (Ditib) als bevorzugter Gesprächs- und Verhandlungspartner für Religion und Integration. Seitdem klar ist, dass diese Organisation nicht unabhängig agiert, sondern das politische Geschäft der sich zunehmend radikalisierenden türkischen Regierung betreibt, ist dies nicht mehr der Fall. Die Landesregierung entschied 2017, die Tätigkeit der Ditib, die ihren Hauptsitz in Köln-Ehrenfeld hat und 900 türkisch-islamische Moscheevereine in Deutschland kontrolliert, im Beirat für den Islamischen Religionsunterricht müsse ruhen, solange sich der Verband nicht eindeutig von Ankara löse. Die Ditib untersteht der türkischen Religionsbehörde Diyanet. Ende 2016 war herausgekommen, dass mehrere Imame Glaubensbrüder in Deutschland ausspioniert haben sollen. Die Zahl der Haftanstalten, in denen Ditib-Imame als Seelsorger arbeiten, wurde reduziert – laut Staatskanzlei weigerten sich Imame, an einer erweiterten Sicherheitsüberprüfung teilzunehmen. Die Landesregierung versucht sich an einer Gratwanderung: Sie kritisiert den Verband und betont gleichzeitig, es gäbe Ditib-Gemeinden, die sehr gute Integrationsarbeit leisteten. Die Grünen finden das planlos. Experten wie Susanne Schröter, Direktorin des Frankfurter Forschungszentrums Globaler Islam, fordern, die Kooperation mit der Ditib vollständig einzustellen. Das dürfte kaum funktionieren: Rund 30 Prozent aller Moscheen sind Ditib-Moscheen, die meisten sind klein und haben kein Geld, sich eigene Imame zu leisten; also leihen sie sich diese bei der Ditib aus. Die Landesregierung wünscht sich, dass die Ditib ihre Satzung ändert, denn diese erlaubt den direkten Einfluss der türkischen Regierung auf die in Deutschland tätige Organisation.

Der Umstand, dass bei den Türkei-Wahlen im Juni 2018 mehr türkische Wahlberechtigte aus Nordrhein-Westfalen als in der Türkei selbst für Erdogan votierten, führte bereits zu einer deutlichen Akzentverschiebung der Integrationspolitik des Landes. „In der Vergangenheit", so Minister Stamp, „haben wir die Integrationspolitik zu sehr auf Sprache, Bildung und Arbeit reduziert." Gegen die wachsende Ideologisierung des Lebens in der vermeintlichen deutschen Diaspora soll nun in Schulen, Kinder- und Jugendeinrichtungen stärker als bisher auf die Vermittlung demokratischer Werte geachtet werden. Das gilt auch für das Thema eines importierten Antisemitismus auf der einen, eine wachsende „Islamfeindlichkeit" auf der anderen Seite. Am Ende dürfte es darauf hinauslaufen, mehr islamische Organisationen über den Islamunterricht – der übrigens vom Grundgesetz vorgeschrieben wird – mitbestimmen zu lassen. So kämen mehr liberale Organisationen zum Zug; und der Unterricht würde auf eine weitaus breitere Legitimationsgrundlage gestellt.

In beiderlei Hinsicht, bei der Repression wie bei der Chancen-Gewährung, ist Nordrhein-Westfalen trotz (oder wegen?) der in großer Zahl stattgefunden Einwanderung ein verspätetes Integrationsland. Wäre es anders, es hätte die berüchtigte Kölner Silvesternacht so wohl kaum geben können, denn Polizei und Verfassungsschutz wussten um die besondere Brisanz von Kriminalität aus Kreisen nordafrikanischer Flüchtlinge, im Polizeijargon „Nafris" genannt. Eine offene Diskussion über die guten wie schlechten Seiten von Integration steht erst am Anfang. Die Gesellschaft, ob nun die deutsche oder die nordrein-westfälische, ist ob der Einwanderung, besonders der Flüchtlinge, gespalten. Das erschwert die Debatte. Immerhin bietet die Landesregierung Laschets einen „Policy-Mix" aus Härte und gutem Willen an. Zur Härte gehört der Versuch einer konsequenten Abschiebung von ausreisepflichtigen Flüchtlingen. Das haben sowohl die Bundeskanzlerin Merkel als auch die nordrhein-westfälische Landesregierung versprochen. In der Praxis zeigt sich aber inzwischen, dass dieses Versprechen schwerlich zu halten ist. Das hat auch mit der rechtsstaatlichen Verfassung Deutschlands zu tun. Und die bildet auch für nordrhein-westfälische Minister keine Ausnahmen. Das führt dazu, dass Minister, die es mit der Abschiebung ernst meinen, durchaus politisch gefährlich leben können. Nicht einmal die Abschiebung von Menschen, die unstreitig islamistische Gefährder sind, ist eine Selbstverständlichkeit. Diese Erfahrung mussten sowohl der Integrations- als auch der Innenminister machen.

Sami A. war schon lange vom Verfassungsschutz als Gefährder eingestuft worden. Er gilt als Leibwächter des von einem amerikanischen Armee-Kommando an seinem pakistanischen Fluchtort erschossenen Top-Terroristen Osama bin Laden. Seine Abschiebung war lange beschlossene Sache und zwischen Bundesinnenminister Horst Seehofer und dem zuständigen NRW-Integrationsminister Joachim Stamp mehrfach besprochen worden. Sami A. war viele Jahre geduldet worden, weil ihm angeblich in seiner Heimat Folter drohte. In Bochum lebte er von Sozialhilfe. Im Sommer 2018 nutzte Stamp schließlich eine ihm günstig erscheinende Gelegenheit und ließ Sami A. nach Tunesien ausfliegen. Kurz darauf entschied das Oberverwaltungsgericht Münster (in letzter Instanz), dessen Abschiebung sei rechtswidrig gewesen, Stamp habe Gerichte getäuscht, der Abschiebeflug habe abgebrochen werden müssen und Sami A. müsse nun nach Deutschland zurückgeholt werden. SPD und Grüne forderten daraufhin Stamps Rücktritt, weil er dem Rechtsstaat geschadet habe. Weder ein Verwaltungsgericht in Gelsenkirchen noch das Oberverwaltungsgericht in Münster hatten sich von der Zusicherung des tunesischen Ministers für Menschenrechte beeindrucken lassen, der versichert hatte, Sami A. werde in Tunesien nicht gefoltert werden. Zwischenzeitlich hatte ein Reporter des „Spiegel" in Tunis den Sprecher der Anti-Terror-Behörde besucht, einen Mann namens Sliti, einen Richter, zuständig für Sami A. „Er zeigte keine Spuren von Folter", erzählte Sliti nach Sami A.s erster Vernehmung. Ob denn die Richter in Gelsenkirchen falsch entschieden hätten, wollte daraufhin der „Spiegel" wissen. „Bien sur", antwortete Sliti – natürlich. In Tunesien werde nicht gefoltert, das sei eine rote Linie, die man nicht überschreiten werde. „Sami A. ist nicht mehr eure Angelegenheit, das ist jetzt ein tunesischer Fall."

Der Fall schlug politisch wie medial hohe Wellen, wobei der Ministerpräsident selbst, sein Innenminister, der die Gerichtsentscheidung angegriffen hatte, sowie der Integrationsminister unter Druck gerieten. Ob der Umgang der Gerichte mit dem Fall angemessen war, ob nicht überhaupt der Rechtsstaat in seiner jetzigen Verfasstheit womöglich mit solchen Situationen schlicht überfordert sein könnte, ob eventuell Gesetze zu korrigieren wären, um den Behörden mehr „Beinfreiheit" zu geben, gefährliche Menschen aus Deutschland abzuschieben, – alle diese Dinge waren erstaunlicherweise nicht Gegenstand der Debatte. Im Gegenteil. In der „Süddeutschen Zeitung" warf Chef-Kommentator Heribert Prantl der Landesregierung eine „Sabotage des Rechtsstaats" vor. Selbst die „Frankfurter Allgemeine", eigentlich als konservatives Blatt auf der Seite der Inneren Sicherheit, beklagte die Kosten des Rückflugs von Sami A. (35 000 Euro), verzichtete aber darauf auszurechnen, was es gekostet hatte, den Gefährder zwölf Jahre lang in der notorisch klammen Stadt Bochum mit Steuergeld zu finanzieren und polizeilich zu bewachen. Darum wirkt dieser Fall bis heute stilbildend: Wenn es dem deutschen Staat nicht einmal gelingt, eindeutig gefährliche Menschen wie Sami A. loszuwerden, wenn dies auch noch rechtsstaatlich in Ordnung sein soll – wie soll sich dann überhaupt eine nach Einschätzung von Polizei und Verfassungsschutz gefährdete Ordnung und Sicherheit wiederherstellen lassen?

In der politischen Bewältigung des Falls bewies die Regierung Laschet sowie die sie im Parlament tragenden Fraktionen von CDU und Liberalen Standhaftigkeit. Mit ihrer Geschlossenheit verhinderten sie den geforderten Rücktritt Stamps. Man stelle sich für einen Moment die Wirkung auf die Öffentlichkeit und den Rechtsfrieden im Land vor: Sami A. würde aus der Wüste zurückkehren, in die ein Landesminister statt seiner geschickt worden wäre. Erst recht, stellt man in Rechnung, wie es in dem Fall weiter ging. Ende November 2018 hob das Verwaltungsgericht Gelsenkirchen das Abschiebeverbot für Sami A. auf. Die Richter begründeten ihre Kehrtwende damit, dass Sami A. in seinem Heimatland keine Folter drohte (was sie auch vorher wissen konnten). Was war passiert? Die tunesische Botschaft in Berlin hatte der Bundesregierung eine Verbalnote zukommen lassen, in der Tunis entsprechende Zusicherungen gemacht hatte. Das Gelsenkirchener Gericht urteilte nunmehr, die Erklärung der Botschaft sei „angesichts des vorangegangenen intensiven Austauschs auf höchster politischer und diplomatischer Ebene und des Interesses Tunesiens an einer unbelasteten Beziehung zur Bundesrepublik hinreichend verlässlich".

Von welchem Zeitpunkt man überhaupt von einer systematischen Integrationspolitik auf Landesebene sprechen kann, ist politisch umstritten. SPD und Grüne reklamieren das für sich und verweisen auf die ersten Berichte zur Integration, die aus den neunziger Jahren stammen. Tatsächlich geht der Beginn der Integrationspolitik auf den damaligen Arbeits- und Sozialminister Franz Müntefering zurück. Nach den Anschlägen von Rechtsradikalen in Solingen Ende Mai 1993 beschloss die Regierung Rau, ein Zeichen für die bessere Integration von Ausländern in Nordrhein-Westfalen zu setzen. Müntefering beauftragte Anton Rütten mit dem Aufbau einer systematischen Integrationspolitik – was der Sozialdemokrat von nun an 25 Jahre lang tun sollte.

Der erste Integrationsminister, berufen 2005, war jedoch ein Christdemokrat. Für Armin Laschet war dieses Feld so sehr eine Herzensangelegenheit, dass er von konservativen Teilen der CDU mit dem wenig schmeichelhaft gemeinten Titel „Türken-Armin" versehen wurde. Wohl auch, weil Laschets Arbeit als Integrationsminister über Parteigrenzen hinweg anerkannt wurde, werden in Nordrhein-Westfalen seitdem Integrationsminister berufen, gleich, welche „Farben" das Land regieren. Das wohl wichtigste Gesetz zur Integration wurde 2012 beschlossen, in der Zeit der rot-grünen Minderheitsregierung unter Hannelore Kraft. Aber auch deren Nachfolger Laschet ist stolz auf dieses Gesetz und darauf, dass Nordrhein-Westfalen als erstes deutsches Flächenland die Integration derart umfassend regelte. Woran man sieht: Integrationspolitik findet in Nordrhein-Westfalen seit fast 15 Jahren im Konsens aller im Landtag vertretenen Parteien statt – NRW ist damit unter den Flächenländern wohl ein Unikat. Parteienstreit gibt es allerdings über die repressive Seite der Integrationspolitik – der Kurswechsel, den in dieser Hinsicht Laschet den Wählern als Alternative zur Regierung Kraft angeboten hatte, war einer der wesentlichen Gründe (neben der Schulpolitik) für dessen Wahlsieg.

Jeder vierte Nordrhein-Westfale hat eine Zuwanderungsgeschichte und vielleicht hat es mit dieser Zahl, aber auch der für Christdemokraten avantgardistischen Integrationspolitik der Regierung Rüttgers zu tun, dass sich heute Nordrhein-Westfalen unter schwarz-gelber Regierung offensiv zum Einwanderungsland erklärt. Den klaren Bruch mit dem christdemokratischen Mantra, Deutschland sei kein Einwanderungsland, vollzog die Regierung Rüttgers ab 2005. Das bestätigt einmal die Erfahrung, dass unpopuläre Entscheidungen asymmetrisch fallen: So, wie unter einer rot-grünen Bundesregierung, der Regierung Schröders, der Sozialstaat reformiert wurde, so vollzog dann eine schwarz-gelbe Landesregierung in Nordrhein-Westfalen die Wende in der Einwanderungspolitik. Es war beileibe kein Zufall, dass Armin Laschet als Ministerpräsident zu den treuesten Verteidigern der merkelschen Flüchtlingspolitik zählte. Als Integrationsminister war Laschet schon in der Regierung Rüttgers verantwortlich für die „Abteilung Willkommenspolitik" gewesen. Kein Wunder, dass er sie als Ministerpräsident fortsetzen wollte.

Darum kann es auf der Internetseite des Integrationsministeriums heute heißen, Nordrhein-Westfalen stehe „wie kein anderes Bundesland für Weltoffenheit, Vielfalt und Zuwanderung". Und mehr noch: Laschets Regierung bezieht im Groß-Konflikt um den Heimatbegriff glasklar Stellung – gegen jede Tendenz, „Heimat" zu begrenzen auf Herkunftsdeutsche. „NRW ist nicht nur die Heimat derjenigen, die hier geboren sind, sondern genauso für die, die im Ausland geboren und eingewandert sind." Während man in Berlin von der 2015 ausgerufenen „Willkommenskultur" zwischenzeitlich nichts mehr hören wollte, bleibt sich Nordrhein-Westfalen in dieser Hinsicht souverän treu. Einwanderer werden ausdrücklich willkommen geheißen im Land, dessen Einwanderungsgeschichte zur NRW-Identität erklärt wurde: „Wir sind stolz darauf, dass Menschen aus allen Teilen der Welt zu uns ziehen, um hier zu leben, zu lernen und zu arbeiten. NRW wird durch Einwanderung stärker."

In der Auseinandersetzung um den Islam betont Laschet, wiederum an der Seite der Bundeskanzlerin und im Konflikt mit dem Bundesinnenminister von der CSU, dieser Glaube gehöre zu Deutschland. Besuche bei lokalen Moscheegemeinden, die die AfD im nordrhein-westfälischen Landtag zum Anlass nahm, dem Ministerpräsident Willfährigkeit gegenüber Erdogan vorzuhalten, begründete Laschet mit der Notwendigkeit, Menschen, die einen liberalen Islam verträten, zu helfen. Der Umgang mit dem Islam markiert einen wesentlichen Unterschied zwischen einem Christdemokraten wie Laschet und seinem liberalen Vize Stamp auf der einen und einem Christsozialen wie Horst Seehofer oder weiten Teilen der AfD auf der anderen Seite. Die „Alternativen" sind an einem Islam, der sich mit dem deutschen Wertesystem verträgt, gar nicht erst interessiert. Laschet lehnt wie Stamp einen orthodoxen, politischen Islam ab, um jedoch einen liberalen Islam zu fördern, der seinerseits in heftigen Auseinandersetzungen mit konservativen Glaubensvertretern verstrickt ist. Als Christ ist Laschet überzeugt, besser den richtigen, demokratisch sozusagen zweifelsfreien Glauben zu fördern, anstatt den ohnehin illusionären Versuch zu unternehmen, eine ganze Glaubensrichtung zu bekämpfen, die tatsächlich wesentlich facettenreicher ist, als es in der öffentlichen Debatte zum Ausdruck kommt.

Am höchsten ist der Anteil der Menschen mit Migrationshintergrund in Nordrhein-Westfalen in Leverkusen (39,3 Prozent), am niedrigsten in Höxter (12,1 Prozent). Überhaupt ist das Integrationsmonitoring der Landesregierung (www.integrationsmonitoring.nrw.de), aufschlussreich. Hier nur einige Daten, die verdeutlichen, wie vielfältig Nordrhein-Westfalen auch in puncto Integration ist. So hat das Münsterland zwar den niedrigsten Anteil von Menschen mit Migrationshintergrund, aber sie sind überdurchschnittlich erwerbstätig und unterdurchschnittlich arbeitslos. Nirgendwo leben so viele Menschen aus der ehemaligen Sowjetunion wie in Ostwestfalen-Lippe (OWL), gefolgt von Südwestfalen, heute die industriestärkste Region in Nordrhein-Westfalen. Nirgendwo in NRW ist der türkische und der polnische Anteil unter den Zugewanderten höher als im Ruhrgebiet. Die Erwerbsquote der Ex-Migranten ist im Revier unterdurchschnittlich, deren Arbeitslosigkeit liegt über dem Landesdurchschnitt. Daraus folgt, dass der „Pott" auch bei den öffentlichen Transferleistungen an der Spitze ist – was zeigt, wie tiefgreifend die Folgen des industriellen Strukturwandels in dieser am dichtesten besiedelten Region Nordrhein-Westfalens sind. Im Rheinland hingegen sind die Anteile an gut gebildeten Ex-Migranten am höchsten, nirgendwo sind so viele von ihnen selbständig, nirgendwo erzielen sie höhere Einkommen (1 824 Euro, allerdings auch hier mehr als 500 Euro weniger als Menschen ohne Migrationshintergrund).

Der wichtigste Abteilungsleiter im Integrationsministerium, das tatsächlich „Ministerium für Kinder, Familie, Flüchtlinge und Integration" (MKFFI) heißt, ist wohl der für die Integration zuständige. Diesen Posten hatte mehr als 20 Jahre lang ein Sozialdemokrat inne, ganz gleich, welche „Farbe" die Landesregierung hatte: Anton Rütten. Es ist vielleicht bezeichnend, dass die schwarz-gelbe Koalition von Ministerpräsident Laschet, als Rütten in Pension ging, auf diese Position ein Kind syrischer Eltern berief: Aladin El-Mafaalani. Mit dieser Personalie gelang Integrationsminister Stamp ein Coup. El-Mafaalani ist einer der führenden Integrationsforscher, Professor für Politikwissenschaft an der Fachhochschule Münster und parteilos, eins von vier Kindern, dessen Vater es in Deutschland schon zum Oberarzt gebracht hatte – ein Bürgerlicher also. El-Mafaalani bekam dennoch, wie so viele Kinder von Einwanderern, von seiner Grundschule keine Empfehlung für das Gymnasium. „Der Junge geht aufs Gymnasium", entschied der Vater seinerzeit rigoros. Sein Abitur schaffte Aladin ohne weitere Probleme, um danach, es waren die Wendejahre, in Sachsen-Anhalt bei der Luftwaffe seinen Wehrdienst zu versehen. Die eine Hälfte der Unteroffiziere, so erzählt es El-Mafaalani, habe offen mit der rechtsradikalen DVU sympathisiert, die andere Hälfte ebenso offen mit der PDS. Die von der DVU hielten dem perfekt und akzentfrei Deutsch sprechenden El-Mafaalani vor, in Wahrheit doch Ausländer zu sein, von den gewendeten Kommunisten musste er sich anhören: „Du redest wie ein Wessi." Von der speziellen Ost-Befindlichkeit hat dieses Kind syrischer Eltern eine Menge mitbekommen.

Auf die Idee, El-Mafaalani auf diese Schlüsselposition zu holen, habe ihn, so Stamp, die Staatssekretärin Serap Güler gebracht, die, von Laschet gezielt über Jahre gefördert, inzwischen zu einer der profiliertesten Integrationspolitikerinnen in Deutschland geworden ist. Laschet,

Stamp, Güler, El-Mafaalani – keine Regierung hat derart konsequent und öffentlich den Versuch unternommen, Nordrhein-Westfalen als Einwanderungsland zu positionieren, wie die beiden schwarz-gelben Koalitionen seit 2005, was man angesichts der von Einwanderung besonders geprägten Landesgeschichte konsequent finden kann.

In seinem jüngsten Buch beschäftigt sich El Mafaalani mit einem Paradoxon: Weshalb etwa werden die wahrgenommenen Probleme mit Integration größer, je integrierter Ausländer sind? Seine Antwort: Sie sitzen nicht mehr als Gäste am Tisch, sondern als Gleichberechtigte, die dasselbe Recht auf Mitsprache über das Essen und die Tischsitten beanspruchen wie deutsche Frauen und Männer weißer Hautfarbe. Das führt zu unausweichlichen Konflikten. Die sind für El-Mafaalani aber positive Anzeichen – ohne gelingende Integration gäbe es diese Art von Problemen überhaupt nicht. El-Mafaalani ist eben kein Apokalyptiker, sondern ein Optimist. Er rät, nichts mehr unter den Tisch zu kehren. Denn Integration ist eine komplexe Angelegenheit und auch gut integrierte Menschen mit Migrationshintergrund und deutschem Pass bleiben doch irgendwie anders.

Apokalyptiker, von denen es die meisten wohl in der „Alternative für Deutschland" gibt, ziehen aus diesem Anderssein den Schluss, es zu beenden. Wortführer vom rechten Flügel dieser Partei träumen einen identitären Traum: den von Deutschland als der Heimat überwiegend weißer Frauen und Männer. Nordrhein-Westfalen ist aber, mit diesem Wort liegen die Grünen richtig, zu einem „bunten" Land geworden und wer es für sinnvoll hält, hier ethnische Homogenität anstreben zu wollen, wird dieses Ziel nicht erreichen können – schon, weil immer mehr „bunte" Menschen einen deutschen Pass besitzen. Und Deutsche kann man nicht ausweisen. Ethnisch homogen war Nordrhein-Westfalen ohnehin noch nie, nicht einmal in den hundert Jahren vor seiner Gründung. Wenn allerdings Nordrhein-Westfalen in hundert Jahren nicht homogen war, dann wird man jene, die diesen Zustand herbeisehnen, kaum Patrioten nennen können. Das sind vielmehr jene, die diese Tradition pflegen und weiterentwickeln. Die anderen sind Umstürzler, Revolutionäre, System-Gegner.

Deutsche mit Migrationshintergrund sind Deutsche, aber sie sind doch anders als Herkunftsdeutsche, weil sie in einem komplexen Spannungsfeld aufgewachsen sind. Eingewanderte Eltern, die in Deutschland ihre Herkunft pflegen, weil hierzulande vieles so anders und fremd ist als daheim, also in gewisser Weise konservativ und traditionell ticken, erwarten auch von ihren Kindern ein Bekenntnis zu den Werten des Herkunftslandes. Die Gesellschaft, in die sie eingewandert sind, erwartet von diesen Kindern dagegen Anpassung. Migrantenkinder wachsen darum oft in einem Dilemma auf, das El-Mafaalani so beschreibt: „Wenn ich erfolgreich bin, kann ich nicht loyal sein; wenn ich loyal bleibe, kann ich in Deutschland nicht erfolgreich sein." Ein Konflikt, der nicht aufzulösen ist. Noch nicht.

Gülcan Dogan war zweieinhalb Jahre alt, als sie nach Nordrhein-Westfalen kam – ins Ruhrgebiet, nach Herne. Da hatte ihr Vater, ein gelernter Schneider, schon sieben Jahre allein in Deutschland verbracht. Sein Geld hatte er im Bergbau und als Maschinenschlosser beim Bauunternehmen Heitkamp verdient. Als die Firma in Herne dichtmachen musste, ging Dogans Vater in den Vorruhestand.

Dogans Mutter lebte bei ihren Eltern in Anatolien und als Gülcan geboren wurde, sagte sie, nun müsse entschieden werden, wo die Familie wohnen sollte – in Deutschland oder der Türkei. Die Entscheidung fiel für Deutschland. Nach Deutschland zu ziehen war rechtlich kein Problem: Es gab den Familiennachzug für Angehörige in Deutschland beschäftigter „Gastarbeiter", die, als deren Familien nachkamen, de facto keine „Gäste" mehr waren, sondern irgendetwas zwischen Deutscher und Ausländer.

Gülcan Dogan besuchte den evangelischen Kindergarten und weder dort noch danach in der Grundschule habe sie sich anders gefühlt als die anderen Kinder, was wohl auch an der Zuwendung gelegen haben mag, die Gülcan durch ihre Grundschullehrerin erhielt. Mit der ist sie bis heute befreundet.

Die ersten schwierigen Erfahrungen machte das Mädchen am Mädchengymnasium in Wanne. Eine Deutschlehrerin gab ihr zu verstehen, dass sie nicht deutsch sei, eben anders. Auch erfuhr sie, wie wichtig Geld für den Status eines Arbeiterkindes werden kann – an den Ski-Freizeiten ihrer Klasse konnte sie nicht teilnehmen, dafür fehlten der Familie schlichtweg die finanziellen Möglichkeiten.

Diese Fremdheits-Erfahrungen wandelte Gülcan Dogan um in Ehrgeiz – sie wurde die Klassenbeste. Ihre Motivation war, weiterzukommen, Grenzen, die ihre Herkunft ihr setzten, zu überwinden. Sie wusste inzwischen, wie schwierig es in der Türkei sein kann, mit wenig Geld gute Bildung zu erhalten. Nordrhein-Westfalen nahm Dogan hingegen als ihr persönliches Chancenland wahr.

Sie hatte nur wenige Freunde. Dogan war immer schon Pragmatikerin und als solche wusste sie, Freunde zu haben hätte bedeutet, sie zu sich nach Hause einzuladen. Und das wollte sie nicht.

Die junge Dogan lernte nicht nur in der Schule. Daheim las sie alles an Literatur, was ihr in die Finger kam. Ihre zweite Heimat wurde die Bücherei in Herne. Im Alter von 17 Jahren las sie Hermann Hesses „Steppenwolf“, eine komplexe Coming-of-Age-Geschichte um, vereinfacht gesagt, einen Hauptdarsteller auf der permanenten und abenteuerlichen Suche nach dem eigenen Ich. Sie nennt es ihre „Erleuchtung“. Die Roman-Verfilmung mit Max von Sydow in der Hauptrolle sah sie sich etliche Male an. Bücher wurden für sie zu einer Art Zuflucht. Denn ihre Beziehung zu den Eltern verlief alles andere als konfliktfrei. Sie wollte nicht die „gute Tochter“ sein, die ihre Eltern in ihr sehen wollten, sondern frei sein. Auch und gerade als Frau.

Jungerwachsene alevitische Frauen im schwierigen Alter zwischen 16 und 18 Jahren beschäftigten sich gerne mit der Frage: „Wie hübsch bin ich, wann heirate ich – und wen?“ Davon wollte Dogan nichts wissen. Ihre Erfahrung: Sie war Alevitin wie so viele ihrer nach Nordrhein-Westfalen eingewanderten Landsleute, aber zu ihnen gehörte sie nicht. Die deutsche Gesellschaft bot Freiheit und einen selbstbestimmten Ausbruch aus einem Leben nach althergebrachten Klischees, und diese Freiheit wollte Dogan unbedingt nutzen. Dann las sie Simone de Beauvoirs Werke und von nun an wollte sie dem klassischen türkischen Frauenbild schon gar nicht mehr entsprechen. Unabhängig sein, auf eigenen Füßen stehen, sich Anerkennung verdienen, nach oben kommen, Karriere machen – in Deutschland, das war jetzt Dogans Ziel.

Als sie 18 Jahre alt war, musste sie zum türkischen Konsulat. Dort eröffnete ihr der Konsulatsbeamte, sie dürfe neben der deutschen die tür-

kische Staatsbürgerschaft behalten. Das wollte sie nicht. Sie hatte das Gefühl, jetzt sei der Zeitpunkt gekommen, sich zu entscheiden. Ihr war klar, sie würde in Deutschland leben, sicher nicht mehr in der Türkei. Fortan hatte Gülcan Dogan nur noch einen Pass – den deutschen.

Das Abitur absolvierte sie mit Mathematik und Chemie als Leistungskursen und Deutsch und Sozialwissenschaft als Grundkursen, mit einem Schnitt von 1,5. Ihr Medizin-Studium begann an sie dann an der Bochumer Universität.

Der Abstand zu ihrer Familie war in den Jahren immer größer geworden. Für ihren Wunsch nach Unabhängigkeit erntete Dogan wenig Verständnis. Sie selbst empfand die familiären Strukturen, die Kultur, die Werte-Vorstellungen als zunehmendes Hemmnis. Für ihre Eltern muss das eine Art Verrat gewesen sein. Sie hatten das Leben in einem Land, das so anders war als das, in dem sie aufgewachsen waren, ohnehin als schwierig empfunden. Und hatten Angst, ihr Kind zu verlieren – an die neue Welt. Damals ahnte Dogan nicht einmal, was sie für ihren Wunsch nach Freiheit alles würde aufgeben müssen.

Ursprünglich wollte sie Chirurgin werden, weil man sofort sieht, welches Ergebnis das eigene Wirken hat. Und sie wollte mit ihren Händen arbeiten. Sie machte aber auch die Erfahrung, wie patriarchalisch es in der Chirurgie zugehen kann. Unter diesem Eindruck entschied sie sich für die Innere Medizin, sie ahnte, wenn man hier Einsatz zeigte, würde man vorankommen. Nach sechs Jahren machte sie ihren Facharzt für Innere Medizin, ein Jahr später den für Gastroenterologie. Mit 32 Jahren war sie Oberärztin, mit 34 Jahren Leitende Oberärztin. Geholfen hat ihr bei der Karriere ihr Ausbilder in der „Inneren", der für sie zu einem väterlichen Freund wurde. Er gab ihr immer mehr Verantwortung, vor allem im Verhältnis zu den Patienten. Das entwickelte sie zu einer ihrer Stärken.

Ohne diskriminierende Erfahrungen ging es nicht ab, so muss man es sich nicht vorstellen, wenn eine in der Türkei geborene Deutsche in einer Männerwelt Karriere machen möchte – dazu in einer katholischen Klinik. „Wenn Sie denn wenigstens blond wären", hielt ihr einer ihrer Chefs entgegen.

Jenes „Du bist anders" hat sie oft gehört in den Jahren. Sie sei nicht erkennbar deutsch, habe aber in Richtung Türkei wenig Heimatgefühl. Es gab in ihrem Leben ein diffuses Verlustgefühl und, bei aller Dankbarkeit für ihren Weg in Deutschland, auch eine Hoffnung, die sich allerdings als Illusion entpuppte: irgendwann einmal richtig dazuzugehören. Wann sie wieder nach Hause gehe, wird Dogan bisweilen gefragt oder man bemerkt, dass sie ja kein Problem mit hohen Temperaturen im Sommer habe. Das ärgert und nervt sie.

Dogan spricht noch türkisch – allerdings mit einem harten deutschen Akzent. Ihr Deutsch dagegen ist akzentfrei. Sie habe ihren Anteil erbracht, resümiert sie.

X. Literatur

Adenauer, Konrad: Erinnerungen 1955–1959, Stuttgart 1989.

Adenauer, Konrad: Erinnerungen 1945–1953, Stuttgart 1983.

Alemann, Ulrich von: Nordrhein-Westfalen. Ein Land blickt nach vorn, Stuttgart 2016.

Bogumil, Heinze/Lehner, Strohmaier: Viel erreicht, wenig gewonnen, Essen 2012.

Brüggemeier, Franz-J.: Grubengold, München 2018.

CDU Landtagsfraktion (Hrsg.): 70 Jahre CDU-Landtagsfraktion Nordrhein-Westfalen, Düsseldorf 2016.

Dorn, Thea: Deutsch, nicht dumpf, München 2018.

Düding, Dieter: Heinz Kühn 1912–1992, Essen 2002.

El-Mafaalani, Aladin: Das Integrationsparadox, Köln 2018.

Feldenkirchen, Markus: Die Schulz Story, München 2018.

Gösmann, Sven (Hrsg.): Unsere Ministerpräsidenten in Nordrhein-Westfalen, Düsseldorf 2008.

Grothe, Ewald: Vom Katholikentag zum Fest der Generationen. Die Geschichte des Landeshauses und der Villa Horion, hrsg. vom Ministerium für Generationen, Familie, Frauen und Integration des Landes Nordrhein-Westfalen, Bottrop 2009.

Grüner, Heinrich Theodor/Grebe, Stefanie (Hrsg.): Chargesheimer. Die Entdeckung des Ruhrgebiets, Köln 2014, darin: Heinrich Böll: Im Ruhrgebiet (1958).

Hitze, Guido: Memorandum zum Ausgang der NRW-Landtagswahl vom 9. Mai 2010, Düsseldorf 2010.

Hitze, Guido: Verlorene Jahre? Düsseldorf 2010.

Hombach, Bodo: Aufbruch, Düsseldorf 1998.

Kronenberg, Volker: Jürgen Rüttgers. Eine politische Biografie, München 2009.

Kühn, Heinz: Widerstand und Emigration, Hamburg 1980.

Laschet, Armin: Europa im Schicksalsjahr, Freiburg 2016.

Laschet, Armin: Die Aufsteiger-Republik, Köln 2009.

Lindner, Christian: Schattenjahre, Stuttgart 2017.

Machnig, Matthias/Raschke, Joachim: Wohin steuert Deutschland? Hamburg 2009.

Marx, Stefan: Franz Meyers 1908–2002, Essen 2003.

Meyers, Franz: Gez. Dr. Meyers. Summe eines Lebens, Düsseldorf 1982.

Müller, Werner (Hrsg.): Unter uns. Die Faszination des Steinkohlenbergbaus in Deutschland, Bd. 1–3, München 2016.

Reitz, Ulrich: Wolfgang Schäuble, Bergisch Gladbach 1996.

Rüttgers, Jürgen: Wirtschaftliche Vernunft und soziale Gerechtigkeit, in: Bodo Hombach/Alexander Schweizer (Hrsg.): Mehr Argumente wagen! Bonn 2014.

Rüttgers, Jürgen: Die Marktwirtschaft muss sozial bleiben, Köln 2007.

Rüttgers, Jürgen: Worum es heute geht, Bergisch Gladbach 2005.

Schirmbeck, Samuel: Der islamische Kreuzzug und der ratlose Westen, Zürich 2016.

déä

Schwarz, Hans-Peter: Die neue Völkerwanderung nach Europa, München 2017.

Schwarz, Hans-Peter: Adenauer, Band 1, München 1994.

Schwarz, Hans-Peter: Adenauer, Band 2, Stuttgart 1991.

Steinbrück, Peer: Das Elend der Sozialdemokratie, München 2018

Sturm, Daniel Friedrich: Peer Steinbrück, München 2012.

Die frühen Jahre: Von Amelunxen bis Meyers

von Detlev Hüwel

Rudolf Amelunxen (1946–1947)

Am 30. April 1945, dem Tag, an dem sich Hitler in Berlin das Leben nahm, hielt im kriegszerstörten sauerländischen Städtchen Fredeburg ein Militärfahrzeug vor einer kleinen Schreinerei, in der 20 obdachlose Frauen und Männer Unterkunft gefunden hatten. Unter ihnen befand sich auch Rudolf Amelunxen. Dem Wagen entstiegen drei britische Offiziere; einer von ihnen ging auf Amelunxen zu und sagte, dass sie ihn gesucht hätten. Dann fragte er ihn, ob er bereit sei, am „Aufbau eines anständigen deutschen Staates mitzuarbeiten". Wie Amelunxen in seinen Memoiren („Ehrenmänner und Hexenmeister") weiter schreibt, seien die Briten über ihn „bestens orientiert" gewesen. Tatsächlich konnte an seiner demokratischen Gesinnung kein Zweifel herrschen. Er zögerte nicht lange, denn: „Auf diese Stunde habe ich seit 13 Jahren gewartet." Am 5. Juli konnte er sein neues Amt als Oberpräsident der Provinz Westfalen antreten. Wenig später wurde er zum ersten Ministerpräsidenten des neuen „Bindestrich-Landes" Nordrhein-Westfalen ernannt.

Wilhelm Rudolf Konrad Amelunxen wurde am 30. Juni des Dreikaiserjahres 1888 in Köln geboren, wo er in einem gutbürgerlichen, katholischen Elternhaus aufwuchs. Nach dem Abitur studierte er Jura und Geschichte. Während der Militärausbildung erlitt er einen Unfall und wurde als untauglich für den Kriegsdienst eingestuft. Stattdessen arbeitete er in der Zivilverwaltung im besetzten Belgien. 1919 nahm er seinen Dienst im preußischen Wohlfahrtsministerium auf und wurde im selben Jahr Mitglied der katholischen Zentrumspartei. Ministerpräsident Otto Braun (SPD) holte den als fleißig und loyal anerkannten Beamten

1922 als persönlichen Referenten in die Staatskanzlei und ernannte ihn vier Jahre später zum Regierungspräsidenten in Münster. Amelunxen, der verheiratet war und einen Sohn hatte, verwies kraft Amtes die Nationalsozialisten in die Schranken. In seiner Autobiografie vermerkt er, dass er 1931 allen Landräten und Oberbürgermeistern untersagt habe, der NSDAP Versammlungsräume zur Verfügung zu stellen. Im Zuge des „Preußenschlags" – Reichskanzler Franz von Papen setzte 1932 die preußische Regierung ab – verlor auch Amelunxen sein Amt. Er lebte die nächsten Jahre zurückgezogen in Wuppertal. Als die Familie dort ausgebombt wurde, zog sie zu Verwandten ins Sauerland. Dort spürten ihn die Briten bei Kriegsende auf.

Mitte Juli 1946 gab die britische Besatzungsmacht die unter der Tarnbezeichnung „operation marriage" vorbereitete Gründung des Landes Nordrhein-Westfalen bekannt. Es sollte aus dem nördlichen Teil der Rheinprovinz und Westfalen gebildet werden und somit das eingebettete Ruhrgebiet vor dem Zugriff der Sowjetunion schützen. Zur Hauptstadt wurde Düsseldorf ernannt. Wenige Tage später fragten die Briten den westfälischen Oberpräsidenten, ob er Ministerpräsident dieses neuen staatlichen Gebildes werden wolle. Ihnen kam gelegen, dass Amelunxen zu diesem Zeitpunkt noch keiner Partei beigetreten war und als „Unparteiischer" wohl am ehesten das von ihnen favorisierte Allparteien-Kabinett führen konnte. Dafür nahmen die Briten in Kauf, dass Amelunxen keineswegs ein Verfechter der NRW-Lösung war, sondern im Gegenteil auf die Selbstständigkeit Westfalens gesetzt hatte. Der damals 58-Jährige willigte auch diesmal ein, obwohl ihm klar war, welche Herkulesaufgaben vor ihm lagen: Überall hatte der Krieg Not und Zerstörung hinterlassen, zwischen den Trümmern kämpften die Menschen um ihr Überleben.

Unter diesen Umständen schien auch Amelunxen, der am 24. Juli 1946 zum Regierungschef ernannt wurde, die Bündelung der politischen Kräfte die, wie er sagte, „zeitgemäße Lösung" zu sein. Es gelang ihm allerdings nicht, alle Parteien am Kabinettstisch im Düsseldorfer Mannesmann-Haus zu versammeln. Die neue interkonfessionelle Partei CDU unter der Führung Konrad Adenauers beanspruchte vier von zehn Ministerien, darunter das Innenministerium – ein No-Go für die Sozialdemokraten. Am Ende zäher Verhandlungen verzichtete die CDU auf eine Beteiligung an der Regierung aus SPD, Zentrum, FDP und KPD unter Führung von Rudolf Amelunxen. Aber was hieß in dieser Zeit schon „regieren"? Der Handlungsspielraum des Kabinetts war massiv begrenzt; die britische Besatzungsmacht behielt sich ein umfassendes Kontrollrecht vor. Der Landesbeauftragte (Regional Commissioner) für NRW, William Asbury, stellte am 1. August 1946 unmissverständlich klar, „dass die deutsche Landesregierung nur diejenigen Vollmachten hat, die ihr durch mich übertragen werden". Wer das eigentliche Sagen hatte, wurde bei der Eröffnung des (ernannten) Landtags am 2. Oktober 1946 im Düsseldorfer Opernhaus schon rein optisch deutlich: An der Wand hinter dem Podium, auf dem Amelunxen zwischen dem britischen Militärgouverneur Sir Sholto Douglas und Asbury saß, hingen links und rechts die vergleichsweise kleinen Fahnen von Rheinland und Westfalen, während der britische Union Jack riesengroß in der Mitte prangte. Amelunxen wusste, was auf dem Spiel stand, und mahnte in seiner knappen Regierungserklärung: „Nach den misslungenen Versuchen von Frankfurt und Weimar steht heute das deutsche Volk bei seinem dritten Versuch, einen gesunden, auf Gerechtigkeit und Wahrheit beruhenden Volksstaat aufzurichten. Dieser Versuch ist eine letzte Möglichkeit. Sein Erfolg oder Misserfolg entscheidet über die deutsche Zukunft." Der Ministerpräsident versprach, für eine sparsame Verwaltung zu sorgen; für die Bergarbeiter, welche die für den wirtschaftlichen Aufbau überaus wichtige Kohle fördern sollten, stellte er zusätzliche Anreize in Aussicht.

Nach den Kommunalwahlen im Herbst 1946, aus denen die CDU als Sieger hervorging, mussten sowohl der Landtag als auch die NRW-Regierung umgebildet werden. Die CDU erhielt nun tatsächlich vier Ministerposten im zweiten Kabinett von Amelunxen, dessen Stellvertreter Karl Arnold (CDU) wurde. Die Landespolitik blieb unterdessen von der allgemeinen Not diktiert. Es galt, den Menschen eine Unterkunft zu verschaffen und für Nahrung zu sorgen. Immer wieder richtete der Ministerpräsident flammende Appelle an die britische Besatzungsmacht, die Lebensmitteleinfuhren zu erhöhen – andernfalls werde es kaum möglich sein, die Menschen für die Demokratie zu gewinnen. Diesem Ziel diente auch die von ihm 1946 eingerichtete „staatsbürgerliche Bildungsstelle", aus der später die Landeszentrale für politische Bildung hervorging.

Amelunxens Regierungszeit, die mit dem Sieg der CDU bei der ersten Landtagswahl vom 20. April 1947 endete, war viel zu kurz, um sichtbar Pflöcke einschlagen zu können. Sein Verdienst ist es aber, einen Regierungsapparat installiert und die Verwaltung in Gang gesetzt zu haben. Sein Nachfolger Arnold übertrug ihm zunächst das Sozialressort. Minister Amelunxen, der sich inzwischen der wiedergegründeten Zentrumspartei angeschlossen hatte, kümmerte sich intensiv um den Aufbau des Krankenhauswesens, die Versorgung der Kriegsopfer und die Eingliederung der Flüchtlinge. Nach einem kurzen Zwischenspiel als Bundestagsabgeordneter und einer (aussichtslosen) Kandidatur für das Amt des Bundespräsidenten wurde Amelunxen 1950 Justizminister in Arnolds zweitem Kabinett. In einem Zehn-Punkte-Programm kündigte er eine Reform der Juristenausbildung („Wir wollen Lebensjuristen heranbilden, keine juristischen Gartenzwerge"), die Aufbesserung der Juristenbesoldung und eine Intensivierung der Gefangenenfürsorge an. Sein Ziel sei es gewesen, „die Berufsfreude aller in der Justiz Tätigen zu stärken" und „das Ansehen der Rechtsordnung in der Bevölkerung zu heben". Am Ende seiner Amtszeit, so bilanzierte er, sei das Programm „im wesentlichen Wirklichkeit geworden".

Obwohl die Zentrumspartei 1956 wohl nicht aktiv am Sturz von Ministerpräsident Arnold durch SPD und FDP beteiligt war, hatte Amelunxen offenbar kein Problem damit, in das Kabinett des neuen Regierungschefs Fritz Steinhoff (SPD) einzutreten, den er als „klugen Hagener Oberbürgermeister" bezeichnete. Zentrums-Fraktionschef Johannes Brockmann kommentierte den Seitenwechsel lakonisch: „Es liegt nun einmal im Wesen des parlamentarischen Systems, dass Regierungen kommen und gehen." Nach der herben Niederlage des Zentrums bei der Landtagswahl 1958 schied Amelunxen aus der Landespolitik aus. Er starb 1969 und wurde auf dem Düsseldorfer Nordfriedhof beigesetzt.

Karl Arnold (1947–1956)

Niemand konnte damit rechnen, dass dieser schwäbische Junge eines Tages einer der maßgebenden Politiker in Deutschland sein würde. Karl Arnold wurde der erste gewählte Ministerpräsident von Nordrhein-Westfalen. Der sozial engagierte Christdemokrat hat das Land an Rhein und Ruhr geprägt.

In dem kleinen Dorf Herrlishöfen bei Biberach an der Riß wurde Karl Borromäus Arnold am 21. März 1901 geboren. Der Vater Johann Baptist war Kleinbauer und musste sein karges Einkommen mit Maurerarbeiten aufbessern. Nach dem Besuch der Dorfschule begann Sohn

Karl eine Ausbildung als Schuhmacher. War sein beruflicher Werdegang damit vorgezeichnet? Arnold wollte etwas aus seinem Leben machen, aber ohne Unterstützung war das kaum möglich. Eines Tages wandte er sich deshalb an den prominenten Zentrumspolitiker Matthias Erzberger, der gelegentlich im nahegelegenen „Jordanbad" Entspannung suchte. Offenbar durch dessen Vermittlung konnte Arnold die vom Verband Katholischer Arbeitnehmer getragene Soziale Hochschule in Kochel besuchen. Ihr geistiges Gerüst, die katholische Soziallehre, bildete für Arnold zeitlebens den inneren Kompass.

Auf der Suche nach einer beruflichen Perspektive gelangte Arnold Anfang der 1920er Jahre nach Düsseldorf, wo er zunächst für den Verband Christlicher Lederarbeiter tätig war. Einige Jahre später wurde er Kartellsekretär der Christlichen Gewerkschaften, der stärksten Säule des Deutschen Gewerkschaftsbundes (nicht zu verwechseln mit dem Nachkriegs-DGB). In seiner Wahlheimstadt lernte er auch seine Frau Liesel Joeres kennen. Dass sich der Katholik Arnold schon frühzeitig der fast durchweg katholischen Zentrumspartei anschloss, versteht sich beinahe von selbst. Für das Zentrum gelangte er 1929 in den Düsseldorfer Stadtrat und brachte es dort bis zum stellvertretenden Fraktionsvorsitzenden. Die Machtübernahme durch die Nationalsozialisten setzte seiner Arbeit als Politiker und Gewerkschafter ein jähes Ende. Im Untergrund nahm er mit gleichgesinnten Männern an Diskussionen über ein neues, demokratisches Deutschland teil. 1944 wurde er von den Nationalsozialisten inhaftiert, kam jedoch bald darauf wieder frei. Seine Familie, zu der drei Kinder – Sohn Gottfried sowie die Töchter Hildegard und Margaretha – gehörten, hielt Arnold mit den Einkünften aus einem Installationsbetrieb, an dem er beteiligt war, über Wasser. Da der Betrieb als kriegswichtig galt, musste er nicht an die Front.

Unmittelbar nach Einstellung der Kriegshandlungen machte sich Arnold mit Verbündeten an die Gründung der interkonfessionellen Christlich-Demokratischen Partei (CDP), wie sie zunächst hieß. Das gewaltige materielle und geistige Aufbauwerk, das vor den Menschen lag, erforderte nach seiner tiefen Überzeugung ein gemeinsames Vorgehen der Christen. Arnold wurde Vorsitzender der CDP in Düsseldorf und warb damals für einen „Sozialismus aus christlicher Verantwortung" als Mittelweg zwischen bürokratischer Staatswirtschaft und einem ungezügelten Kapitalismus. Damit zog er sich indes den Unmut des früheren Kölner Oberbürgermeisters Konrad Adenauer zu, den er für die Mitarbeit in der CDP hatte gewinnen können. Adenauer befand kurz und bündig: „Mit dem Wort Sozialismus gewinnen wir fünf Menschen und zwanzig laufen weg." Das Verhältnis zwischen Arnold und Adenauer – den Exponenten des linken und rechten Parteiflügels – blieb seither gespannt.

Zugleich bemühte sich Arnold um die Gründung einer straffen Gewerkschaftsbewegung, mit der die Zersplitterung in sich befehdende Richtungsgewerkschaften wie zu Weimarer Zeiten überwunden werden sollte. Auch dies war ihm eine Lehre aus den Jahren der nationalsozialistischen Barbarei. Bereits Ende 1945 wirkte er an führender Stelle im neu gegründeten Deutschen Gewerkschaftsbund in Düsseldorf mit. Arnold war auch Wortführer derjenigen, die sich sofort nach dem Krieg für eine demokratische Stadtvertretung einsetzten. Partei, Gewerkschaft, Stadtverordnetenversammlung – immer wieder wurde der hagere Mann bei den britischen Militärs vorstellig, die im Düsseldorfer „Stahlhof" ihr Hauptquartier hatten. Sein Einsatz war meist nicht vergebens. „Arnold war ein Typ, der den Briten lag", resümiert einer seiner engen Weggefährten. Sein ebenso vermittelndes wie bescheidenes Auftreten überzeugte auch die Vertreter anderer Parteien. Mit 51 von 54 Stimmen wurde er im Januar 1946 in der (ernannten) Stadtverordnetenversammlung zum Oberbürgermeister der Stadt Düsseldorf gewählt, die im Sommer desselben Jahres Hauptstadt des neuen Landes Nordrhein-Westfalen werden sollte.

Die Briten wünschten sich eine Allparteienregierung auf Landesebene. In diese sollte auch Arnold, der mit Anton Betz und Erich Wenderoth die Lizenz zur Herausgabe der Zeitung „Rheinische Post" erhalten hatte, einbezogen werden. Doch im ersten Kabinett des ernannten Ministerpräsidenten Rudolf Amelunxen (parteilos) war die CDU noch nicht vertreten, da Adenauer einen zu hohen politischen Preis forderte. Erst als das Kabinett Ende 1946 umgebildet wurde, gelangte die CDU – und mit ihr Arnold als stellvertretender Ministerpräsident – in die Regierung. Arnold forderte damals eine wirtschaftspolitische Neuordnung „von Grund auf". Das Ahlener Programm der CDU der britischen Zone vom Februar 1947 entsprach ganz seinen Reformvorstellungen.

Bei der ersten Landtagswahl am 20. April 1947 wurde die CDU mit 37,5 Prozent stärkste Partei. Allen Widerständen Adenauers zum Trotz wurde Arnold am 17. Juni zum Ministerpräsidenten gewählt. Sein Kabinett bestand aus Vertretern von CDU, SPD, Zentrum und KPD. Nur die FDP blieb außen vor, weil sie die geplante Sozialisierung nicht mittragen mochte. In seiner Regierungserklärung betonte Arnold demgegenüber, das kapitalistische Wirtschaftssystem habe sich „an seinen eigenen Gesetzen totgelaufen". Für die Grundstoffindustrie sei eine Neuordnung zwingend; das Ziel müsse „eine echte Gemeinwirtschaft" sein. Ein Gesetzesvorstoß des Landtags zur Sozialisierung der Kohlewirtschaft sollte im darauffolgenden Jahr allerdings ebenso am Veto der Briten scheitern wie die Gesetze zur überbetrieblichen Mitbestimmung und zur Bodenreform.

Im Juli 1948 wurden die Regierungschefs von den drei Alliierten mit den Vorbereitungen zur Bildung eines westdeutschen Staates beauftragt. Arnold, der noch im März einen gesamtdeutschen Vorstoß unternommen hatte, mahnte, nicht das Wort „Verfassung", sondern die Bezeichnung „Grundgesetz" zu wählen, da diese am ehesten den provisorischen Charakter dieser Staatsbildung unterstreiche. Bei der Eröffnung des Parlamentarischen Rates am 1. September 1948 im Bonner Museum Alexander Koenig mahnte er das Gremium, bei jedem Wort des auszuarbeitenden Grundgesetzes darauf zu achten, „ob es einer sachlichen Kritik aus gesamtdeutscher Sicht standhalten kann".

So sehr Karl Arnold Patriot war, so sehr sehnte er auch eine europäische Verständigung herbei. „Ich bin Europäer deutscher Staatsangehörigkeit", sagte er über sich. Anfang 1949 schlug er in einer Rundfunkansprache vor, einen völkerrechtlichen Zweckverband für die Schwerindustrie zu gründen. Deutschland sollte in diesen Verband die Ruhr, Frankreich das Erzvorkommen Lothringens, beide Länder die Saar und Belgien sowie Luxemburg die Schwerindustrie einbringen. Arnold war davon überzeugt, „dass nur auf der europäischen Ebene ein fruchtbarer Ausgleich der bestehenden nationalstaatlichen Gegensätze gefunden werden kann". Vor diesem Hintergrund war es für ihn eine bittere Enttäuschung, dass die Niederlande – anders als Belgien – nicht darauf verzichten mochten, ihr Territorium zu Lasten Nordrhein-Westfalens zu „arrondieren".

Als es 1949 um die Bildung der Bundesregierung ging, drängte Arnold auf eine Große Koalition, wurde jedoch von Adenauer ausgebremst. Zudem stellte der designierte Kanzler dem bayerischen Ministerpräsidenten Hans Ehard (CSU) in Aussicht, erster Präsident des Bundesrates zu werden. Das aber rief Arnold auf den Plan, der bei seinen Länderkollegen erfolgreich Front gegen solche Vorfestlegungen machte und schließlich selbst zum obersten Repräsentanten des Bundesrates gewählt wurde.

Nach zähem Ringen, vor allem um die Schulpolitik, verabschiedeten CDU und Zentrum am 6. Juni 1950 die NRW-Verfassung, die den Bürgern am Tag der Landtagswahl zur Abstimmung vorgelegt wurde. Aus der NRW-Wahl am 18. Juni ging die CDU mit 36,9 Prozent abermals als stärkste Kraft hervor (für die Verfassung stimmten 57 Prozent). Arnold wollte in Düsseldorf erneut mit den Sozialdemokraten paktieren, während Adenauer auf einer Koalition aus CDU, Zentrum und FDP beharrte. Der Streit eskalierte; die Attacken aus dem Umfeld Adenauers gingen unter die Gürtellinie. „Wenn unsere Wähler davon wüssten, wie sehr das Wort ‚christlich' in unserem Namen Fassade geworden ist", klagte Arnold entnervt. Am Ende bildete er eine Regierung nur mit der Zentrumspartei. In seiner Regierungserklärung vom 21. September fiel jener wie in Stein gemeißelte Satz: „Nordrhein-Westfalen will und wird das soziale Gewissen der Bundesrepublik sein." Es war klar, dass dieser Anspruch vor allem an den konservativen Bundeskanzler adressiert war.

In seiner zweiten Amtsperiode konnte sich Arnold der Ausgestaltung des „Bindestrich-Landes" zuwenden. Dazu zählte der Landesjugendplan ebenso wie die neue Wohnungsbauförderung. Weitere Stichworte sind das Schulgesetz, Einrichtung der Landespolizei, Bildung der Landschaftsverbände, Elektrifizierung der Eisenbahn und Gründung des WDR. Auf Bundesebene setzte er sich zu Beginn der 1950er Jahre nachdrücklich für die paritätische Mitbestimmung im Montanbereich ein. Auf dem Höhepunkt des Streits zwischen Bundesregierung und Gewerkschaften versprach Arnold 1951 dem DGB: „Sie dürfen versichert sein, dass der Gewerkschaftler Arnold bei Ihnen sein wird." Damals kritisierte er auch das Steuersystem, das dazu führen könne, dass „die Reichen reicher und die Armen ärmer" würden.

Das Ergebnis der dritten Landtagswahl von 1954 zwang Arnold, das Bündnis mit dem Zentrum um die FDP zu erweitern – ein folgenschwerer Schritt. Denn als Adenauer in Bonn an einer Wahlrechtsreform zulasten der kleineren Parteien basteln ließ, drängten FDP-Rebellen („Jungtürken") auf Abwahl des NRW-Ministerpräsidenten. Per Konstruktivem Misstrauensvotum wollten die Liberalen zusammen mit der SPD den Sozialdemokraten Fritz Steinhoff zum Regierungschef wählen. Zu Recht sprach Arnold im Landtag von einer „Schlacht in einem falschen Saal", weil es für dieses Vorgehen keinen landespolitischen Grund gab. Doch das Ergebnis der geheimen Abstimmung am 20. Februar 1956 fiel für ihn mit 102 zu 96 Stimmen verheerend aus. Offenbar hatten ihm mindestens zwei Abgeordnete der CDU die Gefolgschaft verweigert. Franz Meyers, der zwei Jahre später Ministerpräsident werden sollte, beschrieb die Szene im Landtag so: „Während Karl Arnold leichenblass und fast ein wenig wankend die Regierungsbank verließ und nach einem Händedruck mit Steinhoff durch eine Hintertür aus dem Plenarsaal ging, jubelten FDP- und SPD-Abgeordnete dem neuen Ministerpräsidenten Steinhoff zu."

Natürlich war Arnold tief getroffen und litt wohl auch körperlich. Doch wer geglaubt hatte, er verfalle in Resignation, hatte sich getäuscht. Im Gegenteil stürzte sich Arnold geradezu in die Parteiarbeit. Er übernahm die Leitung des neugebildeten Landespräsidiums der beiden CDU-Verbände Rheinland und Westfalen, wurde im April einer der vier Stellvertreter des CDU-Bundesvorsitzenden Adenauer und gelangte an die Spitze der CDU-Sozialausschüsse (CDA) in NRW. Zur Bundestagswahl 1957 kandidierte er im Wahlkreis 62 (Geilenkirchen-Erkelenz-Jülich) und erreichte sensationelle 72 Prozent. Im Bundestag wurde er sogleich zu einem der fünf stellvertretenden Fraktionsvorsitzenden und zum Sprecher der Arbeitnehmergruppe gewählt. Als im Mai 1958 die Spitze der bundesdeutschen CDA neu zu besetzen war, übernahm er auch diese Funktion. Dennoch zog es ihn zurück an die Schalthebel der Macht in Düsseldorf. Die CDU zog mit ihm als Spitzenkandidaten in die Landtagswahl 1958. Doch eine Woche vor dem Urnengang, am 29. Juni 1958, erlag Karl Arnold nach einer Wahlkampfveranstaltung einem Herzanfall. Unter großer Anteilnahme der Bevölkerung wurde er auf dem Düsseldorfer Südfriedhof beigesetzt. Die CDU fügte ihren Wahlplakaten die Zusage hinzu: „In seinem Geiste arbeiten wir weiter." Bei der Landtagswahl am 6. Juli errang sie die absolute Mehrheit von 50,5 Prozent der Stimmen.

Fritz Steinhoff (1956–1958)

Die Landtagsdrucksache 302 hatte es in sich. Sie sollte an jenem 20. Februar 1956 die politischen Verhältnisse in NRW mit einem Schlag umkrempeln. „Dem Ministerpräsidenten", so heißt es in dem von SPD und FDP eingebrachten Antrag, „wird gemäß Artikel 61 der Verfassung des

Landes Nordrhein-Westfalen das Misstrauen ausgesprochen, und zu seinem Nachfolger wird der Landtagsabgeordnete Fritz Steinhoff gewählt." Die Aktion ging gegen den langjährigen CDU-Regierungschef Karl Arnold, doch in Wirklichkeit war es eine gegen Adenauer gerichtete Vergeltungsaktion.

Um 12:05 Uhr eröffnete Landtagspräsident Josef Gockeln die Plenarsitzung im Düsseldorfer Ständehaus. Bis auf FDP-Landeschef Friedrich Middelhauve, der an dem Umsturz nicht mitwirken wollte, waren sämtliche Abgeordneten anwesend. Da es auf jede Stimme ankam, wurde sogar ein schwerkranker CDU-Politiker auf einer Trage in den Landtagssaal gebracht. Rein zahlenmäßig stand es somit 100 für und 99 Stimmen gegen Arnold. Doch er ahnte, dass er nicht alle CDU-Stimmen bekommen würde. Genau so kam es: Für den Antrag votierten 102 Abgeordnete, dagegen nur 96. Zudem gab es eine Enthaltung. Das bedeutete, dass drei Politiker von CDU und/oder Zentrum für das Konstruktive Misstrauensvotum gestimmt hatten. Fritz Steinhoff wurde unmittelbar nach der Auszählung, die in den Reihen von SPD und FDP großen Jubel auslöste, von Gockeln vereidigt. Er schwor, „dass ich meine ganze Kraft dem Wohle des deutschen Volkes widmen, seinen Nutzen mehren, Schaden von ihm wenden, das mir übertragene Amt nach bestem Wissen und Können unparteiisch verwalten, Verfassung und Gesetz wahren und verteidigen, meine Pflichten gewissenhaft erfüllen und Gerechtigkeit gegen jedermann üben werde". Den verfassungsrechtlich möglichen Zusatz „So wahr mir Gott helfe" verwendete der konfessionslose Sozialdemokrat, der damals 58 Jahre alt war, nicht.

Steinhoff wurde am 23. November 1897 in Wickede bei Dortmund geboren. Er war klein von Statur und wuchs als eines von elf Kindern in ärmlichen Verhältnissen auf. Sein Vater arbeitete als Bergmann, und auch der Sohn fuhr ab 1915 unter Tage, nachdem er bis dahin als „Ackerknecht", wie er einmal sagte, sein Brot verdient hatte. Im Ersten Weltkrieg musste er auf einem Torpedoboot als Heizer Kohlen schippen. 1922 absolvierte er auf Vermittlung des Deutschen Bergarbeiterverbandes, dem er angehörte, ein zweisemestriges Studium an der im Jahr zuvor gegründeten „Akademie der Arbeit" in Frankfurt/Main. Sie verstand sich als „erste deutsche Hochschule für das Volk der Arbeit". Nachdem er infolge der Zechenschließung in Massen bei Unna 1923 arbeitslos geworden war, studierte der junge Mann, der 1919 der SPD beigetreten war, an der Hochschule für Politik in Berlin. Den Lebensunterhalt verdiente er sich mit Gelegenheitsjobs. Danach absolvierte Steinhoff ein Volontariat bei der Tageszeitung „Westfälische Volkszeitung" in Dortmund. Es folgte eine Anstellung beim Dortmunder Zeitungsgroßvertrieb „CEBU". Von 1928 bis zur Machtübernahme durch die Nazis war Steinhoff hauptamtlicher SPD-Parteisekretär in der Region Hagen, wo er sich privat niederließ. In Hagen kümmerte er sich als Stadtrat um Sport, Jugendpflege und um Gärtnereien. Während der Herrschaft der Nationalsozialisten wurde Steinhoff, der am illegalen Vertrieb von Informationsschriften der Exil-SPD beteiligt war, mehrfach verhaftet und misshandelt. 1938 verurteilte ihn das Oberlandesgericht Hamm wegen Vorbereitung zum Hochverrat zu drei Jahren Zuchthaus. 1944 wurde er abermals verhaftet und ins Konzentrationslager Sachsenhausen gesperrt; 1945 wurde er von den Amerikanern befreit.

Obwohl er gesundheitlich schwer angeschlagen war, wandte sich Steinhoff nach dem Krieg sofort der Kommunalpolitik zu. Ähnlich wie Arnold in Düsseldorf wurde er Anfang 1946 in Hagen zum Oberbürgermeister gewählt. Der SPD-Politiker gehörte von Anfang an dem Landtag an und leitete im ersten Kabinett Arnold von 1949 bis zur Wahl 1950 das wichtige Wiederaufbauministerium. 1953 übernahm er die Leitung der SPD-Landtagsfraktion und wurde Vorsitzender des einflussreichen, weil mitgliederstärksten SPD-Bezirks Westliches Westfalen.

Was in NRW lange Zeit wegen massiver Differenzen – vor allem beim Thema Sozialisierung – undenkbar erschien, lief 1956 in Düsseldorf scheinbar reibungslos ab: SPD und FDP gingen nach dem Sturz von Karl Arnold ein Regierungsbündnis ein. Steinhoff überließ der FDP gleich vier Ministerien, darunter das Finanzministerium, das sein Stellvertreter Willi Weyer übernahm. Zu Weyer, der in Hagen Bürgermeister war, hatte Steinhoff ein vertrauensvolles Verhältnis. Für das Zentrum blieb Rudolf Amelunxen, der frühere (ernannte) NRW- Ministerpräsident, als Justizminister am Kabinettstisch. Manche, wie der SPD-Politiker Ernst Gnoss, schlossen damals nicht aus, dass das Düsseldorfer sozialliberale Bündnis auf die Bundespolitik „abfärben" könnte. Eine solche Signalwirkung zeichnete sich damals jedoch nicht ab. Im Gegenteil: In seiner Regierungserklärung vom 29. Februar 1956 sah sich Steinhoff – der kein glänzender Rhetoriker war – zu einer Klarstellung veranlasst, die keinen Raum für Spekulationen über eine eventuelle „Liebesheirat" von SPD und FDP zuließ. Wörtlich sagte er: „Wir sehen in der neugebildeten Koalition eine im Staatsinteresse eingegangene Arbeitsgemeinschaft, deren

Mitglieder neben übereinstimmenden Auffassungen auch voneinander abweichende besitzen. Unter Respektierung dieses Tatbestands werden wir Wege suchen und finden, auf denen die Koalition gemeinsame positive Arbeit in der Gesetzgebung und der Verwaltung des Landes leisten kann." Der CDU-Opposition kreidete er die Behauptung übel an, „eine Landesregierung, die nicht unter der Führung der Partei des Herrn Bundeskanzlers" stehe, gefährde „die Verbundenheit des deutschen Volkes mit den freien Völkern des Westens". Das sei völlig abwegig, entrüstete sich Steinhoff und weiter: „Wer dieser Koalition und dieser Regierung nachsagt, sie gefährde die Stabilität der deutschen Verhältnisse, der leistet mit solchen Verdächtigungen der deutschen Sache im Ansehen des Auslandes einen schlechten Dienst."

Steinhoff galt als Pragmatiker. Über sich selbst sagte er einmal, „ein ganz nüchterner Mensch" zu sein, der „nicht in Ideologien" denke. Das Theoretisieren war nicht seine Sache. Steinhoff hat nur zweieinhalb Jahre regiert, doch er hat durchaus Schwerpunkte setzen können: Das gilt für den Wohnungsbau ebenso wie für den Ausbau von Wissenschaft und Forschung. Die Grundsteinlegung für die Kernforschungsanlage Jülich erfolgte am 11. Juni 1958. Mit seinem Namen bleibt insbesondere der Vertragsabschluss mit der Katholischen Kirche zur Gründung des Ruhrbistums verbunden. Im Februar 1957 tauschten er und der Apostolische Nuntius, Erzbischof Aloysius Muench, die Ratifikationsurkunden aus; Franz Hengsbach wurde der erste „Ruhrbischof". Zwar war bereits unter Karl Arnold mit den Vorbereitungen begonnen worden, doch das war in der Öffentlichkeit kaum bekannt. Steinhoff zeigte sich sehr an einem guten Verhältnis zu den Kirchen interessiert. Sicher hoffte er auch, die SPD von dem Ruch der Kirchenfeindlichkeit zu befreien. Auf einer Kundgebung in Essen hob er dementsprechend hervor: „Unsere Regierung hat nicht durch Phrasenreichtum, sondern durch die Tat bewiesen, dass sie den Kirchen nachhaltigen Schutz und Unterstützung zuteilwerden lässt." Auch in Zukunft werde man „diese Politik der Freundschaft und guten Beziehungen zu den Kirchen fortsetzen".

Im Landtagswahlkampf 1958 warb die SPD mit dem optimistischen Slogan: „Weiter mit Steinhoff." Die Wähler entschieden aber anders. Die CDU, deren Spitzenkandidat Karl Arnold wenige Tage zuvor gestorben war, errang am 6. Juli 1958 die absolute Mehrheit. Steinhoff nahm wieder auf der Oppositionsbank Platz und kehrte an die Spitze der Fraktion zurück, wo er jedoch eher glücklos agierte. 1961 wechselte er in den

Bundestag, blieb dort aber ein Hinterbänkler. Für kurze Zeit wurde er noch einmal Oberbürgermeister in Hagen. Er starb dort am 22. Oktober 1969 im Alter von 71 Jahren. Sein Vertrauter Willi Weyer sagte damals: „Steinhoff war der einzige Politiker in Hagen, der in allen Parteien nur Freunde hatte."

Franz Meyers (1958–1966)

Was hat es nicht alles für Bezeichnungen gegeben! Da war vom „Pistolen-Franz" die Rede, vom „fixen Franz", vom „Schweden-Franz" und von „des Kanzlers Kö-Pilot". Mit dem Namen des Mönchengladbacher CDU-Politikers Franz Meyers, Ministerpräsident von 1958 bis 1966, bleibt aber vor allem die Kunstsammlung in Düsseldorf verbunden. Genau das hat er vorausgesehen.

In München-Gladbach, wie die Stadt damals hieß, wurde Franz Meyers am 31. Juli 1908 geboren. Er, der Sohn eines berittenen Polizeibeamten, sei „zeitlebens ein fröhlicher und beschwingter Mensch" gewesen, schreibt Meyers in seiner Autobiografie „Gez. Dr. Meyers". Nach dem Besuch der katholischen Volksschule wechselte er aufs Gymnasium, studierte Jura und promovierte mit einer Abhandlung über den Notverordnungsartikel 48 der Weimarer Verfassung. Eigentlich wollte Meyers rheinischer Oberbürgermeister werden, doch da er nicht der NSDAP beitreten mochte, blieb ihm der Staatsdienst verwehrt. 1935 wurde er Anwalt in seiner Heimatstadt und heiratete ein Jahr später seine ehemalige Kommilitonin, die Kölnerin Alberte Mertens. Den Krieg erlebte er als Soldat in Russland. Bei seiner Rückkehr musste er feststellen, dass in dem Haus, in dem er seine Anwaltspraxis hatte, ein Bordell für US-Soldaten eingerichtet worden war. Es gelang ihm aber, seine Akten herauszuschaffen. Im Oktober 1945 nahm er seine Anwaltstätigkeit wieder auf.

Die politische Karriere von Meyers, der 1948 der CDU beitrat, begann mit seinem Einzug in den Landtag 1950. Zwei Jahre später wurde er Oberbürgermeister in Mönchengladbach, allerdings nur für kurze Zeit. Ministerpräsident Karl Arnold (CDU) berief den redegewandten Juristen zum Innenminister, der rückblickend von sich selbst sagte: „Bei mir geht alles schnell: gehen, essen, trinken, auch denken, sprechen und arbeiten." So sahen es wohl auch jene Zeitgenossen, die ihm das Attribut „der fixe Franz" verpassten. Minister Meyers setzte gegen den Protest der

Kommunen durch, dass die Zuständigkeit für die Polizei auf das Land überging. Erstaunlich für einen Konservativen: Er legte sich auch mit der Kirche an und forderte, gleich zehn Feiertage – darunter die zweiten Feiertage nach Ostern, Pfingsten und Weihnachten – zu streichen. Am Ende standen vier Festtage – Dreikönige, Peter und Paul, Mariä Himmelfahrt und Unbefleckte Empfängnis – auf der staatlichen Streichliste. Schlagzeilen machte auch sein Veto 1954 gegen eine bürokratische Speiseeis-Verordnung des Bundes. Seine „Speiseeis-Rede" habe zur Folge gehabt, „dass ich aus allen deutschen Ländern zu Wahlreden angefordert wurde", erinnert sich Meyers. Der Innenminister wies seinerzeit die nordrhein-westfälische Polizei an, im Kampf gegen Autobahngangster von ihrer Schusswaffe Gebrauch zu machen, falls ein Pkw-Fahrer nicht an den Kontrollstellen anhalten sollte. Als er sich dann noch selbst eine Pistole zulegte, fiel das Wort vom „Pistolen-Franz".

Beim Sturz Karl Arnolds durch ein Konstruktives Misstrauensvotum 1956 saß Meyers mit im Plenarsaal. Er konnte nicht ahnen, dass ihn zehn Jahre später in derselben Funktion dasselbe Schicksal ereilen sollte. Das Ende der Regierung Arnold bedeutete jedenfalls auch das Aus für ihn als Minister. Adenauer holte den quicken Rheinländer als Manager für die Bundestagswahl 1957: „Herr Meyers, kümmern Sie sich etwas um die Wahl." Die Organisation der CDU sei damals „in einem unbeschreiblich kläglichen Zustand" gewesen; seine Bemühungen, von den Landesverbänden die Mitgliederverzeichnisse zu bekommen, seien zunächst auf deren heftigen Widerstand gestoßen, schreibt Meyers, dessen Anteil an dem grandiosen Wahlsieg der Union („Keine Experimente") wohl nicht hoch genug veranschlagt werden kann.

Nach dem jähen Tod des CDU-Spitzenkandidaten Arnold im NRW-Wahlkampf von 1958 setzte sich Meyers in einer Kampfabstimmung in der Landtagsfraktion als neuer Regierungschef durch. Der „Spiegel" titelte: „Des Kanzlers Kö-Pilot". Die CDU hatte auch in Düsseldorf die absolute Mehrheit errungen und konnte allein regieren. Meyers zeigte sichtlich Gefallen am Regierungsamt und schlüpfte im Laufe der Zeit immer mehr in die Rolle des Landesvaters. Als solcher wollte er das NRW-Bewusstsein in der Bevölkerung fördern und machte sich für Landesorden und -wappen stark. Damit war er allerdings seiner Zeit voraus; seine Absicht stieß in der Öffentlichkeit auf Spott und Ablehnung. Meyers, ein Freund der schönen Künste, veranlasste 1960, dass das Land 88 zum Verkauf angebotene Werke des Künstlers Paul Klee erwarb. Das heftig umstrittene, weil angeblich viel zu teure Kunstpaket, für das 6,2 Millionen D-Mark gezahlt wurden, bildete den Grundstock für die neue Kunstsammlung des Landes (K20). Auf die Frage, was von seinem Wirken wohl bleiben werde, sagte Franz Meyers: „Die Kunstsammlung wird das sein, was mich überlebt."

Bei der Landtagswahl von 1962 büßte die Union vier Prozentpunkte ein und nahm die einst abtrünnige FDP wieder mit ins Boot. „Bund und Land – Hand in Hand", lautete das Motto von Meyers. Damals herrschte großer Lehrermangel in NRW. Die Landesregierung ermöglichte es Hausfrauen und anderen Seiteneinsteigern, nach einer Kurzausbildung in den Schuldienst zu wechseln. Diese Aushilfskräfte wurden im Volksmund in Anklang an den damaligen Kultusminister Paul Mikat (CDU) als „Mikätzchen" bezeichnet. Zu Meyers' Verdiensten gehören die Ansiedlung des Opel-Werks in Bochum und der Ausbau der Wissenslandschaft (Gründung der Universitäten in Bielefeld, Bochum und Dortmund).

Mit dem Slogan „Meyers macht es" zog die NRW-CDU 1966 in den Landtagswahlkampf, dessen zentrales Thema die Bergbaukrise war. Streiks lagen in der Luft. Wenn die CDU diesen Wahlkampf verliere, so prophezeite Meyers bei einem Auftritt in der Eifel, dann „haben wir 30 Jahre Schweden". Gemeint war eine auf Jahrzehnte zementierte Herrschaft der Sozialdemokraten. Dieser „nicht überlegte Ausspruch" (Meyers), der aber den Nagel auf den Kopf treffen sollte, brachte ihm den Spitznamen „Schweden-Franz" ein. Am Wahltag, dem 10. Juli 1966, musste die Union herbe Verluste hinnehmen. Sie rutschte auf 42,8 Prozent der Stimmen, während die SPD mit ihrem noch wenig bekannten Spitzenkandidaten Heinz Kühn 49,5 Prozent errang. Das Wählervotum richtete sich in erster Linie gegen die Politik von Bundeskanzler Ludwig Erhard (CDU), dem Meyers ebenso wie Adenauer die Kompetenz für das Regierungsamt absprach. CDU und FDP, die erneut eine Regierung bildeten, kamen im Düsseldorfer Landtag nur auf eine hauchdünne Mehrheit von 101 gegen 99 Stimmen. Bei seiner Wiederwahl zum Ministerpräsidenten fehlte Meyers zudem eine Stimme aus den eigenen Reihen. Nur mit Mühe konnte er davon abgehalten werden, die Brocken hinzuschmeißen.

Dem selbstbewussten Vorsitzenden der Landtagsfraktion, Wilhelm Lenz, wirft Meyers in seinen Memoiren vor, mit Fraktionschef Kühn und Landtagspräsident John van Nes Ziegler (beide SPD) gegen ihn und für eine Große Koalition konspiriert zu haben. Da alle drei aus der Domstadt stammten, spricht Meyers von der „Kölner Mafia". Er selbst sagt selbstkritisch, damals zu vertrauensselig gewesen zu sein. Meyers-Biograf Stefan Marx analysiert, der Regierungschef habe die Zügel schleifen lassen und sich nicht genug um Rückhalt in der Partei bemüht. Dadurch sei ein Machtvakuum entstanden, das die Position von Lenz gestärkt habe. Zudem sei Meyers trotz allen rheinischen Frohsinns „kein Mann der Kooperation", sondern eher ein Einzelgänger gewesen.

Dann überschlugen sich die Ereignisse: Im Streit um Steuererhöhungen verließ die FDP die Bundesregierung. Erhard trat zurück; sein Nachfolger wurde Kurt Georg Kiesinger (CDU). Eine Große Koalition von Unionsparteien und SPD schien zum Greifen nahe. Gerüchte verdichteten sich, dass auch in Düsseldorf ein solches Bündnis bevorstünde. Meyers bot intern seinen Rücktritt für den Fall an, dass es sowohl in Bonn als auch in Düsseldorf dazu käme. Am 1. Dezember, als Kiesinger tatsächlich mit der SPD paktierte, beschloss die SPD-Landtagsfraktion – gegen den Willen von Kühn – ein Zusammengehen mit der FDP, die ihre Felle wegschwimmen sah und nicht lange zögerte. Damit war die sozialliberale Koalition perfekt, die drei Jahre später Vorbild für den Bund werden sollte. Am 8. Dezember 1966 erlebte der Landtag das zweite Konstruktive Misstrauensvotum in seiner Geschichte: Nach achteinhalb Regierungsjahren wurde Franz Meyers von SPD und FDP gestürzt; sein Nachfolger wurde Heinz Kühn. Anders als Karl Arnold, der den Liberalen den Seitenwechsel niemals verziehen, sondern sie nach seinem Sturz als „bedenkenlose Techniker der Macht" beschimpft hat, zeigte Meyers für deren Vorgehen sogar Verständnis. Er schreibt in seinen Memoiren: „Die FDP hätte mir die Treue gehalten, wenn nicht Ehrgeizlinge meiner eigenen Fraktion mich im Stich gelassen und eine andere Koalition angestrebt hätten. Als das feststand, konnte niemand der FDP verdenken – und das tat auch ich nicht –, dass sie nun ihrerseits im Spiel bleiben wollte." Seinem Nachfolger legte er ans Herz: „Sorgen Sie für das Wohl dieses Landes."

Meyers war damals deprimiert. Sein Versuch, Spitzenkandidat für die Landtagswahl 1970 zu werden, misslang. Doch es kamen neue Aufgaben auf ihn zu: 1969 kümmerte er sich im Auftrag von Kühn als „Staatskommissar" um die Zusammenlegung von Bonn, Beuel und Bad Godesberg und später – 1975 – von Mönchengladbach mit Rheydt und Wickrath. Schlagzeilen machte er noch einmal Ende der 1970er Jahre, als er im Zusammenhang mit der Europawahl mit der „Liberal-Konservativen

Aktion" sympathisierte, die in engem Kontakt zur CSU stand. Auch im Alter wirkte Meyers, der 1986 nach dem Tode seiner Frau noch einmal heiratete, ziemlich fit und zog nahezu täglich seine Runden im heimischen Pool hinter der noblen Villa auf dem Gladbacher Bökelberg. In seinem Garten zeigte er Besuchern stolz eine wenn auch verwitterte Originalspitze des Kölner Doms, die seine erste Frau geschenkt bekommen hatte. Meyers, der zeitweise Präsident der Deutschen Gesellschaft für Freizeit war (manche nannten ihn nun „Freizeit-Franz"), genoss es, auf Lanzarote zu überwintern. Johannes Rau zeichnete ihn, den Ehrenbürger der Stadt Mönchengladbach, mit dem Landesorden aus, den er selbst so gerne gestiftet hätte. Übrigens „feierte" Meyers nach eigenem Bekunden stets den Jahrestag seines Sturzes als Ministerpräsident mit einem guten Tropfen. Wie er rheinisch-verschmitzt erläuterte, hätte seine Gesundheit wohl gelitten, wenn er das verantwortungsvolle Amt weiter ausgeübt hätte. Somit habe seine Abwahl „wahrscheinlich ein Stück Lebensrettung bewirkt". Franz Meyers starb am 27. Januar 2002 mit 93 Jahren.

Ministerpräsident Heinz Kühn – Erneuerer und Gestalter

von Dieter Düding

Der Machtwechsel und der „Multitasker" Kühn

Der Wechsel im Ministerpräsidentenamt von Franz Meyers zu Heinz Kühn Ende 1966 wurde von vielen Zeitgenossen als tiefer Einschnitt in der politischen Geschichte Nordrhein-Westfalens wahrgenommen. Man sprach deshalb auch weniger vom *Regierungs*wechsel, sondern von einem *Macht*wechsel. Verstärkt wurde dieser Eindruck dadurch, dass der Amtswechsel durch das in der Landesverfassung vorgesehene konstruktive Misstrauensvotum erfolgte. Dieses Verfassungsinstrument sieht vor, dass durch einen Wahlakt (uno actu) des Landtags der amtierende Ministerpräsident abgewählt und ein Amtsbewerber zu seinem Nachfolger gewählt wird. Auch aus heutiger Sicht ist man geneigt, den Übergang von der Ministerpräsidentschaft des Christdemokraten Meyers zu der des Sozialdemokraten Kühn als Machtwechsel zu verstehen. Vor allem, wenn man berücksichtigt, wie grundlegend sich die Landespolitik unter der Richtlinienkompetenz von Heinz Kühn veränderte.

Wer war dieser Heinz Kühn, der im zwanzigsten Jahr des Bestehens von Nordrhein-Westfalen das Regierungsruder des einwohnerstärksten deutschen Landes übernahm? Auf welchen politischen Lebensweg konnte der 54-Jährige zurückblicken? Hatte er auf der politischen Bühne Nordrhein-Westfalens Erfahrungen gesammelt? Wenn ja, welche?

Der in Köln geborene und lebende Heinz Kühn (Sohn eines gelernten Tischlers, der in einer Kölner Möbelfabrik arbeitete) trat 1928 aus eigenem Entschluss einer Kölner „Falken"-Gruppe bei, einer Jugendorganisation der SPD. Kühn war zu diesem Zeitpunkt 16 Jahre alt und Ober-schüler. Zwei Jahre später wurde er Mitglied der Partei und bald darauf auch des Reichsbanners Schwarz-Rot-Gold (eines bewaffneten Schutz-bundes zur Verteidigung der Republik). Kühn begnügte sich in keiner dieser Organisationen mit der bloßen Mitgliedschaft. Er übernahm Füh-rungsaufgaben in Köln und der Region. Gleichzeitig machte er sein Abi-tur, begann mit dem Studium der Nationalökonomie und Staatswissen-schaften an der Kölner Universität und schloss sich dem Sozialistischen Studentenbund an. Außerdem bemühte er sich, seine ausgesprochene Neigung zum Journalismus durch ein Volontariat bei der sozialdemo-kratischen „Rheinischen Zeitung" zu befriedigen. Wie in einer Art Brenn-glas traten schon beim jugendlichen Kühn Fähigkeiten und Eigenschaf-ten zutage, die auch im Erwachsenenalter auf seinen verschiedenen po-litischen Lebensstationen mal mehr oder mal weniger sichtbar werden sollten: Talent zum „Multitasking" (also die Fähigkeit, gleichzeitig un-terschiedliche Aufgaben zu übernehmen und auszuführen), Beredsam-keit, Belesenheit, geistige Flexibilität, kommunikative Offenheit, organi-satorisches Geschick, Angriffslust, Ehrgeiz, Energie und Mut (in der End-phase der Weimarer Republik vor allem in Worten und Handlungen ge-gen den Terror der Nationalsozialisten).

Kühns Gang in die Emigration im Mai 1933 war zwangsläufig; er be-ruhte nicht auf Abenteuertum. Der Kölner emigrierte in die Tschecho-slowakische Republik. Seit 1936 hielt er sich in Belgien auf, die meiste Zeit in Brüssel. Der bibliophile junge Mann nutzte das Exil dazu, seine historischen und literarischen Kenntnisse systematisch zu erweitern, und lernte, Französisch und Englisch fließend zu sprechen. Seinen Lebens-unterhalt verdiente er sich als Redakteur der deutschsprachigen sozia-listischen Widerstandszeitung „Freies Deutschland". Wagemutig gelang es ihm mehrmals unerkannt nach Deutschland zu gelangen, allein zu dem Zweck, mit seiner Mutter auf einer Kölner Rheinbrücke zu kom-munizieren. Kühn wurde in der Emigration Ehemann und Vater. Er hei-ratete 1939 die Kölner Anwaltsgehilfin Marianne Schley, die ihm über die grüne Grenze nach Brüssel gefolgt war. 1944 wurde Marianne und Heinz Kühns einziges Kind, Sohn Hendrik, in Brüssel geboren. Kühn reifte in seinem zwölf Jahre dauernden Exil politisch wie menschlich.

Ende 1945 kehrte er in das kriegszerstörte Köln zurück. Wie selbst-verständlich tauchte er wieder in das Milieu der wiedererstandenen SPD seiner Heimatstadt ein und übernahm diverse Aufgaben. In der Parteiorganisation reüssierte er auf lokaler und regionaler Ebene. Sein rhetorisches Talent machte ihn zum angesagten Redner auf vielen Parteiveranstaltungen. Ein Jugendtraum sollte sich in den ersten Nachkriegsjahren erfüllen: Er wurde Chefredakteur der SPD-nahen „Rheinischen Zeitung". Gleichzeitig zog er als Abgeordneter in den Düsseldorfer Landtag ein. In den aufwühlenden Plenardebatten über die Volksschulartikel der Landesverfassung (1950) und das Schulgesetz (1952) positionierte Kühn als schulpolitischer Sprecher seiner Fraktion die SPD höchst eloquent zur entschiedenen Gegnerin einer „Verzwergung" (Stichwort: einklassige Volksschule) und Verkonfessionalisierung des Volksschulwesens – ohne die Mehrheitsfraktionen CDU und Zentrum zu überzeugen.

1953 wechselte Kühn von der landes- auf die bundespolitische Bühne. Er versprach sich als Abgeordneter im Bundestag größere persönliche Entfaltungsmöglichkeiten. Rasch gewann er in seiner Fraktion politische Statur. Er beackerte mehrere Politikfelder. Ein wichtiges war die Medienpolitik. Ausgerechnet Bundeskanzler Adenauer half ihm unfreiwillig, sich auf diesem Feld zu profilieren. Adenauer unternahm 1959/1960 den Versuch, ein Zweites Deutsches Fernsehen auf privatrechtlicher Grundlage einzuführen; für Kühn, den unbedingten Anhänger des öffentlich-rechtlichen Rundfunks, ein Ding der Unmöglichkeit. Aber auch aus anderen Anlässen gelang es dem Kölner Kühn, den Kölner Adenauer von der Rednertribüne des Bundestages aus in Scharmützel zu verwickeln – nicht gerade zu dessen Freude.

1962 endete Kühns Karriere in Bonn abrupt. Die nordrhein-westfälische SPD befand sich in großen Nöten. Sie suchte einen Spitzenmann, konnte sich aber auf keinen verständigen. In ihr lagen sich die „Traditionalisten" und die vom „Godesberger Programm" (1959) der Bundes-SPD inspirierten Reformer in den Haaren. Endlich einigte man sich auf Heinz Kühn, einen Reformer, aber auch einen Sozialdemokraten „mit Stallgeruch". Kühn sträubte sich. Aber das Verdikt des Bonner SPD-„Zuchtmeisters" Herbert Wehner „Der Kühn muss das machen" ließ ihm keine andere Wahl. Doch fast von jetzt auf gleich fügte er sich in seine neue Rolle. Rasch erkannte er, welche Möglichkeiten sich ihm als Fraktionschef im Landtag, als De-facto-Oppositionsführer und als SPD-Landesvorsitzender eröffneten. Getreu seiner Devise, die SPD müsse eine Partei mit „geistig weiter Architektur und sozial breiter Struktur" werden, unterzog er Landtagsfraktion und Landespartei einem Reformprozess veritablen Ausmaßes.

Ganz besonders die Landtags-SPD wurde von ihm organisatorisch, kommunikativ und personell so verändert, dass sie zu einer parlamentarischen Plattform echten Wettbewerbs mit der Landesregierung wurde. Kühn setzte die CDU/FDP-Landesregierung mit einer kompetitiven Strategie massiv unter Druck. So verschaffte sich die von Kühn geführte Opposition in der Bildungspolitik, in der es in NRW einen enormen Modernisierungsstau gab, mit einer Vielzahl von Reformvorschlägen ein unverwechselbares Profil. Darüber hinaus nutzte Kühn die strukturelle Krise des Bergbaus, deren Anfänge in die späten 1950er Jahre reichten, die aber Mitte der 1960er Jahre höchst bedrohlich eskalierte, um seine Fraktion als eine entschiedene Anwältin der Interessen des Ruhrreviers in Szene zu setzen. Mit einer ganzen Serie parlamentarischer Anträge und Anfragen zum Steinkohlebergbau traktierte die Opposition die Landesregierung, die auf diese Krise erschreckend hilflos reagierte. Nicht zuletzt verstand es Kühn, sich selbst als personelle Alternative zu Franz Meyers zu inszenieren. Kühns konsequenter kompetitiver Erneuerungskurs wurde durch einen haushohen SPD-Wahlsieg im Juli 1966 belohnt. 49,5 Prozent der gültigen Wählerstimmen fielen auf die SPD. Erstmalig bei NRW-Landtagswahlen überflügelte sie die CDU. Dennoch: Eine Einstimmen-Mehrheit im Landtag ermöglichte es CDU und FDP, ihre Koalition fortzusetzen. Der Gedanke, mit der Düsseldorfer Koalition die brüchig gewordene Bonner Koalition unter dem Kanzler Ludwig Erhard zu kitten, war dabei von zentraler Bedeutung. Als sich aber in den folgenden Monaten herausstellte, dass die Bonner Koalition nicht mehr zu retten war, zerbröselte – gleichsam wie in einem System kommunizierender Röhren – auch das Gefüge der Düsseldorfer Koalition. In Bonn endete die Krise durch Bildung einer großen Koalition aus CDU/CSU und SPD. In Düsseldorf fanden SPD und FDP im November in einem Regierungsbündnis zusammen. Und am 6. Dezember vollzog sich der Machtwechsel, indem Sozialdemokraten und Freie Demokraten mit Hilfe des bereits erwähnten konstruktiven Misstrauensvotums Heinz Kühn auf den Schild des Ministerpräsidenten hoben.

Der Ministerpräsident

Die Praxis des Regierens war für Heinz Kühn Neuland. Bevor er Ministerpräsident wurde, hatte er nie ein Regierungsamt inne. Das mochte ein

Nachteil sein. Ob er sich darüber Gedanken machte, ist schwer zu sagen. Geäußert hat er sie nicht. Aber das mögliche Manko wurde kompensiert durch seine immense, vielseitige Politik-Erfahrung, die er auf den so unterschiedlichen Stationen seines politischen Lebens gesammelt hatte. Kühn konnte als Ministerpräsident auf einen höchst beachtlichen Fundus an politischen Erfahrungswerten zurückgreifen, die in diesem Ausmaß keiner seiner Vorgänger im Amt des NRW-Regierungschefs besessen hatte. Hinzu kam: Er verfügte auch über beträchtliche landespolitische Erfahrungen, die er als Parlamentarier im Landtag Ende der 1940er und Anfang der 1950er Jahre sowie als Oppositionsführer zwischen 1962 und 1966 gewonnen hatte.

Sehr schnell kristallisierte sich nach dem Machtwechsel heraus, auf welche Art und Weise Kühn sein privilegiertes Regierungsamt auszuüben gedachte. In der Praxis des Regierungsgeschäfts bediente sich Kühn bestimmter „Techniken", die nicht künstlich adaptiert waren, sondern die ganz wesentlich den Politiker Kühn auszeichneten. Sie waren – mutatis mutandis – ein Teil von ihm. Mit ihnen versuchte er, seine politischen Ziele durchzusetzen. Vier dieser den Ministerpräsidenten Kühn und sein Regierungshandeln kennzeichnende „Techniken" waren dominant. Ich möchte sie erläutern, bevor ich die konkreten Inhalte der Kühnschen Politik und ihre Realisierung in Augenschein nehme.

1. Der Rhetoriker und der Kommunikator

Es verwundert nicht, dass Kühn seine herausragenden rhetorischen Fähigkeiten, die er auf seinen politischen Lebensstationen immer wieder erprobt und kontinuierlich weiterentwickelt hatte, auch zu einem wichtigen Instrument seines Regierungshandelns machte. Er wirkte in der Öffentlichkeit – wie kein nordrhein-westfälischer Ministerpräsident vor ihm – *durch seine Rede,* durch seine geschliffene, manchmal vom Pathos getragene und mit vielen Zitaten, Aphorismen und Metaphern durchsetzte Rhetorik. Das intellektuelle Niveau des Redenden war unbestritten. Diejenigen, die Kühn näher kannten, wussten: In seiner Rhetorik spiegelt sich das persönliche Bildungsstreben des aus Arbeiterverhältnissen Aufgestiegenen. Insider drängte sich auch manchmal der Eindruck auf, der Ministerpräsident sei in die eigenen funkelnden Formulierungen und in die Melodie seiner Sprache regelrecht verliebt. Das kann aber nicht die Tatsache verdecken, dass für Kühn die Rhetorik ein ganz wichtiges Instrument war, um sich selbst und seiner Politik Respekt und Ansehen zu verschaffen. Bei ungezählten Reden im Landtag und „draußen im Lande" sollte ihm das gelingen. Mit ihnen zog er viele Menschen in seinen Bann. Er beeindruckte und/oder überzeugte sie durch sein öffentlich gesprochenes Wort. Dieses wendete sich ganz überwiegend an den Verstand seiner Zuhörer, versuchte sie zum Mitdenken anzuregen. Aber auch das Wecken von Emotionen und die spöttische, nicht auf die Sache, sondern auf die Person abzielende Attacke waren ihm nicht fremd. Dafür ein Beispiel: Im Juli 1969 kam es im Landtag zu einem von Kühn herbeigeführten Eklat. Oppositionsführer Wilhelm Lenz bezeichnete die zeitweise Übernahme der Leitung der Hochschulabteilung im Kultusministerium durch den Ministerpräsidenten selbst als eine „Ohrfeige" für Kultusminister Fritz Holthoff. Zweifellos ein in der Sache nicht gerechtfertigter Vorwurf, denn der Minister war – ausgelöst durch fortwährende aggressive studentische Proteste an NRW-Hochschulen – gesundheitlich längerfristig schwer angeschlagen. Kühn konterkarierte im Landtagsplenum die Worte des Oppositionsführers mit einem giftigen Aperçu: Das Argument von Lenz sei „aus jener Kiste, die jeder nur im moralischen Souterrain seines Charakters aufbewahren sollte". Daraufhin verließen CDU-Abgeordnete den Saal und die Sitzung wurde unterbrochen.

Die Gewalt von Kühns Sprache ließ bei seinen Zuhörern keinerlei Zweifel darüber aufkommen, wer „Chef im Ring", wer die Führungsfigur in der Düsseldorfer Regierung war. Nicht ohne Grund fürchtete die CDU-Opposition seine Rhetorik. Sie spürte: Die öffentliche Rede des sozialdemokratischen Regierungschefs ist ein ganz wichtiges Element seiner persönlichen „Herrschaftstechnik".

Dieter Uecker, persönlicher Referent des Ministerpräsidenten, und Johannes Rau berichteten dem Verfasser inhaltlich übereinstimmend in Zeitzeugeninterviews: Kühn zog sich, wenn er eine wichtige Etatrede im Landtag zu halten hatte, ausgerüstet mit einer Schreibmaschine, statistischem Datenmaterial und einer Kiste Mineralwasser in eine kleine Wohnung im oberen Geschoss der Staatskanzlei zurück, wo er in völliger Ruhe und Abgeschiedenheit seine Rede ausarbeitete. Aber auch während derart wichtiger Parlamentsdebatten liebte es der Ministerpräsident, zu extemporieren.

Die Kommunikation, das politische Gespräch war eine weitere von Kühn hoch favorisierte „Technik" des Regierungshandelns. Er suchte das politische Gespräch nach allen Seiten, auf allen Ebenen und an vielen

Orten. Selbst das Privathaus von Heinz und Marianne Kühn auf dem Roteichenweg in Köln-Dellbrück war – wie Katharina Focke (zeitweise Landtagsabgeordnete und später Bundesministerin) in einem mit mir geführten Zeitzeugeninterview betonte – „ein gastliches Zentrum" für politische Begegnungen und Gespräche. Enthusiastisch bekannte sie: „Was hab' ich da für Gespräche geführt, mit ihm und anderen!" Die „anderen" waren Politiker, Wissenschaftler, Künstler, Diplomaten, Presseleute. Frau Focke bemerkte außerdem voller Anerkennung, dass auch Kühns Frau Marianne, die Mitglied des Kölner Stadtrates war, diese Gastlichkeit mit politischem Vorzeichen sehr schätzte.

Kühn, dem gelernten Journalisten, musste man in seiner neuen Rolle als Ministerpräsident nicht klar machen, welche Bedeutung den Medien für den Erfolg seiner Politik zukam. Er hatte einen ausgesprochenen Hang zur „Journaille" in der Landeshauptstadt und darüber hinaus zu allen Medienleuten, die sich mit ihm und seiner Politik beschäftigten. Er suchte den Dialog mit Journalisten auf Pressekonferenzen, im kleinen Kreis bei „Kamingesprächen" und unter vier Augen. Nicht nur Journalisten, die ihm politisch nahestanden, „bediente" er, sondern grundsätzlich auch Medienvertreter, die anderer politischer Meinung waren als er. Kühn war Anhänger eines *Gesinnungs*journalismus. Er selbst hatte in diesem Genre gearbeitet. Einen indifferenten oder angepassten Journalismus verabscheute er. Als Urvater des Gesinnungsjournalismus galt ihm der vormärzliche Schriftsteller Ludwig Börne. Gerne zitierte er dessen Mahnung: „Seid brunnenkaltes Wasser oder heißer Glühwein, aber nicht lauwarmes Nass!"

Unter den Journalisten hatte der Ministerpräsident nicht wenige Bewunderer. Auch unter jenen, die nicht seinem politischen Lager angehörten. Sie schätzten ihn wegen seiner brillanten Rhetorik in den Gesprächsrunden, aber genau so sehr wegen seiner Offenheit und Auskunftsfreudigkeit. Er war für sie „ein Bruder im Geiste". Seine Mitteilsamkeit und Fabulierfreude war einer gedeihlichen Regierungsarbeit aber nicht immer förderlich. Sie stiftete Verwirrung, wenn er z.B. in journalistischen Gesprächen freizügig Positionen bezog, die regierungsintern umstritten oder überhaupt noch nicht abgeklärt waren.

2. Der Teamplayer und der Planer

Mochte auch die natürliche Autorität Kühns in der Zeit seiner beiden ersten Kabinette (1966–1970, 1970–1975) keinerlei Zweifel darüber aufkommen lassen, wer die Führungsgestalt in der Regierung war bzw. wer die Richtlinien vorgab, so verstand sich der Kölner jedoch von Anfang an als Teamplayer – was kein Widerspruch ist. Zu Kühns Team gehörte die Regierungsmannschaft und die SPD-Fraktionsführung, insbesondere der Fraktionsvorsitzende, der bis 1970 Johannes Rau war. Kühn regierte also nicht aus eigener Machtvollkommenheit; er versammelte um sich eine Gruppe von Politikern, denen er besonders viel zutraute. Zum Teil hatte er diese nach seiner Einschätzung fachlich höchst versierten und talentierten Sozialdemokraten schon als Oppositionsführer um sich geschart. Nur mit Hilfe eines hochqualifizierten politischen Spitzenteams war nach Kühns fester Überzeugung erfolgreiches Regierungshandeln möglich. Johannes Rau meinte im Zeitzeugeninterview, Kühn habe ein sehr personalisiertes Politikverständnis besessen. Der Ministerpräsident zitierte einmal das Wort John F. Kennedys, ein guter Regierungschef zeichne sich dadurch aus, dass er sich mit Ministern umgebe, die vom Fach mehr verstünden als er.

Innenminister und Stellvertreter des Ministerpräsidenten wurde der Liberale Willy Weyer, gebürtiger Westfale und FDP-Landesvorsitzender. Das war eine Personalentscheidung, die nicht in der Hand Kühns, sondern allein in der des Koalitionspartners lag. Sie sollte sich jedoch für das Regierungsbündnis als Glücksfall erweisen. Kühn, der unsportliche Intellektuelle mit der Ausstrahlung eines Asketen, und Weyer, der burschikos-unbekümmert auftretende Sportsmann von hünenhafter Gestalt, fanden Gefallen aneinander. Zwischen beiden entstand eine kumpelhafte Duz-Beziehung. Dass die sozialliberale Landeskoalition zu einem in sich fest gefügten Bündnis wurde, lag nicht zuletzt an der persönlichen Freundschaft zwischen dem Ministerpräsidenten und seinem Stellvertreter. Kühn und Weyer betätigten sich im Herbst 1969 auch als engagierte und gut aufeinander abgestimmte Geburtshelfer bei der Bildung der ersten sozialliberalen Koalitionsregierung im Bund unter Führung Willy Brandts und Walter Scheels. Ohne die tatkräftige Hilfe der beiden Düsseldorfer Freunde wäre der Machtwechsel in Bonn nicht so reibungslos verlaufen.

Es gab eine Personalentscheidung des Ministerpräsidenten, durch die die Struktur des Regierungshandelns zwischen 1966 und 1975 eine ganz besondere Prägung erhielt. Zum Chef der Staatskanzlei berief Kühn einen Mann seines absoluten Vertrauens: Friedrich Halstenberg. Der gehörte in dieser Funktion zwar dem Kabinett nur im Range eines Staatssekretärs an, aber der Ministerpräsident stattete ihn mit einer solchen Machtfülle aus, dass Weyer – halb scherzhaft, halb bewundernd – vom „regierenden Staatssekretär" sprach.

Über das Politikfeld der „Raumordnung und Landesplanung" hatten Halstenberg (promovierter Jurist, Honorarprofessor und zuletzt Direktor des Siedlungsverbandes Ruhrkohlenbezirk) und der Oppositionsführer Kühn Mitte der 1960er Jahre ihre Beziehung immer enger geknüpft. Dabei wurde Halstenberg, bereits ein Sozialdemokrat der Gesinnung nach, zu einem Sozialdemokraten mit Parteibuch. In all den Jahren gemeinsamer Regierungsarbeit verband Kühn mit seinem Staatssekretär eine „Männerfreundschaft mit von vornherein klar verteilten Rollen", wie Halstenberg in einem Zeitzeugengespräch mit dem Verfasser rückblickend urteilte. Kühn schrieb in seinen Memoiren, Halstenberg habe sich auf sein „Vertrauen" und er, Kühn, auf seines Staatssekretärs „Loyalität" verlassen können – eine Einschätzung, der Halstenberg nicht widersprach.

Dem glänzenden Administrator Halstenberg fiel deshalb im Kabinett Kühn eine zentrale Funktion zu, weil der Regierungschef unmittelbar nach der Machtübernahme damit begann, die Staatskanzlei am Rheinufer in eine Zentralstelle für Planung und Koordinierung umzuwandeln. Das geschah in engstem Einvernehmen mit Friedrich Halstenberg. Kühn war der Meinung, dass vor seiner Ministerpräsidentschaft die Staatskanzlei „ein reines Justitiariat" gewesen sei, das sich auf die Prüfung von Rechtsfragen, vornehmlich staats- und verfassungsrechtlicher Natur, beschränkt habe. Er, Kühn, wollte dagegen aus der Staatskanzlei eine Institution machen, „die den Regierungschef wirklich in die Lage versetzt, eine Regierung zu leiten". Eine regelrechte Planungseuphorie griff in der Staatskanzlei um sich. „Planung" wurde zu einem Schlüsselwort der Kühn-Regierung, ja „Planung" und „Reform" waren bald Zwillingsbegriffe. Dahinter steckte der Gedanke, reform- und zukunftsorientiertes Regierungshandeln sei durch Planung rationalisierbar. In den Dienst der politischen Planung stellte die Staatskanzlei z.B. auch die modernste Technik, die Mikroelektronik. Anfang 1968 wurde eine Compu-

teranlage installiert und (in Zusammenarbeit mit dem Statistischen Lan-
desamt) ein Referat „Datenbank" eingerichtet.

3. Der Krisenmanager und der Reformer

Hohe Erwartungen lasteten auf Heinz Kühn, als er Ministerpräsident
wurde. Als Krisenmanager und Reformer hatte sich der Oppositionsführer Kühn den Wählern empfohlen. Jetzt, nach dem um ein halbes Jahr
„verspäteten" Machtwechsel, galt es, den in ihn gesetzten Erwartungen
gerecht zu werden. Kühn nahm sich ganz persönlich der Bergbaukrise
an; er machte sie zur Chefsache. An zwei Fronten musste er dabei einen
Kampf mit hohem Einsatz und großer Konzentration austragen. Da waren zum einen die Bergleute, unter denen sich angesichts des „wilden",
„chaotischen" Zechensterbens, wachsender Kohlehalden und von Massenentlassungen eine hochexplosive Stimmung zusammenbraute. Deren Wut kulminierte bei einer viele tausend Teilnehmer zählenden Pro-
testdemonstration am 21. Oktober 1967 auf dem Marktplatz von Dort-
mund-Huckarde. Schon im Vorfeld der Dortmunder Protestaktion verdichteten sich unter Düsseldorfer und Bonner Politikern Meldungen
über eine bedenkliche politische Radikalisierung der Bergleute. Kein
führender Politiker wagte es, an der Kundgebung teilzunehmen, nur
Heinz Kühn. Er bestieg die Rednertribüne, obwohl ihm das gesamte Kabinett einschließlich seines Vertrauten Halstenberg abgeraten hatte. Die
Internationale, das Rotfrontkämpferlied und Pfiffe schalten ihm entgegen. Aber Kühn gelang es, mit einer kämpferischen Rede das Blatt zu
wenden. Meisterhaft verstand er es, ein persönliches Band der Solidarität zwischen sich und den Zuhörern zu knüpfen. Zweimal erwähnte er,
dass er aus einer Arbeiterfamilie stamme, die in den Jahren der Arbeitslosigkeit vor 1933 „bittere Not gelitten" habe, um dann die Feststellung
zu treffen: „Ich weiß, was in Euch wühlt, in jedem Vater, in jeder Mutter
in der Sorge um das Kind." Der persönlichen Solidarisierung diente auch
die Bemerkung: „Ich stehe hier gemeinsam mit Euch, um meine Stimme zu erheben nach Bonn, wo die Entscheidung über die Wirtschafts- und
Energiepolitik fällt." Er versprach den Bergleuten, in Bonn eine „harte
Sprache" zu sprechen.

Dieser harten Sprache bediente sich Kühn in der Tat an seiner zweiten Front. Dort stand ihm Bundeswirtschaftsminister Karl Schiller (SPD)
gegenüber. Dieser hatte eine rasche Anpassung des Kohlebergbaus im

Sinn, die auf Massenentlassungen im großen Stil hinausgelaufen wäre. Er wollte auch keine Ruhrkohle-Einheitsgesellschaft, eine Institution, womit sich der Gedanke der kontrollierten Steuerung der Zechenstilllegungen verband. Kühn stand im fortwährenden Gesprächskontakt mit Schiller. Er setzte sich schließlich durch. Einmal dank seines ständigen Insistierens, zum anderen, weil es ihm gelang, andere einflussreiche Bundespolitiker (Helmut Schmidt, Willy Brandt) als Verbündete zu gewinnen. Im Mai 1968 trat das Bundes- „Kohleanpassungsgesetz" in Kraft, das die Einheitsgesellschaft „anzielte" und in dem die „schnelle Anpassung" fehlte. Das Gesetz schrieb auch einen „Gesamtsozialplan" vor, der die in der Krisenbranche Beschäftigten sozial absicherte. Kühn präsentierte der Öffentlichkeit schon im März 1968 ein „Entwicklungsprogramm Ruhr" seiner Regierung, das in der Staatskanzlei von einem „Planungsstab" unter Federführung von Halstenberg erarbeitet worden war und die Funktion einer „flankierenden" Maßnahme zum Bundesgesetz hatte. Von erheblicher Bedeutung war, dass Kühn sein Krisenmanagement nicht in Konfrontation zur CDU-Opposition, sondern unter Einbeziehung der CDU-Fraktion betrieb. Er sprach von der „großen Kohlefraktion" im Landtag, die ihm zum Aufbau einer eindrucksvollen Drohkulisse gegenüber Bonn nützlich erschien. Ein vertrauensvoller Gesprächs- und Bündnispartner war für ihn der einflussreiche, aus dem Ruhrgebiet stammende CDU-Landtagsabgeordnete Josef Hermann Dufhues. Johannes Rau meinte im Zeitzeugengespräch, Kühn und Dufhues seien sogar miteinander befreundet gewesen.

Zur selben Zeit, als Kühn es schaffte, die akute Bergbaukrise in den Griff zu bekommen, gelang ihm die erste große Bildungsreform seiner Amtszeit: die Volksschulreform. Die Verfasstheit der Volksschule war ein absolutes Reizthema zwischen SPD und CDU im Landtag seit den frühen 1950er Jahren. Kühn musste sich damals – wie schon erwähnt – als schulpolitischer Sprecher seiner Fraktion dem Mehrheitswillen im Landesparlament beugen. „Zwergschulen" und Konfessionsschulen wurden im Lande Realität. Nun, nach dem Machtwechsel, sah Kühn die große Chance auf Veränderung. Ihm war jedoch völlig klar, dass für eine grundlegende Reform der Volksschule eine Änderung der Landesverfassung notwendig war. Diese war aber nur mit einer Zweidrittelmehrheit im Landtag zu bewerkstelligen, über die die beiden Koalitionsfraktionen alleine nicht verfügten. In langwierigen Verhandlungen mit der Oppositionsfraktion kam es schließlich zu einem Schulkompromiss. In den Gesprächen zeigte sich Kühns Überlegenheit. Mit Zuckerbrot und Peitsche hielt er die Opposition am Verhandlungstisch. Im Juni 1967 brachten die Fraktionen von SPD, FDP und CDU gemeinsam einen Entwurf für die Änderung des Artikels 12 (Schulartikel) der Landesverfassung vor den Landtag. Ende Februar 1968 verabschiedete das Parlament die Verfassungsänderung. 172 der 200 Abgeordneten stimmten ihr zu. Das bedeutete: Mit den Stimmen der allermeisten CDU-Abgeordneten nahm die Volksschulreform die parlamentarische Hürde. Mit ihr trat die Trennung der Volksschule in Grund- und Hauptschule in Kraft. Die Hauptschule sollte laut neuem Verfassungstext „von Amts wegen" als Gemeinschaftsschule (d.h. nichtkonfessionelle Schule) eingerichtet und den „Zwergschulen" (den einklassigen oder wenig gegliederten Schulen) die Legitimation entzogen werden.

In der Logik des Schulkompromisses lag die Entkonfessionalisierung der Lehrerausbildung an den Pädagogischen Hochschulen. Sie wurde 1969 Realität. Auch hierzu bedurfte es der Modifikation eines Schulartikels der Verfassung (Art. 15) und auch hierfür gab die Opposition ihre Zustimmung.

Volksschul- und Lehrerausbildungs-Reform waren nur der Auftakt für ein von der sozialliberalen Landesregierung Schritt für Schritt auf den Weg gebrachtes Reformwerk, das in der Geschichte Nordrhein-Westfalens seinesgleichen sucht. Man ist fast geneigt, von einem Reformfeuerwerk zu sprechen, das in der Zeit der ersten beiden Kabinette von Heinz Kühn (1966–1975) gezündet und in Gang gehalten wurde. Bildungsreformen in einem umfassenden Sinne standen obenan. 1969 führte die Kühn-Regierung die Gesamtschule als Versuchsschule ein. Der neue Schultyp hatte den Charakter einer Alternative zum überkommenen dreigegliederten Schulsystem. Bis 1975 nahmen 23 Schulen dieses Experimentaltyps den Unterricht auf, davon allein drei in Köln – der Heimatstadt des Ministerpräsidenten. Rasant und grundlegend veränderte sich die Hochschullandschaft zwischen 1966 und 1975. 1968/1969 öffneten die Universitäten Dortmund und Bielefeld ihre Pforten und die medizinische Akademie in Düsseldorf erhielt den Status einer Volluniversität. Freilich, die Würfel zugunsten dieser Projekte waren schon zu Zeiten der letzten Regierung von Franz Meyers gefallen; es handelte sich also nicht um originär sozialliberale Gründungsinitiativen. Aber alle weiteren Hochschulinitiativen trugen den Stempel der sozialliberalen Koalition unter Heinz Kühn. Der erste wichtige eigenverantwortliche Schritt der Koalitionäre, die NRW-Hochschullandschaft neu zu strukturieren, war deren Entscheidung, den bestehenden Ingenieurschulen und Höheren Wirtschaftsfachschulen den Rang von Fachhochschulen zuzuerkennen. Mit der Statusanhebung entstand in NRW ein ganz neuer Hochschultyp. Mitte 1969 verabschiedete der Landtag das Fachhochschulgesetz. Gegen Ende der ersten Regierung Kühn nahm auch ein von ihr initiiertes Hochschulgesetz die parlamentarische Hürde (März 1970). Mit ihm sollte die innere Verfassung der bestehenden „Ordinarien"-Universitäten im Lande modernisiert werden, u.a. zugunsten von Mitspracherechten für die „nichtprofessionalen Kräfte" (Assistenten, nichtwissenschaftliche Mitarbeiter, Studenten) – was jedoch im Hochschulalltag Widerstand hervorrief und teilweise verschleppt oder verwässert wurde.

Unbeirrt setzte die zweite Kühn-Regierung ihre Politik der Erneuerung und Umgestaltung der nordrhein-westfälischen Hochschullandschaft fort. Mit dem Fachhochschulerrichtungsgesetz wurde ganz konkret die Gründung von 15 Fachhochschulen beschlossen und deren Standorte festgelegt. Mit dem Gesamthochschulerrichtungsgesetz (1972) schuf die Regierung Kühn die Voraussetzung für die Errichtung von fünf wissenschaftlichen integrierten Gesamthochschulen in Duisburg, Essen, Paderborn, Wuppertal und Siegen auf einen Schlag. Das war ein einmaliger Vorgang in der deutschen Hochschulgeschichte. Das war auch ein enormer Kraftakt, wenn man an die Folgekosten dieses Unternehmens denkt. Ihre Politik hochschulpolitischer Fundamentalreformen schlossen die Koalitionäre mit einem weiteren aufsehenerregenden und in der Bundesrepublik beispiellosen Projekt ab, der Gründung der ersten Fernuniversität in Hagen (1974/1975). Fernuniversität und Gesamthochschulen gehörten konzeptionell eng zusammen. Mit beiden wollte die sozialliberale Regierung der sozialen Chancengleichheit im Bereich der wissenschaftlichen Bildung zum Durchbruch verhelfen.

Würde man nur die in ihrer Summe umfassenden bildungspolitischen Neuerungen der ersten und zweiten Regierung Kühn in den Blick nehmen, so wäre für sie die Bezeichnung „Regierungen der Reformen" mehr als berechtigt. Aber es gab ein weiteres großes und ehrgeiziges Reformprojekt, das von den regierenden Sozialliberalen verfolgt wurde: die kommunale Gebietsreform. Der Sinn dieser Reform, d.h. der Eingemeindungen, kommunalen Zusammenlegungen und Kreis-Vergrößerungen, bestand nach Ansicht der sozialliberalen Planer in Regierung und Parlament darin, zu einer größeren Effizienz in der Verwaltung und einer

Verbesserung ihres Leistungsangebots zu gelangen. Der als Anachronismus empfundene Zuschnitt der Gemeinden und Kreise ließ sich nach ihrer Meinung nicht länger mit den vielfältigen Anforderungen vereinbaren, die der Bürger der Gegenwart an eine moderne Verwaltung stellt. Durch eine Vielzahl vom Landtag beschlossener Einzelgesetze wurde die kommunale Neugliederung zwischen 1968 und 1975 Wirklichkeit. Die Reformgesetze veränderten die Gliederung Nordrhein-Westfalens auf seiner unteren Verwaltungsebene radikal.

Natürlich ist die Frage berechtigt: Wie weit brachte sich der Ministerpräsident höchstpersönlich in diese Vielzahl von Reformprojekten ein? So intensiv wie bei der Zähmung der Bergbaukrise und bei der Volksschulreform war das in den meisten Fällen selbstverständlich nicht. Das hätte seine Arbeitskapazität als Regierungschef bei weitem überschritten. Das wäre aber auch konträr zu seiner Vorstellung vom effektiven Regierungshandeln gewesen. Kühn verstand sich – wie schon ausgeführt – als Teamplayer. Und das bedeutete: Er gewährte seinen Ministern viel Spielraum. So dem jungen dynamischen Wissenschaftsminister Johannes Rau, den er 1970 in sein Amt eingeführt hatte. So seinem liberalen Innenminister und Freund Willi Weyer, der die Ressortzuständigkeit für die Gebietsreform besaß, was nicht ausschloss, dass auch Kühns Vertrauter Friedrich Halstenberg in der Staatskanzlei und alle drei Landtagsfraktionen (also auch die oppositionelle CDU!) bei diesem Thema ein gehöriges Wort mitsprachen. So – um einen dritten Kabinettskollegen zu nennen – seinem persönlichen und Parteifreund Josef Neuberger, der als Justizminister und doppelt promovierter Rechtsanwalt und Ökonom voll und ganz vom Gedanken der Justizreform beseelt war. Zum einen sagte Neuberger der steigenden Wirtschaftskriminalität den entschiedenen Kampf an: Ende der 1960er Jahre schuf er Schwerpunktstaatsanwaltschaften für Wirtschaftsdelikte in Bielefeld, Bochum, Düsseldorf und Köln. Zum anderen reformierte er den Strafvollzug auf dem Verwaltungswege durch ein Bündel von Sofortmaßnahmen: Personalvermehrung, zeitgemäße Ausbildung des Wachpersonals, Hafturlaub, Besserstellung von Bewährungshelfern, Vollstreckungsstopp für Verurteilte mit geringer Haftstrafe. Nie zuvor fand die Justizpolitik in der nordrhein-westfälischen Öffentlichkeit ein so großes Echo wie zu Zeiten der ersten Kühn-Regierung. Kühn legte Wert darauf, mit den neubergerischen Justizreformen als Regierungschef öffentlich in Verbindung gebracht zu werden. Dafür ein schlagender Beweis: Neuberger liebte es, seiner justizreformerischen Politik durch Blitzvisiten in den Haftanstalten Nachdruck zu verleihen. Am 20. September 1967 besuchte er die Kölner Haftanstalt „Klingelpütz". In seiner Begleitung befand sich kein Geringerer als der Ministerpräsident – was die Presse aufmerksam registrierte. Als Kühn winzige, überbelegte Gefängniszellen zu Gesicht bekam, äußerte er sich mit Verve in Anwesenheit der Medienleute: „Das sind Keimzellen für weitere Verbrechen!"

Heinz Kühn war ein Regierungschef – so lässt sich resümierend sagen – der ganz verschiedene Register ziehen konnte, um für seine Politik zu werben und ihr Durchschlagskraft zu verleihen. Auch als Ministerpräsident blieb er im Grunde ein „Multitasker", so wie er es als Politiker schon vor der Erlangung des höchsten politischen Amtes in NRW gewesen war. Das Wort „Langeweile" lässt sich mit ihm nicht in Verbindung bringen. Politik in kleinen Hinterzimmern zu veranstalten, war ihm zuwider. Für den Demokraten Kühn war „Öffentlichkeit" eine unverzichtbare Kategorie. Die ihm qua Verfassung zustehende Richtlinienkompetenz ließ er sich in der Zeit seiner beiden ersten Kabinette von niemandem beschneiden. Bei keiner der von seinen beiden Regierungen auf den Weg gebrachten Reformen übte er sich in vornehmer Zurückhaltung. Er war inhaltlich über sie – u.a. dank seiner Staatskanzlei „im Rücken" – bestens informiert und „verkaufte" sie aktiv im Landtag und in der Öffentlichkeit. Hier und dort griff er persönlich ein oder sogar durch – gerade dann, wenn es brenzlig wurde, wie in der Bildungspolitik. Für das Letztere zum Schluss ein weiteres Beispiel: Im Sommer 1968 traten die Studenten nahezu aller Ingenieurschulen NRWs in einen unbefristeten Vorlesungsboykott. Vorausgegangen war eine eindrucksvolle, diszipliniert verlaufende Demonstration der Ingenieurstudenten Ende April in Düsseldorf. Ihr Protest galt dem Akademiegesetzentwurf, den die sozialliberale Regierung im Landtag zu verabschieden gedachte. Das Akademiegesetz sollte den Ingenieurschulen und Höheren Wirtschaftsfachschulen eine Stellung *zwischen* Schule und Hochschule verschaffen. Die Forderungen der protestierenden Studenten gingen weiter. Sie wollten für ihre Schulen u.a. den Hochschulstatus. Der Druck auf die neue Regierung wuchs. Da schaltete sich ihr Chef persönlich ein. Der Gesetzentwurf wurde kassiert, und Kühn führte Anfang Juli 1968 auf der Konferenz der Ministerpräsidenten einen Beschluss herbei: Aus den Ingenieur- und höheren Fachschulen sollten bundesweit Fachhochschulen werden.

4. Der Globalplayer

Oppositionspolitiker im Düsseldorfer Landtag glaubten die Achillesferse des eloquenten, umtriebigen und durchaus populären sozialdemokratischen Ministerpräsidenten entdeckt zu haben: seine vielen, ja unzähligen Auslandsreisen. Gegen Ende seiner Amtszeit machten sie eine Rechnung auf: Kühn habe sich als Regierungschef im Durchschnitt pro anno einen Monat außerhalb Deutschlands aufgehalten – was, nach zwölfjähriger Amtszeit, ein volles Jahr im Ausland ergebe. Die Berechnung dürfte der Wahrheit nahekommen. Auf jeden Fall ist richtig: Kühn unterbrach die Amtsgeschäfte vom Anfang bis zum Ende seiner Regierungszeit immer wieder für Auslandsreisen. Viele davon waren mehrwöchig, und die allermeisten hatten außereuropäische Länder zum Ziel. Ob indes der Vorwurf der Opposition, Kühn lasse während seiner reisebedingten Abwesenheit die landespolitischen Zügel schleifen, stimmt, ist eine andere Frage.

Es besteht kein Zweifel daran, dass Heinz Kühn vom großen Abenteuer des Reisens in ferne Länder fasziniert war. Das Fernweh als Lust hatte schon den ganz jungen Kühn gepackt. So, wenn er – unterstützt durch die Lektüre der Romane Jack Londons – zusammen mit seinen Kölner „Falken"-Freunden auf der Landkarte Reisen in die Südsee unternahm. In den 1950er und 1960er Jahren (auch vor seiner Ministerpräsidentschaft) konnte Kühn seine Reiselust ausleben. Aber es waren keine Privatreisen, Kühn war in politischer Mission unterwegs, als Spezialist für auswärtige Kulturpolitik im Rahmen von Bonner Parlamentarier-Delegationen oder als „Botschafter" der Friedrich-Ebert-Stiftung. Auch als Ministerpräsident stellte er seine Reisetätigkeit im Auftrag der FES nicht ein, ganz im Gegenteil: Sie nahm noch zu. Die Reisen brachten ihn in Länder Mittel- und Südamerikas, Schwarzafrikas, in den Nahen Osten, in Dritte-Welt-Länder Ostasiens, aber auch nach Japan und China – eben überall dorthin, wo die FES Entwicklungsprojekte unterhielt oder initiierte.

Ganz besonders hingezogen fühlte er sich zur Insel Madagaskar. Nach Beendigung der französischen Kolonialherrschaft war die Insel eine selbstständige, von einer sozialdemokratischen Partei regierte Republik. Johannes Rau bemerkte im Zeitzeugeninterview: Immer, wenn Kühn zur Insel aufbrach, sangen Abgeordnete seiner Landtagsfraktion das dem Komponisten und Texter Just Scheu zugeschriebene Lied „Wir lagen vor Madagaskar". Das war sicher eine Mischung aus Amüsement und Bewunderung für den international agierenden Ministerpräsidenten aus den eigenen Reihen. Kühn trat in seiner Beziehung zur Republik Madagaskar bewusst als der führende Repräsentant des einwohnerstärksten deutschen Bundeslandes in Erscheinung. Er machte „Außenpolitik" für NRW. So förderte er einen Lehrer-Informationsaustausch zwischen Madagaskar und Nordrhein-Westfalen. Außerdem animierte er erfolgreich nordrhein-westfälische Großfirmen (Krupp, Rheinstahl, Klöckner-Humboldt-Deutz), technisches Gerät für die Inselrepublik zu spenden. 1969 flog er mit einer großen, hochkarätigen Wirtschaftsdelegation (ihr gehörten führende Industrielle und Bankiers aus NRW an) nach Madagaskar. Die Kontakte zu Kühns Lieblingsinsel endeten jäh, als dort 1973 soziale Unruhen ausbrachen, die in einer Militärherrschaft mündeten. Das war für den Ministerpräsidenten eine tiefe Enttäuschung. Aber er konnte sich trösten mit seinen vielen Kontakten zu Staats- und Regierungschefs anderer Entwicklungsländer, vor allem in Subsahara-Afrika. Den einen oder anderen von ihnen konnte er nach Düsseldorf locken – z.B. den Präsidenten von Tansania, Julius Nyerere –, um ihm medienwirksam einen Empfang in der Staatskanzlei und bei einem Staatsbankett zu bereiten.

Es gab neben Madagaskar ein Land, dem Kühns große Zuneigung galt: Israel. Diese Beziehung endete nicht in einer herben Enttäuschung. Ähnlich wie zu Madagaskar hatte Kühn die Kontakte zum jüdischen Staat als „Botschafter" der Friedrich-Ebert-Stiftung schon während seiner Zeit als Bundestagsabgeordneter und Düsseldorfer Oppositionsführer geknüpft. Der ins Ministerpräsidenten-Amt gewählte Kühn baute die Kontakte zum jüdischen Staat und zu seiner regierenden Arbeiterpartei bei seinen Visiten in Tel Aviv, Jerusalem und anderen israelischen Städten systematisch aus. „Mit ins Boot" kam nun auch Ehefrau Marianne, die zusammen mit anderen einen Verein zur Förderung des Müttergenesungsheims Elly Heuss-Knapp in Herzlia/Israel ins Leben rief. Sie sammelte Spenden für die Einrichtung, die jüdische und arabische Mutter betreute. Ihren Mann begleitete sie auf mehreren Israelreisen. Im Herbst 1973, unmittelbar nach dem Jom-Kippur-Krieg, setzte der Regierungschef Nordrhein-Westfalens ein unübersehbares politisches Zeichen: Der Waffenstillstand zwischen Israel und seinen arabischen Kriegsgegnern Ägypten und Syrien war gerade erst 16 Tage alt, da flog er nach Israel. In Tel Aviv konferierte er mit Ministerpräsidentin Golda Meir und erklärte, er sei gekommen, um Sympathie und Solidarität mit Israel in seinem Existenzkampf zu bekunden. Es gebe zwar eine Neutralität der Bundesrepublik im Sinn der Nichtteilnahme am militärischen Konflikt, eine „Neutralität des Herzens und des Gewissens" könne es aber nicht geben.

5. Der Wahlkämpfer und der Abschied vom Amt

„Er machte Wahlkampf bis zur Erschöpfung", betonte Dieter Uecker im Zeitzeugeninterview. Als persönlicher Referent Kühns begleitete er ihn auf den Wahlkampftouren und erlebte seinen Dienstherrn aus nächster Nähe. Uecker geht ins Detail: Kühns Stimmbänder seien in den Wahlkämpfen oft sehr angegriffen gewesen. Er habe seine Stimme „verloren" und hätte sie in einer Klinik in Bad Neuenahr regenerieren müssen. Dieser bis an die Grenzen des Zumutbaren gehende Wahlkampfeinsatz trug jedenfalls Früchte. Der Wahlkampf 1966 brachte ihn und seine Partei an die Macht – wenn auch verspätet. Die Wahlkämpfe 1970 und 1975 sicherten die Macht – wenn auch auf niedrigerem Niveau. Dennoch war die politische Botschaft, die Kühn in den drei Wahlkämpfen verkündete, nicht die gleiche. 1966 präsentierte er sich als den zukünftigen Reformer. 1970 versprach Kühn expressis verbis die Fortsetzung der Reformen. Das zentrale Wahlplakat der SPD zeigte das Konterfei des Ministerpräsidenten und verkündete in großen Lettern: „Die Kühn-Garantie: Non-Stop für die Reformen". Ganz anders dagegen im Wahlkampf 1975. Der wahlkämpfende Ministerpräsident ließ nun die Öffentlichkeit wissen, dass gegenwärtig für die Reformpolitik das Ende der Fahnenstange erreicht sei. Kühn formulierte es so: Es gebe Situationen, „in denen die Verteidigung des Erreichten das Maximum des Erreichbaren ist".

Warum diese Wende? Die durch den Jom-Kippur-Krieg zwischen Israel und Ägypten/Syrien und den Ölpreisschock von Ende 1973 ausgelöste Weltwirtschaftskrise führte zu einer merklichen Senkung der wirtschaftlichen Leistung in allen Industriestaaten. In Nordrhein-Westfalen schlug die Rezession erst 1975 voll durch, dann jedoch stärker als in anderen Bundesländern, weil nun (provoziert durch das allgemeine Konjunkturtief) auch die in NRW beheimatete Stahlindustrie in eine Absatzkrise geriet. Die Rezession bewirkte im einwohnerstärksten Bundesland drastische Steuerausfälle und einen sprunghaften Anstieg der Arbeitslosenzahlen. Es musste sich die Frage stellen, ob angesichts sich verknappender öffentlicher Einnahmen weitere kostspielige Reforminitiativen vertretbar waren. Kühn beantwortete diese Frage mit einem klaren Nein. Auch nach der Wahl warb der Ministerpräsident wiederholt mit seinem Appell für einen Reformstopp. Er war nicht zuletzt als Mäßigungsappell an Aktivisten in den eigenen Reihen gedacht.

In der SPD-Landtagsfraktion, in der nach der 1975er Wahl junge Linke in Führungspositionen gekommen waren, stieß Kühns neue Politik auf entschiedene Abwehr. Ebenso in der FDP-Fraktion, in der es nach der Wahl ebenfalls einen Linksruck gegeben hatte. Beide Fraktionen wollten trotz Wirtschaftskrise eine Fortsetzung der Reformpolitik. 1976 forderten sie Kühn und sein Kabinett heraus. Gemeinsam brachten sie einen Gesetzentwurf vor den Landtag, der die rechtliche Möglichkeit schaffen sollte, das Schulwesen in der Sekundarstufe I (5. bis 10. Schuljahr der Hauptschule, der Realschule und des Gymnasiums) in Schulzentren zu „kooperativen Schulen" zusammenzufassen. Kühn lehnte den Entwurf wie die allermeisten seiner Kabinettskollegen ab. Aber das war nicht das letzte Wort. Es kam zu einem enervierenden Dauerkonflikt zwischen Kühn und seinen Kabinettskollegen auf der einen und den Regierungsfraktionen auf der anderen Seite. Kühn kapitulierte. Warum? Dazu trug bei, dass Kühn seinen liberalen Freund Willi Weyer – politisches Urgestein wie er selbst – als Mitstreiter verloren hatte. Weyer verließ nach den 1975er Wahlen die landespolitische Bühne. Noch gravierender aber war, dass Kühn in eine schwere gesundheitliche Krise geriet. Der jahrelange schonungslose Umgang des Vollblutpolitikers mit den eigenen körperlichen Kräften forderte seinen Tribut. Eine schwere Herzerkrankung legte seiner Kämpfernatur enge Fesseln an.

Dass sich Kühn gegen seinen ursprünglichen Willen vor den Karren des Reformprojekts spannen ließ, lief auf eine Abtretung seiner Richtlinienkompetenz hinaus. Nicht Kollegen in seinem Kabinett hatten ihm diese mit Erfolg streitig gemacht, sondern einflussreiche Politiker in den Regierungsfraktionen. Sein Nachgeben wurde Kühn zum Verhängnis. Gegen das vom Landtag verabschiedete „Koop"-Gesetz brachte sich eine „Bürgeraktion Volksbegehren" in Stellung, die von der CDU-Opposition massiv unterstützt wurde. Eine Sensation war der Ausgang des Volksbegehrens. Fast 30 Prozent der Stimmberechtigten stimmten gegen das Gesetz, was die Regierung Kühn veranlasste, dem Landtag die Annullierung des Gesetzes zu empfehlen. Im April 1978 stimmte das Parlament diesem Antrag zu. Das Ergebnis des Volksbegehrens wurde in den Medien, aber auch in Teilen der Bevölkerung als schwere Niederlage des

Ministerpräsidenten gewertet. Kühns Ansehen als umsichtig agierender Regierungschef hatte erheblich gelitten. Zu allem Überfluss ließ sich Kühn auf dem Höhepunkt der Volksbegehren-Kampagne in eine politische Affäre um den Vorstandsvorsitzenden der Westdeutschen Landesbank verwickeln. Die SPD-Granden waren sich einig, dass der Autoritätsverlust des Ministerpräsidenten zu groß war, um ihn noch bis zum Ende der Wahlperiode (1980) im Amt zu halten. Man einigte sich auf einen Rücktrittstermin im Herbst 1978, dem Kühn mit schwerem Herzen zustimmte. Am 29. Juni nahm der Ministerpräsident zum letzten Mal auf der Regierungsbank im Düsseldorfer Landtag Platz. „Hoch aufgerichtet wie ein pensionierter Oberst saß er dort. Sein Blick ging in irgendwelche Weiten", schrieb der renommierte zeitgenössische Journalist Wolfram Köhler. Am 20. September demissionierte Kühn und Johannes Rau wurde im Landtag zu seinem Nachfolger gewählt.

Die Bilanz

Es ist nur mehr als gerecht, Heinz Kühn in der stolzen Galerie der nordrhein-westfälischen Ministerpräsidenten einen der ersten Plätze zuzuweisen. Kriterium für diese Platzierung sind die praktischen Resultate seines Regierungshandelns, die als qualitativ herausragend zu bewerten sind. Daran ändert auch die Tatsache nichts, dass sein drittes Kabinett aus unterschiedlichen Gründen (auch wegen eigener Fehler) nicht bis zum Ende der Wahlperiode durchgehalten hat. Heinz Kühn als großen politischen Reformer, Neuerer, Modernisierer oder Gestalter Nordrhein-Westfalens zu bezeichnen, ist keine Übertreibung. Mit bewundernswerter Energie löste Ministerpräsident Kühn mit seinem sozialliberalen Kabinett den enormen Reformstau auf, in dem sich das Land Mitte der 1960er Jahre befand. Damit nicht genug: In der Ära Kühn erlebte das Land Reformen in einem Ausmaß und von einer Wirkungsintensität wie nie zuvor oder danach in seiner Geschichte. Der Ministerpräsident und seine Mitstreiter verschafften dem Land Nordrhein-Westfalen Strukturen im Bildungsbereich (Schule, Hochschule) und in der kommunalen Verwaltung, die bis heute Gültigkeit haben.

Die Schulpolitik der Kühn-Regierung löste das dreigegliederte Schulsystem (Volksschule, Realschule, Gymnasium), das die ständische Gesellschaft des 19. Jahrhunderts spiegelte, zugunsten eines sozial durchlässigeren Systems ab. Am augenfälligsten wird dies durch die Einführung der Gesamtschule als Alternativschule. Dieser Schultyp hat sich zwar in den Jahrzehnten seines Bestehens nicht durchgängig als krisenresistent erwiesen, aber er hat sich durchgesetzt, was fortwährend neue Schulgründungen und seine gegenwärtig große Akzeptanz bei Eltern und Schülern belegen. Auch die von der Kühn-Regierung unter dem Aspekt der Bildungsgerechtigkeit und Bildungseffektivität herbeigeführte weitgehende Entkonfessionalisierung des öffentlichen Schulwesens, die Beseitigung von „Zwergschulen" und die organisatorische Aufspaltung der Volksschule in Grund- und Hauptschule haben bis heute nichts von ihrer Gültigkeit verloren. Das trifft in ganz besonderem Maße auch für die von Heinz Kühns zweiter Regierung durchgeführte Fundamentalreform auf dem Gebiet des Hochschulwesens zu. NRW erhielt in den frühen 1970er Jahren mit der Gründung von Fachhochschulen, Gesamthochschulen und einer Fernuniversität eine Hochschuldichte, die nicht nur deutschland-, sondern europaweit beispiellos ist. Nordrhein-Westfalen wurde zu einem Hochschulstandort par excellence. Die Fernuniversität in Hagen ist bis heute in der Bundesrepublik ein Unikat und zeichnet sich durch eine Erfolgsgeschichte aus. An ihr studieren mittels Studienbriefen und auf Veranstaltungen in Studienzentren nicht nur Bürgerinnen und Bürger Nordrhein-Westfalens.

Die in der Ära Kühn geschaffene kommunale Gebietsreform hat man schon in der Zeit ihres Zustandekommens eine Jahrhundertreform genannt. Sie veränderte – wie schon ausgeführt – Nordrhein-Westfalen auf der unteren Verwaltungsebene durch Eingemeindungen, kommunale Zusammenlegungen und Kreisvergrößerungen grundlegend. Kühn gab für die Gebietsreform die Parole aus, nicht „historisierende und sentimentalisierende Überlegungen" sollten den Ausschlag geben, sondern „gegenwartsorientierte und rationale Erwägungen". Sein Appell konnte zwar nicht verhindern, dass sich im Ruhrrevier eine Bürgerinitiative gegen die kommunale Neugliederung formierte, aber das von ihr initiierte Volksbegehren scheiterte. Und von den circa einhundert Gebietskorperschaften, die gegen die Reform beim Landesverfassungsgericht klagten, hatten nur fünf Erfolg und erhielten ihre Selbstständigkeit zurück. Auch heute – im 21. Jahrhundert – bietet das Land Nordrhein-Westfalen auf seiner unteren Verwaltungsebene ein Bild, das – von geringen Abweichungen abgesehen – durch die Neugliederungsgesetze der späten 1960er Jahre und der ersten Hälfte der 1970er Jahre geschaffen wurde.

Auch Kühns eindrucksvolle Rolle als Manager der akuten Bergbaukrise der späten 1960er Jahre weist in ihrer Bedeutung weit über diesen Zeitabschnitt hinaus. Kühn schuf ein Kriseninstrumentarium, mit dem die sich über Jahrzehnte hinziehende Herkulesaufgabe gemeistert wurde, den nicht mehr wettbewerbsfähigen Steinkohlebergbau Schritt für Schritt zurückzufahren und gleichzeitig die entlassenen Bergleute nicht „ins Bergfreie" fallen zu lassen. Dazu gehört die Gründung der „Ruhrkohle-AG", der Einheitsgesellschaft, die den Anpassungsprozess planvoll-moderat steuerte, dazu gehört, mit Hilfe von Sozialplänen, den Bergleuten und ihren Familien das Los der Arbeitslosigkeit durch Anpassungsgelder und andere Maßnahmen „sozialverträglich" zu gestalten. Dazu gehören schließlich auf das Ruhrgebiet bezogene infrastrukturelle Maßnahmen, vor allem das Bemühen, dort neue Industrien anzusiedeln.

Die aufgrund seiner Leistungen prominente Stellung des Ministerpräsidenten Kühn in der politischen Geschichte NRWs steht in einem merkwürdigen Kontrast dazu, dass die kollektive Erinnerung an die Ära und die Person Heinz Kühn stark verblasst ist. Auf diesen erstaunlichen Sachverhalt hat schon 2003 der mit der NRW-Geschichte eng vertraute Neuzeithistoriker Guido Hitze hingewiesen. Er erklärte diese auffällige Diskrepanz mit der langen, fast zwanzigjährigen Regierungszeit von Johannes Rau. Diese habe das Erinnerungsvermögen der Menschen an „die Zeit davor" überdeckt. Damit ist selbstverständlich nicht gemeint, Rau selbst habe sich aktiv an dieser Erinnerungsreduktion beteiligt. Genau das Gegenteil trifft zu. Der Ministerpräsident Rau hat z.B. 1982 die Heinz-Kühn-Stiftung ins Leben gerufen, die talentierte Nachwuchsjournalisten aus NRW und junge Journalisten aus dem Ausland durch Vergabe von Stipendien fördert. Der Verfasser dieses Buchbeitrags erinnert sich daran, dass der Bundespräsident Rau 2002 bei einer Buchvorstellung im vollbesetzten Plenarsaal des Düsseldorfer Landtags Heinz Kühn als eine „originale Gestalt, nicht irgendjemandes Kopie" gewürdigt hat. Dieser Charakterisierung schließe ich mich an. Dennoch möchte ich ergänzen, dass auch Kühn die eine oder andere (historische) Person bewunderte, ohne sie zu imitieren oder „nachzuäffen". Zu diesen Personen gehört ohne Abstriche Ferdinand Lassalle, der Begründer der deutschen Sozialdemokratie. An ihm faszinierte Kühn die Verbindung von literarisch-wissenschaftlicher Betätigung und praktisch-politischem Engagement. Kühn hat sicherlich Freude und Genugtuung empfunden, als er

1984 die Grabstätte Ferdinand Lassalles auf dem jüdischen Friedhof in Breslau besuchen und dort eine Rede halten durfte.

Damit ist der Bogen geschlagen zu dem Heinz Kühn nach seiner Ministerpräsidentschaft. Auch in dieser Zeit war er ein rastloser „Multitasker". Er wurde Abgeordneter des ersten gewählten Europäischen Parlaments, Vorsitzender der Friedrich-Ebert-Stiftung, Beauftragter der Bundesregierung für Ausländerfragen und er war Mitglied im WDR-Rundfunkrat – um nur einige Betätigungsfelder zu nennen. Aber seine Aktivitäten wurden immer öfter durch Arztbesuche und Krankenhausaufenthalte unterbrochen. Ende der 1980er Jahre zog er sich von allen öffentlichen Aufgaben zurück. Heinz Kühn starb 1992 in seinem Haus in Köln – wenige Wochen nach seinem 80. Geburtstag.

Politik als Nächstenliebe zur Welt – Zwei Jahrzehnte Johannes Rau

von Hans Leyendecker

Johannes Rau hatte als junger Mann ein Erlebnis, das er später sein „Pfingsterlebnis" nannte. Er war 19 Jahre alt und verkaufte Ende Mai 1950 Bücher bei einem „Reichstreffen" der Schülerbibelkreise. Zehn Mark gab es pro Tag und freie Übernachtung.

Und Rau behielt für sein Leben in Erinnerung, wie Gustav Heinemann, der damals noch in der CDU und einer von drei Referenten war, die jungen Leute zur Mitverantwortung ermutigte: „Für Christen ist der Verzicht auf politische Antwort nicht erlaubt; ja, er ist nicht mehr möglich. Denn der, der nicht handelt, lässt sich behandeln, und der, der nicht handelt, ist dem Mitmenschen kein Nächster." Diese Betrachtung lässt sich auf einen Satz verkürzen: Wer nicht handelt, wird behandelt. Für Rau wurde das zum Leitsatz für gesellschaftliches Engagement: „Wir verachten den Nächsten, wenn wir nicht gesellschaftlich handeln", sagte er in einer Bibelarbeit (Römer 3) beim Deutschen Evangelischen Kirchentag 1997 in Leipzig.

Aber auch Hannah Arendts Spruch „Politik ist angewandte Nächstenliebe zur Welt" hat er gern und oft zitiert. Und er schätzte Hanns Dieter Hüsch besonders. Den gläubigen Kabarettisten vom Niederrhein, der auch Prediger war und große Freude am Spiel mit dem Wort hatte. Als „Mann mit einer Phantasie, die bis in den Himmel reicht", hat ihn Rau mal beschrieben.

Als die Frankfurter Allgemeine Zeitung Rau einmal fragte, welches Lebensmotto er habe, gab er eine Antwort, die nicht nur Agnostikern vermutlich wenig sagt: „Ich halte, weil ich gehalten werde." Dieser Satz findet sich im Siegel der Bekenntnissynode von 1934 der Evangelischen Kirche des Rheinlandes.

Selbst am Abend des Tages, da ihn die Bundes-SPD in Ahlen vor mehr als dreißig Jahren offiziell zu ihrem Kanzlerkandidaten kürte, sprach er in einer Kirche im Rheinland über seine Aufgabe „als Christ in der Politik".

Johannes Rau hat in seinem Leben eine Handvoll Leitfiguren gehabt: Menschen am Weg, die ihn bewegt und mitgenommen haben. Meist waren es Männer: Gustav Heinemann gehörte ebenso dazu wie sein Vater Ewald sowie Willy Brandt, Karl Immer, Hermann Ehlers, Karl Barth und auch Ernst Lange.

Einige dieser Namen werden Nicht-Kirchlern wenig sagen. Rau war sehr früh – und dann sein ganzes Leben lang – Kirchenleuten eng verbunden. Er pflegte rund fünfzig Jahre einen Freundeskreis, der sich „Orbishöher Kreis" nannte. Freunde aus unterschiedlichen Berufen, die alle irgendwann mal mit evangelischer Jugendarbeit zu tun hatten, trafen sich jedes Jahr drei Tage lang auf der Orbishöhe bei Darmstadt und redeten miteinander.

Von Johannes Rau gibt es Predigten, Andachten, Bibelarbeiten und Mediationen aus fünf Jahrzehnten und einige von ihnen hat Matthias Schreiber als Herausgeber in dem Buch „Wer hofft, kann handeln" gesammelt. „Predigten aus fünf Jahrzehnten: Das findet sich nicht einmal unter Pfarrern häufig", betont Schreiber, der Theologe ist und Mitarbeiter von Rau war.

„Wer hofft, kann handeln" – vielleicht war das Raus eigentliche politische Botschaft. Der Glaube, wie er ihn verstand, brachte Beten und Tun zueinander. Dahinter stand immer der feste Glaube an den wiederkommenden Gott und die Bereitschaft, die Welt zu verändern, zu verbessern. „Suchet der Stadt Bestes" – das war der Ruf der Protestanten in den fünfziger Jahren.

Zwischen 1965 und 1999 gehörte Rau der Synode der Evangelischen Kirche im Rheinland und diversen Ausschüssen und Kuratorien an. Er war stellvertretendes Mitglied der Kirchenleitung, zwanzig Jahre lang Herausgeber der Evangelischen Kommentare und gehörte dem Kuratorium der Stiftung Bibel und Kultur an. Er hat zahlreiche Beiträge für theologische Festschriften verfasst und er soll ein bisschen enttäuscht gewesen sein, dass ihm die Ruhr-Universität Bochum den theologischen Doktor verliehen hat und nicht die kirchliche Hochschule in Wuppertal.

Auch sein Vater Ewald, der sich selbst einen „bewussten Christen" nannte, war ein großer Bibelkenner. Angestellt beim „Deutschen Hauptverein des Blauen Kreuzes" zog er als Reiseprediger durchs Land. Er hielt dann „Stunde", wie man das im Bergischen, in der Heimat der Familie Rau, nannte.

Johannes Rau, der sicherlich ein begnadeter Erzähler und einer der sprachmächtigsten deutschen Politiker war, bezeichnete sich gegenüber seinem früh verstorbenen Vater fast als „taubstumm". Natürlich kokettierte er da ein bisschen. Er hatte eine große Fähigkeit zum bewundernden Gedenken.

Ein Foto von Vater Ewald hatte er als Ministerpräsident auf seinem Schreibtisch in der Staatskanzlei stehen. Auf dem Grabstein des im Dezember 1953 tödlich verunglückten Vaters steht: „Dieser war auch mit dem Jesus von Nazareth", und dieser Satz, den im biblischen Originaltext eine Magd über einen Jünger sagt, steht auch auf dem Grabstein seines im Januar 2006 verstorbenen Sohns Johannes auf dem Dorotheenstädtischen Friedhof in Berlin.

Kirche, Bibel, Glaube.

Kann man die Amtszeit eines Politikers, der zwanzig Jahre lang (von 1978 bis 1998) Ministerpräsident des bevölkerungsreichsten Bundeslandes war, der dreimal die absolute Mehrheit für seine Partei erreichte, der durch Rede und Gegenrede große Gefolgschaft auch im anderen politischen Lager gewinnen konnte und der schließlich Bundespräsident wurde, auch mit seinem speziellen politischen Protestantismus erklären?

Vermutlich hätte Rau diese These relativiert, er hätte darauf hingewiesen, dass der andere, um den es ihm immer ging, auf keinen Fall seinen christlichen Ansatz teilen müsse: „Christen sind keine besseren Menschen, aber sie haben es besser." Gleichzeitig hätte er betont, dass seine Wurzeln im christlichen Glauben liegen. Er schöpfe, so Rau, Zuversicht und Kraft aus seinem Glauben und habe Respekt vor allen, die ihr Leben auf andere Fundamente gründen würden. Weltveränderung sei nicht den Christen allein zugeordnet. „Aber sie sind die, die den Auftraggeber kennen. Er hat sich selbst zu erkennen gegeben: den Jüngern, den Sündern, den Pharisäern und zum Glück auch uns" (Rau-Predigt 1991 in Köln). Dieser Ministerpräsident ist also nicht nur mit seiner Religion zu erklären, aber ganz sicher nicht ohne Verweis auf seinen Glauben. Im Neuen Testament, so Rau, stehe nicht, „es bleibt alles beim Alten. Sondern da steht: Siehe, ich mache alles neu." Politische Entscheidungen und Verantwortung durch den Glauben waren bei ihm nicht zu trennen.

Jeder Mensch hat seine spezielle Biografie, aber der berufliche und politische Werdegang von Rau war auch schon angesichts der Biografien der anderen Ministerpräsidenten erstaunlich:

Rau wuchs in einfachen Verhältnissen auf. Er hatte vier leibliche Geschwister. Zwei Waisenkinder wurden noch von den Eltern aufgenommen. Er engagierte sich früh in kirchlichen Gruppen. Mit der Obertertia verließ Rau, Jahrgang 1931, die Schule. „Also, wenn Du schon nicht richtig lernst, kannst Du auch etwas Sinnvolles tun", sagte der Vater. Johannes Rau war Lehrling, Verlagsbuchhändler, Redakteur, Geschäftsführer, trat 1952 in die Gesamtdeutsche Volkspartei (GVP) ein, verließ die Partei fünf Jahre später und trat in die SPD ein. Er konnte schreiben, er konnte reden.

Sechs Monate später schon war er Juso-Vorsitzender in Wuppertal und wurde mit 27 Jahren in den Landtag von NRW gewählt. Während die SPD in seiner Heimatstadt Wuppertal in drei Wahlkreisen verlor, wurde Rau im Wahlkreis III mit 44,1 Prozent gewählt. Er hatte 750 Stimmen mehr als sein Konkurrent von der CDU.

1958 kam er in den Landtag. Vier Jahre später wurde er erstmals in den Fraktionsvorstand gewählt, dessen Vorsitzender er bald darauf wurde. Da war er in Wuppertal schon im Stadtrat und auch dort Fraktionsvorsitzender. 1969 wurde er Oberbürgermeister in Wuppertal. Ein Jahr später wurde der Mann, der nicht einmal die Mittlere Reife hatte, Wissenschaftsminister in NRW. Es war die Zeit der Studentenunruhen und Heinz Kühn wollte einen jungen Minister für dieses Ressort. Er war einer, den man in eine Diskussion mit Rudi Dutschke schicken konnte.

Dann wurde Rau Ministerpräsident und schließlich, im zweiten Anlauf, Bundespräsident. Das war sein Amt. Jetzt war er von Berufs wegen Schlichter, Mittler und auch so etwas wie Visionär. Dabei war der Weg zu den Sozialdemokraten für den Predigersohn keineswegs selbstverständlich gewesen. Vor seinem Wechsel von der GVP zur SPD 1957 habe er einen „richtigen Horror" gehabt, hat er mal gestanden. Das war die Zeit, als Bürgersöhne wie Rau sich Sozialdemokraten noch mit Ballonmütze vorstellten – zwei Jahre vor Godesberg. „Keiner von uns kam aus der Arbeiterbewegung" (Rau) – auch nicht seine alten GVP-Freunde Diether Posser und Erhard Eppler, die auch in der SPD ihren Weg gegangen sind: „Wir waren Bürgerliche im Lebensstil."

Das Wort „Genosse" blieb ihm zeitlebens fremd. Heinz Kühn hat ihn deshalb auf Karten und in Briefen mit „Bruder Johannes" angeredet – der Name ist geblieben.

In dem Aufsatz „Was meinem Leben Richtung gab" hat Johannes Rau über den „Rat der Brüder" gesprochen: „Consolatio (sic) fratrum sagte man wohl in der alten Kirche. Ich habe lernen können, weil ich erfahren konnte, dass es das heute noch gibt. Dass Menschen sich anhören, sich zuhören, sich einander öffnen und dann einander wägend raten, das ist eine richtungsgebende Erfahrung meines Lebens."

Ihm sei aber auch bewusst, dass „aus Brüdern Konkurrenten werden" und „dass Nähe und Stallgeruch auch lästig werden können". Erst wenn Brüder „den Vater erkennen", werde die „Richtung sichtbar".

Jeder Politiker hat seine eigene Botschaft, seine eigene Sicht auf die Welt und auf das Land. Die Einzigartigkeit von Rau beruht nicht allein auf seinen Erfolgen bei Wahlen. Sie beruht darauf, dass sein Humor, sein scharfes Auge und seine Fähigkeit, auf Menschen zuzugehen, ihnen zuzuhören, Konflikte auszugleichen, seine große Gabe waren. Er saugte Ermutigung aus Gesprächen im kleinen Kreis und suchte oft den Mittelweg, der sich, zumindest für seine Partei, als durchaus golden erwies. Dem Jargon der Berufspolitiker misstraute der Berufspolitiker Rau und die politische Propaganda prallte, je stärker sie auftrat, an seinen Vorbehalten ab.

Nur keine Übertreibungen! Die Mehrheit der Wähler will keine politischen Abenteuer und schätzt auch keinen ideologischen Fanatismus. Die Entwürfe von Ideologen waren aus seiner Sicht „die eigentlichen Verführer" und wer „den Himmel auf Erden verspricht, der schafft die Hölle". Davon war er überzeugt.

Im Alltag eines Sozialdemokraten hieß das: statt Klassenkampf lieber eine erfolgreiche Tarifrunde. Rau war dafür der richtige Mann am richtigen Platz zur richtigen Zeit.

Man könnte umfängliche Betrachtungen zur Umweltpolitik dieses Ministerpräsidenten, zur Hochschulpolitik, zur Bildungspolitik, zur Europapolitik und auch ein paar Absätze mehr zu Raus Management in der

Kohle- und Stahlkrise formulieren. Diese Untersuchungen bräuchten dann wiederum umfangreiche Analysen mit vielen Zahlen und das würde das Kapitel sprengen.

Wenn man in einem Buch über die Ministerpräsidenten in NRW das Besondere der Amtszeit Raus herausarbeiten will, muss man sich bei allem Für und Wider mehr mit seinem System, mit seinem speziellen Stil beschäftigen als mit der Schlacht um die Zahlen.

In der wissenschaftlichen Literatur gibt es für einen wie ihn den Begriff der „Ministerpräsidentendemokratie". Dieser Ausdruck ruft Assoziationen zu dem Wort „Kanzlerdemokratie" hervor. Das ist kein Zufall.

Die wissenschaftliche Begründung klingt etwas umständlich: Rau habe den „der Konzeption der Ministerpräsidentendemokratie impliziten Handlungskorridor seiner Macht deutlicher als die Ebenen der verhandelnden Wettbewerbsdemokratie (Föderalismus), der Parteiendemokratie, der Koalitionsdemokratie und der Mediendemokratie" genutzt, schrieb der Politikwissenschaftler Karl-Rudolf Korte in einem Aufsatz über „Johannes Rau und die nordrhein-westfälische SPD in den 1980er und 90er Jahren". In der Regierungszeit von Rau ließen sich, so die Kernthese von Kortes Aufsatz, „überlappende Regierungsstile und -formen erkennen: die parteipolitische Führung, die gouvernementale Führung" und ab 1982 „die programmatische Führung".

Die Mehrheitsfraktion(en) im Landtag war(en) in seiner Amtszeit so etwas wie ein Aufsichtsrat. Er hat nicht durchregiert, sondern auf runde Tische und Integration gesetzt und an den zentralen Schaltstellen wichtige Leute untergebracht. Eine starke SPD im Land mit starken Bezirkschefs machte solches Regierungshandeln möglich. Aber auch Politiker von der CDU und von der FDP behielt er im Blick. Er pflegte die organisierte Gesellschaft: Gewerkschaften, Stiftungen, Vereine – und natürlich auch die Kirchen.

Ziele und Wünsche der Mehrheitsparteien wurden aufgenommen, Vorschläge der Ministerialbürokratie wurden berücksichtigt und nach langen Beratungen gab Rau dann die groben Linien vor. Um die Umsetzung kümmerten sich andere.

Sein Vorgehen passte nicht jedem. Nicht wenige Beobachter haben den frühen und den späten Rau für einen Zauderer gehalten: zu leicht, zu wenig entschieden, einfach nicht das richtige Format. Das haben Kollegen damals oft und gern über ihn gesagt. Von nicht wenigen Welt-Sachwaltern und Grund-Bedenkenträgern wurde er als Leichtgewicht abge-

tan. Er sei kein Genie, eher ein Mann des Mittelmaßes. „Niemand halte
das Abwägen von Argumenten für Zögern in der Sache", entgegnete Rau
seinen Kritikern, die ihn aber dennoch weiter einen Zauderer und Zö-
gerer nannten, der nicht gerade ein politisches Genie sei.

Der Philosoph Johann Gottfried Herder hat darüber 1767 das Entscheidende geschrieben:

> „,Was ist denn aber an Genies gelegen?' desto mehr liegt uns an brauch-
> baren Männern. Zu diesen wird eine glückliche Temperatur von Ga-
> ben und Geschicklichkeiten erfordert: eine gewisse Mittelmäßigkeit,
> die sich nicht zu Genies und Geistschöpfern hebt, und nicht zu dum-
> men Dorfteufeln herabsinket: eine mittlere Größe, die eben den Punkt
> der Nutzbarkeit trifft."

Nutzbarkeit? Rau hatte leidenschaftliche Gegner. Sie redeten im Ton der
Erbitterung über diesen christlichen Sonderling, als drücke das Wort von
der Nähe zu den Menschen eine Stufe der Verdammnis aus. Aber auch
mancher Sozialdemokrat zweifelte, dass dieser „Bruder" in dieser Partei
und in der Aufgabe als Regierungschef am richtigen Platz sei. Helmut
Schmidt, der so etwas wie der erste Angestellte der Republik war, hielt
ihn für einen „Leichtmatrosen". Schon das Faktum, dass Rau etwas mit
der Bergpredigt in der Politik anfangen konnte, hat Schmidt provoziert.

In Bonn galt er manchem als falscher Bruder Johannes. Dass er mit den
vielen Ritualen des politischen Betriebs, den Sprechblasen, wenig anzu-
fangen wusste, hat ihm nur noch mehr Verachtung eingebracht. Dass er
zehntausende persönliche Botschaften an seine Mitmenschen versand-
te, machte ihn nur noch mehr verdächtig, nicht richtig dazuzugehören.

Selbst seine Weggefährten sind sich nicht sicher, ob das alles echt
war oder auch manches gespielt. Fortwährend sendete er Signale einer
ganz persönlichen Verbundenheit mit jedem Einzelnen aus. Das war seine Rolle. Rau und die Menschen. Immerzu predigte er, dass „Gott die
Leute mag", und er zeigte das auch: „Je näher ich bei den Menschen bin,
desto mehr Spaß macht mir Politik."

Seine Kabinettsarbeit konnte strapaziös sein – für die anderen. Er
suchte den Konsens. Sich nicht festlegen, um die anderen zu sich herü-
berzuziehen – das war ein Ziel seiner Kabinettspolitik. Jedenfalls war er –
in diesem Punkt werden sich beide Lager einig sein – das Gegenteil ei-

nes gewöhnlichen Machers, wie ihn der Politikbetrieb kennt. Er war kein Mann der vorwärtsdrängenden Programmatik; abstraktes Denken war nicht seine Stärke. „Ich mag nicht gern abstrakt, abgehoben von konkreten Lebenslagen argumentieren", hat Rau in einem 15-stündigen Gespräch mit Journalisten, das über mehrere Tage ging, gesagt. Er „bewundere Leute mit einem analytischen Vermögen – aber deshalb muss ich mich nicht an deren Stelle setzen wollen".

Für Macher, die so tun, als könnten sie durch geschlossene Türen gehen und jedes Problem lösen, hatte er nicht viel übrig. Es gibt nicht wenige Menschen, die vom Politiker erwarten, dass er zupackt, Probleme gleich wegräumt, sich einfach durchsetzt. So etwas wie der Vorstandsvorsitzende der Republik. Das war Rau nicht. Er war in jedem Amt ein Bürgermeister, der geborene Präsident – und die Wähler haben das Präsidiale an diesem Regierungschef gemocht.

Möglicherweise ist Rau im politischen Apparat der meist unterschätzte erfolgreiche Politiker der Nachkriegszeit. Er gab sich manchmal wie ein Durchschnittsbürger und das Bild, das man sich von ihm machte, war angefüllt mit Spießigkeiten: spielt Skat, trinkt Pils, isst Leberwurst, sammelt Briefmarken und knabbert Erdnüsse. Ein Biedermann, der bei Reisen nach Asien die gute Küche dort lobte, aber leider wegen Bauchschmerzen kaum etwas essen konnte, wenn es nicht gerade Steak gab. Bohemien war er nicht.

Rau hatte seinen eigenen Stil und wenn man sich auf den einließ, ging es einem so, wie es einem manchmal bei Büchern von Robert Walser oder Wolfgang Koeppen geht: Man beginnt zu lesen, schaut sich um und denkt: Alles ist vertraut. Nur ein paar Nuancen sind neu im Immergleichen. Das kann man auch Verlässlichkeit oder Prinzipientreue nennen. Langweilig? Vielleicht. Erfolgreich? Ja.

Beispiel Hochschulpolitik: Anfang der sechziger Jahre gab es im Ruhrgebiet 2 000 Studenten. Die hatten alle eine Adresse: Rheinlanddamm 100 in Dortmund. Sie alle studierten Grund- und Hauptschullehramt. Als Rau Wissenschaftsminister wurde, wertete er zunächst die Pädagogischen Hochschulen im Lande auf. Später wurden sie als Fakultäten in bestehende oder neue Universitäten eingegliedert. Die Gründung von fünf Gesamthochschulen und der Fernuniversität Hagen ist eng mit seinem Namen verbunden. „In den beiden Legislaturperioden unter Johannes Rau als Wissenschaftsminister" habe die Hochschulgeschichte in NRW „eine besonders vitale, schnelle und faktenreiche Entwicklung von grundlegender Bedeutung erlebt", schrieb der Germanistikprofessor Siegfried Grosse in einer Analyse über die Hochschulpolitik der siebziger Jahre.

Und als Ministerpräsident hat Rau in einem langen Diskussionsprozess gegen manche Widerstände die Gründung der privaten Hochschule Witten-Herdecke ermöglicht. Mancher hatte den Eindruck, er sei dagegen gewesen, aber das hat er immer dementiert. Er habe nur eine Grundsatzentscheidung herbeiführen wollen und den Konsens gesucht, sagte er. Witten-Herdecke war typisch für den Politikstil von Johannes Rau. Am Ende und nach vielen Wirrungen war die Genehmigung für die Uni da.

Vieles von dem, was er machte, war eigentlich erstaunlich für jemanden, der mit der neunten Klasse abgegangen ist. Aber wenn man ihn fragte, ob seine unvollendete Schulbildung für ihn in seinen Ämtern Handicap oder Chance gewesen sei, erzählte er gern die Geschichte von dem Professor für Zahnmedizin, dem er kürzlich begegnet sei: „Ein großartiger Mann. Auch in seinem Beruf. Spezialist für Wurzelperforation oben rechts." So grenzte er sich ab, spielte dem Fragenden die Frage wieder zurück. Der Unterschied von Obertertianer und Professor? Der eine wurde Ministerpräsident, der andere ist Spezialist für Wurzelperforation oben rechts.

Aber er hat das Land kulturpolitisch nach vorn gebracht. NRW förderte in seiner Zeit mit erheblichen Mitteln Landestheater, kommunale Museen, half bei der Gründung der Kultursekretariate, rief verschiedene wichtige Stiftungen ins Leben und auch der Landesorden war eine Idee von Rau.

Rau umgab allerdings anfangs eine ihn umflirrende Undeutlichkeit, die manchen ratlos machte: Ein WDR-Redakteur machte Anfang der achtziger Jahre ein „seltsames Phlegma" aus, das über dem Land lag: „Alles ist da, aber es nichts miteinander verbunden. Viele gesättigte Lösungen, aber keine Kristallisation (überall viel Beweglichkeit, aber keine Bewegung)."

Besonders hart fielen später bei seinen Kritikern die Urteile über Struktur- und Wirtschaftspolitik in der Amtszeit Raus aus. Zu lange, so die Kritiker, habe er am defizitären Kohlenbergbau festgehalten und viel zu wenig die Einführung neuer Technologien unterstützt. Dass NRW wirtschaftlich betrachtet weit hinter Bayern und Baden-Württemberg rangiert, sei doch offensichtlich. Rau sei eben ein Mann von gestern gewesen.

Die andere Sicht hat der Geschichtsprofessor Karl Lauschke in einem Aufsatz so zusammengefasst: Die Handlungsspielräume des Ministerpräsidenten in der Strukturpolitik seien sehr begrenzt gewesen und es habe Restriktionen gegeben, „die auch mit noch so gutem Willen nicht überschritten werden konnten".

Der Vergleich mit Bayern und mit Baden-Württemberg ist auch deshalb ein bisschen unfair, weil diese beiden Länder eine ganz andere Infrastruktur als NRW haben. Und verglichen mit allen anderen schwerindustriellen Regionen auf dieser Erde hat NRW im Ruhrgebiet den Wandel besser geschafft als die anderen. Die sozialen Verwerfungen, die es beispielsweise in Großbritannien gab, hat NRW so nicht erlebt. Das System Rau ließ den Zusammenbruch nicht zu.

Wenn man – auch mit Blick auf die ihm nachfolgenden SPD-Ministerpräsidenten – der Frage nachgeht, warum die Partei zu Zeiten von Rau fast wie eine Staatspartei erschien und warum dann alles erodierte, muss man auch die Gewerkschaften in den Blick nehmen. Es gab damals so etwas wie eine Symbiose zwischen Gewerkschaften und SPD in NRW. Von einer „personellen Verschränkung von SPD- und Gewerkschaftsfunktionären" spricht der Wissenschaftler Korte. Die katholischen CDU-nahen Arbeitervertreter seien „ins Hintertreffen geraten". Vor allem bei der Ruhr-SPD habe es zu Zeiten von Rau den sozialdemokratischen Multifunktionär gegeben: Stadtrat, Gewerkschaftssekretär und Betriebsrat – wichtiger noch: Die Gewerkschafter waren tatsächlich Ansprechpartner für die Alltagsprobleme der Leute.

Raus SPD in NRW gab sich als „Schutzmacht der kleinen Leute" und übernahm das schon von CDU-Ministerpräsident Karl Arnold proklamierte Selbstverständnis Nordrhein-Westfalens als soziales Gewissen der Bundesrepublik. Er versuchte, besonders den kleinen Leuten nah zu sein und daraus Politik zu machen. „Ich bin kein Landesherr", sagte Rau. „Mich interessieren in der Tat die konkreten Lebenslagen der Menschen mehr. Ich entwickle meine Kritik an den Strukturen der Gesellschaft von den Unzuträglichkeiten der Lebenslagen her. Die muss ich konkret erfahren haben. Von denen muss ich detailliert wissen, um dann Anstöße geben zu können."

Er wollte mit aller Leidenschaft Menschen zusammenführen. Dazu gehörte auch, dass er Menschen mit Sorgfalt Briefe schrieb. Er schrieb, wo er ging und stand, führte über die wichtigsten Briefe ein handge-schriebenes Tagebuch.

Wer krank wurde in Nordrhein-Westfalen, dem konnte es passieren, dass er in feinen Buchstaben, mit Tinte hingemalt, die Mahnung bekam: Wir alle bekommen gelegentlich einen Schuss vor den Bug. „Wichtig" sei, das zu realisieren, „damit wir noch lange bei der Sache und beieinander" sein können.

Auch wenn jemand zu Grabe getragen wurde, tauchte er unvermu-tet auf – Rau war als Tröster und Versöhner unterwegs. Seine Regierungs-maxime war die frohe Botschaft, ohne den „Zeigefinger der Belehrung". Fortwährend versuchte er, Signale einer ganz persönlichen Verbunden-heit mit jedem einzelnen auszumachen. Das war seine Rolle: Rau und die Menschen. Nimmermüde predigte er, dass „Gott die Menschen mag".

Als Menschenfischer oder auch als „Genie der Menschlichkeit" (Er-hard Eppler) ist Johannes Rau gelobt worden.

Zum ganz großen Erfolg wurde die Kampagne „Wir in Nordrhein-Westfalen". Eigentlich war sie als Instrument der Wirtschaftsförderung gedacht, aber sie wurde so etwas wie eine große Erzählung mit Blick auf die Gründung dieses Bundeslandes.

Über das Gewese der angeblich freiheitsliebenden Rheinländer, der angeblich freisinnigen Lipper und der angeblich verlässlichen Revierleu-te gab es schon immer viele Betrachtungen und plötzlich gab es für das alles ein Wort mit drei Buchstaben: „Wir".

Für viele im Lande war die Kampagne so etwas wie der Ausdruck von Landesbewusstsein.

NRW ist das bevölkerungsreichste Bundesland, aber den Siegerlän-der verbindet mit denen im nahen Hessen möglicherweise mehr als mit dem entfernten Lipper. Und jetzt waren sie plötzlich alle in NRW ange-kommen.

Rau legte erstaunlich viel Wert darauf, das Wort „Wir" als politischen Begriff für NRW erfunden zu haben. 1978 habe er schon in einer der ers-ten Kabinettsitzungen erklärt, dass das „Wir" ein besonderer Auftrag sei. „Es wurden ganz skeptische Stimmen laut: Das kann man in Bayern ma-chen, aber nicht in Nordrhein-Westfalen; das sei ein künstliches Land."

Er habe gesagt: „Wenn wir das nicht für unser Land mit seiner typi-schen Vielfalt vermitteln können, dann hat Nordrhein-Westfalen eine Chance verspielt, dann können wir die Probleme nicht meistern. Viele haben das für eine Marotte gehalten. Ich habe es immer wieder benutzt."

Aber das „Wir in Nordrhein-Westfalen" hat noch einen anderen Vater. Das war der damalige SPD-Landesgeschäftsführer Bodo Hombach, der daraus eine große Kampagne gemacht hat. Hombach war Regisseur der gewonnenen NRW-Landtagswahlen. Ein junger Mann damals, den Größen der CDU ihren „gefährlichsten Gegner" nannten. Rau bezeichnete ihn als sein „Alter Ego". Man konnte zeitweise glauben, das bayerische Mia-san-Mia sei, verglichen mit dem nordrhein-westfälischen „Wir", eine provinzielle, barocke Geschichte gewesen.

„Wir in Nordrhein-Westfalen" traf jedenfalls den Nerv der Zeit. Die SPD öffnete sich für nahezu alle gesellschaftlichen Milieus, die CDU konnte nicht dagegenhalten und Rau integrierte die an Aufstiegsansprüchen orientierten Mittelschichten erfolgreich. Die SPD in NRW kam bei der Wahl 1985 auf 52,1 Prozent und Rau nahm das „Wir" wieder in seiner Regierungserklärung auf: „Wir in Nordrhein-Westfalen wissen: Wir leben in einem schönen und starken Land. Wir sind fast 17 Millionen Menschen. Unsere Herkunft ist unterschiedlich, unsere Zukunft ist gemeinsam. Wir leben gerne hier. Vielfalt ist unsere Stärke. Wir sind stolz auf unsere Heimat."

Herzenssache war ihm das Verhältnis von Christen und Juden. Kaum ein anderer Politiker hat sich so stark für die Aussöhnung von Deutschen und dem jüdischen Volk eingesetzt wie Rau. Er wagte es, in der Knesset als erster Deutscher in „der Sprache der Mörder" zu den Abgeordneten des israelischen Parlaments zu sprechen. Rau bat um „Vergebung für das, was Deutsche getan haben, für mich, für meine Generation, um unserer Kinder und Kindeskinder willen, deren Zukunft ich an der Seite der Kinder Israels sehen möchte".

Was mit den Juden in seiner Heimatstadt Wuppertal geschah, hat er oft erzählt. Er war sieben Jahre alt, als in der Reichspogromnacht vom 9. November 1938 in Barmen die Synagoge brannte. „Warum brennt das da?", fragte er. „Ich weiß die Antwort noch, mit der mir irgendein Erwachsener sagte, das sei das Haus der Juden und Gottes Wort werde da schon lange nicht mehr richtig verkündet. Nicht nur das Brennen der Synagogen war das Schreckliche an diesem Abend damals, sondern auch, dass die Menschen – Menschen wie Sie und ich – bloß zugeschaut oder ganz weggeblickt haben. Was wäre gewesen, wenn die Christen nicht bloß zugeschaut und nicht einfach weggeblickt hätten? Was wäre geschehen, wenn das Gewissen der Welt, auch der christlichen Welt, geschärft gewesen wäre … Hätte man etwas aufhalten können?" Seine Liebe zu Israel ist zum einen Erbe aus der Heiligen Schrift und zum anderen Erbe aus der deutschen Geschichte. Israel und die Juden – das hat ihn immer bewegt und auch die Bombardierung seiner Heimatstadt Wuppertal im Mai 1943 hat er nie vergessen: „Das brannte sich natürlich ein; man hat Leichen gesehen, zum ersten Mal im Leben."

Über seine innere Heimat hat er oft gesprochen. Das letzte Mal auf dem Kirchentag Ende Mai 2005 in Hannover. Er antwortete auf das Leitwort des Kirchentags „Wenn dein Kind dich morgen fragt …" aus dem 5. Buch Mose 6,20:

> *„Sagt ihnen, dass wir auf den Schultern unserer Mütter und Väter stehen. Sagt ihnen, dass ohne Kenntnis unserer Geschichte und unserer Tradition eine menschliche Zukunft nicht gebaut werden kann. Sagt ihnen, dass wir ohne innere Heimat keine Reisen unternehmen können. Denn wer nirgendwo zu Hause ist, der kann auch keine Nachbarn haben."*

NRW hat viele Nachbarn in Europa und Rau war als Versöhner unterwegs. Er engagierte sich erfolgreich für eine Stärkung der Bundesländer in der Europapolitik und NRW richtete als erstes Bundesland ein Verbindungsbüro in Brüssel ein. NRW ist ein wichtiges Bundesland und in Europa eine Größe. Ein Ministerpräsident wird auch im Ausland beachtet. Rau war mit vielen Großen der Politik schon als Regierungschef vertraut. Allerdings blieb auch in seiner Amtszeit Europa dann doch wieder eine Sache der Experten.

Seine berufliche Karriere hatte er mit Büchern angefangen. Er hat als Geschäftsführer des Evangelischen Jugenddienst-Verlags viel Erbauliches für die christliche Jugend verlegt. Als er Ende 1985 erstmals einen Ehrendoktor-Titel erhielt, wurde in der Laudatio die „Hingabe des neuen Doktor honoris causa zum Buch, zum Wort und zum neuen geistigen Leben" gewürdigt. Das war schon eine Übertreibung.

In seinen jungen Jahren hat er tatsächlich, auch mit der Gefräßigkeit des Autodidakten, viel gelesen. Dann ist nicht mehr viel Neues hinzugekommen. Was blieb, waren neben der Bibel und all der theologischen Literatur Heinrich Böll, Erich Kästner und Albrecht Goes. Wenn man den früheren Verleger fragte, welche Autoren er schätze, redete er nicht über Ernst Jünger, nicht über Hans Magnus Enzensberger, sondern am liebsten über den Dichterpfarrer Goes. Dem fühlte er sich besonders verbunden – auch für Goes waren Sprache und Wort Ausdruck der Sorge um die Menschen.

Rau hatte die Angewohnheit, seine Lebenswahrnehmungen in Anekdoten zusammenzufassen: Wenn die in der Partei wieder einmal undankbar waren, erzählte er gern die Geschichte mit dem Kind, das in einen reißenden Wildbach gestürzt war. Ein Mann sah das, sprang ins Wasser, rettete es unter Lebensgefahr und drückte das Kind der Mutter am Ufer in die Arme. Die aber fragte nur: „Wo ist die Mütze?" Oder die wunderbare Geschichte von dem Rabbiner und dem Pastor, die sich bei einer Tagung ein Schlafzimmer teilen mussten und sich morgens beim Frühstück trafen:

„Hoffentlich habe ich Sie gestern Abend nicht beim Einschlafen gestört, weil Sie das Licht so lange brennen ließen", entschuldigte sich der Pastor beim Rabbiner.

„Nicht der Rede wert, ich habe nichts Störendes bemerkt", antwortete der.

„Wissen Sie, wenn ich am Abend nicht eine halbe Stunde Gottes Wort gelesen habe, kann ich nicht ruhig schlafen", erklärte der Zimmergenosse.

„Wie merkwürdig", entgegnete der Rabbiner, „bei mir ist es genau umgekehrt: Wenn ich am Abend eine halbe Stunde lang Gottes Wort läse, könnte ich nicht mehr schlafen."

Sein Vater Ewald hatte solche Geschichten geliebt und Rau hat von ihm gelernt, dass diese Geschichten „wie ein Schlaglicht sein können". Darum hat er sie gern erzählt. Er erzählte, wie die Bibel erzählt. Klar. In Bildern und Gleichnissen. Seit der Kindheit las er in der Bibel. Sie sei für ihn noch „immer voller Wunder, aber nie wunderlich", hat er 1998 in einem Aufsatz mit dem Titel „Überlegungen zur Bibel" geschrieben. In Jahrhunderten sei „ein Kompendium voll Weltklugheit und Menschenkenntnis entstanden, das immer mehr ist und sein will als Ideologien-Atlas oder Alltags-Knigge". Aber im Alltag vieler Leute, das war ihm klar, spielte die Bibel keine Rolle mehr und die Zahl der Menschen, die nicht mal mehr wissen, dass sie Gott vergessen haben, ist seit dem Tod Raus noch größer geworden.

Mancher Politiker hielt das aber für Witzeerzählen oder fand, dass der Erzähler derart nur von unangenehmen Themen ablenken wolle. Ein Leichtgewicht also. Zeitweise fürchtete Rau das Klischee des fröhlichen

Tausendsassas. Als er im Frühjahr 1999 seine 701. und letzte Rede im Düsseldorfer Landtag hielt, sagte Rau: „Ich nehme Abschied, aber ein Stück von mir bleibt zurück."

Das Stück ist weit größer, als damals viele gemeint haben. In seinem Elternhaus hing im Wohnzimmer Psalm 31, Vers 9: „Du stellst meine Füße auf weiten Raum." Den Psalm hatte dort der pietistische Vater aufgehängt. Der Psalm umschreibt das Leben von Rau.

Es gab für ihn natürlich auch Niederlagen. Als Kanzlerkandidat einer zerstrittenen SPD hatte Rau 1987 gegen Helmut Kohl keine Chance und als er erstmals Bundespräsident werden wollte, wollte Kohl nicht. Rau hat das alles mehr zugesetzt, als er zugeben wollte. Da waren Krankheiten, da waren Enttäuschungen, aber er hat auch spät das große Glück gefunden. Er heiratete im Alter von 51 Jahren die damals 26-jährige Christina Delius, eine Enkelin von Gustav Heinemann. Die beiden bekamen drei Kinder – Anna Christina, Philip Immanuel und Laura Helene – und der Menschenkenner Rau wurde 1999 endlich Bundespräsident. Das war sein Amt. Er wurde anfangs wieder einmal unterschätzt – und war doch ein großer Präsident.

„Eure Herren gehen, unser Herr aber kommt" – dieser Satz, den Gustav Heinemann beim Essener Kirchentag 1950 sagte, das war einer der Leitsätze für Rau in seinem Leben, „ein Glaubensbekenntnis gegen allen Fatalismus und alle falsche Theorie von der angeblichen Zwangsläufigkeit der Weltläufte".

Gegen diese Zwangsläufigkeit hat er in 53 aktiven Jahren in der Politik gekämpft. Immer menschlich – als Mensch eben.

Immer unter Dampf: Wolfgang Clement – das genaue Gegenteil seines Vorgängers Johannes Rau

von Hartmut Palmer

Über Wolfgang Clement gibt es zwei Anekdoten, die eine Menge über ihn erzählen. Die eine hat seine Frau in die Welt gesetzt. Ihr Mann, scherzte Karin Clement, bete manchmal zum Himmel: „Lieber Gott, bitte gib mir Geduld, aber ein bisschen dalli!" Die andere passt dazu und stammt aus der Zeit, als Clement Ministerpräsident von Nordrhein-Westfalen war: Steht eine Herde Schafe vor der Düsseldorfer Staatskanzlei und demonstriert. „Warum demonstriert ihr denn?", werden sie gefragt. Die Schafe: „Der Clement will uns das fünfte Bein abhacken." – „Aber ihr habt doch nur vier!" – „Was nützt uns das?", jammern die Schafe. „Der Clement hackt erst und zählt dann."

Ein Witz mit Widerhaken.

Die Journalistin Annette Ramelsberger hat ihn vor vielen Jahren in der „Süddeutschen Zeitung" untergebracht, als sie ein Porträt über Clement schrieb, der damals, vor der Landtagswahl 2000, um sein Amt als Ministerpräsident kämpfte, das er zwei Jahre zuvor von seinem Vorgänger Johannes Rau übernommen hatte. Sie weiß nicht mehr, wer ihr die Geschichte steckte. Sie weiß nur, dass sie zu dem Bild passte, das sie von dem SPD-Politiker gewonnen hatte. Und fast jeder, der mit Clement zu tun hatte, findet das auch heute noch und lacht über die Fabel mit den Schafen.

Ja, so ist er, sagen Gegner und ehemalige Genossen. So haben sie ihn erlebt in Gremien und Kabinetten, in Sitzungen und Verhandlungen: Immer in Eile, immer ungeduldig, immer unter Dampf, das genaue Gegenteil seines zögerlichen, stets abwägenden Vorgängers Johannes Rau. Er war ein Blitz-Entscheider, der Politik oft mit der Brechstange machte, ein Überzeugungstäter, der Bedenkenträger hasste, ein unermüdlicher Modernisierer, der jeden Tag eine neue Idee hatte, wie man das Land Nordrhein-Westfalen an die Spitze bringen könne, – und der sich dabei manchmal auch verrannte. Geradlinig, verlässlich, anständig und stur – das sind die Attribute, die man auf ihn häufte. Ein durchaus liebenswerter Choleriker. Unmäßig im Anspruch an sich und andere. Ein Fanatiker des Fleißes.

*

Wir sind im „Konrad's" verabredet. Das Restaurant liegt im 17. Stock des Marriott Hotels mitten im alten Bonner Parlaments- und Regierungsviertel, direkt neben dem alten Kanzleramt. Von hier oben kann man sehr gut sehen, was aus der Stadt geworden ist, seit Regierung und Parlament den Abflug nach Berlin gemacht haben. Bonn boomte, und das hatte viel mit Wolfgang Clement zu tun. Er schuf bereits als Chef der Staatskanzlei die Grundlage für den wirtschaftlichen Aufschwung, den Stadt und Region nach dem Exodus der Regierung nahmen. Er handelte der schwarz-gelben Bundesregierung unter Helmut Kohl die Milliarden ab, die der Bund der „Bundesstadt" zahlen musste – als Entschädigung für den verlorenen Hauptstadt-Titel.

Es war sein Vorschlag, sich hier zu treffen. Und er ist, wie immer, auf die Minute pünktlich. Leicht gebräunt, schlank, federnd eilt er durch das geräumige Restaurant, das Handy am Ohr, geschäftig, vital. Er wirkt nahezu alterslos: 78 Jahre ist er, zwölffacher Großvater. Er fährt Fahrrad oder lässt sich von seiner Frau Karin chauffieren. Heute war es knapp, er musste in letzter Minute ein Taxi ordern. Er hasst Unpünktlichkeit. Deshalb ist er gut gelaunt, dass er es trotzdem rechtzeitig geschafft hat.

Ja, es stimmt. Den Kampf um die Hauptstadt hat er verloren. Die Mehrheit war knapp. Neunzehn Stimmen fehlten den Bonnern in der entscheidenden Abstimmung am 20. Juni 1991. Aber den Strukturwandel danach, den hat er hingekriegt. Post und Telekom beherrschen jetzt das Viertel rund um das ehemalige Parlament. Die Vereinten Nationen sind, weithin sichtbar, neuer Mieter im früheren Abgeordneten-Hochhaus „Langer Eugen". Ein neues Kongresszentrum entstand. Überall wachsen Bürotürme in den Himmel. Das ehemalige Regierungsviertel platzt aus allen Nähten.

Als Büro-, Kommunikations- und Dienstleistungs-Zentrum hat sich die ehemalige Bundeshauptstadt behauptet. Und auf den Gebieten Wissenschaft und Forschung belegt sie inzwischen ebenfalls einen Spitzenplatz im nationalen und internationalen Ranking – nicht nur, aber auch dank Clements Hilfe.

Er deutet hoch auf den Venusberg. Dort oben, auf dem Gelände der Universitätsklinik, wird seit ein paar Jahren Medizingeschichte geschrieben. Dass Deutschland auf dem Gebiet der Stammzellforschung weiter mithalten kann, ist auch sein Verdienst. Denn er hat um die Jahrtausendwende dafür gesorgt, dass die Bonner Forscher Oliver Brüstle und Otmar Wiestler nicht ins Ausland abgewandert sind, sondern weiter in Bonn an der Rekonstruktion und Heilung menschlicher Gehirnzellen arbeiten konnten. Dazu brauchten sie embryonale Stammzellen, deren Herstellung in Deutschland verboten ist. Nicht verboten war hingegen der Import solcher Stammzellen aus dem Ausland. Diese Gesetzeslücke nutzte Clement. Er fuhr persönlich mit den beiden Forschern nach Israel und vereinbarte eine dauerhafte Kooperation. Der Einsatz war politisch hoch umstritten, aber er zahlte sich aus: „Life & Brain" wurde gegründet, ein Institut, das Brüstle heute allein leitet. Es wird mit Geld aus einer privaten Stiftung finanziert. Und daneben entstand das „Deutsche Zentrum für Neurodegenerative Erkrankungen" (DZNE), einer der Leuchttürme der Bonner Exzellenz-Universität. Brüstles Transplantations-Verfahren ist kompliziert. Aber wenn es funktioniert, ist es nobelpreisverdächtig und verspricht außerdem lukrativen Gewinn. Bislang unheilbare Krankheiten wie Parkinson oder Multiple Sklerose könnten eines Tages nicht nur gestoppt, sondern dauerhaft besiegt werden.

„Das kam nicht von allein, dafür musste man kämpfen", sagt Clement. „Und das alles, das muss ich nun wirklich sagen, war nur mit Brachialgewalt möglich."

Kämpfen! Brachialgewalt! Erst hacken ...?

Wolfgang Clement ringt sich ein schmallippiges Lächeln ab. So richtig toll findet er die Anekdote mit den Schafen nicht. Aber er gibt zu: „Da ist ein bisschen was Wahres dran. Dass ich schnell zum Handeln bereit war – das stimmt. Aber wenn du hier was verändern willst in einem solchen Land, musst du noch ganz anders ..." Pause.

Hacken?

„Ich würde heute noch sehr viel weiter gehen, denn dieses Land ist einfach viel zu weit zurück. Hier bewegt sich von sich aus nichts. Und deshalb glaube ich, dass es richtig ist, dass man … ja: entweder packt man's oder man packt es nicht. Man kann das alles vorsichtig tun, aber dann kommst du nicht weiter. Jedenfalls ist das meine Überzeugung." Er hat sich nicht geändert. Er kann sich noch immer tierisch aufregen über schwerfällige Behörden und überflüssige Bestimmungen, über Paragraphenreiter und Bürohengste, die Unternehmern das Leben schwer machen. Wie Gulliver im Zwergenland kam er sich manchmal vor, tausendfach am Boden gefesselt durch Gesetze, Verordnungen, Bedenken. Erst kürzlich, erzählt er, hat ihm der Chef einer Firma, die Geo-Kraftwerke baut und Probebohrungen niederbringen will, sein Leid geklagt: „Mit wieviel Behörden der für jeden einzelnen Schritt zu tun hat. Wenn du das hörst, dann wirst du verrückt. Da habe ich gesagt: ‚Wir müssen hier eigentlich mal eine Kulturrevolution entfachen und fragen: welche Behörden, welche Einrichtungen, was davon brauchen wir wirklich?'"

Im Frühsommer 2005 verlor Clement nach dem Ende der rot-grünen Koalition sein Amt als Bundesminister für Wirtschaft und Arbeit. Drei Jahre später verließ er die SPD im Zorn. Inzwischen sitzt er in zahlreichen Aufsichtsräten, kontrolliert und berät mittelständische Unternehmen und große Energiekonzerne und unterstützt die FDP. Er glaubt nicht mehr daran, dass „die Parteien so, wie sie heute sind, auf längere Sicht eine Zukunft haben". Er prophezeit sogar: „Wir werden womöglich auch eine Bewegung bekommen, hier in Deutschland, eine Art Macron-Bewegung." Wer aber könnte eine solche Bewegung anführen, die Clement eine „Kulturrevolution" nennt?

Als Bundesminister in Berlin hat Clement sich früher oft mit Friedrich Merz gestritten, dem damaligen Fraktionschef der Union im Bundestag. Inzwischen sind sie befreundet, Brüder im Geiste, vereint in ihrer Kritik am Establishment der regierenden Parteien. Sie haben 2010 sogar schon gemeinsam ein Buch geschrieben: „Was jetzt zu tun ist. Deutschland 2.0", mit ätzender Kritik an CDU und SPD. Da gab es die AfD zwar noch nicht, aber die Gründung einer Alternative zur CDU lag bereits in der Luft. Helmut Kohls langjähriger Wahlkampfmanager Peter Radunski, ein Mann mit sicherem Gespür für Stimmungen, warnte damals: „Ich hätte Angst vor einem Trio aus Thilo Sarrazin, Wolfgang Clement und Friedrich Merz; die würden auf Anhieb 15 Prozent holen." Radunski sagt heute: „Gott sei Dank haben sie es nicht gemacht!"

*

Wer sich den Witz mit den Schafen ausgedacht hat, weiß niemand genau. Aber Kenner der Düsseldorfer Szene haben gleich einen Verdacht: Derlei Schnurren und Witze konnte nur einer erfinden und erzählen: Johannes Rau.

Gerhard Schröder, der Clement 2002 als Superminister nach Berlin lockte, lacht am lautesten. Den mit den Schafen kannte er noch nicht. In Schröders Anwalts-Kanzlei in Hannover steht eine Miniaturausgabe der Brandt-Skulptur, die man immer im Fernsehen sieht, wenn neue Hiobsbotschaften aus der Berliner SPD-Zentrale dringen. Vor diesem Mini-Brandt sitzt der Alt-Kanzler und wiehert, bis ihm fast die Tränen kommen: „Ist zwar ein bisschen böse, aber so ganz falsch nicht." So habe er den Minister Clement später gelegentlich auch in Berlin erlebt, wenn dieser vom morgendlichen Joggen irgendwelche neuen Ideen mitbrachte. „Das ging manchmal auch nach dem Motto: ‚Erst hacken, dann zählen!'"

Peer Steinbrück, Clements Nachfolger im Amt des Ministerpräsidenten und ihm immer noch freundschaftlich verbunden, lacht ebenfalls laut und herzlich. „Ja, so ähnlich ist das mit ihm!" Auch er kann sich „gut vorstellen, dass so eine Anekdote von Johannes Rau selbst kommen konnte". So sieht das auch der Grüne Michael Vesper, stellvertretender Ministerpräsident unter Rau, Clement und Steinbrück: „Rau hat Leute ja nie offen kritisiert. Der machte das lieber hinterherum mit solchen Geschichten." Vesper sitzt auf seiner Terrasse in Köln-Lindenthal und kriegt sich gar nicht mehr ein. Er findet die Anekdote „zwar etwas überzeichnet", aber trotzdem „irgendwie treffend".

Peter Radunski hat mit Clement zweimal die Klingen gekreuzt. Das erste Mal im Bundestags-Wahlkampf 1986/87 als er für Kohl und Clement für Rau unterwegs war. Das zweite Mal drei Jahre später im Kampf um die Hauptstadt Berlin. Beide Male hat Clement den Kürzeren gezogen. Es gibt ein paar biographische Parallelen. Beide sind – fast gleich alt – in Trümmern aufgewachsen: Radunski in Berlin, Clement im ausgebombten Bochum. Beide lebten als Kinder in armen Verhältnissen und haben sich aus eigener Kraft nach oben gearbeitet. Der eine ging zur CDU, der andere zur SPD. Radunski mag Clement. „Er ist einer, mit dem man sich heftig streiten und hinterher trotzdem ein Bier trinken konnte." Über den Witz mit den Schafen lacht er nur verhalten. Er zieht dabei den Kopf zwischen die Schultern, kneift die Augen zusammen und sagt: „Auweia!"

Bodo Hombach lacht gar nicht. Er war früher ein enger Weggefährte von Clement („Ich bewundere den immer noch") und einer der Genossen in NRW, die sich früh von Rau lossagten, für den er zweimal als Landesgeschäftsführer der SPD in Wahlkämpfen absolute Mehrheiten organisiert hatte. „Wir in Nordrhein-Westfalen" war der Slogan, den er erfand. Johannes Rau pries ihn als „Manager des Sieges" und schwärmte: „Es ist doch ganz erstaunlich und großartig, was der Bodo ohne Werbeagenturen in Szene gesetzt hat." Dann wurde Hombach die Bindung zu eng: „Ich brauchte keinen Vater." In seinem Haus in Mülheim an der Ruhr erzählt er, wie er „mit dem Wolfgang" damals durchs Land zog und Politik gemacht hat. Draußen scheint die Sonne. Man blickt direkt auf den Fluss. Hombach findet den Schafe-Witz „eine Gemeinheit". Aber dass Johannes Rau ihn erfunden haben könnte, glaubt auch er sofort.

Rau und Clement waren lange unzertrennlich. Ziehvater und Ziehsohn. Bei aller Gegensätzlichkeit ein erfolgreiches Duo. Der zupackende Macher Clement und der bedächtige Landesfürst Rau ergänzten einander. Wo Clement spaltete, versöhnte Rau. Wo Rau zögerte, handelte Clement. Die Familien fuhren gemeinsam in Urlaub. Zwischen die beiden passte kein Zigarettenpapier. Bis Clement – inzwischen Minister für Wirtschaft und Technologie in Düsseldorf – ungeduldig selbst an die Spitze drängte und Rau entnervt das Amt an ihn abgab. Clement wollte nicht länger „Kronprinz" sein. Es war das Ende der Freundschaft.

Wolfgang Schäuble war früher auch mal „Kronprinz". Er war viele Jahre der engste Vertraute von Helmut Kohl und wollte Kanzler werden. Aber Kohl ließ ihn nicht. Der Bundestagspräsident hat einen vollen Terminkalender, für ein Gespräch über Clement in seinem Büro im Reichstagsgebäude nimmt er sich jedoch Zeit. Er hatte häufig mit ihm zu tun – besonders intensiv im Sommer 1990, als er mit der DDR über den Einigungsvertrag verhandelte. Da war Clement der Sprecher der sozialdemokratisch geführten Bundesländer, die im Bundesrat damals die Mehrheit hatten. Gegen die SPD und gegen Clement ging nichts. Schäuble schätzt Clement, weil auf dessen Wort immer Verlass war. „Wenn er A gesagt hat, hat er A gemeint. Und wenn er B gesagt hat, hat er B gemeint. Man konnte mit ihm gut argumentieren. Er war ein fairer und kompetenter Partner." Über den Witz mit den Schafen amüsiert er sich. „Ja, das passt. Damit ist er ziemlich gut beschrieben."

Der Christdemokrat weiß, warum die Freundschaft zwischen Clement und Rau kaputtging: „Weil er ungeduldig war. Ich hatte mal eine

Unterhaltung mit ihm. Ich sagte: ‚Sie wollen doch Ministerpräsident werden.' – Er: ‚Ja.' – Darauf ich: ‚Aber Sie wollen nicht mehr warten.' – ‚Nein.' Ich war ja damals auch im Gespräch als Nachfolger von Kohl, aber ich hatte kein Interesse, das zu beschleunigen. Und dann habe ich zu ihm gesagt: ‚Das ist aber schwierig, wenn Sie nicht warten wollen.'" Damals, sagt Schäuble, habe er zum ersten Mal bei Clement etwas gespürt, „was später in seiner politischen Vita eine immer stärkere Rolle spielte: Er hat irgendwann die Bindung an die eigene sozialdemokratische Partei verloren, die Rau nie verloren hat. Und er war dann – schon als Ministerpräsident, aber noch mehr später als Superminister in Berlin – innerlich von der SPD sehr weit weg, und zwar lange vor seinem Austritt aus der Partei."

*

Wolfgang Clement kam am 7. Juli 1940 in Bochum zur Welt. Es war Krieg. Zwei Jahre später wurde sein Elternhaus am Gerstkamp, in dem auch die Familie seiner Tante wohnte, bombardiert. Die Männer waren an der Front. Die Frauen und die Kinder saßen im Keller. Als die Bomber weg waren, trug ihn seine zwölf Jahre ältere Cousine in einem Wäschekorb aus dem brennenden Haus. Sie wurden ins Münsterland evakuiert. Als sie zurückkamen, lag die Stadt unter meterhohem Schutt. Mittendrin der Fünfjährige mit seinem älteren Bruder und den Cousinen.

Sein Vater war Baumeister, Geschäftsführer bei der Baufirma Spieker in Gelsenkirchen. Er kam aus Medebach im Sauerland, in der Nähe von Brilon. „Nach dem Krieg sind wir manchmal dorthin gefahren, daher habe ich das noch gut in Erinnerung", erzählt Clement. Heute braucht man auf der Autobahn nur gut eine Stunde. Damals „fuhren wir mit einem LKW von Ort zu Ort dorthin, da brauchte man einen Tag bis Medebach. So lernte ich, was eine gute Infrastruktur bedeutet."

1929 war sein Vater – wie die Mutter Jahrgang 1902 – aus dem Sauerland in die Stahlstadt Bochum gezogen, um bald darauf während der Weltwirtschaftskrise in der Massenarbeitslosigkeit zu landen. Reich waren die Clements nie. „Es war ein Kampf ums Überleben." Weil das Geld stets knapp war, musste die Familie anschreiben lassen. Clement: „Wir nannten das: auf dem langen Bleistift leben." Trost bot die katholische Kirche. Der kleine Wolfgang war Messdiener. Die Messe schwänzte er selten. Die Familie war sehr katholisch, man sprach zuhause nie über Politik, man wählte CDU. Aber die Eltern sorgten dafür, dass Wolfgang auf die Graf-Engelbert-Schule kam, das Gymnasium in einem etwas feineren Viertel.

Als Gymnasiast lernte er auf dem Schulweg Karin kennen, inzwischen seit mehr als einem halben Jahrhundert seine Frau. „Wir hatten ja morgens und nachmittags Schule, wechselweise und Mädchen und Jungen getrennt, und wenn wir Schulschluss hatten, am Mittag, dann kamen die Mädchen und gingen zur Schule. Und da saßen wir dann auf dem Gartenzaun und haben die Mädchen anzumachen versucht, wie man heute sagen würde." Er beeindruckte sie mit dem Satz: „Ich bin das Wölfchen und wer bist du?" Wie sie sich näherkamen, hat Karin Clement später einmal so erzählt: „Wir fuhren mit dem Auto in den Wald. Und als wir zurückkamen, waren wir verlobt." Die beiden blieben unzertrennlich. Die fünf Töchter, „Clementinen" genannt, und inzwischen zwölf Enkelkinder sind sein ganzer Stolz. Die Familie war ihm wichtiger als alles andere. Karin ist seine engste Beraterin, aber nicht immer hört er auf sie. Sie hat die Kinder erzogen, sie kümmert sich um die Finanzen, sie bekocht alle und chauffiert ihn zu Terminen.

Einen Führerschein hat Wolfgang Clement nie gemacht. Er hat es einmal probiert. Gleich in der ersten Fahrstunde verlor er die Geduld. Der Fahrlehrer, ein ehemaliger Klassenkamerad, nervte ihn mit Fragen wie: „Was kommt auf der Ampel nach Rot? Und: was kommt nach Gelb?" – „Noch so eine blöde Frage und ich steig aus", knurrte Clement. Sie kamen zu einer Straße, wo die Straßenbahn in der Mitte fährt. Da sollte er links abbiegen. Dabei machte er irgendetwas falsch, jedenfalls sprang das Auto wie ein Bock plötzlich auf die Straßenbahnschienen und blieb stehen. „Und er fragt mich wieder, was nach Rot auf der Ampel kommt, da bin ich ausgestiegen, habe die Tür zugeknallt und bin gegangen. Ich habe gedacht: Es hat offenbar keinen Zweck, bist zu doof." Hinterher kam eine Rechnung über 420 Mark – damals ein halber Monatslohn.

Nach dem Abitur studierte er Jura. Gleichzeitig arbeitete er als Lokalreporter bei der „Westfälischen Rundschau". Deren Chefredakteur Günter Hammer holte ihn 1968 in die politische Redaktion, fünf Jahre später wurde Clement sein Stellvertreter. Günter Hammer war Sozialdemokrat. Als junger Mann war er Kommunist und hatte dafür im KZ gesessen. Er war ein Vorbild. Clement trat 1970 in die SPD ein – wegen Brandts Ostpolitik. Mit Hammer hatte er zweimal Johannes Rau interviewt. Als dann 1980 das Angebot kam, Sprecher der SPD zu werden, war es Rau, der ihm riet, das zu machen. So wurden sie ein Gespann.

Mit Willy Brandt kam Clement gut zurecht. Auch die Bonner Korrespondenten mochten ihn. Denn Clement ließ sich nie vom Apparat vereinnahmen. Er bewunderte Brandt, aber Fehler, die gemacht wurden, bemäntelte er nicht, sondern gab sie zu. Propaganda fand er peinlich. Das brachte ihm oft Ärger bei den Funktionären, jedoch Respekt bei den Kollegen ein. Er informierte, auf Pressekonferenzen und in kleiner Runde, umfassend, präzise und druckreif. Nach ihm gab es in der SPD keinen gleichwertigen Sprecher mehr.

Im Bundestagswahlkampf 1986/87 kam es dann zum Eklat. SPD-Kanzlerkandidat Rau wollte unbedingt eine „eigene Mehrheit" und nicht mit den Grünen paktieren, Brandt hingegen sagte in einem Interview, 42 Prozent wären für die SPD ja auch ein schönes Ergebnis. Damit war Raus Konzept Makulatur. Clement warf empört die Brocken hin, verließ die SPD-Parteizentrale und machte mit Rau allein Wahlkampf. Nach der Niederlage heuerte er in Hamburg als Chefredakteur bei der „Morgenpost" an. In dieser Zeit lernte er Rau als uneigennützigen Freund und Kümmerer kennen. Es gab Krach mit dem Verlag, Clement war drauf und dran, schon wieder die Brocken hinzuschmeißen. Rau hörte davon, setzte sich ins Auto, fuhr nach Hamburg, und stand um Mitternacht vor Clements Tür. 1989 holte er ihn als Chef der Staatskanzlei nach Düsseldorf. Es war der Beginn einer steilen politischen Karriere.

*

Unangenehme Fragen beantwortete Johannes Rau im Wahlkampf 1986/87 gern mit einem Scherz: „Fragen Sie Wolfgang. Der ist mein Boss." Als Chef der Staatskanzlei agierte Clement tatsächlich so, als sei er schon der Boss. Man nannte ihn den „regierenden Kanzleichef". Rau ließ ihn gewähren. Clement brachte frischen Wind in die alte Horion-Villa. Anfangs erntete er viel Beifall. Aber bald gab es Beschwerden über das Arbeitstempo, das er vorlegte, und über den forschen und ungestümen Umgangston, den er anschlug. Er neige zu cholerischen Wutanfällen, hieß es, lasse abweichende Meinungen nicht gelten und gerate in Rage, wenn ihm etwas nicht in den Kram passt.

„Er war", erinnert sich Freund Hombach, „im Umgang mit Mitarbeitern nicht immer liebevoll." Dass er allerdings mit Suhrkamp-Bänden nach einem Redenschreiber warf, dessen Redeentwurf ihm nicht gefiel, wie kolportiert wurde, sei falsch: „Es war kein Suhrkamp-Buch, sondern eine Akte, in der Unsinn stand. Da dieser Unsinn auch noch verteidigt wurde, warf er die Akte in Richtung dieses Mitarbeiters. Also: Akte stimmt. Wutanfall stimmt. Suhrkamp-Band stimmt nicht."

Clement war ein Workaholic, unermüdlich im Erfinden neuer Projekte. Manche sahen in ihm den Boulevardjournalisten, der jeden Tag ein neues Thema brauchte, das immer für eine Schlagzeile gut sein musste. Er brachte die Leute völlig außer Atem. Hatten sie gestern ein Großprojekt unter völlig unrealistischen Zeitvorgaben an den Hals gehängt bekommen, kam tags drauf schon ein neues, noch größeres und noch schneller umzusetzendes. Wer Widerworte vorbringen wollte, brauchte ein sehr robustes Nervenkostüm. Denn Clement ließ sich nur schwer von einmal gefassten Vorhaben abbringen. „Er fragte nicht nach dem ‚Warum'", sagt einer, der damals unter ihm litt. „Seine politischen Vorschläge folgten einem beliebigen ‚Warum nicht?'. Der Weg war nicht mehr sein Ziel, ihm genügte der Aufbruch."

Auch Bodo Hombach fand das Tempo, das Clement anschlug, manchmal etwas zu rasant. „Ich war beeindruckt von seiner realistischen, unideologischen Betrachtungsweise, seiner Bodenhaftung, die ihn auszeichnet. Aber ich habe ihm auch vorgeworfen: ‚Wenn du deinen Artikel fertig hast und Redaktionsschluss ist, dann ist der Fall für dich erledigt, dann fängst du morgen etwas Neues an.' Mit anderen Worten: Er ist kein Schachspieler. Schachspieler spielen immer über mehrere Züge." Freund Steinbrück kritisierte ihn ebenfalls, weil er „zu häufig wie Zieten aus dem Busch kommt, obwohl noch kein konsistentes Konzept vorliegt".

Trotzdem war Rau lange Zeit sehr zufrieden, einen Macher zu haben, der ihm die Kartoffeln aus dem Feuer holte. „Der Clement war dem Rau sein Furzfänger", sagt Norbert Blüm, der bei der Landtagswahl im Mai 1990 als CDU-Spitzenkandidat gegen Rau antrat und verlor. Der langjährige Arbeits- und Sozialminister des Kanzlers Helmut Kohl schätzt Clement sehr und vergleicht ihn mit Wolfgang Schäuble. „Der Rau hätte ohne den Clement ganz arm ausgesehen und der Kohl ohne den Schäuble auch. Der Rau war fürs Händeschütteln und Geburtstage zuständig, und die Sachen hat Clement gemacht."

Zum Beispiel die Verhandlungen um den Einigungsvertrag. Hier lieferte Clement sein bundespolitisches Gesellenstück ab. Die DDR-Vertreter gingen wie selbstverständlich davon aus, dass Berlin als Hauptstadt des vereinten Deutschlands automatisch auch Sitz von Regierung und Parlament wird. Es war Clement, der diesen Automatismus zum Einsturz brachte. Er erfand die Trennung von Hauptstadt und Regierungssitz – eine „Pfiffigkeit", sagt Peter Radunski, „die uns fast den Titel gekostet hätte". Gegen den erbitterten Widerstand der Berliner wurde die Frage auf Drängen Clements offengelassen und erst ein Jahr spater – nach einer leidenschaftlich geführten Debatte im Parlament – mit knapper Mehrheit zugunsten von Berlin entschieden.

In dieser Zeit lernte auch Wolfgang Thierse Clement kennen. Der Ost-Berliner erlebte den Mann aus Düsseldorf im Hauptstadt-Streit „schärfer und aggressiver als den Landesvater". Der wollte zwar auch Bonn als Regierungssitz behalten, „aber immer mit dem Gestus der Entschuldigung: Ich muss das doch wollen." Bei Clement hörte man dergleichen nie, sagt Thierse. Stattdessen: „Dieses entsetzliche Berlin, Bonn muss bleiben." Später saßen sie im SPD-Präsidium nebeneinander und Thierse stellte fest, dass er Clement „eigentlich ganz sympathisch fand". Ihn störte aber auch da wieder die Verbissenheit, mit der er für die Agenda 2010 focht, die er, „koste es, was es wolle, durchpauken wollte und auch durchgepaukt hat". Manchmal dachte Thierse: „Er redet jetzt so heftig, um sich selbst davon zu überzeugen, dass er das, was er sagt, für notwendig und richtig halten muss."

Blüm hingegen, wie Clement in Bonn sesshaft, bewunderte und unterstützte dessen Einsatz für die rheinische Metropole. Ein paar Jahre später verbündeten sich die beiden wieder. Diesmal gegen den CSU-Finanzminister Theo Waigel. Der wollte die Kohlesubventionen für NRW von neun auf knapp vier Milliarden D-Mark jährlich kürzen. In zähen Verhandlungen trotzten Blüm und Clement dem bayrischen Kassenwart den später so genannten „Kohlekompromiss" ab. Statt auf vier Milliarden schrumpfte die Förderung nur auf 6,5 Milliarden, statt sieben mussten nur vier Zechen schließen. Blüm verübelte dem Wirtschaftsminister Clement damals nur, dass er sich hinterher als der alleinige Retter von den Bergleuten feiern ließ. „Da war meine Eitelkeit getroffen."

*

Der 14. Mai 1995 brachte für Wolfgang Clement eine Zäsur. Zum ersten Mal seit 15 Jahren verlor die SPD in NRW ihre „eigene" Mehrheit und brauchte die Grünen, um weiterregieren zu können. Johannes Rau dachte in der Wahlnacht an Rücktritt, gewöhnte sich jedoch bald an die neuen Partner. Clement hingegen betrachtete die Grünen mit Argwohn und ließ keine Gelegenheit aus, sie zu quälen. Als Wirtschafts- und Verkehrsminister setzte er gegen ihren Protest zahlreiche umstrittene Projekte durch: Braunkohletagebau Garzweiler II, Ausbau des Flughafens Dortmund, Verlängerung der Nachtflugerlaubnis am Flughafen Köln/Bonn und dessen Anbindung ans Schienennetz, Aus- und Weiterbau des Ruhrschnellwegs, Genehmigung der PVC-Herstellung – die Liste der Grausamkeiten wurde immer länger, der Ärger immer größer.

Die Reaktion der Grünen-Basis blieb nicht aus. Schon auf dem Landesparteitag im März 1996 in Hamm wollte ein Drittel der Grünen-Delegierten aussteigen. Bauminister und grüner Vize-Regierungschef Michael Vesper rettete die Situation mit einem flammenden Appell: „Wenn wir heute aus der Koalition herausgehen, dann würden sich nicht nur die Betonköpfe in der SPD die Hände reiben, die schon immer die große Koalition wollten, würden nicht nur bei Rheinbraun und RWE die Sektkorken knallen, würden nicht nur Bayer Leverkusen, Solvay und die PVC-Verarbeiter jubilieren." Auch die CDU im Land und im Bund würde sich über das Wahlgeschenk freuen. Die rot-grüne Koalition nach nur acht Monaten aufzugeben, weil nicht alles erreicht wurde, „was wir uns für fünf Jahre vorgenommen hatten, das wäre so etwas wie eine Kapitulation". Die Koalition hielt – trotz Clement. Die Probleme blieben.

Clement und Vesper kamen gut miteinander aus und sind auch heute noch befreundet. Dass der Sozialdemokrat nach der gewonnenen Landtagswahl 2000 auch mit der FDP liebäugelte, mit der er eine komfortable Mehrheit gehabt hätte, hat ihm der Grüne nicht übelgenommen. „Da wollte er uns ein bisschen quälen – das ist normal. Ich wusste aber, dass sowohl die SPD im Land als auch die Bundespartei es nicht zugelassen hätten."

Mit der grünen Umweltministerin Bärbel Höhn hingegen („Die kann ich nicht mehr sehen") fetzte sich Clement, auch auf offener Bühne. Im Kabinett motzte er sie an: „Überall wo ich hinkomme, waren Sie schon da und haben Unsinn geredet." Die Grüne ertrug es gelassen. Clement sei zwar „manchmal anstrengend", sagte sie. Das habe aber auch etwas Sympathisches, „denn er ist überzeugt von dem, was er sagt, und das finden die Leute gut".

Manchmal allerdings hielt auch sie es nicht mehr aus. Dann suchte sie – oft von Vesper begleitet – Rückendeckung bei Johannes Rau. Der

Ministerpräsident hörte stets geduldig zu. Irgendwann aber, erinnert sich Vesper, „brach es aus ihm heraus: ‚Sie gehen doch dauernd mit dem essen', sagte er zu uns. ‚Das könnt ihr doch selbst mit ihm klären.'" Damals war das Verhältnis des Regierungschefs zu seinem „Kronprinzen" bereits so stark strapaziert, dass die beiden kaum noch miteinander redeten. „Rau hatte nicht den Mumm, Clement in die Schranken zu weisen", sagt Vesper heute. „Und er hatte da auch schon nicht mehr die Kraft, es zu tun."

*

Am 27. Mai 1998 leistete Clement den Amtseid als siebter Ministerpräsident des Landes Nordrhein-Westfalen. Und vom ersten Tag an inszenierte er sich als Kontrastprogramm zu Johannes Rau. „Seine Effizienz" hatte man ihn bereits vorher genannt, einen Sozialdemokraten neuen Typs, ziemlich losgelöst von der Partei. Nun verkleinerte er das Kabinett radikal von zwölf auf acht Ressorts. Begründung: Die Treppe müsse „von oben gekehrt" werden. Vier SPD-Minister verloren ihre Posten. Der Boulevard applaudierte. Sparen war populär. Mit der Zusammenlegung von Justiz- und Innenressort lief Clement allerdings vor die Wand. Die Fusion wurde vom Verfassungsgericht kassiert. Die obersten Richter des Landes urteilten, Justiz und Inneres könnten nur per Gesetz zusammengelegt werden, nicht per Verordnung. Eine Blamage gleich nach dem Start. Clement hatte zu schnell gehackt.

Die zweite spektakuläre Tat war der Umzug der Staatskanzlei ins benachbarte „Stadttor". Der 72 Meter hohe Koloss aus Glas und Stahl, der in Sichtweite des Düsseldorfer Landtags steht, zog Clement magisch an. Das Gebäude erinnert an die „Grande Arche de la Défense" in Paris, ein Symbol der Moderne. Es sieht von weitem aus wie ein riesiges Tor und war noch nicht ganz fertig, als Clement beschloss, dort einzuziehen. Dass er die alte Horion-Villa verlassen wollte, in der die Fußböden knarrten und es „auch tagsüber so dunkel war wie im Kohlenkeller" (Steinbrück), fand viel Zustimmung. Auch die neuen Büros in luftiger Höhe waren nicht zu beanstanden. „Architektur als imagebildende Maßnahme", schrieb die „Frankfurter Allgemeine Zeitung". „Das neue Domizil entsprach seinem Selbstverständnis als Vorstandsvorsitzender der NRW-AG."

Für Repräsentationszwecke erwies sich der nüchterne Zweckbau jedoch als ungeeignet. Die Flure waren so eng, „dass man nicht zu zweit nebeneinander gehen konnte" (Vesper). Es gab keine Räumlichkeiten, in denen man „Staatsgäste angemessen empfangen und bewirten konnte" (Steinbrück). In einem mit IKEA-Möbeln ausgestatteten winzigen Gästezimmer konnte der Hausherr, wenn es spät geworden war, zwar schlafen, aber Toilette und Dusche lagen auf der anderen Seite des Flurs. Clements Amtsnachfolger Steinbrück: „Da musstest du morgens im Bademantel rüber laufen. Dann kamen die Mitarbeiter aber schon vorbei und sagten: ,Guten Morgen, Herr Ministerpräsident!' – ,Guten Morgen', während ich da im Bademantel stand. Und ich sagte: ,Lassen Sie mich bitte da mal eben durch in meine Nasszelle.'" Steinbrücks Fazit: „Bescheuert."

Das alles wäre vermeidbar gewesen, wenn Clement auf warnende Stimmen gehört und sich und seinen Leuten mehr Zeit zum Nachdenken und Planen gelassen hätte. Aber der neue Chef duldete keinen Aufschub. Es mussten schnell Nägel mit Köpfen gemacht werden. Bedenken wurden abgeschmettert. Von jetzt auf gleich wurde der Mietvertrag geschlossen. Alles ging so schnell, dass Fehler gemacht wurden, die später peinliche Untersuchungen auslösten. „Erst hacken, dann zählen" – das Motto galt auch hier. Johannes Rau hat das „Stadttor" übrigens nie betreten. Er missbilligte den Umzug. „Ein nordrhein-westfälischer Ministerpräsident wohnt nicht zur Miete", richtete er seinem Nachfolger aus. Drei Ministerpräsidenten später, im Sommer 2018, zog Amtsinhaber Armin Laschet (CDU) wieder aus.

Wolfgang Clement hatte immer ein Faible für alles Neue und Moderne. Er wollte Nordrhein-Westfalen in ein Land der Zukunftsbranchen verwandeln. Anstelle von Kohle und Stahl sollten saubere Technologien, Wissenschaften und neue Medien die Wirtschaftskraft des Landes und Arbeitsplätze sichern.

Unter seine Ägide wuchs die 1991 gegründete Filmstiftung, zu der als Gesellschafter der WDR, das ZDF und RTL gehören, zur bedeutendsten Film-Förderanstalt in Deutschland und Europa heran. Er forcierte das Privatfernsehen und den Bau eines Trickfilmzentrums in Oberhausen. Als „Master of Mediaworld" wurde er gefeiert. Gleichzeitig hielt er hartnäckig an der Braunkohle fest, um Arbeitsplätze nicht zu gefährden. Erste Kratzer bekam sein Image als Modernisierer, als der von ihm gepäppelte Privatsender Vox und das Trickfilmzentrum in wirtschaftliche Schieflage gerieten.

Sein größter Flop wurde der Metrorapid. Eine Magnetschwebebahn quer durch das Ruhrgebiet – das war der Plan. Wu Xiangming, genannt Commander Wu, hatte vorgemacht, wie das geht. Der chinesische Bauingenieur aus Shanghai hatte 1995 nicht nur den neuen Flughafen von Shanghai, sondern auch noch – quer durch bebautes Gelände – die Trasse für einen Magnetgleiter frei räumen lassen, die den Airport mit der City verband. Clement war begeistert. So eine Magnetschwebebahn, die mit 400 Stundenkilometer durchs Land rast, wollte er auch. Er machte mächtig Druck, um das Projekt voranzutreiben. Der damalige Bahnchef Hartmut Mehdorn war anfangs auch beeindruckt und wollte sich beteiligen. Doch die Pläne scheiterten. Zu teuer. Zu groß. Zu riskant. Mehdorn stieg aus, Clement blieb dran. „Er ritt zu lange auf dem Pferd und merkte nicht, dass der Gaul schon tot war", sagt Steinbrück, der das Projekt von ihm erbte und vom Metrorapid „endgültig die Schilder abschrauben musste", was sehr unangenehm war.

Die Bilanz seiner Amtszeit als Ministerpräsident ist durchwachsen. Vieles blieb unvollendet. Als er 2002 nach Berlin wechselte und Superminister für Wirtschaft und Arbeit wurde, hinterließ er zahlreiche offene Baustellen. Er hatte weder, wie versprochen, die Arbeitslosigkeit halbiert noch die Infrastruktur des Landes modernisiert. Nordrhein-Westfalen war immer noch Schlusslicht. Die von ihm angekündigte Verschlankung der Landesbehörden blieb auf halbem Wege stecken. Immerhin: Trotz der vielen Pannen hat sich die Film- und Medienbranche konsolidiert. Sie beschäftigt inzwischen mehr Menschen in Nordrhein-Westfalen als die chemische Industrie. Und inzwischen ist auch die Arbeitslosigkeit, wie überall in Deutschland, zurückgegangen – eine Folge der Hartz-Reformen, die er als Bundesminister vorangetrieben hat. „Wolfgang Clement", urteilt sein Vize Vesper, „hat das Land wirtschaftlich nach vorne gebracht." Selbst Jürgen Rüttgers (CDU), der 2005 ans Ruder kam, lobte seinen Vorvorgänger für dessen Medienpolitik, die trotz einzelner gescheiterter Projekte „eine wirkliche Erfolgsgeschichte geworden" ist.

*

Franz Müntefering sitzt in einem Straßencafé in Bochum. Er wohnt in Herne, ganz in der Nähe. Man kann nicht behaupten, dass Müntefering und Clement Freunde waren. Eher das Gegenteil ist richtig. Sie haben sich oft beharkt. Müntefering war immer ein treuer Parteisoldat. Clement war das nie. Müntefering betrachtet die SPD als seine politische Heimat. Für Clement war sie ein Instrument, um Politik durchzusetzen – mehr nicht.

Trotzdem redet der frühere SPD-Vorsitzende Müntefering nicht abfällig oder schlecht über den ehemaligen Genossen Wolfgang, der 2008 aus der SPD austrat, weil ihm die Partei zu weit nach links driftete und er sich von ihren Funktionären „drangsaliert" fühlte. Er dachte nicht daran, seine im Wahlkampf geäußerte Kritik an der hessischen Spitzenkandidatin Andrea Ypsilanti („Ich würde sie nicht wählen") zurückzunehmen oder zu unterschreiben, dass er dergleichen nie mehr sagen werde. Seitdem herrscht Funkstille. Wenn man sich begegnet, begrüßt man sich zwar noch und wechselt ein paar Worte. Aber über die Sache von damals reden will keiner mehr. Müntefering: „Damit muss ich leben. Damit lebe ich auch." Richtig leiden konnten sie sich nie. Es gab immer eine unterschwellige Rivalität. Als Johannes Rau sich 1998 entschloss, seine Ämter in Düsseldorf aufzugeben, schlug er Müntefering als neuen Landesvorsitzenden vor. Sein Gespür sagte ihm, dass Clement an der Spitze der Partei fehl am Platze gewesen wäre. Rau-Vertraute stichelten damals, er habe Clement nicht das ganze Land allein überlassen wollen. Clement akzeptierte das Jobsharing notgedrungen. „Die Trennung von Partei- und Regierungsarbeit hat auch viel für sich", sagte er. Aber es wurmte ihn trotzdem, dass Müntefering von der Partei geliebt, er jedoch höchstens geachtet wurde.

Anfangs zogen sie scheinbar an einem Strang. Müntefering pries den Wechsel an der Regierungsspitze als ein Signal der Erneuerung. „Er vermittelt das Gefühl, dass da etwas Neues angefangen hat. Auf Johannes Rau musste ein anderer Typus folgen." Und er lobte Clement als neuen Superstar: „Er ist der typische Stürmer. Wenn er den Ball kriegt, geht er los. Er spielt nicht aus der Deckung. Er ist auf der Lauer. Er will Tore machen. So einer kann nicht gleichzeitig Libero sein, der das ganze Spielfeld im Blick hat. Aber dafür sind ja wir anderen da. Wir machen hinten dicht." Was das bedeutet, lernte Clement zwei Jahre später, als er nach der knapp gewonnenen Landtagswahl seinen Flirt mit der FDP begann und ihrem Landesvorsitzenden Jürgen W. Möllemann Avancen machte. Da schritt Müntefering ein. Der Sauerländer, inzwischen Generalsekretär der Bundes-SPD, fürchtete um die Statik der rot-grünen Koalition in

Berlin und machte „hinten dicht". Gemeinsam mit Joschka Fischer verkündete er in Berlin die Fortsetzung von Rot-Grün in Düsseldorf, ehe Clement überhaupt die Chance hatte, den Grünen weitere Bedingungen zu stellen. Gerhard Schröder war das nur recht. Auch er hatte kein Interesse an einer rot-gelben Regierung im größten Bundesland und war deshalb froh, dass Müntefering Clements Pläne durchkreuzt hatte und er sich nicht einmischen musste. Rückblickend gibt sich der Alt-Kanzler deshalb großmütig: „Ich habe ihm immer gesagt: ‚Das ist deine Entscheidung. Wenn es Gründe für dich gibt, das zu machen, sind wir keine Gegner.'"

Clements Verhältnis zu Schröder war nicht immer spannungsfrei. Anfangs konnten sie sich nicht leiden. Wie Rau misstraute auch Clement dem Machtpolitiker aus Hannover. Als Schröder 1986 zum ersten Mal versuchte, Ministerpräsident zu werden, und von einer „rot-grünen Option" sprach, schreckte er Johannes Rau auf, der die SPD als Kanzlerkandidat ein halbes Jahr später bei der Bundestagswahl zu einer eigenen Mehrheit führen wollte. Rau schickte seine beiden Berater Bodo Hombach und Wolfgang Clement nach Niedersachsen. Sie sollten Schröder die rot-grünen Phantasien austreiben. Schröders damalige Ehefrau Hillu erinnerte der Auftritt der beiden Rau-Gesandten an einen Mafia-Film: „Hombach, Clement und Gerd nahmen sich drei Liegestühle und zogen sich auf die Terrasse zurück. Gerd sagte nicht viel. Als die beiden gegangen waren, sagte Gerd mit zerknirschtem Gesicht: ‚Ich kann hier nicht gegen Rau Wahlkampf machen.'"

Auch Schröder erinnert sich noch genau an die Begegnung: „Die beiden haben mich hinter die Fichte geführt und mir schlicht eröffnet, die von mir damals angepeilte Koalitionsaussage für ein rot-grünes Bündnis in Hannover werde nicht die Unterstützung der SPD und ihres Kanzlerkandidaten Johannes Rau finden. Ich habe dummerweise eingewilligt. Ich war damals noch nicht so weit, die Courage zu haben, mich dagegen aufzulehnen. Das war wahrscheinlich ein Fehler." Einen „Fehler" nennt der Alt-Kanzler inzwischen auch seine Entscheidung, Wirtschafts- und Arbeitsministerium zusammenzulegen. „Es waren zwei Häuser, die einfach nicht miteinander konnten. Ich hatte dem Wolfgang zugetraut, dass er das hinkriegen könne, weil er ja doch sehr durchsetzungsfähig war. Es hat sich dann aber rasch herausgestellt, dass auch er das nicht schaffte – und ein anderer hätte das wahrscheinlich auch nicht geschafft. Es war wirklich eine Fehlkonstruktion."

In Berlin stand Clement bald auf verlorenem Posten. Er hatte keine Machtbasis mehr und fühlte sich häufig von Müntefering und Schröder verschaukelt. Weder wusste er im Februar 2004, dass Schröder den Parteivorsitz an Müntefering abgeben wollte, noch war er in die Planung einbezogen, 2005 vorgezogene Neuwahlen anzustreben. „Klappe halten konnte ich", merkt Müntefering dazu trocken an. „Ich habe die Karten immer dicht am Mann geführt." Rückblickend findet Norbert Blüm es immer noch „ein starkes Stück von dem Schröder, den Clement mit dem Versprechen nach Berlin zu locken, dass er einmal Nachfolger werden könnte, und ihn dann noch nicht einmal darüber zu informieren, dass er vorhat, Insolvenz für den ganzen Laden anzumelden".

Nach dem Scheitern von Rot-Grün war für Clement kein Platz mehr in der Großen Koalition. Die Fusion von Wirtschafts- und Arbeitsministerium wurde rückgängig gemacht. Und weder Schröder noch Müntefering rührten einen Finger, um das zu verhindern. Edmund Stoiber griff sich das Wirtschaftsministerium, Müntefering das Ressort Arbeit und Soziales. Als Clement im SPD-Vorstand fragte, warum man ihn denn nicht vorher wenigstens um seine Meinung gefragt habe, bekam er von Müntefering zu hören: „Wir wussten ja sowieso, was Du sagen würdest." Mit anderen Worten: Dein Rat ist hier nicht mehr gefragt. Daraufhin ist er aufgestanden und nach Hause gefahren. Viele sehen darin den eigentlichen Grund für seinen späteren Austritt aus der SPD.

*

Sein Vater hat ihn sehr geprägt. Der Baumeister aus dem Sauerland war nicht nur streng katholisch, sondern auch leistungsorientiert. „Wenn du sitzen bleibst", drohte er dem Sohn, „musst du auf den Bau. Nur durch eigene Leistung kommst du weiter." Zwei Kriege und zwei Inflationen hatten die Eltern hinter sich. Die Kinder sollten es einmal besser haben. Rückblickend bekennt Clement: „Ich hatte oft furchtbare Angst, zu versagen." Leistung. Leistung. Leistung. „Das war nicht nur in meiner Familie so, das war auch bei denen so, mit denen ich aufgewachsen bin. Du musst was werden. Und es war damals ja auch nicht selbstverständlich, Abitur zu machen."

Jahre später wird der Ministerpräsident Clement im Wahlkampf 2000 vom Magazin „Stern" gefragt, warum er als „Spitzensozi" nicht nach Gerechtigkeit und Solidarität rufe, sondern immer nur nach Leistung.

Seine Antwort: „Ich habe nicht die geringsten Probleme im Umgang mit Begriffen wie Leistung und Leistungselite. Gerechtigkeit beginnt mit der Chancengerechtigkeit."

Und noch eine zweite Philosophie hat er vom Vater übernommen. Dessen ganzer Ehrgeiz bestand darin, für jeden seiner beiden Söhne je ein Haus zu hinterlassen. „Das hat er auch wirklich hingekriegt. Meine Eltern haben dafür auf alles verzichtet. Und als die Häuser standen, fuhr mein Vater zur Erholung für acht Tage nach Helgoland – und ist dort gestorben. Entsetzlich!" Clement hat daraus Lehren gezogen: „Ein eigenes Dach überm Kopf und die gesetzliche Rente – Wohneigentum und soziale Sicherheit, darauf kommt es an." Im Sommer 2018 war er in Polen. „Dort hat jeder eine eigene Wohnung. In Italien ist es wohl ähnlich." Diese Bedeutung des Wohneigentums haben wir Sozialdemokraten verkannt. Das eigene Dach über dem Kopf neben dem gesetzlichen Rentenanspruch, das kommt dem Sinnen und Trachten der meisten Menschen sehr nahe, sich auch sozial sicher fühlen zu können. Das kriegt man im Zeichen des sich beschleunigenden demografischen Wandels auch nicht mit einer zusätzlichen privaten Rentenversicherung à la Riester hin."

Sein Vater, erzählt er, „war der Erste aus der Familie, der anfing, SPD zu wählen. Und zwar aus Ärger über die Kirche. Ich hab die Szene so in Erinnerung: Er stand im Gottesdienst unter der Kanzel und als der Pastor den Bischofsbrief an die Gemeinden vorlas mit der Empfehlung, CDU zu wählen, schüttelte er sichtbar und sichtlich missbilligend den Kopf." Wen er wählte, das wollte er sich, so gläubig er war, von der Kirche nicht vorschreiben lassen. So tickt auch Wolfgang Clement. Er hat die sauerländische Widerborstigkeit des Vaters. Wenn ihm etwas gegen den Strich geht, steht er auf und geht. „Clement zählt nicht zu den Politikern, die mit Ankündigungen zu drohen pflegen. Er droht nicht. Er handelt", schrieb die „Frankfurter Allgemeine Zeitung" über ihn. So ließ er türenknallend das Auto des Fahrlehrers stehen. So schmiss der 1986 seinen Job als Sprecher der SPD, so verließ er 2005 zuerst den SPD-Parteivorstand und drei Jahre später die Partei.

Früher ist er immer gerannt, jeden Morgen. Leistung. Leistung. Leistung. Als er das erste Mal an einem Langlauf teilnahm, fürchtete er, unterwegs zu sterben. Aber er gab nicht auf. Er stellte sich vor, was die Zeitungen am nächsten Tag schreiben würden: „Clement gibt auf!" Das durfte nicht geschehen. Also lief er weiter bis ins Ziel. Jetzt rennt er nicht mehr, er fährt Fahrrad. Einer seiner Schwiegersöhne hat ihm eins überlassen. Aber Wolfgang Clement reicht das nicht. Er hasst es, unterwegs abgehängt zu werden. Er will sich demnächst ein Rennrad kaufen.

Der lange Weg in kurzer Zeit – Wie Peer Steinbrück befremdete, überzeugte und verlor

von Nils Minkmar

Wenn er sich, Jahre nachdem er dort der Chef war, im Ruhrgebiet bewegt, spürt man nichts von der Fremdheit und den kulturellen Dissonanzen, die seine ersten Wochen im Amt überschatteten.

Als Kanzlerkandidat der SPD besuchte Peer Steinbrück beispielsweise in Kamen den Neujahrsempfang der IG Bergbau, Chemie, Energie Anfang 2013. Es war keine einfache Zeit für ihn, wieder einmal war er politisch angeschlagen – dieses Mal von der Affäre um seine hohen Rednerhonorare. Zudem hatte er auch noch ein Interview gegeben, in dem er feststellte, dass der deutsche Bundeskanzler zu wenig verdiene, ohne zu bedenken, dass er sich ja um diesen Job bewarb. Er sprach somit über seine eigenen Bezüge, was nicht sehr gut ankam. An diesem Tiefpunkt seiner Popularität reiste er also nach Kamen und der volle Saal hieß ihn willkommen. Das war ein Heimspiel. Steinbrück sprach in jenem Jahr in ganz Deutschland und in ganz unterschiedlichen Städten, auch im Norden und an Universitäten, doch nirgends schien er so unter seinesgleichen. Aber wie war das möglich?

Peer Steinbrück hielt hier in Kamen eine seiner besten Reden des Bundestagswahlkampfs 2013, ganz aufgehoben vor diesem Publikum der tüchtigen Männer und Frauen, die ihre Herzlichkeit erst allmählich offenbarten. Politische Folklore wurde von ihm nicht bedient. Eine Rückkehr zur großen Zeit von Kohle und Stahl versprach er ebenso wenig wie eine umfassende öffentliche Übernahme aller anfallenden Ausgaben. Sein Thema war der Zusammenhalt. Er sprach die kulturellen Grundlagen der Gemeinschaft an: die Fairness und die Sorge füreinander. Er lobte, dass es in kleinen Städten und Vierteln noch Fachgeschäfte gebe und keine „Daddelhallen". Und er hörte danach aufmerksam und, wie es schien, auch gerne zu, als der Chor der Bergleute das Lied von den Caprifischern und andere Klassiker anstimmte. Als es vorbei war, bekam er großformatige Fotografien von Fördertürmen geschenkt. Steinbrück bedankte sich und kommentierte, dass er sonst den örtlichen Magenbitter geschenkt bekomme, woraufhin sein Gastgeber, der damalige Chef der IG BCE, Lothar Wobedo, ihm erklärte, den würde er „hier noch obendrauf" bekommen. Daraufhin nahm Steinbrück die Pose eines Schauspielers ein, drückte den Rücken durch und legte die Hand an die Stirn, wie um anzuerkennen, dass er von seinen Gastgebern übermäßig verwöhnt werde. Es war wie ein Tanz.

Selten nur hat man Steinbrück derartig im Einklang mit Thema, Ort und Publikum erlebt. Und das, obwohl seine Amtszeit hier kurz und nicht unproblematisch war. Obwohl ihn zu Beginn, währenddessen und auch noch danach viele selbst verursachte und manche zugefügten Missgeschicke belasteten.

Die Leute erwarteten keine Vaterfigur und niemanden, der so sprach oder aussah wie sie selbst, sondern einen Mittler, der ihre Werte von Tüchtigkeit, Fairness und ein wenig Humor in Berlin vertrat. Er sah nicht so aus wie sie und sprach ein Deutsch, das ihnen vor allem aus der Tagesschau bekannt war. Doch daraus erwuchsen keine Hindernisse, man verstand sich dennoch. Steinbrück war im Kreise der Gewerkschaftler und ihrer Familien mehr als nur akzeptiert, er wurde respektiert, weil umgekehrt auch er solche Leute schätzte: Jene, die nicht mehr scheinen wollen, als sie sind, keine aggressiven oder pathetischen Reden schwingen und ihr Leben um die eine Sache gebaut haben, die auch ihn jeden Tag antreibt. Sie teilen dieselbe Ideologie, schätzen denselben Wert, pflegen dasselbe Hobby, nehmen dieselbe Droge – nämlich die Arbeit.

Die Amtszeit von Peer Steinbrück als Ministerpräsident von Nordrhein-Westfalen kann mit Sicherheit als eine der sonderbarsten in der Geschichte des Bundeslandes bezeichnet werden. Sie weist gleich zwei Eigentümlichkeiten auf: Steinbrück ist neben Karl Arnold einer von nur zwei Personen, die in Düsseldorf der Regierung vorstanden, obwohl sie nicht in NRW geboren wurden. Das war beileibe kein bloßes biografisches Detail oder eine Anekdote unter Politexperten. Vielmehr war die hanseatische Herkunft vom ersten bis zum letzten Tag der Amtszeit Steinbrücks ein Thema, fehlte in keinem Porträt, keinem Interview und war Bestandteil in vielen seiner eigenen Reden. Konnte es einem gebürtigen Hamburger gelingen, sich in die Herzen und die Mentalität der Menschen an Rhein und Ruhr hineinzuversetzen? Oder war von ihm nichts als Kühle und Knappheit zu erwarten, wie es das Klischee nahelegt? Seine Intelligenz und bürokratische Effizienz standen bei Amtsantritt außer Frage – aber wie war es um seine anderen, seine pastoralen Fähigkeiten bestellt? Wie stand es um seine Qualitäten als „Menschenfischer", im Erbe von Johannes Rau, der auch die skeptischen, eigenbrötlerischen und wütenden Bürgerinnen und Bürger wieder für sich und die Sache des Gemeinwesens gewinnen konnte?

Und dann, zweite Eigentümlichkeit, absolvierte Steinbrück auch nur eine besonders kurze Amtszeit, die vom November 2002 bis zum Mai 2005 andauerte. Auch das ist keine Feststellung, die erst im Nachhinein getroffen wurde, etwa weil das rasche Ende überraschend gekommen wäre. Ganz im Gegenteil, dass diese Amtszeit am Ende der langen sozialdemokratischen Ära in NRW stand und beim nächsten regulären Landtagswahltermin auch ihr Ende finden würde, vermuteten schon vor Steinbrücks Vereidigung die meisten Beobachter und Bürger. Die Knappheit der zur Verfügung stehenden politischen Zeit, Steinbrücks ferne Herkunft und an erster Stelle sein plötzlicher, ihn selbst überraschender Aufstieg definierten diese Periode.

Die begrenzte Amtszeit Steinbrücks zu studieren, ist allerdings äußerst aufschlussreich, denn in ihr erkennt man die rapide Veränderung, die das Land zu Beginn des 21. Jahrhunderts durchlebte. Sie erfasste nicht nur Wirtschaft und Gesellschaft, sondern auch die politische Landschaft und das Amt des Ministerpräsidenten selbst. Es gibt in der neueren Geschichte des Landes ein *vor* und ein *nach* Steinbrück – weniger wegen besonderer Taten des Amtsinhabers, für so etwas war die Amtsdauer etwas zu kurz, sondern weil der die Idee des Landesvaters veränderte. War dieser zuvor eine nahezu mythische Gestalt, die aus dem pochenden Herzen von Rhein und Ruhr stammend und doch über allem schwebend imaginiert wurde, so wusste jeder nach Steinbrück, dass es eigentlich ein normales Amt ist und jene, die es bekleiden, normale Menschen. Steinbrücks Bruder etwa bekam bei der Vorstellung, sich seinen großen Bruder Peer als Landesvater vorstellen zu müssen, „einen Lachanfall". NRW ging dadurch nicht unter, auch wenn diese Zeit als durchaus turbulent bezeichnet werden kann.

Wie später noch einmal, als er Kanzlerkandidat der SPD wurde, kam Steinbrück per politischer Sturzgeburt an die Spitze des größten deutschen Bundeslandes. Noch wenige Wochen zuvor hätte niemand darauf gewettet. Justizminister Dieckmann beschrieb die Entwicklung wie folgt: „Es war wie bei der deutschen Einheit – niemand war darauf eingestellt." Steinbrück wurde durch ein plötzlich auftretendes politisches Vakuum in die erste Reihe gesogen. Um dies nachzuvollziehen, muss man sich den historischen Kontext vergegenwärtigen.

Die ersten Jahre des Jahrtausends waren unübersichtlich, von der geruhsamen, innenpolitischen Biederkeit der späten Merkeljahre keine Spur. Wie so oft geschahen in Deutschland die Dinge verspätet. Die Generation der Baby-Boomer, also die geburtenstarken Jahrgänge nach dem Ende des Zweiten Weltkriegs, hatte längst Ambitionen, die etablierten konservativen Kräfte aus der Regierung zu verdrängen. In den USA war dies mit Bill Clinton, in Großbritannien mit Tony Blair gelungen. In der Bundesrepublik aber stellte die Union mit Helmut Kohl einen Kanzler, der nicht nur die achtziger Jahre prägte, sondern auch den größten Teil der neunziger Jahre. Rau, Lafontaine und Scharping scheiterten daran, einen Regierungswechsel zu bewerkstelligen. Ende der achtziger Jahre war auch die CDU selbst der Herrschaft Helmut Kohls überdrüssig.

Doch die Wiedervereinigung erlaubte es Kohl, zu historischer Größe anzuwachsen. Er verknüpfte die deutsche Einheit mit verstärkter europäischer Einigung und regierte noch weitere zehn Jahre. Es brauchte die vereinigte politische Kraft solcher Talente wie Gerhard Schröder, Oskar Lafontaine, Joschka Fischer und Bodo Hombach, um einen Regierungswechsel von der Union und FDP zu Rot-Grün herbeizuführen, den zweiten in der jüngeren deutschen Geschichte. Es war die Generation der Enkel Willy Brandts, die nun die Geschicke der Bundesrepublik leitete und angetreten war, um alles gründlich zu modernisieren. Aber es hatte zu lange gedauert: In der Ära Kohl hatten welthistorische Umwälzungen stattgefunden, der Zustand der sozialen Sicherungssysteme, des Arbeitsmarkts und überhaupt der deutschen Wettbewerbsfähigkeit war aus dem Fokus der Bundespolitik gerückt. Die Politik Gorbatschows, die Wiedervereinigung und die neue Weltordnung hielten Bürger und Politiker in Atem. Nelson Mandela kam frei und ewig gesuchte Terroristen der RAF wurden in der ehemaligen DDR aufgespürt – jeder Tag brachte neue, spektakuläre Wendungen. Aber im Inneren war auch noch vieles liegen geblieben. Migranten waren nach wie vor Gastarbeiter, die Kulturpolitik des Bundes war mehr oder weniger Sache des Kanzlers, Minderheiten hatten sich unauffällig zu verhalten. Politik war, Ausnahmen wie Thatcher bestätigen die Regel, Männersache. Diese Gemengelage aus völlig neuartigen Verhältnissen – die Bundesregierung arbeitete bald von Berlin aus, Computer und Mobiltelefone wurden wichtig und wer sich damit nicht auskannte, fiel auf – und hergebrachter Programmatik von sozialer Gerechtigkeit, ökologischem Umbau der Industriegesellschaft und einer grundsätzlichen Liberalisierung und Modernisierung des Landes sollte Rot-Grün mehr als fordern, es führte die neue Koalition schon sehr bald an ihre Grenzen.

Die Regierung von Gerhard Schröder gewann mit einem Programm, das vor allem als Beendigung der Regentschaft Helmut Kohls verstanden wurde. Richtig vorbereitet auf eine Epoche verlangsamten Wachstums, Massenarbeitslosigkeit, ungelöster Probleme in den neuen Bundesländern, hoher öffentlicher Schulden und unübersichtlicher internationaler Verschiebungen war sie nicht. Abrüstung, Ökologie und soziale Gerechtigkeit waren ihre Kompetenzfelder gewesen, nicht die internationale Politik, nicht die Wirtschaftspolitik und sicherlich nicht die Verteidigungspolitik. Diese aber sollten besonders wichtig werden.

Auf vielen Gebieten wurde die Generation Rot-Grün vor verzwickte Probleme gestellt, auf deren Lösung sie denkbar schlecht vorbereitet war. Symbol für die neue Zeit der Unübersichtlichkeit waren die Anschläge vom 11. September 2001 in New York und Washington, die, ohne dass jemand etwas davon mitbekommen hatte, in Hamburg ausgeheckt worden waren. Aber auch schon zuvor ging es erstmals in der Geschichte der Bundesrepublik um militärische Einsätze, nämlich zur Beendigung des Krieges im Balkan. Weder Fischer noch Schröder waren hierauf vorbereitet, ideologisch und praktisch waren keinerlei Vorbereitungen getroffen worden. Und mit dem Rücktritt von Oskar Lafontaine und Bodo Hombach fehlten bald zwei politische Köpfe in der Bundesregierung.

Die größte Baustelle aber war die bedrückend hohe Arbeitslosigkeit. Erst in der zweiten Amtszeit von Gerhard Schröder war deren Bekämpfung und die Dynamisierung der Wirtschaft in den direkten Fokus des Regierungshandelns gerückt. Dazu galt es allerdings, jener sozialstaatlichen Programmatik, mit der die Rot-Grünen ins Amt gekommen waren, abzuschwören und eine Liberalisierung und Umstrukturierung von Sozialleistungen vorzunehmen. Schröder setzte sein gesamtes politisches Kapital ein, um den deutschen Sozialstaat, den Arbeitsmarkt und die Wirtschaft umzustrukturieren, eine Operation, deren Folgen bis heute und sicher auch noch zukünftig diskutiert werden. Peer Steinbrück zählte zu seinen tapfersten Unterstützern in der SPD und hielt diesen Kurs auch dann, als sein hoher politischer Preis absehbar wurde.

Im Kern standen Fragen, die sich in Nordrhein-Westfalen mit besonderer Brisanz stellten: Wie baut man eine Industriegesellschaft so um, dass Arbeit und sozialer Zusammenhalt bewahrt werden? Wie sichert man Beschäftigung in einer Zeit, in der Globalisierung und Automation viele einfache Tätigkeiten überflüssig oder unrentabel machen? Wie finanziert man den Sozialstaat, wenn Arbeit nicht mehr der zuverlässige Motor der ganzen Gesellschaft ist, sondern sich launisch gibt, mal hier, mal da auf und wieder abtaucht? Vor dem Hintergrund dieser drängenden Fragen brauchte der Kanzler einen Mann an seiner Seite, der nicht als Zauderer bekannt war, der den Willen zur politischen Gestaltung bewiesen hatte und der im Kernland der SPD eine überzeugende, respektierte Stimme war. Schröder rief Clement. Die Lage war so brenzlig, die Bitte so dringend, dass der Ministerpräsident des größten Bundeslandes nach Berlin wechselte. Im Nachhinein erwuchsen an dieser damals zirkulierenden Fassung freilich Zweifel. Der verstorbene SPD-Politiker Peter Struck etwa bemerkte, es habe Clement regelrecht nach Berlin gedrängt. Der Preis für den Wechsel war die Zusammenlegung zweier traditionell opponierender Ministerien, Clement wurde ein sogenannter Superminister für Wirtschaft und Arbeit. Später wurde diese Zusammenführung und der Wechsel überhaupt in der großen Schröder-Biographie des Historikers Gregor Schöllgen als Fehler bezeichnet.

Heute mag man in dem überstürzten Wechsel in der Tat eine Vorahnung des kommenden Endes der Zeit Schröders erkennen, aber in der zeitgenössischen Wahrnehmung galt es als ein mutiger Zug.

Clement ging, sein Nachfolger war schon länger benannt und befand sich als Vorsitzender der SPD in NRW in guter politischer Position, die Nachfolge anzutreten. Aber, auch dies ein bedeutungsschweres Detail jener bewegten Zeiten, der designierte Nachfolger Harald Schartau war kein Abgeordneter im Landtag, konnte also gemäß Landesverfassung nicht zum Ministerpräsidenten gewählt werden. Es wurde noch kurz sondiert, andere Namen wurden geprüft und verworfen, bis die Wahl auf Peer Steinbrück fiel. Damit war die Sache auf eine Art und Weise gelöst, die Clement und den Kanzler beruhigte. Doch es gab ein Problem: Steinbrück, gewissermaßen auf den hinteren Rängen der Thronfolge in Düsseldorf, war völlig unbekannt. Eine Kölner Boulevardzeitung titelte ebenso treffend wie naheliegend: „Peer wer?"

Er musste also nicht nur das Amt erlernen, er musste sich den Bürgerinnen und Bürgern, den Medien und der Öffentlichkeit erst einmal vorstellen. Das war nicht ganz einfach, obwohl er durchaus eine politische Karriere vorweisen konnte. Steinbrück hatte sich vor allem während seiner Zeit als Minister in Kiel den Ruf eines „Grünenfressers" erworben. Und nun sollte er eine rot-grüne Koalition leiten, um die Regierung in Berlin zu stützen. Eine hochkomplexe Aufgabe, die nicht auf Anhieb gelang, die überlagert wurde von der drängenden, neugierigen Frage, wer dieser Mann überhaupt sei.

Bis heute dominieren Klischees. Die Entschiedenheit und mitunter grimmige Lakonie, mit der er seine Sprüche und Bonmots von sich gibt, stehen im Widerspruch zu seiner komplizierten Persönlichkeit, deren Ausdruck ein gewundener Lebenslauf ist. Steinbrück kam in Hamburg zur Welt, seine Eltern haben 1943 in Stettin geheiratet. Die Mutter verbrachte einen Teil des Krieges in Dänemark, wo ein anderer Zweig der Familie wohnt. Der Vater konnte sich nach dem Krieg in Hamburg als Architekt niederlassen. Steinbrück wuchs in stabilen bürgerlichen Verhältnissen auf, allerdings auch nicht in Reichtum. Er war ein schlechter Schüler. Das angesehene altsprachliche Hamburger Gymnasium Johanneum musste er wegen schlechter Noten verlassen, später machte er ein Fachabitur an einer Handelsschule, Fachrichtung Wirtschaft. Nach einer Verpflichtung als Soldat auf Zeit studierte er Volkswirtschaft in Kiel. Dort kam es zu einem für ihn prägenden Erlebnis, das auch nicht so richtig zum Image des Karrieristen passt: Seine Wohngemeinschaft wurde 1970 zum Objekt einer robusten Polizeidurchsuchung. Nachbarn hatten die Studentenwohnung angezeigt. Frühmorgens blickte er in die Maschinenpistolen der Beamten. Gesucht wurde eine Person im Zusammenhang mit dem damals grassierenden Linksterrorismus, aber die Polizisten fanden Steinbrücks Morsealphabet aus der Bundeswehrzeit. Diese Episode war nicht nur traumatisch und lächerlich zugleich, sie hatte noch weitere, ganz lebenspraktische Folgen: Als sich Steinbrück sechs Jahre später, nach Abschluss seines Studiums, auf eine Stelle in einem Bundesministerium bewarb, wurde ihm die mit Hinweis auf Sicherheitsbedenken verwehrt. Seine Frau war zu diesem Zeitpunkt mit ihrem ersten Kind schwanger und Steinbrück war erst einmal arbeitslos – eine Kränkung, die ihn zwar nicht verbittert hat, ihm aber immerhin noch so präsent blieb, dass er sich in das Schicksal von Arbeitslosen oder vergleichbare Situationen besser einfühlen konnte, als man annehmen möchte.

Im Herbst 1976 erhielt er eine Stelle im Öffentlichen Dienst, den ersten Posten bekleidete er im Bundesverkehrsministerium. Von diesem Zeitpunkt an wohnte und arbeitete Steinbrück in Nordrhein-Westfalen. Er verbrachte hier, von einem Abstecher nach Kiel abgesehen, seine gesamte berufliche Laufbahn, bis er Ministerpräsident wurde. Seine einzelnen Stationen in der öffentlichen Verwaltung nachzuzeichnen, würde ein Schaubild von der Komplexität des Streckenplans eines mittelgroßen Nahverkehrsverbunds erfordern. Steinbrück hat nahezu alles gemacht: Referent, wissenschaftlicher Mitarbeiter, Redenschreiber und Büroleiter. 1981 war er an der Ständigen Vertretung der Bundesrepublik in Ost-Berlin tätig, was ihm Jahre später den Verdacht einbrachte, ein Agent des KGB gewesen zu sein. Er hatte damals einen Verwandten in der DDR besucht, der wiederum Berichte des Treffens an die Stasi weitergegeben hatte. 1990 wechselte er als Staatssekretär nach Kiel, wurde dort dann 1993 Minister. Diese Zeit prägte Steinbrücks Image, allerdings nicht in besonders vorteilhafter Weise. Er legte sich mit Justus Franz wegen eines Musikfestivals an, woraufhin dieser Rückendeckung von Helmut Schmidt bekam, Steinbrück musste einlenken. Er geriet alsbald auch mit Ministerpräsidentin Heide Simonis aneinander. Berühmt wurden seine kritischen Bemerkungen bezüglich der „Kirchturmpolitik", die sie betreibe und die er weiter als „Klein-Klein auf Pepita-Niveau" charakterisierte, womit er auf ein in der Adenauerzeit modernes Textilmuster anspielte. Als ein Mann, dessen erweiterte Familie aus dem ganzen Norden von Dänemark bis Ostpreußen stammt und der gerne in großen Dimensionen Politik macht, war ihm der Gedanke eines Nordstaats, der die nördlichsten Bundesländer umfasst, sympathischer als der Ministerpräsidentin.

Aber auch mit der rot-grünen Koalition haderte Steinbrück. Er war mit 26 in eine SPD eingetreten, die sich der Modernisierung und der Fortentwicklung des Landes verschrieben hatte. Seine Chefs Hans Matthöfer, Volker Hauff und Andreas von Bülow standen für eine technikfreundliche und wissenschaftsoptimistische Politik, die auf Planung und Kontrolle ambitionierter, technologischer Projekte setzte. Steinbrück konnte demgegenüber mit der grundsätzlichen Technikskepsis und der biederen Idyllensehnsucht norddeutscher Grüner wenig anfangen. Bald hatte er seinen Spitznamen weg, er war der „Grünenfresser".

Dennoch ist Steinbrück kein Bürokrat. Seine utopischen Ambitionen mögen nicht mit denen der Grünen oder mancher Sozialdemokraten zu vergleichen sein, aber sie sind durchaus vorhanden. Steinbrück ist ein typischer Vertreter der Willy-Brandt-SPD und ein Anhänger der sozialliberalen Koalition, die die Facharbeiterschaft, die Studierenden und die wissenschaftlich-technische Intelligenz zusammenführte. Er reihte sich stilistisch und programmatisch gut in die internationale Riege der linksliberalen Reformer wie Bill Clinton und Tony Blair ein, wenn auch zunächst noch ohne deren unbestrittenes Starpotential und Charisma.

In seiner Antrittsrede vor dem Düsseldorfer Landtag setzte Peer Steinbrück leise Akzente. Schon damals sprach er von der Gefahr der „Fliehkräfte", die die Gesellschaft zu zerreißen drohen. Und er präzisierte den Amtseid des Ministerpräsidenten, indem er schwor, Gerechtigkeit gegen „jedermann und jede Frau" zu üben.

Aber es waren nicht diese Töne, die in der ersten Phase seiner Amtszeit dominierten. Zwar betonte er und ließ verbreiten, er werde sich nun den Grünen zuwenden und die Koalition in Nordrhein-Westfalen wirklich ernst nehmen, aber es gelang ihm nicht. Zeitgenössisch wie in der Rückschau bleibt die erste Phase in dieser Hinsicht rätselhaft. Steinbrück geriet in einen Konflikt mit seinem Koalitionspartner und bald kursierte das Gerücht, er sehne sich nach einer sozialliberalen Koalition. Aber was sollte solch ein Koalitionsbruch für ein Signal sein, während in Berlin das Tandem Schröder-Fischer darum rang, einigermaßen Kurs zu halten?

Symbolisiert wurde das schlechte Verhältnis in einer Episode, die bis heute rätselhaft bleibt. Anfang Februar trafen sich die Spitzen der Koalition zu einer abendlichen Sitzung in der Staatskanzlei. Die stellvertretende Fraktionsvorsitzende der Grünen, Barbara Steffens, hatte ihren zwei Monate alten Sohn David dabei. Der Vater, der das Baby übernehmen sollte, verspätete sich wegen Schneefall und Stau. Steinbrück betrat den Saal, erblickte Mutter und Kind und knurrte: „Muss das sein?" Später fragte er sarkastisch, ob man nun „Politik mit dem Kinderwagen" machen wolle. Steffens verließ den Saal, direkt durch die Vordertür, wo Journalisten warteten. Die Episode verbreitete sich über alle Medien, das Bild, das Steinbrück damit abgab, war verheerend und verstärkte die schlimmsten Vorurteile: impulsiv, ein Macho und Grünen-Fresser. Steinbrücks harsche Reaktion lässt sich aus seiner Absicht an jenem Abend erklären: Angesichts einer sehr ernsten finanziellen und wirtschaftlichen Lage des Landes wollte er mit den Partnern wohl ordentlich Klartext reden. Und so ein Baby senkt den Aggressionspegel, zumal für einen Kindernarr wie Steinbrück. Abgesehen davon ist sein Bild von Politik nicht das einer angenehmen, zivilen Veranstaltung, sondern eine hehre und harte Sache – eben Arbeit. Arbeit, die wichtiger ist als alles andere, die Familie gehört dahingegen auf die schöne Seite des Lebens. Politik ist für ihn, für Männer seiner Art, ein Hochofen: riskant, fordernd, gnadenlos – aber auch einzigartig und wertschöpfend.

Seine Laune war zu jener Zeit im Keller und führte zu merkwürdigen Verhaltensweisen. Ohne den Amtsvorgänger attackieren und diskreditieren zu können, erkannte Steinbrück, dass die Lage des Landes bei seinem Amtsantritt höchstens bescheiden genannt werden konnte. NRW rangierte dort weit oben, wo es unten sein müsste – bei der Arbeitslosigkeit, den Schulden und Firmenpleiten –, und weit unten, wo es an der Spitze sein müsste. Sparen tut not, aber ein Mann seiner Denkungsart würde sich damit nie begnügen. Er suchte den Ausweg aus der komplexen Klemme in einer ambitionierten Vision.

Er verhielt sich wie in dem von ihm geliebten Gedicht von Günter Grass, dem Ermutigungsgedicht, das Grass an seinen Sohn Franz adressierte und das sich im „Tagebuch einer Schnecke" findet. Grass beschreibt dort eine verzweifelte Lage, eine totale Entmutigung und Hoffnungslosigkeit und gibt für den Fall, „wenn man dich fix und fertig gemacht hat", weder Glaube noch Liebe noch Hoffnung zur Verfügung stehen, folgenden Rat: Dann „nach einer Pause, die lang genug ist, um peinlich genannt zu werden, dann stehe auf und beginne dich zu bewegen, dich vorwärts zu bewegen …".

Die Bewegung erfuhr Steinbrück auf einer weiten Reise, nach China nämlich, wohin er den Bundeskanzler und seinen Wirtschaftsminister begleitete. In Shanghai erlebte er die Jungfernfahrt des dortigen Transrapid, einer in Deutschland erfundenen und entwickelten Magnetschwebebahn. Während die Reisenden von Shanghai zum Flughafen mit über 400 km/h und geräuschlos zu ihrem Ziel sausen konnten, scheiterten solche Projekte in Deutschland schon an den Baugenehmigungen. Auf der Reise erlebte man ihn ungewohnt verwirrt, denn als er einmal nach

Clement das Wort ergriff, bezog er sich auf ihn mit dem Verweis: „Wie der Ministerpräsident eben gesagt hat", und korrigierte sich mit: „Ach nee, ich bin ja jetzt der Ministerpräsident."

Nach der Rückkehr aus China, aus der Zukunft, begann die Koalitionskrise noch einmal mit besonderer Heftigkeit. Während die Welt immer weiter voranschritt, sorgte man sich in der Heimat um ganz andere Themen, so empfand es Steinbrück. Er kritisierte den „Mehltau, die Bedenkenträgerei und die Fallen", die jeden Fortschritt verhinderten. Besonders irritierte ihn der Hinweis der Umweltministerin Bärbel Höhn, ihr Haus habe eine Broschüre zum korrekten Stapeln von Osterfeuern erstellt, so dass kleine Tiere wie Igel vom Feuertod verschont bleiben. In solch einem Verständnis von Politik sah Steinbrück seinen Gegner: statt Vorwärtsbewegung Achtsamkeit für Gartengetier. Nun ist Steinbrück kein Tierfeind oder uninteressiert an Flora und Fauna, doch es machte ihn nervös, dass der für ihn einzig denkbare Weg aus der beklemmend schlechten Lage, nämlich das hohe Tempo und das weite Denken, an den Grünen und ihrer Vorstellung von Politik als nachbarschaftlich organisierter Handarbeit scheitern könnte. In einer normalen politischen Lage hätte er auch mit Vorgänger Clement abrechnen können, dessen sogenannte Leuchtturmprojekte – das Trickfilmzentrum in Oberhausen und die landeseigene NRW Medien GmbH – und Hochtechnologieprojekte erwiesen sich als Belastungen. Aber das verbot ihm das Gebot der innerparteilichen Solidarität.

Die gesamte erste Phase der Amtszeit stand im Zeichen eines Koalitionskrachs, der rätselhaft blieb. Ein anderer Partner fand sich in Düsseldorf ohnehin nicht, die durch den Reformkurs gestresste SPD wäre nicht bereit gewesen, Steinbrück zu folgen und sich der FDP zuzuwenden. Es folgten weithin bemerkte Machtworte des Bundeskanzlers und von Clement, der Steinbrück mit dem Aufstand der Landtagsfraktion drohte. Am Ende stand ein Punktsieg der Grünen: das Ende der Pläne für den Metrorapid und viele, viele Zeitungsartikel, in denen Steinbrück, wenn man es freundlich ausdrücken möchte, als ein rätselhafter Politiker beschrieben wurde oder eben als ein Unpopulist, der sich gegen den Strom und gegen den Wunsch der Wähler stellt.

Doch gerade als Steinbrück auf stur schaltete, Kurs hielt, den Leuten reinen Wein einschenkte, begannen sie, ihm zuzuhören. Er wurde prominent, respektiert und im Laufe einiger Monate sogar beliebter als sein Opponent Jürgen Rüttgers. Porträts und Interviews betonten seine

Liebe zu Filmen und Büchern, was sich gut in eine postindustrielle Ära einfügte, in der auch in NRW die Kultur zu einem wichtigen Standortfaktor wurde. Steinbrück fand seinen Ton und seine Themen. Er kritisierte überzogene Managergehälter und auch jene Politiker, die mit Illusionen handeln. Sein NRW war nicht mehr die Heimat des Steinkohlebergbaus, sondern ein Zentrum für Wissenschaft, Mittelstand und Dienstleistungen. Natürlich gab es auch weiterhin steinbrücktypische Nebenkriegsschauplätze, etwa in einer kleinen Privatfehde, die er mit dem Westdeutschen Rundfunk und dessen Intendant Fritz Pleitgen austrug. Aber sein Stil, Exzesse anzuprangern, Illusionen zu beenden und dabei mehr zu arbeiten als alle anderen, kam gut an. Bald wechselte er von der Rolle des ungeschickten, in das Amt hinein gestolperten Outsiders in jene des virtuosen Landeschefs. Er war immer noch nicht zum Landesvater geworden, bei dem Menschen ihre Sorgen beichten, aber er repräsentierte das Land auf überzeugende Art und predigte, was gut ankam: dass man sich nämlich nicht ausruhen dürfe, nicht auf Lorbeeren und auf Dornen erst recht nicht. Steinbrück entwickelte eine bis dahin nicht gekannte politische Kreativität. In einem gemeinsamen Papier mit dem hessischen Ministerpräsidenten Roland Koch legte er einen wegweisenden Entwurf zum Subventionsabbau und zur verbesserten Zusammenarbeit zwischen Bund und Ländern vor. Koch war bis dahin unter Sozialdemokraten eine Art Dämon gewesen, vor dem man sich nur in Acht nehmen könne. Steinbrück nahm damit die Epoche der großen Koalition vorweg, die dem Land später Jahre der Stabilität und Prosperität bescheren sollte, wenn auch um den Preis des Anwachsens der politischen Extreme.

Leider kam dieses persönliche Interesse an Steinbrück für seine Partei zu spät. In Kiel erging es Heide Simonis besonders schlecht, als ihre Wahl zur Ministerpräsidentin an einem anonymen Votum aus den eigenen Reihen scheiterte. Dies wurde als Krisensymbol einer Partei gewertet, die an ihrer Regierungsverantwortung ermüdet ist. Nicht viel anders wirkte die Koalition in Berlin, die mit wachsender Nervosität auf das Landtagswahlergebnis in NRW schaute. Der Abstand zwischen Amtsinhaber und Herausforderer schrumpfte. Steinbrück machte im Fernsehduell eine gute Figur, seine Fähigkeiten auf Bühnen und in Fernsehstudios, sein eigener Spaß daran, waren eine Entdeckung seiner Zeit als Ministerpräsident. Der Wahlkampf wurde spannender, es ging um etwas und Steinbrück entwickelte eine spezifische Popularität, die nur zum Teil mit dem Bild seiner Partei übereinstimmte. Er stand für ein NRW ohne Verklärung, ohne Pathos und Romantik. Ein Land der Erwachsenen, die Verantwortung übernehmen, füreinander und für ihre Kinder. Steinbrück stand für eine bundesrepublikanische, eine gemäßigte Gesellschaft, in der die politischen wie die ökonomischen Extreme eingehegt waren durch einen Common Sense, der durch offenen Diskurs und wissenschaftliche Erkenntnisse informiert blieb. Es war ein Modell, das ankam. Aber es unterschied sich von den Liedern, die bis dato aus der Düsseldorfer Staatskanzlei geklungen waren. Diese waren zuletzt scharf ausgeschwenkt von einer heilen Welt, die nur kurzfristig durch die Krise gestört wurde und alsbald zum Urzustand zurückfinden würde, sowie von einer Zukunftsseligkeit, die in schicken Medienprojekten eine Zukunft erkannte, die bald ebenso imperial und reich sein würde wie die große Vergangenheit. Steinbrück machte Schluss mit der Tradition des Ministerpräsidenten als Geschichtenerzähler. Seine Politik war Management und Kommunikation, er war kein Beichtvater und kein Zukunftsforscher. Aber die Leute vertrauten ihm, auch, weil er in seiner Mühe keine Rast und keine Pause kannte. Die knappe Zeit suchte er durch verstärkte Arbeit wettzumachen. Das kam an.

Man schätzte, dass er den Konflikt nicht scheute und sich gleichermaßen mit dem Kanzler, dem Koalitionspartner oder dem WDR anlegte. Seine Qualitäten würden bald an einer anderen Stelle wichtig werden, als es galt, als Bundesfinanzminister das Vertrauen der Sparer und der Bundesbürger insgesamt während der Finanzkrise 2008 zurückzugewinnen. Die Zeit in NRW war zu knapp, um die sich bereits lange abzeichnende Niederlage noch abzuwenden. Der gewaltlose Machtwechsel ist ein wichtiges Merkmal der offenen Gesellschaft nach Karl Popper, und auch an Rhein und Ruhr war es an der Zeit dafür. Das Land war erwachsen geworden und auch Steinbrück hatte seinen Anteil daran. Dass er das Amt des Ministerpräsidenten verlor, das er gewissermaßen geerbt hatte, gehörte – Ironie des Schicksals – in diesem Sinne zu dem Prozess, den er selbst angestoßen und entwickelt hatte. Weil das so erkannt wurde, weil er sich als fairer Verlierer zeigte, die Unterstützung für den von ihm als richtig erachteten Kurs höher schätzte als den Wahlerfolg und nicht aufhörte, für Land und Partei zu arbeiten, als es durchaus ungemütlich wurde – aus all diesen Gründen wurde auch Jahre später noch ein Gewerkschaftstreffen in Kamen zu seinem Heimspiel.

Jürgen Rüttgers und die Spuren des rheinischen Katholizismus

von Bernd Mathieu

Was hätte daraus noch werden können! Aus dieser politisch, kulturell, ökonomisch und wissenschaftlich geprägten Melange einer Persönlichkeit mit Bildung, Bodenhaftung und dem unbedingten Willen zur Gestaltung. Aus dieser Vielfalt an Talenten, Fähigkeiten und Erfahrungen. Aus dieser ungewöhnlichen Art, Politik zu planen, zu entwickeln, zu strukturieren, zu realisieren, auch: zu personalisieren, Letzteres nicht immer glücklich. Der Start 2005 verlief verheißungsvoll, das zu frühe Ende 2010 kam ziemlich abrupt. Was bleibt in der Retrospektive von Jürgen Rüttgers, dem Ministerpräsidenten der Jahre 2005 bis 2010?

Der Wahlabend des 9. Mai 2010 gehört für die nordrhein-westfälische CDU, zurückhaltend ausgedrückt, gewiss in die Kategorie „Desaster". Die Partei des amtierenden Regierungschefs und erneuten CDU-Spitzenkandidaten verlor 10,3 Prozentpunkte, das kam 2010 einem katastrophalen Erdrutsch, eher einem Erdbeben, nahe. Heute haben sich die so genannten Volksparteien an Verluste solcher Größenordnungen gewöhnen müssen. Und da auch der kleine Koalitionspartner FDP noch einmal 0,6 Prozentpunkte kleiner wurde, fand sich die schwarz-gelbe Koalition fortan rüde entsorgt in der Historie wieder. Dass wenige Wochen später die Sozialdemokratin Hannelore Kraft im zweiten Wahlgang neue Ministerpräsidentin einer rot-grünen Minderheitsregierung mit Duldung der Linken werden konnte (was die Grünen vor der Wahl ausdrücklich ausgeschlossen hatten!), trägt durchaus fatalistische Züge einer CDU, die nach dem Wahldebakel nicht mehr kämpfte, nicht mehr ernsthaft um eine Koalition unter ihrer Führung rang, die ihren Ministerpräsidenten aufgegeben hatte – wie er sich selber. Am Wahlabend war er nicht einmal in die Fernsehrunde der Spitzenkandidaten gegangen, sein Integrationsminister Armin Laschet vertrat ihn dort. „Wo ist Rüttgers?", fragte die Deutsche Presseagentur. Und die „Marler Zeitung" titelte: „Rüttgers abgetaucht."

Ob schlechter Stil, resignatives Signal oder beides: Schon da war zu vermuten, dass Jürgen Rüttgers bald alle politischen Ämter aufgeben und mit gerade einmal 59 Jahren aus der aktiven Politik ausscheiden würde. Welcher Verlust für Nordrhein-Westfalen und Deutschland! Und gleichzeitig: ein konsequenter Abgang, eine persönliche Demonstration von Unabhängigkeit, eine unmissverständliche Absage an jede Form von Versorgungsmentalität. Typisch Rüttgers eben.

Der Mensch. Der Typ. Der Politiker.

Zu allgemeinem und fröhlichem Abgesang gab es im Frühsommer 2010 keinen Anlass; denn Jürgen Rüttgers gehörte nicht zu jener Sorte Politiker, denen man – jenseits aller Parteipräferenzen – freudig und auf Nimmerwiedersehen hinterherwinkt. Dass er damals gehen musste, lag nicht, wie er später selbst vorgab, nur an der schlecht gestarteten schwarz-gelben Bundesregierung in Berlin und an den unpopulären Zusagen und milliardenschweren Garantien für ein wirtschaftlich in bedenkliche Schieflage geratenes Griechenland. Die kaum für möglich gehaltene Wahlniederlage war das Ergebnis einer von ihm und der CDU im Wahlkampf-Endspurt verschuldeten Folge an Pleiten, Pech und Pannen, die bei der eigenen Partei in großen Teilen für Kopfschütteln sorgte und bei den parteipolitischen Gegnern teilweise und durchaus berechtigt Empörung verursachten.

Dennoch: Jürgen Rüttgers konnte nach fünf Jahren auf eine beachtliche Bilanz verweisen, weil er gute Vorsätze nicht in der Theorie umständlicher Parteitagsanträge und dicker Programmbroschüren hatte verrotten lassen. Er kümmerte sich darum, dass sich der Unterrichtsausfall an nordrhein-westfälischen Schulen drastisch verminderte und einige Tausend Lehrerinnen und Lehrer zusätzlich eingestellt wurden. Die Hochschulen konnten frei atmen und erhielten eine bis dahin nie gekannte Autonomie. Wesentliche Reformen in der Justiz realisierte die Regierung zügig. Und obwohl er sich nachhaltig und zielstrebig – kompromisslos auch gegenüber seinem Koalitionspartner FDP – für den Erhalt des dreigliedrigen Schulsystems einsetzte, zählte sein Bekenntnis etwa zu Ganztagsschulen und Kindertagesstätten zu seinen stets ausgesprochenen und nicht ideologisch gefärbten Grundüberzeugungen. In diese beispielhafte Aufzählung passt hervorragend sein Beitrag zur Integration von Zuwanderern, in Form und Inhalt angenehm anders als manche gefühlskalten und national geprägten Einlassungen allzu lautstarker Parteifreunde.

Mit Jürgen Rüttgers verließ 2010 eine Persönlichkeit die Bühne, die in ihrer Partei den Restbestand an rheinischer CDU, an scheinbar altmodischem „sozialen Gewissen", repräsentierte, und das nicht nur plakativ. Rüttgers stellte zur richtigen Zeit die richtigen Fragen, als die meisten Berufspolitiker um diesen heißen Brei herumredeten (und es zuweilen heute noch tun). Die schnelle Verbreitung von Informationen und Desinformationen, die aus der Kontrolle geratenen Weltfinanzstrukturen (2008), der Klimawandel, das Spannungsfeld Ressourcen, Energie und Umwelt, die sich radikal verändernde Urbanität, die daraus resultierenden Folgen für die Städte, die Provinz und die Mobilität, die größer werdende Entfernung zwischen Wohnort und Arbeitsplatz, die Entfremdung von Produktion und Selbstverwirklichung: all das hat den kompetenten Sachpolitiker und talentierten Buchautor Rüttgers intensiv beschäftigt, mehr als das: im positiven Sinne umgetrieben und gefesselt gleichermaßen.

Diese seltene Verbindung zwischen Nachdenklichkeit und Elan, Recherche und Initiative, nicht zuletzt natürlich zwischen politischem Ehrgeiz und persönlichem Durchhaltevermögen war ein Glücksfall für die CDU, auch wenn die Partei das nicht immer erkannt und manchmal sogar bestraft hat, so bei einer Wiederwahl zum stellvertretenden CDU-Bundesvorsitzenden mit einem indiskutablen Wahlergebnis nur knapp über 50 Prozent.

Was ist nachhaltige Entwicklung? Was bedeutet Armut, was Reichtum? Warum und wovor haben Menschen Angst, obwohl es ihnen wirtschaftlich gutgeht? Woher kommt der ruckwärtsgewandte nationale Populismus? Wie sieht die gelungene Kombination von Mensch und Maschine aus? Rüttgers hat schon Anfang der 2000er Jahre wesentliche Fragen zu Globalisierung und Digitalisierung gestellt – und damit auch Landespolitik in einen größeren nationalen und internationalen Zusammenhang transferiert. Er hat dabei stets die Chancen solcher Revolutionen hervorgehoben und blieb dabei im völligen Einklang mit einer Reihe seriöser Wissenschaftler, etwa mit einem klugen Kopf wie Franz-Josef Radermacher, Professor für Informatik an der Universität Ulm und Leiter des Forschungsinstituts für anwendungsorientierte Wissensverarbeitung, der in einem Gast-Beitrag für die „Aachener Zeitung" 2012 zur Globalisierung formuliert: „Daraus kann eine vernünftige Form der Balance resultieren (…), Regionalität und Globales lassen sich gut miteinander verknüpfen. So werden auch Extreme vermieden." Genau so dachte und handelte der Politiker Rüttgers als nordrhein-westfälischer Ministerpräsident von 2005 bis 2010 und zuvor von 1994 bis 1998 als Bundesminister für Bildung, Wissenschaft, Forschung und Technologie im fünften Kabinett von Helmut Kohl.

Rüttgers machte nie einen Hehl aus seinen An- und Absichten. Keine potenzielle Wählerin, keinen potenziellen Wähler ließ der Kandidat Rüttgers im Wahlkampf 2004/2005 im Ungefähren – dem Pepitamuster der üblichen Versprechungen – zurück. Weil er zwar ein einfacheres Steuersystem, jedoch mit einem höheren Qualitätsanspruch als den berühmten Bierdeckel des Friedrich Merz wollte, stellte er die Eigenheimzulage ebenso infrage wie die Kilometerpauschale und die Nachtarbeiterzulage. Er verkündete die Halbierung der Steinkohlesubventionen und das Ende der Steinkohle für das Jahr 2018 (was präzise eingetroffen ist). Und bei einem Forum in Aachen erklärte er am 21. Juni 2004 zur Rente: „Es muss länger gearbeitet werden. Und wir brauchen eine obligatorische Zusatzversicherung – zwangsweise." Dass man für dasselbe Geld demnächst mehr arbeiten müsse, fügte er noch hinzu. Auch über die Einführung von Studiengebühren gab es keinen Zweifel. Beliebt machte er sich mit derart offen formulierten Eckpunkten nicht überall, aber für ihn zählte tatsächlich nur die verlässliche Ankündigung und eben kein rhetorisches Polit-Gedöns mit simulierten und scheinbar stimmbringenden Themen. Das entsprach seinem christlichen Menschenbild mit der Wertschätzung der Menschen und dem Respekt vor den Wahlberechtigten.

Ein „Immer-weiter-so" schätzt dieser abwägende, gelegentlich bedächtige, doch stets verbindliche Rheinländer, geboren in Köln und aufgewachsen in Brauweiler, nicht, und ein „Immer-mehr" nur als Ausnahmefall: bei der Bildung. Treiben lässt er sich zwar von der Seriosität gesellschaftlicher und politischer Notwendigkeiten, jedoch nicht vom ordinären Zeitgeist der Beschleunigung und seinen oberflächlichen Schlagzeilen. „Wenn die Skandalfähigkeit über den Nachrichtenwert entscheidet, werden zeitintensive, abwägende Debatten über die Grundlagen der Gesellschaft unmöglich."

Der Soziale. Christ. Demokrat.

Sein Gerechtigkeitsempfinden, sein Solidaritätsbegriff, sein selbstverständlicher Umgang mit Werten wie Nächstenliebe, Subsidiarität oder Hilfe zur Selbsthilfe basieren auf den Grundtugenden des nicht dogmatisch verbohrten rheinischen Katholizismus, den er offensiv und selbstbewusst den Auswüchsen eines radikalisierten und rücksichtsloser gewordenen Kapitalismus gegenüberstellte, auch hier ganz und gar kompromisslos. Damit eckte er an, damit provozierte er Gegenrede und Gegenstimmen. Und man hat das Gefühl, dass diese Sache auf der einen Seite sehr ernstgemeint war, die Debatte darüber ihm aber auf der anderen Seite die große Freude eines belebenden Diskurses bereitete.

Woher stammen diese Wurzeln?

Jürgen Anton Rüttgers wird am 26. Juni 1951 in Köln geboren. Seine Eltern haben einen kleinen Elektrowarenhandel. Er wächst in Brauweiler auf und geht dort in die Richeza-Volksschule. Jürgen ist Mitglied der Pfadfinderschaft St. Georg. Er besucht das Apostelgymnasium in Köln-Lindenthal. Die im Oktober 1860 als „Katholisches Gymnasium" gegründete Schule behielt auch mit dem Neubeginn nach dem Zweiten Weltkrieg ihren katholischen Charakter, obwohl ein Drittel der Schüler damals evangelisch war. Das Spektrum prominenter Schülerinnen und Schüler reicht vom ersten Bundeskanzler Konrad Adenauer über den ersten nordrhein-westfälischen Ministerpräsidenten Rudolf Amelunxen bis zur Fecht-Olympiasiegerin Britta Heidemann. Rüttgers macht dort 1969 sein Abitur, studiert in Köln Rechtswissenschaft und Geschichte. Seit 1970 ist er Mitglied der CDU, wird 1975 in den Stadtrat von Pulheim gewählt und ist von 1980 bis 1985 Vorsitzender der Jungen Union Rheinland, einer ziemlich zerstrittenen Ansammlung karriereorientierter, bedeutungsschwerer Jungstars. Er schafft es, den Laden einigermaßen zu stabilisieren und in halbwegs vernünftige Bahnen zu lenken.

Dieser Weg war vorgegeben; ihm helfen dabei seine im dörflichen und durchaus kleinbürgerlichen Milieu erworbenen Eigenschaften wie Bodenständigkeit, Zielstrebigkeit, Verantwortungsbewusstsein und sein von einem christlichen Menschenbild geprägter toleranter Umgang mit

Andersdenkenden und Gegnern. Er ist überzeugter Christ und aktiver Katholik, er ist jedoch kein frömmelnder Gutgläubiger, sondern ein lebendiger und kritischer Geist – auch und gerade in der katholischen Kirche. Dass die gesellschaftspolitische Kraft der Kirchen seit Jahren rapide gesunken ist, beschäftigt ihn. Zu seiner Analyse lesen wir in seinem Buch „Mehr Demokratie in Deutschland": „Die Kirchen haben die Nächstenliebe zu oft delegiert, zum Beispiel an die Caritas, die Diakonie und andere christliche Verbände (…). Die Delegation der Nächstenliebe hat zwar zu einer Professionalisierung, gleichzeitig aber auch zu einer Entpersönlichung der Hilfe geführt. Vielleicht treten deshalb so viele aus den Kirchen aus, weil sie nicht sehen, wie die Christen Nächstenliebe vor Ort praktisch beleben."

Das sind eindeutige Parallelen zu seinem Politikverständnis. Niemanden zurücklassen – keinen Arbeiter, kein Kind, keine Menschen mit geringem Einkommen, keine in irgendeiner Form à priori Benachteiligten. Auf diesem Wertesystem fußen seine Initiativen für Bildung, Kinderbetreuung, Familienförderung, Rentensicherheit und sein Kampf gegen Ängste, Armut, Perspektivlosigkeit. Manche nennen das – auch in der Tradition großer CDU-Landes- und Bundespolitiker wie Karl Arnold, Franz Meyers, Heinrich Köppler, Hans Katzer, Konrad Grundmann und Norbert Blüm – das „soziale Gewissen" der CDU. Heute mag man kaum glauben, dass die CDU-Sozialausschüsse (Christlich-Demokratische Arbeitnehmerschaft, CDA) einmal realen und großen Einfluss auf die Politik der CDU, sogar auf Bundesebene, hatten. Rüttgers gehörte zu den CDU-Spitzenpolitikern, die dieses soziale Leitbild auch nach der Jahrtausendwende zuverlässig für die aktuelle Tagespolitik und die parteipolitische Programmatik reklamierten – ohne Rücksicht auf eigene Verluste, wie zum Beispiel beim Leipziger Bundesparteitag der CDU 2003.

Rüttgers hatte sich damals im Vorfeld vehement gegen die neoliberale Linie der CDU positioniert und wollte sich partout und im Gegensatz zu vielen CDU-Granden nicht mit den Reformen unter den Namen „Hartz I–IV" arrangieren, die von der rot-grünen Bundesregierung unter Bundeskanzler Gerhard Schröder (SPD) realisiert worden waren. Vielen in der Union gingen diese rigorosen Beschlüsse noch nicht weit genug. Angela Merkel sagte in ihrer Rede: „Was wir vorhaben, ist ein Befreiungsschlag zur Senkung der Arbeitskosten." Am Ende feierte sich der Parteitag selber für die Beschlüsse, die einer knallharten neoliberalen Wirtschaftsideologie entsprachen, die Deregulierung und Privatisierung in den Mittelpunkt rückte. Rüttgers erinnert sich: „Ein Verteidiger des alten Sozialstaats, Norbert Blüm, saß mutterseelenallein auf den Stufen der Parteitagsbühne." Auch Jürgen Rüttgers hatte erfolglos versucht, „den Kurs zu korrigieren, um die Modernisierung der Wirtschaft mit den Grundlagen der Sozialen Marktwirtschaft in Übereinstimmung zu bringen". Die Wirtschaft, so wiederholt Rüttgers in Reden, Ansprachen und Interviews bis heute unverdrossen, trage Verantwortung für das Allgemeinwohl. Der Christdemokrat fand sich in einem teilweise zügellosen Kreuzfeuer der Kritik eigener Leute wieder. Heute müsse jedem klar sein, schreibt Rüttgers dazu 2017, dass die „neoliberale" Politik falsch gewesen sei, weil sie auf „Lebenslügen" beruht habe. „Mancher musste erst die Weltfinanzkrise erleben, um das zu verstehen."

Was meint Rüttgers mit „Lebenslügen"?

2006 verlangt der nordrhein-westfälische Ministerpräsident einen radikalen Kurswechsel der Union: Die CDU müsse sich wieder auf ihre ureigenen Werte besinnen. In einem Interview mit dem Magazin „Stern" sagt er: „Die CDU ist keine kapitalistische Partei. Sie ist eine Wertegemeinschaft, die nicht nur am Materiellen hängt. Tut sie es doch, geht sie unter. Es ist falsch zu glauben, dass Steuersenkungen zu mehr Investitionen und damit zu mehr Arbeitsplätzen führen." Das gelte ebenfalls für die Behauptung, in Deutschland seien die Löhne zu hoch. „Wer das vertritt, weiß nicht, wie die Menschen hier leben." Man müsse zur Kenntnis nehmen, dass der Lohnkostenanteil in vielen Betrieben nicht mehr die Rolle spiele, die man ihm lange Zeit zugesprochen habe. Die CDU müsse sich von solchen zentralen „Lebenslügen" verabschieden.

Das war starker Tobak in Richtung der eigenen Partei, die sich gerade in der neuen Großen Koalition unter Führung der Bundeskanzlerin Angela Merkel weitgehend störungsfrei eingerichtet hatte. Rüttgers gefiel das nicht. Er forderte eine neue Debatte über die Ziele der Koalition von CDU, CSU und SPD: „Der Koalitionsvertrag ist ein Arbeitsprogramm. Das schließt nicht aus, sich über Prioritäten noch mal zu unterhalten. Wir haben jetzt die Chance, weil das wirtschaftliche Klima gut ist." Er habe sich immer dafür eingesetzt, die soziale Gerechtigkeit nicht außer Acht zu lassen. „Vor der Bundestagswahl wurde das als Nebensächlichkeit eingestuft."

Schon ein knappes Jahr vorher hatte er ähnliche Sätze in einem Interview mit dem Magazin „Focus" ausgesprochen, unter anderem diesen: „Die große Herausforderung für die CDU ist zu beweisen, dass wirtschaftliche Vernunft und soziale Gerechtigkeit zusammengehören." Und, bei der heutigen Kenntnis der Analysen der Landtagswahlen in 2018 fast hellseherisch: „Für die CDU muss es eine Strategie geben, wie sie die Menschen in den Großstädten von ihrem Programm überzeugt." Dafür hagelte es massive Kritik in der CDU. Der damalige saarländische Ministerpräsident Peter Müller kritisierte Rüttgers für den Vorwurf der „Lebenslügen" und fragte ihn, ob es ihm um die inhaltliche Debatte oder um die Erregung von Aufmerksamkeit gehe. So einfach kann zuweilen politische Streitkultur unter „Parteifreunden" sein.

Zu den sozialpolitischen Spuren aus der Tradition des rheinischen Katholizismus gehört Rüttgers' ständiger Appell an die Verantwortung der Wirtschaft. Dazu schreibt er in seinem Buch „Mehr Demokratie in Deutschland": „Die Wirtschaft in Deutschland zeigt sich nach den Erfahrungen der Weltwirtschaftskrise heute oft sprachlos. Das ist die Folge der weitverbreiteten Unterstützung des Turbokapitalismus durch die Wirtschaftsverbände, die Wirtschaftswissenschaftler und viele Manager. Viele Unternehmer, vor allem aus dem Handwerk und dem Mittelstand, wussten allerdings immer, dass die Ortlosigkeit der Wirtschaft durch die Globalisierung eine Irrlehre war."

Hier kommt ein weiteres wesentliches Element der Politik nach Rüttgers-Art ins Spiel: Heimat. Diese regionale und lokale Verbundenheit war und ist für ihn etwas Selbstverständliches und Grundsätzliches. „War früher der Unternehmer Teil der örtlichen Gemeinschaft und setzte sich dort für das Allgemeinwohl ein, so wurde solcher Einsatz vielfach ausgelagert. Fehlendes persönliches Engagement in Kammern und Verbänden hat der Wirtschaft geschadet. Der Rückzug vieler Unternehmen aus der Lehrlingsausbildung hat zu einem massiven Facharbeitermangel geführt. Die Kontakte zur Politik und Gesellschaft sind geringer geworden." Rüttgers trifft damit eine sensible Seite des Unternehmertums. Und auch hier ist er wieder ganz das „soziale Gewissen".

Nach der gewonnenen Landtagswahl im Mai 2005 gab es sehr intensive und von sachlichen Gemeinsamkeiten geprägte Koalitionsverhandlungen zwischen CDU und FDP. Daran hatten Jürgen Rüttgers und sein FDP-Partner Andreas Pinkwart, ein unaufgeregter und zielorientierter Wissenschaftler, einen hohen persönlichen Anteil. Schon am 16. Juni 2005 konnten die Gespräche –von der Öffentlichkeit wegen der Irrungen und Wirrungen der rot-grünen Koalition in Berlin weitgehend nicht beachtet – beendet und ein Koalitionsvertrag unterzeichnet werden. Mit dem

Papier stellten CDU und FDP ein beachtliches Programm auf die Beine, das deutlich die Handschrift des zukünftigen Ministerpräsidenten trug: Halbierung der Steinkohle-Subventionen, Studiengebühren, mehr Lehrerstellen, Schließung und Fusion von Behörden, frühere Einschulung, G8 und Zentralabitur. Das schnelle Zustandekommen des Koalitionsvertrages sollte zudem ein Gegenentwurf zum Üblichen sein. Konservative und Liberale zeigten, wie sehr sie die lähmende Art jener Politik satt waren, die sich in Kommissionen, Ausschüssen und immerwährenden Ankündigungen neuer Reformen durchwurstchelte und nichts oder wenig bewirkte. Rüttgers verlangte, dass der Staat die Grundsicherung in möglichst vielen Bereichen zu leisten habe – konsequent und nicht nur auf den sozialen Feldern, sondern vor allem in der Bildung, die er ohnehin für die wertvollste Sozialarbeit hielt.

Jürgen Rüttgers entwickelte sich fortan auf der Basis dieser von Anfang an gut funktionierenden Sachpolitik allmählich zu einem souveränen Ministerpräsidenten, der auch ohne rhetorische Brillanz mehr und mehr an Sympathie gewann. Der vor allem in Nordrhein-Westfalen bekannte Kabarettist Wendelin Haverkamp brachte es nach einem spontanen und von 770 Zuschauern umjubelten Bühnen-Gespräch zwischen Rüttgers und mir in meiner Funktion als Chefredakteur bei der Feier zum 60-jährigen Bestehen der „Aachener Zeitung" am 6. März 2006 auf den Punkt: „Der hat mich positiv überrascht. Ich glaube, dass er in dieser angenehmen Atmosphäre spürbar aufblühen konnte. Da sage noch mal einer, der Mann könne nicht aus dem Quark kommen. Der war schlagfertig, blitzschnell, selbstironisch." Sein Redemanuskript hatte Rüttgers beiseitegelegt und sich auf den freien Dialog eingelassen. Ergebnis: spürbar aufgeblüht!

Einer seiner Sätze an diesem Abend – neben manchen privaten Einblicken etwa über die nicht notwendige Spülmaschine im heimischen Haushalt – lautete: „Politische Programme haben nie viel mit der Wirklichkeit zu tun." Das beschreibt gut einen Teil seiner eigenen Vorgehensweise, bei aller Nachdenklichkeit und trotz manchen Zögerns pragmatische Lösungen zu bevorzugen, wenn etwas vorangehen soll.

Der Rheinländer. Der Deutsche. Der Europäer.

In Köln geboren, in Brauweiler zur Schule gegangen, in Pulheim als Beigeordneter gearbeitet und wohnhaft, in Köln studiert, in Bonn und Düsseldorf politisch in hohen Ämtern aktiv, in Berlin in Präsidien, Vorständen, im Bundesrat und anderen Gremien, in Brüssel beratend und konferierend. Für Jürgen Rüttgers sind das nicht nur geografische Stationen, nicht nur Zug- und Flugpläne oder Hotelreservierungen. Er hat, typisch Rheinländer, diese Kombination aus lokal, regional und global stets regelrecht und gerne gelebt. Und die Grundlage dafür ist seine tiefe Überzeugung, dass wir nur mit einem geeinten und gemeinsam handelnden Europa eine Überlebenschance haben.

Aber was ist dann passiert im ersten Halbjahr 2010?

Jürgen Rüttgers hat mit seiner Landesregierung Erfolge erzielt. Hat sich durchgesetzt. Hat sich angelegt. Hat gekämpft. Hat einiges versprochen und vieles gehalten – auch das Unangenehme. Hat unaufgeregt sein Kabinett geführt. Hat das Eine oder Andere nicht erreicht. Hat Anfang 2010, fünf Monate vor der nordrhein-westfälischen Landtagswahl, gute Chancen wiedergewählt zu werden.

Und dann, salopp ausgedrückt, fliegt ihm der Laden um die Ohren. Die CDU versemmelt ihren Wahlkampf mit einer Sponsoring-Affäre, die so gar nicht mehr zum sozialen Gewissen, zum rheinischen Katholiken und zum Anwalt der Arbeitnehmer und des Mittelstands passt. Die Authentizität eines Landesvaters – Rüttgers widersprach nicht, wenn man ihn in dieser Funktion mit Johannes Rau verglich – gleitet in eine Inszenierung ab. Diese sich rapide verändernde Wahrnehmung der Person erweist sich am Ende als der entscheidende Faktor des verheerenden Wahldesasters: Die Glaubwürdigkeit des Kandidaten Rüttgers ist in den gröbsten Zügen erschüttert. Das hat er politisch nicht überlebt. Der Triumph des grandiosen Wahlsieges 2005 verwandelte sich – und das aus heiterem Himmel – in die unfassbare Blamage der Wahlniederlage 2010.

Warum er es so weit hat kommen lassen, darüber lässt sich auch Jahre später nur spekulieren. Manches habe er nicht gewusst, sagt er. Zum Beispiel in der Sponsoring-Affäre. Von Werbebriefen, die Unternehmen für viel Geld Gespräche mit dem Ministerpräsidenten bei Parteitagen und Kongressen anbieten, will er erst erfahren haben, als es schon zu spät war. Er habe sich darüber „kriminell geärgert", sagt er bei einem öffentlichen Forum von „Aachener Zeitung" und „Aachener Nachrichten" am 22. Februar 2010. Und: „Ich wollte einen inhaltlichen Wahlkampf führen, doch ich habe große Sorge, dass das nun nicht mehr möglich ist." Seine Erkenntnis, dass „Schlammschlachten in der Politik nur zu Politikverdrossenheit" führen, hilft ihm jetzt nicht mehr.

Er konnte an diesem Tag nur noch die Notbremse ziehen und sich von dem dafür zuständigen Mitarbeiter in der CDU-Landesgeschäftsstelle an der Düsseldorfer Wasserstraße trennen. Und mit ihm musste auch Generalsekretär Hendrik Wüst, heute Minister im Kabinett von Armin Laschet, mitten im Wahlkampf gehen. Ein Super-GAU wenige Wochen vor der Landtagswahl: Wenn er den Vorgang tatsächlich nicht kannte, muss man das als offensichtliches Zeichen der Schwäche bewerten. Das gilt erst recht, wenn er doch etwas wusste, so oder so. Es half angesichts der veröffentlichten und öffentlichen Meinung später nichts, dass die Bundestagsverwaltung nach Prüfung der teilweise demagogischen Vorwürfe keinen Verstoß gegen das Parteiengesetz feststellte. Es ging nicht um justiziable Fakten, sondern um den Stil und die Tonart einer nicht mehr seriösen Wahlkampfführung.

Die Sponsorenbriefe blieben nicht die einzigen Indizien unsäglicher Aktivitäten aus der CDU-Landesgeschäftsstelle und der Staatskanzlei. Die Videoüberwachung der SPD-Spitzenkandidatin Hannelore Kraft hatte ebenfalls einen sehr faden Beigeschmack, der nicht zum Image eines souveränen Landesvaters passte. Die Stimmung kippte ab Februar 2010, die schwarz-gelbe Koalition hatte in den Umfragen keine Mehrheit mehr. Die schwarz-grüne Karte bekam deshalb in den Überlegungen von Rüttgers immer mehr Farbe. Angeblich gab es damals bereits gewisse Absprachen für den Fall der Fälle. Doch am Ende reichte es dafür schon rein rechnerisch nicht mehr. Jürgen Rüttgers als Ministerpräsident einer schwarz-grünen Landesregierung im Industrieland Nordrhein-Westfalen hätte seinen Einfluss in der CDU noch einmal erheblich vergrößert und das Profil eines gegenüber innovativen, modernen und zukunftsweisenden Konstellationen offenen Politikers gestärkt. Es scheiterte letztlich an einer Differenz von 10 812 Stimmen. So brutal kann Politik sein, in diesem Fall allerdings selbstverschuldet.

Das schöne Szenario, nach 39 Jahren SPD-Herrschaft in Nordrhein-Westfalen mit jeder Form von Klüngel und Vetternwirtschaft aufzuräumen, wich einer Welle an Empörung, begleitet von den üblichen verbalen Übertreibungen einer aufgeheizten Öffentlichkeit (der „käufliche Ministerpräsident") und den Scheinheiligkeiten anderer Parteien, denen ähnliche Angebote bei ihren Parteitagen nicht fremd waren. Von einem moralischen Aufbruch, den die CDU 2005 beim Regierungswechsel versprochen hatte, blieb in dieser aufgeregten Phase nichts übrig. Plötzlich wirkten die Bodenhaftung und die Bescheidenheit des Regierungschefs inszeniert, simuliert und der angeschlagene Kandidat diskreditiert. Tiefere Kratzer kann man einem Politiker mitten im Wahlkampf nicht verpassen. Die eigene Partei leistete gründliche Arbeit.

Das alles passte überhaupt nicht zur Rüttgers-Politik der vergangenen Jahre. Er mischte sich massiv ein, wenn Arbeitsplätze bedroht waren, geißelte manche Entscheidung als Auswüchse eines menschenverachtenden Turbokapitalismus und legte sich massiv mit ausschließlich am Profit – auch dem ganz persönlichen – interessierten Managern an. In Erinnerung ist vor allem seine öffentliche Tirade gegen den Handyhersteller Nokia geblieben. Der finnische Konzern verlegte die Produktion von Bochum nach Rumänien, obwohl er für die Ansiedlung mehr als 80 Millionen Euro vom deutschen Staat kassiert hatte. 2300 Mitarbeiter verloren ihren Arbeitsplatz.

Rüttgers kommentierte das 2008 mit dem Begriff „Subventionsheuschrecke" und traf damit zweifellos die Gefühlslage der betroffenen Arbeitnehmer und des Ruhrgebiets. Das „Handelsblatt" kritisierte allerdings Rüttgers scharf, weil er den Nachweis eines Subventionsbetrugs gar nicht leisten könne: „Läuft das Ganze noch schlechter, schadet der ausufernde Streit zuletzt noch dem ausgezeichneten Ruf Nordrhein-Westfalens als Standort. Eine vernünftige Wirtschaftspolitik sieht anders aus. Bislang haben alle Versuche von Rüttgers, Nokia unter Druck zu setzen, nichts geholfen (…). Bleibt nur zu hoffen, dass sich bei möglichen Investoren in Nordrhein-Westfalen nicht der Eindruck verfestigt: Hier will einer mit dem Kopf durch die Wand, nur um sein Gesicht zu wahren."

Hitzige Debatten provozierte er am 26. August 2009 mit einer Wahlkampfrede in Duisburg, als er – so die Interpretation der politischen Gegner – Rumänen und Chinesen beleidigte. Die Passage lautete im Original: „Im Unterschied zu den Arbeitnehmern hier im Ruhrgebiet kommen die in Rumänien eben nicht morgens um sieben zur ersten Schicht und bleiben bis zum Schluss da, sondern sie kommen und gehen, wann sie wollen, und wissen nicht, was sie tun. Und wenn es sein muss, dann treffen wir noch irgendwelche Chinesen bei irgendwelchen Sachen im Rathaus und wenn die dann nicht endlich in Duisburg investieren wollen, dann werden die auch noch gewürgt, solange bis sie Duisburg schön finden." Die SPD sprach von „nahe dran an der Volksverhetzung" (SPD-Fraktionsvize Ralf Jäger in der „Süddeutschen Zeitung"), die Grünen von einer „ungeheuerlichen Entgleisung" (Fraktionsvize Reiner Priggen), CDU-Generalsekretär Hendrik Wüst sagte dagegen, Rüttgers habe sich lediglich für die Arbeitnehmer in Nordrhein-Westfalen eingesetzt.

Prompt kramte die Journaille von „Spiegel" bis „Berliner Zeitung" den Rüttgers zugeschriebenen Satz „Kinder statt Inder" aus dem Jahr 2000 wieder hervor und stellte ihn in einen ausländerfeindlichen Zusammenhang. Gesagt hatte Rüttgers: „Statt Inder an die Computer müssen unsere Kinder an die Computer." Wie dem auch sei: Mit dieser in Ton und Inhalt überflüssigen Attacke in Duisburg löste der Ministerpräsident landes- und bundesweite Empörung aus. Spätestens hier bewegte sich der Wahlkampf in eine verhängnisvolle Richtung, die die CDU nicht mehr in den Griff bekam.

Fest steht trotz solcher Angriffe jedoch: Rüttgers sorgte gleichzeitig für Neues, für Innovatives. Sein persönlicher Einsatz für den Hochschul-Campus der Rheinisch-Westfälischen Technischen Hochschule Aachen war ungewöhnlich intensiv, und ohne ihn wäre dieses einzigartige Projekt der Zusammenarbeit zwischen Universitäts-Instituten, Lehrstühlen und großen Unternehmen nicht so zügig auf den Weg gebracht worden. Heute ist es ein Vorzeige-Objekt der nordrhein-westfälischen Hochschullandschaft mit mehreren neu entstanden Forschungsclustern und einigen Tausend neuen Arbeitsplätzen. Dazu gehören unter anderem die Entwicklung und die Produktion von Elektroautos wie den „Streetscooter" und den „eGO", die beide in Aachen gebaut werden und damit ein wesentlicher Beitrag zur Elektromobilität am Standort Deutschland sind.

Brillant. Zerrissen. Machbar.

Noch einmal der Blick zurück auf den Schock der Wahlniederlage mit dem Verlust des Ministerpräsidenten Amtes. Rüttgers' Abtauchen und sein Zögern ließen nicht wirklich eine Revisionsmöglichkeit zu, woran er vielleicht doch noch in der Phase der zähen Koalitionsverhandlungen ohne Mehrheit für ein Lager außer einer Großen Koalition geglaubt hatte. Aber die SPD dachte nicht im Traum daran, ihn als den Ministerpräsidenten einer Großen Koalition wiederzuwählen. Das alles nagte lange an ihm. Ein Jahr, so sagte er in einem Interview fünf Jahre danach, habe er keine Nachrichten mehr im Fernsehen verfolgt, weil er Abstand gewinnen wollte. Das muss ein schwieriger Prozess gewesen sein. Ob er in seinem Innersten wirklich zu Ende ist?

Rüttgers hatte sich bis dahin nie beirren lassen. Zudem war er seit langem der erste Spitzenkandidat der CDU gewesen, dem die Partei in seltener Großzügigkeit eine zweite Chance gab, nachdem er bei der Landtagswahl 2000 auch unter dem Einfluss der CDU-Spendenaffäre gegen den amtierenden Ministerpräsidenten Wolfgang Clement (SPD) verloren hatte. Rüttgers machte es besser als vor ihm Norbert Blüm und nach ihm Norbert Röttgen: Er zeigte Flagge und kam als Oppositionsführer nach Düsseldorf. Ohne Wenn und Aber. Auch hier wieder: typisch Rüttgers. Manche unterschätzten da immer noch die Durchsetzungskraft des Rheinländers. Dass es ihm nach seiner Zeit als Bundesminister weiterhin gelang, auch auf dem internationalen Parkett Gesprächspartner für Kaliber wie George Bush sen., Shimon Peres oder den Papst zu bleiben, gehörte gewiss zu seinen prägendsten politischen Erfahrungen dieser Zeit. Mit Henry Kissinger tauschte er sich regelmäßig aus. Dem Menschen Rüttgers begegneten viele Persönlichkeiten aus den unterschiedlichsten Bereichen und Milieus mit einer Wertschätzung, die auf Gegenseitigkeit beruhte und darin ihre verbindliche Nachhaltigkeit schöpfte. Das stellte keineswegs eine vorrangig von persönlicher Eitelkeit beeinflusste Strategie mit Blick auf kommende politische Ämter dar. Dass es sich so entwickelte, fügte sich unterdessen in das Konzept eines Mannes ein, der weiterhin ein Ziel hatte: Ministerpräsident in Nordrhein-Westfalen zu werden.

Das klappte im zweiten Anlauf am 22. Mai 2005 mit einem haushohen, wirklich fulminanten CDU-Sieg, der gleichzeitig eine klare Absage an die rot-grüne Bundesregierung darstellte. Noch am selben Abend verkündete SPD-Chef Franz Müntefering, dass es aufgrund des NRW-Wahlergebnisses, das er und Bundeskanzler Gerhard Schröder als Misstrauensvotum für die bestehende Koalition empfanden, Neuwahlen geben werde.

Dass dieser Neuanfang nach fünf Jahren schon zu Ende war, steht für eine der erstaunlichsten und für eine politische Analyse gewiss spannendsten Phasen in der NRW-Geschichte. Nach der verlorenen Wahl 2010 ging Rüttgers' Einfluss in der CDU in rasanter Schnelligkeit verloren. Die Rolle eines öffentlich wahrnehmbaren Ratgebers, eines meinungsstarken Kritikers und eines konstruktiven Mahners, gar eine Art von Elder Statesman, konnte er nicht ausfüllen. In der Landes- und Bundespolitik blieb der ehemalige Erste Parlamentarische Geschäftsführer, Zukunftsminister, CDU-Vorsitzende des größten Landesverbandes, stellvertretende CDU-Bundesvorsitzende und nordrhein-westfälische Ministerpräsident alles in allem unerhört, gelegentliche Interviews änderten daran kaum etwas.

Heute arbeitet er als Anwalt in einer renommierten Düsseldorfer Kanzlei, ist Lehrbeauftragter und Honorarprofessor an der Rheinischen Friedrich-Wilhelms-Universität Bonn, gibt dort regelmäßig Seminare im Bereich Politikwissenschaft und Soziologie, schreibt Bücher und politische Essays, kümmert sich um zahlreiche Stiftungsprojekte. In die aktuelle Politik mischt er sich kaum noch ein, Interviews mit ihm sind selten geworden. In einem Gespräch mit dem Kölner „Express" 2015 ist eine solche Ausnahme nachzulesen: „Wir brauchen ein spezielles Wohnungsbauprogramm für Flüchtlinge. Und wir müssen die Kapazitäten unserer Schulen ausbauen." Auch hier begegnen wir dem Sozialpolitiker, der sich an Menschen, denen es nicht so gut geht, orientierte.

Was bleibt von dieser Legislaturperiode der CDU/FDP-Regierung mit Jürgen Rüttgers an der Spitze? Waren es verlorene Jahre? Sind sie in die Rubrik „Intermezzo" einzuordnen? Verschwinden sie als „Irrtum der NRW-Geschichte" in den verstaubten Regalen irgendeiner öffentlichen Bibliothek? Oder haben sie doch etwas bewirkt, verändert, nachhaltig beeinflusst?

Die faktische Bilanz ist ordentlich. Über 220 000 Arbeitslose weniger als fünf Jahre zuvor, eine Viertelmillion mehr sozialversicherungspflichtig Beschäftigte; 8 000 zusätzliche Lehrerstellen; 1 200 neu geschaffene Ausbildungsplätze bei der Polizei; Einführung von Ganztagsschulen in allen Schulformen und damit 250 000 Ganztagsschulplätze mehr und Gründung neuer Familienzentren; Betreuungsplätze für Kinder unter drei Jahren auf über 100 000 verachtfacht; ohne allzu große Blessuren das Zentralabitur und die Studiengebühren eingeführt; Verdoppelung des Kulturetats und zwölf neue Museumsbauten; Universitätsfreiheitsgesetz mit der Abschaffung der Fachaufsicht durch das Land, neue Gründungen und neue Standorte von Fachhochschulen in Nordrhein-Westfalen; Bürokratieabbau, wenngleich das Versprechen, die Mittelinstanz der Regierungsbezirke abzuschaffen, nicht realisiert werden konnte.

Dennoch gelang es, durch Fusion und teilweise Kommunalisierung und Privatisierung 138 Behörden abzubauen, was sich nicht in allen Fällen als sachdienlich herausstellte, etwa in der sich zeitlich verzögernden Genehmigung von Straßenbau-Projekten. Der Ausstieg aus der Steinkohle-Subventionierung war ebenso mutig wie konsequent und erfolgreich, weil er mit einem sozialverträglichen Personalabbau einherging. So hatte es Rüttgers im Landtagswahlkampf 2005 angekündigt. Auch seine Zusagen für kleine und mittlere Betriebe hielt er mit seiner Initiative für den „Deutschlands-Fonds" (100 Milliarden Euro) auf Bundesebene.

Mit diesem hier stichwortartig aufgeführten Portfolio hätte man trefflich Wahlen gewinnen können, trotz der negativen Einflüsse aus Berlin. Jürgen Rüttgers und die von ihm geführte CDU/FDP-Landesregierung setzten Akzente und sogar Ausrufezeichen in der Bildungs- und Familienpolitik, in der Hilfe für die regionale Wirtschaft und für eine selbstbestimmte Zukunft der Hochschulen. Die bürgerliche Leistungsgesellschaft im lokalen und globalen Umfeld trug bei diesem Ministerpräsidenten zwei Seiten derselben Medaille: die Züge von Heimat auf der einen und von Innovation auf der anderen.

2004 und 2005 hatte sich die Stärke der nordrhein-westfälischen CDU zunächst aus der Schwäche der SPD vor allem in Berlin heraus entwickelt. Rüttgers beschränkte sich in dieser Phase nicht auf die Kritik am politischen Gegner, sondern forderte auch seine eigene Partei immer wieder heraus. Seine ständigen Hinweise auf die christlichen Werte und die katholische Soziallehre waren Ausdruck seiner tiefen Überzeugung, dass ein sich zunehmend radikal entwickelnder Kapitalismus nicht die Antwort auf den Untergang von Kommunismus und Sozialismus osteuropäischer Prägung sein konnte. Die CDU, so sein Credo, müsse die Wiederentdeckung der sozialen Marktwirtschaft vorantreiben.

Während der langen Ära der SPD in Nordrhein-Westfalen, vor allem mit Johannes Rau und mit dem von Rüttgers ebenso vehement wie letztlich erfolglos bekämpften Umzug der Bundesregierung und des Parlaments vom kleinstädtischen Bonn in die preußische Metropole Berlin, schienen die goldenen Zeiten rheinisch geprägter Politik beendet zu sein. Ein Name wie Hans Katzer war in der Partei allenfalls noch Nostalgie, verblasst und vergessen. Es gehört zu den großen Leistungen von Rüttgers, das zumindest für eine Zeitlang geändert zu haben. Er revitalisierte die soziale Gerechtigkeit als wesentliche Basis politischer Gestaltung. Er zog sich als Ministerpräsident nicht in die intellektuellen Refugien weltfremder Erörterungen zurück, sondern behielt die Bodenhaftung, die ihm in Brauweiler und Pulheim angeboren und anerzogen war. Die neu entstandene Boom-Society, die riskanten neuen Reichtum und eine gewisse Nicht-Kultur produzierte, war ihm zuwider, weil sie auch die Zerstörung alter Kulturen und Strukturen verursachte und gewachsene bürgerliche und nationale Arrangements brutal aushebelte. Mit einem Management, das sich nur für Umsätze, Gewinne, Anlagen, Jahresgehälter, für Spaß und Klunker, für Hochglanz und Party interessierte, konnte er nichts anfangen.

Gemeinwohl? Diese „tough guys", diese coolen Typen, grinsten, wenn sie diesen Begriff hörten, und das brachte einen wie Rüttgers, beileibe kein Verfechter des neoliberalen Zeitgeists, auf die gesellschafts- und sozialpolitische Palme. Er brandmarkte „sittenwidrige Dumpinglöhne. Wer einen vollen Job hat, muss auch in der Lage sein, seine Familie ernähren zu können. Reiner Materialismus, reiner Kapitalismus ohne menschliches Angesicht darf in der Welt nicht mehrheitsfähig werden." Er propagierte stattdessen eine „wertegebundene Wirtschafts- und Gesellschaftsordnung auf der Basis des christlich-jüdischen Menschenbildes und der Aufklärung".

Jürgen Rüttgers hat zumindest mit dem Wahlerfolg 2005 und schon vorher mit eindrucksvollen Kommunalwahlergebnissen gezeigt, dass Nordrhein-Westfalen nicht ernsthaft ein „SPD-Stammland" ist, wie es häufig fälschlicherweise behauptet wird, allenfalls war es für viele Jahre ein „Johannes-Rau-Land". Ähnlich wie der Sozialdemokrat empfindet er Heimat nicht als beliebige Folklore, sondern als ein „elementares Bedürfnis nach Vertrautheit". Dass sein Heimatland Nordrhein-Westfalen nicht nachhaltig ein „Jürgen-Rüttgers-Land" werden konnte, weil dem CDU-Ministerpräsidenten nach nur einer Legislaturperiode das Mandat entzogen wurde, das müssen sich die nordrhein-westfälische CDU und ihr Landesvorsitzender selber ankreiden. Es gab keinen anderen Schuldigen.

„Oft fühle ich mich eher als ein Zerrissener zwischen der brillanten Idee und dem Machbaren." Das hatte er schon 1993 in seinem Buch „Dinosaurier der Demokratie" geschrieben.

Hannelore Kraft – Aufstieg und Fall einer sozialdemokratischen Hoffnungsträgerin

von Reiner Burger

I.

In der frohen Gewissheit, dass sie ein ganz großes Fest feiern würde können, hatte die nordrhein-westfälische SPD die Großdiskothek „3001" im Düsseldorfer Medienhafen für den 13. Mai 2012 reserviert. Bereits weit vor 18 Uhr am Abend der Landtagswahl war die „innovative und progressive Location", wie sich die Diskothek selbst bezeichnete, rappelvoll. Auf dem „Mainfloor" drängten sich die Anhänger von Ministerpräsidentin Hannelore Kraft und lobten sie überschwänglich. Kraft habe der SPD ein neues Gefühl gegeben. Bereits als um Punkt 18 Uhr die erste Prognose auf dem Bildschirm erschien und der schwarze Balken der CDU bei nur 26 Prozent stecken blieb, brach im Saal Jubel aus. Er steigerte sich in ekstatische Höhen, als für die SPD rund 39 Prozent angezeigt wurden. Er schwoll auch nicht ab, als die Grünen auf zwölf Prozent kamen.

So eindeutig war das Ergebnis, so groß war der persönliche Triumph für Kraft, dass sie viel früher erschien als geplant. Gemeinsam mit ihrem Mann Udo und ihrem Sohn Jan stieg sie auf die Bühne. Sie wischte sich eine Träne aus dem Augenwinkel. „Was für ein toller Abend!", rief sie. „Wir haben das Richtige getan, wir haben die Menschen in den Mittelpunkt gestellt."

II.

Die rund 39 Prozent der SPD bei der ersten Landtags-Neuwahl in der Geschichte Nordrhein-Westfalens waren in mehrfacher Hinsicht eine Sensation. Zum einen konnte sich die Kraft-SPD klar vom Bundestrend abkoppeln; alle Wahlforschungsinstitute sahen die SPD im Bund damals bei unter 30 Prozent. Zum anderen war auch ihr Absturz in Nordrhein-Westfalen nach dem Schröder'schen Agenda-Schock dramatisch gewesen. Bei der Bundestagwahl 2009 war die Partei im für sie weitaus wichtigsten Bundesland nur auf 28,5 Prozent gekommen. Wenige Monate später, bei der Landtagswahl 2010, erreichten die Sozialdemokraten magere 34,5 Prozent. So schlecht hatten sie zuletzt 1954 abgeschnitten. Aus sozialdemokratischer Perspektive war das Ergebnis von 2010 aber doch erträglich, weil die CDU, die im Fotofinish 0,1 Punkte mehr erhalten hatte, nach nur einer Legislaturperiode die Position der strukturellen Mehrheitspartei wieder verloren hatte. Im Mai 2012 war die SPD nun wieder klar die Führungskraft, ohne die im bevölkerungsreichsten Bundesland keine Regierung gebildet werden konnte. Kraft befand sich in einer überaus komfortablen Machtposition. Nach der Neuwahl gab es nämlich nicht nur eine satte Mehrheit für Rot-Grün, auch ein Bündnis mit der FDP wäre auf eine klare Mehrheit der Parlamentssitze gekommen.

Unaufhaltsam schien Hannelore Kraft in dieser Zeit zur starken Frau der gesamten deutschen Sozialdemokratie aufzusteigen. Doch schon am Wahlabend wies sie Spekulationen zurück, sie werde nun Kanzlerkandidatin der SPD. Sie wolle vielmehr ihre Präventionspolitik, die sie 2010 unter dem Leitmotiv „Kein Kind zurücklassen" begonnen hatte, in Nordrhein-Westfalen umsetzen. Das gelte für die gesamte Legislaturperiode. „Die Wähler haben mein Wort", beteuerte sie. Trotzdem hofften viele Sozialdemokraten weiter auf Kraft. Ihr politisches Versprechen, die „Kümmererpartei" SPD werde wieder am „vorsorgenden Sozialstaat" bauen, empfanden viele Genossen als Gegenentwurf zur Agenda- und Hartz-Phase.

Zwar scheinen die rund 39 Prozent der SPD im langfristigen Vergleich kein Traumergebnis, denn zwischen 1962 und dem Jahr 2000 hatte sie in Nordrhein-Westfalen stets Werte von klar über 40 Prozent erzielt. Doch angesichts der Verschiebungen im Parteiensystem waren 39 Prozent ein Spitzenwert für eine Volkspartei und eine gute Grundlage, um aus dem 2010 von Kraft nach langem Zaudern eingegangenen

Wagnis Minderheitsregierung ein stabiles rot-grünes Bündnis zu machen. Vor allem aber hatte Hannelore Kraft nun die Chance, die SPD mit einer unideologischen, pragmatischen Erneuerung des Landes auf längere Sicht als unumstrittene Mehrheitspartei zu etablieren.

Welch ein Kontrast: Fünf Jahre später, am Abend der Landtagswahl vom 13. Mai 2017, erschien Hannelore Kraft abermals viel früher als erwartet vor ihren Anhängern. Schon kurz vor 18 Uhr hatte sich die Nachricht von der historischen Niederlage im Henkel-Saal in der Düsseldorfer Altstadt gerüchteweise verbreitet. In dem Saal, in dem sonst Salsa- und Karnevalspartys stattfinden, herrschte beklommene Stimmung, die Gesichter waren versteinert. Bei der ersten Hochrechnung ging nur ein halblautes Stöhnen durch die Menge. Die stolze nordrhein-westfälische SPD war auf nur noch gut 31 Prozent abgestürzt. Wenige Minuten vergingen nach den ersten Hochrechnungen, dann lief in hohem Tempo die von einem Tross umringte Ministerpräsidentin in den Henkel-Saal. Müde sah sie aus. „Das ist kein guter Tag für die Sozialdemokraten in Nordrhein-Westfalen", sagte Kraft. Sie gratulierte Armin Laschet, dem Wahlsieger der CDU, und wünschte ihm eine „gute Hand". Sie selbst aber wolle nun die Verantwortung für die historische Niederlage übernehmen. „Deshalb werde ich mit sofortiger Wirkung als Vorsitzende der SPD in NRW und als stellvertretende Bundesvorsitzende zurücktreten", sagte Kraft.

Wie konnte es zu diesem dramatischen Absturz kommen? Warum gelang es Hannelore Kraft nicht, ihre SPD wieder als hegemoniale Macht in Nordrhein-Westfalen zu etablieren und damit die deutsche Sozialdemokratie zu stabilisieren? Und schließlich: Was bleibt von der Ära Kraft? Handelt es sich tatsächlich um sieben verlorene Jahre, wie mancher Kraft-Kritiker meint?

III.

Landtagswahlen werden von Parteien oder Parteikonstellationen selten aktiv gewonnen. Häufiger werden amtierende Regierungen abgewählt. In Nordrhein-Westfalen spielt zudem die Bundespolitik regelmäßig eine Rolle. Mehrfach setzten die Wähler in Nordrhein-Westfalen bewusst ein Gegengewicht zur jeweiligen Bundesregierung. Besonders augenfällig war das in der Regierungszeit von Ministerpräsident Johannes Rau (SPD).

Er konnte sich auch deshalb so lange an der Macht halten, weil im Bund der „ewige Kanzler" Helmut Kohl (CDU) regierte. Als Korrektivereignis lässt sich auch die Landtagswahl 2005 deuten, bei der Jürgen Rüttgers (CDU) an die Macht kam: Nordrhein-Westfalens Wähler straften Rot-Grün ab. Noch am Wahlabend kündigte die SPD an, sie wolle eine vorgezogene Bundestagswahl. Damit war Rot-Grün auch im Bund am Ende.

Zumindest teilweise bestätigte sich die Gegengewichts-These auch 2010. Damals war die Abwahl der schwarz-gelben Landesregierung von Ministerpräsident Rüttgers nach nur einer Legislaturperiode zugleich eine Abrechnung mit der schwarz-gelben Bundesregierung. Obwohl sie erst seit Ende 2009 im Amt war, hatte sich bis zum Beginn des Landtagswahlkampfs im Frühjahr der Eindruck verfestigt, dass Schwarz-Gelb im Bund keine gute Arbeit leiste. Hinzu kam die erste Welle der Griechenland-Krise und damit der Beginn der umstrittenen Euro-Rettung.

Allerdings kam eine Untersuchung der CDU-nahen Konrad-Adenauer-Stiftung kurz nach dem Rüttgers-Debakel zu dem Schluss, dass die Unzufriedenheit mit der Bundesregierung nur eines von mehreren Motiven gewesen sei. Tatsächlich belegen die demoskopischen Befunde, dass die CDU die Wahl nicht trotz, sondern gerade wegen ihres Spitzenkandidaten krachend verloren hatte. Dabei schien Rüttgers' Wiederwahl wegen der lange Zeit niederschmetternden Lage der Sozialdemokraten zunächst ungefährdet. Noch bis Ende 2009 erreichte seine Partei in Meinungsumfragen mindestens 40 Prozent. Rüttgers konnte sich seines Amtsbonuses sicher sein: Mit bis zu 20 Prozentpunkten Vorsprung lag er lange Zeit vor seiner SPD-Herausforderin Kraft. Aber nach der Jahreswende begann nicht zuletzt wegen der sogenannten Sponsoring-Affäre und anderer offenbar von Parteifreunden gezielt durchgestochener Skandalgeschichtchen aus der CDU-Landeszentrale eine dramatische Erosion des Ansehens. Motivation für die Intrigen war vermutlich auch die Rache ehemaliger Weggefährten, die sich von Rüttgers zurückgesetzt fühlten. Kurz vor der Landtagswahl 2010 war die Stimmung nach zahlreichen Presseveröffentlichungen über die CDU-Interna schließlich gekippt: Wie aus der Analyse der Forschungsgruppe Wahlen hervorging, wünschten sich nun nur noch 40 Prozent Rüttgers als Ministerpräsidenten, während sich 43 Prozent für Kraft aussprachen. Zudem hielt nun eine Mehrheit die SPD-Herausforderin für glaubwürdiger, bürgernäher und sympathischer. Den zuletzt noch einmal beschleunigten Aufstieg

Hannelore Krafts kann man nicht ohne diesen raschen Ansehensverfall der Regierung Rüttgers verstehen.

Hannelore Kraft, 1961 in Mülheim an der Ruhr zur Welt gekommen, arbeitete sich zäh nach oben. Ihr Vater war Straßenbahnfahrer, ihre Mutter Schaffnerin. 1980 machte Kraft als erstes Mädchen in der Familie Abitur. Es folgte eine Banklehre und anschließend ein Studium der Wirtschaftswissenschaften. Danach war sie gut zehn Jahre lang als Unternehmensberaterin tätig. In die SPD trat Kraft erst 1994 ein. Die sozialdemokratische Ochsentour blieb ihr erspart. Stattdessen begann im Frühjahr 2000 ihr Blitzaufstieg. Kraft errang in ihrer Heimatstadt ein Landtagsmandat, und nur knapp ein Jahr später machte sie Ministerpräsident Wolfgang Clement (SPD) zur Europaministerin. Unter seinem Nachfolger Peer Steinbrück (SPD) war sie bis zur Abwahl der rot-grünen Landesregierung im Mai 2005 für das Wissenschaftsressort zuständig. Nach beinahe vier Dekaden büßte die SPD damals ihre Vorherrschaft an Rhein und Ruhr ein. Sozialdemokratische Alphatiere gab es nicht mehr. Immer schneller ging es nun für Kraft aufwärts. Sie übernahm zunächst die Führung der Fraktion und wurden dann 2007 auch noch die erste Chefin des mit Abstand größten und wichtigsten Landesverbandes der SPD. Als ihr der Parteivorsitz zufiel, stellte sie selbstbewusst eine Bedingung, bevor sie zugriff: „Soll ich führen, müsst ihr mich gleich auch zur Spitzenkandidatin für die Landtagswahl 2010 machen."

Noch kurz vor der Wahl gaben allerdings selbst führende Genossen ihrer Spitzenkandidatin nicht den Hauch einer Chance. Hannelore Kraft war eine lang Unterschätzte.

IV.

Die Parteizentralen von CDU und SPD in Düsseldorf sind lediglich den sprichwörtlichen Steinwurf voneinander entfernt. Und doch lagen am 9. Mai 2010 zwischen Christlichen Demokraten und Sozialdemokraten Welten. Beide Parteien fuhren mit jeweils etwas mehr als 34 Prozent ausgesprochen schlechte Ergebnisse ein. Aber während im Festzelt der CDU in der Wasserstraße bei den ersten Hochrechnungen nicht einmal ein entsetztes Stöhnen zu hören war, brach zweihundert Meter entfernt bei der SPD in der Kavalleriestraße Jubel aus.

Als die 18-Uhr-Prognose angezeigt wurde, skandierten die versammelten Jusos am einen Ende des SPD-Zelts: „Hannelore, Hannelore, Kraft, Kraft, Kraft." Und am anderen Ende höhnten die Kraft-Anhänger bereits: „Schade, Jürgen Rüttgers, alles ist vorbei." Als Kraft aus dem Sitzungssaal des Landesvorstands zu ihren Wahlkämpfern stieß, hatte sie schon ihr „Landesmutterlächeln" aufgesetzt. „Ich habe einen solchen Wahlkampf noch nicht erlebt", jubilierte sie. „Nach einer historischen Niederlage sind wir geschlossen geblieben. Das war nicht einfach." Eine Botschaft gehe von Düsseldorf aus, rief die SPD-Spitzenkandidatin ihren Genossen zu. „Die SPD ist wieder da!"

Dass sich die Sozialdemokraten auch in den Tagen danach noch ausgiebig als „Wahlsieger" feierten, war menschlich verständlich. Rational nachvollziehbar aber war nicht, warum der Überschwang so lange anhielt. Nach dem tiefen Einbruch bei der Bundestagswahl war das Abschneiden bei der Landtagswahl nicht mehr als ein erster Hoffnungsschimmer. Aus dem im historischen Vergleich mageren Ergebnis wurde auch dadurch kein rauschender Triumph, dass Schwarz-Gelb in Nordrhein-Westfalen abgewählt worden war und die CDU mehr als zehn Prozentpunkte gegenüber 2005 eingebüßt hatte. Denn die SPD selbst hatte noch einmal 2,6 Punkte verloren. Zudem lag die Union immerhin noch 6 200 Stimmen vor den Sozialdemokraten. Damit war klar: In einer großen Koalition würde die CDU den Ministerpräsidenten stellen. Die gefühlte Wahlsiegerin Kraft schien nur dann eine Chance zu haben, ihren Führungsanspruch durchzusetzen und erste Frau an der Spitze einer nordrhein-westfälischen Landesregierung zu werden, wenn sie ein Dreierbündnis mit Grünen und FDP oder mit Grünen und Linkspartei zustande bringen würde. Es ist keine geringe Leistung, dass Kraft es am Ende schaffte, dieses Ziel in einer anderen Konstellation zu erreichen, indem sie erstmals in der Geschichte Nordrhein-Westfalens eine Minderheitsregierung bildete. Der Weg dorthin war allerdings von Irrungen und Wirrungen geprägt.

Zunächst ergriff die SPD-Landeschefin beherzt die Verhandlungsinitiative und begann mit einem Sondierungsmarathon. Mit den Grünen verabredete Kraft eine „privilegierte Partnerschaft". Die Gespräche mit Linkspartei und CDU ließ sie scheitern und hielt damit ihre Partei zusammen: Denn abgesehen davon, dass Kraft in einer großen Koalition nicht hätte Ministerpräsidentin werden können, lehnte der linke Flügel eine Koalition mit der Rüttgers-CDU ab. Der rechte Flügel wiederum stemmte sich vehement gegen ein rot-rotes Bündnis mit der in Nordrhein-Westfalen besonders radikalen Linkspartei, die es am 9. Mai erstmals in den Landtag geschafft hatte und deshalb parlamentarisch gänzlich unerfahren war.

Hannelore Krafts Hoffnung war lange Zeit ein „Ampel"-Bündnis mit Grünen und FDP. Intensiv sondierten die drei Parteien Anfang Juni im „Congress Center" der Düsseldorfer Messe. Während Kraft Optimismus versprühte, waren sich die Fraktionen der Grünen und der FDP dagegen schon nach der ersten Sondierungsrunde in der grundsätzlichen Bewertung einig. „Das reicht niemals für eine gemeinsame Regierung", hieß es unisono von den beiden Parteien, die sich seit Jahren verbissen beharkten und sich wechselseitig als Hauptgegner begriffen. Teilnehmer der Runde berichteten den im Vorraum wartenden Journalisten, die Unterschiede zwischen der SPD und den Grünen auf der einen und der FDP auf der anderen Seite seien teilweise so eklatant gewesen, dass allein das zu gemeinsamer Heiterkeit geführt habe. Als Schlüsselfrage erwies sich wie erwartet die Schulpolitik. Während SPD und Grüne einen radikalen Umbau des Systems zur sogenannten Gemeinschaftsschule planten und dafür auch das Gymnasium schleifen wollten, beharrte die FDP auf einem gegliederten, „leistungsgerechten" System.

Als die Ampel-Gespräche scheiterten, war Hannelore Kraft ratlos, sah nur noch Risiken und keine Chancen. Die Option Minderheitsregierung, die die Grünen ins Gespräch gebracht hatten, lehnte sie zunächst vehement ab. In munterer Folge führte die SPD-Landeschefin stattdessen in ihrer Partei einstimmige Gremienbeschlüsse herbei, mit denen sich die Sozialdemokraten festlegten, einstweilen irgendwie aus der Opposition heraus regieren zu wollen. Sogar für Ministerpräsident Rüttgers, das überlebensgroße Wahlkampf-Feindbild der Genossen, sah der merkwürdige Plan noch eine Rolle vor. Er sollte auf unbestimmte Zeit im Amt gehalten werden.

Was Kraft nicht bedacht hatte: Dadurch wäre auch die schwarz-gelbe Mehrheit im Bundesrat erhalten geblieben. Der „privilegierte" grüne Verhandlungspartner fand damals harsche Worte: Das Vorhaben Krafts sei ein „Förderprogramm für Politikverdrossenheit", schimpfte Sylvia Löhrmann. Zugleich zeigte die grüne Spitzenkandidatin der Sozialdemokratin in einer denkwürdigen Pressekonferenz den Weg in die Staatskanzlei auf: Es sei doch ein Widerspruch, dass eine geschäftsführende schwarz-gelbe Minderheitsregierung unter Rüttgers mit 80 Sitzen im

Landtag besser sein sollte als eine rot-grüne Minderheitsregierung, die sich im Parlament auf 90 Sitze stützen könne und nur eine Stimme von der absoluten Mehrheit entfernt sei. Auch das Risiko bei der Ministerpräsidenten-Wahl sei kalkulierbar, argumentierte Löhrmann mit Blick auf Artikel 52 der Landesverfassung. Dort ist geregelt, dass es schon im zweiten Wahlgang genügt, wenn ein Kandidat mehr als die Hälfte der abgegebenen Stimmen auf sich vereinigt; Enthaltungen und ungültige Stimmen zählen nicht zu den abgegebenen Stimmen. Dank der freundlichen Enthaltung der Linkspartei klappte die Wahl Krafts zur ersten nordrhein-westfälischen Ministerpräsidentin dann am 14. Juli 2010 tatsächlich völlig reibungslos im zweiten Wahlgang.

Die Linkspartei bewährte sich auch in den folgenden Monaten: Dem später vom Verfassungsgerichtshof in Münster wegen unzulässig überhöhter Verschuldung verworfenen Nachtragshaushalt 2010 stimmten einige der Parlamentsneulinge von der Linkspartei sogar zu – versehentlich, wie es danach hieß. Den rot-grünen Etat für das Jahr 2011 ermöglichte die Linke dann wieder durch Enthaltung. Zwar brachte die Regierung Kraft einzelne Vorhaben, wie den Stärkungspakt zur Entlastung überschuldeter Kommunen oder den Schulfrieden, auch mit den Stimmen der FDP oder der CDU durchs Parlament. Doch die längste Zeit ihres Bestehens war die Minderheitsregierung Kraft ein faktisch von der Linkspartei toleriertes Bündnis.

Manchem gelten die 20 Monate, in denen SPD und Grüne ohne eigene Mehrheit im bevölkerungsreichsten Bundesland regierten, als Vorbild. Auch als im Herbst 2017 nach dem Scheitern der Jamaika-Sondierungen auf Bundesebene kurz über eine mögliche Minderheitsregierung diskutiert wurde, dauert es nicht lange, bis die Ersten an die Zeit im Frühjahr 2010 in Nordrhein-Westfalen erinnerten. Hannelore Kraft selbst sprach 2010 von einer „Politik der Einladung", die angeblich zu einer Aufwertung des Parlaments führen und Nordrhein-Westfalen zu einem Demokratie-Labor machen sollte. Tatsächlich handelte es sich bei der rot-grünen Minderheitsregierung allerdings nie um mehr als ein Zweckbündnis – völlig legitimes Ziel von SPD und Grünen war es von Beginn an, zu dem aus ihrer Sicht besten Zeitpunkt eine Neuwahl herbeizuführen.

Die verfassungsrechtlichen Möglichkeiten sind dafür in Düsseldorf, anders als in Berlin, ausgesprochen gut. Denn im Unterschied zum Bundestag kann sich der nordrhein-westfälische Landtag selbst auflösen. Als das Landesparlament Mitte März 2012 mit den Stimmen von CDU, FDP und Linkspartei in der zweiten Haushaltslesung den rot-grünen Einzeletat für das Innenministerium ablehnte, nutze Kraft diese Gelegenheit zur Feststellung, dass nunmehr ihre Geschäftsgrundlage verlorengegangen sei. CDU, Linkspartei und vor allem die FDP, die wegen schlechter Umfragewerte eigentlich kein Interesse an einer Neuwahl hatten, konnten nicht anders, als für die Auflösung des Landtags zu votieren.

Abermals waren es die Grünen, die die Lage als Erste durchdrangen und die Ministerpräsidentin entsprechend berieten. Die CDU dagegen wurde vom parlamentarischen Scheitern des Etatentwurfs (das durch einen Kompromiss ohne weiteres hätte abgewandt werden können) auf dem falschen Fuß erwischt. Deshalb hatte Ministerpräsidentin Kraft keine Mühe, ihren Herausforderer Norbert Röttgen wenig später auf geradezu demütigende Weise zu deklassieren. Röttgen machte es Kraft außergewöhnlich einfach. Der damalige Bundesumweltminister hatte die Führung des nordrhein-westfälischen CDU-Landesverbands übernommen, um eine Hausmacht für seinen weiteren Aufstieg in Berlin zu haben. Im Wahlkampf haderte er aus diesem Grund dann heftig mit seinem Schicksal als CDU-Spitzenkandidat. Am Ende schrumpfte Röttgen die Landes-CDU auf nur noch 26,3 Prozent, während Ministerpräsidentin Kraft aus ihrem Minderheitsexperiment mit einem Triumph für die Sozialdemokratie hervorging.

V.

Nach der Neuwahl 2012 glaubten viele in der SPD, nun beginne die „Resozialdemokratisierung" Nordrhein-Westfalens. Der Mythos vom roten Stammland feierte fröhliche Urständ. Das war absurd. Schon 1989, als die SPD das Land mit satter absoluter Mehrheit regierte, gestand Parteistratege Bodo Hombach in einer internen Analyse für die Führung der Landes-SPD ein, Nordrhein-Westfalen sei zu keinem Zeitpunkt „ein sozialdemokratisches Stammland" gewesen. Dass die SPD dann bei der Landtagswahl 1995 nach drei absoluten Mehrheiten ihre Hegemonialstellung einbüßte, lag ganz wesentlich am Zerrinnen ihrer Milieus im Ruhrgebiet. Es ist die ironische Wendung schlechthin: Nun machte sich auch bei Wahlen bemerkbar, dass die nordrhein-westfälische SPD im Grunde eine „verspätete" Partei ist – erst als das große Zechensterben im Ruhrgebiet längst eingesetzt hatte, hatte die Sozialdemokratie ihre Chance bekommen. Sie profitierte vom Niedergang des Bergbaus, zog maximalen Nutzen aus der Auflösung der katholischen Arbeiterkultur und des kommunistischen Milieus.

Wer die Lage nüchtern analysierte, konnte erkennen, dass sich auch aus weiteren Gründen nach dem Wahlsieg 2012 kein Kraft-Mythos entwickeln konnte wie nach der Landtagswahl 1985 der Rau-Mythos. Alle wesentlichen Elemente des Systems Rau waren nicht mehr vorhanden: Die Westdeutsche Landesbank, das zentrale Machtinstrument der Ära Rau, war gerade erst zerschlagen worden – noch lange werden die Steuerzahler an den toxischen Überresten der Bank zu tragen haben. Ebenfalls klar war bereits im Frühjahr 2012, dass Hannelore Kraft nicht darauf hoffen konnte, dass ihr wie einst Rau eine schwarz-gelbe Bundesregierung als willkommenes Feindbild erhalten bliebe – tatsächlich wurde die Bundestagswahl 2013 zum historischen Debakel für die FDP. Und schließlich konnte Kraft nicht wie seinerzeit Rau darauf setzen, dank willfähriger medialer Vermittlung selektiv als moralisch über den Dingen schwebend wahrgenommen zu werden. Trotzdem tappte die SPD unter Kraft in ihre eigene Mythos-Falle und richtete sich behaglich in der Erwartung ein, Nordrhein-Westfalen werde bleiben, was es in Wirklichkeit nie war: ihre „Herzkammer".

Dennoch, die Chancen zur Erneuerung wären nach der Landtagswahl 2012 vielfältig gewesen. Und Kraft hätte auch dazu beitragen können, die deutsche Sozialdemokratie aus der Defensive zu führen. Der größte sozialdemokratische Landesverband hätte es sich zur Aufgabe machen können, einen überzeugenden Neuanfang in der Sozialpolitik anzuschieben. Das hätte der SPD geholfen, ihr Hartz-Trauma zu überwinden, an dem sie noch heute leidet. Doch stattdessen beließ es Kraft bei ihrem vagen Gegenentwurf zu Hartz IV. Bereits in ihrer ersten Regierungserklärung im Jahr 2010 legte die Sozialdemokratin dar, dass ihr umfassender Präventionsansatz zunächst höhere Ausgaben und „gegebenenfalls zusätzliche Schulden" bedeute. Sogar von einer „neuen Finanzpolitik" war damals die Rede. Zudem versprach Kraft eine nicht genauer bezifferte „Präventionsrendite". Unmittelbar war das ein schönes Geschenk für die bürgerliche Opposition aus CDU und FDP, die ihr Vorurteil bestätigt sah, wonach Sozialdemokraten nicht mit Geld umgehen können. Präventionsprojekte wie „Kein Kind zurücklassen" dienten Kraft vor allem dazu, die vielen neuen Schulden ihrer rot-grünen Regierung zu relativieren, urteilten CDU und FDP. Tatsächlich machte die rot-grüne Regierung mit Rekord-Nettoneuverschuldungen regelmäßig Schlagzeilen.

Aus weiteren programmatischen und politisch-strategischen Gründen war Krafts Modellprojekt problematisch. Zwar kann dem Vorsatz, kein Kind zurückzulassen, niemand widersprechen. Und selbstverständlich ist es auch besser, Vorsorge zu betreiben, statt hinterher die sozialen Reparaturkosten bezahlen zu müssen. Doch schon das Versprechen, eine Präventionsrendite zu erwirtschaften, ist vor allem für eine Sozialdemokratin merkwürdig. Sollte sich Sozialpolitik tatsächlich nur noch mit Renditeversprechen rechtfertigen lassen? Der nächste Fehler war, dass Kraft zwei Jahre später den Maßstab, mit dem ihr Erfolg zu bewerten sei, noch exakter festlegte. Nach der Landtagswahl 2012 kündigte die Sozialdemokratin an, ihr gemeinsam mit der Bertelsmann-Stiftung durchgeführtes Projekt werde bis zum Ende der Legislaturperiode 2017 eine „erste Präventionsrendite" erbringen. Gut ein Jahr vor der Landtagswahl mussten die Bertelsmann-Forscher dann aber mitteilen, es sei zwar gelungen, nachzuweisen, dass Prävention den betroffenen Kindern helfe – wer Geld für Präventionspolitik ausgebe, investiere in die Zukunft der Gesellschaft insgesamt –, doch habe nicht nachgewiesen werden können, dass die Pilotprojekt-Kommunen durch Prävention soziale Kosten eingespart hätten. Den Wissenschaftlern war es also nicht gelungen, die von Kraft versprochene Präventionsrendite zu berechnen. Für die Ministerpräsidentin war das ernüchternd, zumal sich zu diesem Zeitpunkt die negativen Nachrichten häuften. Der Paritätische Wohlfahrtsverband kam zu dem Ergebnis, dass das Ruhrgebiet „die armutspolitische Problemregion Nummer eins in Deutschland" bleibe. Während in den neuen Bundesländern die Armutsquote gesunken sei, setzte sich der Negativtrend in Nordrhein-Westfalen fort. Die gewerkschaftsnahe Hans-Böckler-Stiftung stellte fest, dass die Kinderarmutsquote seit dem Regierungsantritt von Rot-Grün bis 2014 von rund 21 auf etwa 24 Prozent gestiegen sei. Und die Bundesagentur für Arbeit veröffentlichte Daten, aus denen hervorging, dass in Nordrhein-Westfalen jedes fünfte Kind auf Hartz IV angewiesen sei.

Auch fand die Kraft-SPD keine eigene, „sozialdemokratische" Position zur Flüchtlingspolitik von Bundeskanzlerin Angela Merkel (CDU). Dabei hätte es doch gerade im erfahrenen Migrationsland Nordrhein-Westfalen nahegelegen, Ideen für eine zugleich humane wie auch realistische Zuwanderungspolitik zu formulieren. Stattdessen wurden in der Kraft-SPD die moralischen Sperrgebiete weiter befestigt. Offen und ehrlich über Probleme wie die gescheiterte Integration in manchen Vierteln, vor allem des Ruhrgebiets, zu sprechen, war tabu. Überfremdungsängste wurden von der Parteiführung in Düsseldorf pauschal als unberechtigt abgetan – dabei handelt es sich bei jenen, die ihre Sorgen artikulieren, gerade um jene Wähler, die als klassisches sozialdemokratisches „Kümmerer-Klientel" gelten. Zur dringend notwendigen Grundsatzdebatte über Integration und Verteilungsgerechtigkeit kam es nicht. Viele sozialdemokratische Funktionäre sahen sich durch das Erstarken der AfD sogar noch in ihrer Überzeugung bestätigt, dass all jene, die offen über die Grenzen der Zuwanderung reden wollen, schlicht und einfach „rechts" und damit politisch auszugrenzen seien. Ohne es zu merken, tappte die Führung der SPD 2015/2016 in die moralische Falle der Willkommenskultur von Kanzlerin Merkel. Sowohl bei der nordrhein-westfälischen Landtagswahl 2017 als auch wenige Monate später bei der Bundestagswahl erhielt die Partei gerade im für sie wahlentscheidenden Ruhrgebiet dafür die Quittung: In Wahlkreisen, die einmal als rote Hochburgen galten, wo die SPD noch vor wenigen Jahren Traumergebnisse von 60, manchmal 70 Prozent holte, schnitt die AfD besonders gut ab.

VI.

Hannelore Kraft war keine Erneuerin – weder in ihrer Partei noch für ihr Bundesland Nordrhein-Westfalen. Chancen dazu hätte sie gehabt. Nach ihrem Triumph von 2012 spielte sie ihr machttaktisches Potential in Nordrhein-Westfalen jedoch nicht aus. Damals hätte sie auch die sozialliberale Option reaktivieren können, die ihrer Partei schon einmal ausgesprochen gut bekommen war: Von 1966 bis 1978 hatte Ministerpräsident Heinz Kühn (SPD) gemeinsam mit der FDP regiert und viel für das Land bewirkt. Gewiss, ein Wechsel des Koalitionspartners wäre riskant gewesen, ein solcher Schritt hätte nicht recht zum zögernden Naturell Krafts gepasst. Doch anders als seinerzeit Wolfang Clement, der die Grünen gerne gegen die FDP eingetauscht hätte, musste Kraft keine Rücksicht auf ein gleichfarbiges Bündnis im Bund nehmen. Wenigstens hätte sie die rot-gelbe Option nutzen können, um die bisher so selbstbewussten Grünen einzuhegen. Doch auch das geschah nicht. Nach den

Koalitionsverhandlungen 2012 behielt die rot-grüne Regierung Kraft eine deutlich grüne Schlagseite. Führende SPD-Politiker begannen erst gut ein Jahr vor der Landtagswahl 2017 damit, sich vom Regierungspartner abzugrenzen. Wirtschaftsminister Garrelt Duin focht seine Konflikte mit Umweltminister Johannes Remmel, der bei den Unternehmen als grüner Hardliner galt, nun regelmäßig auch öffentlich aus. Im Sommer 2016 beklagte Duin mit ungewöhnlich offenen Worten, dass Wirtschaft und Industrie im rot-grünen Koalitionsvertrag nur eine untergeordnete Rolle spielten, die „Verteidigung des Standorts" stehe nicht im Mittelpunkt. Verkehrsminister Michael Groschek wiederum geißelte damals auf einer Veranstaltung zum Thema Straßenbau die „durchgrünte Gesellschaft", die sich mehr für Fledermäuse und Wölfe einsetze als für Wirtschaft und Arbeitsplätze.

Auch ihre herausgehobene bundespolitische Position minimierte Kraft ohne Not. Dabei beflügelte der Triumph der SPD bei der Landtagswahl 2012 die Phantasie vieler Genossen. Fortan hieß es: Hannelore Kraft, die Hoffnungsträgerin der deutschen Sozialdemokratie. Kraft wurde das bald zu viel. Nach der Bundestagswahl 2013 ließ sie wissen, sie werde „nie, nie" Kanzlerkandidatin. Ostern 2014 legte sie nach: Die Art und Weise, wie in Berlin Politik gemacht werde, sei nicht so, wie sie gerne Politik betreibe. Das war nicht nur seltsam, weil Kraft häufig im Bundesrat Politik machte. Man fragte sich auch: Wird denn in Düsseldorf das politische Geschäft so ganz anders betrieben? Und zählt es nicht zur Amtsbeschreibung eines Ministerpräsidenten des bevölkerungsreichsten Bundeslandes, sich unabhängig von persönlichen Befindlichkeiten für Höheres im Gespräch zu halten? Allein schon um zu gewährleisten, dass das Land im föderalen Spannungsverhältnis angemessen vertreten bleibt?

Kraft aber ließ wissen, sie genieße es, zu Hause in Mülheim noch selbst einkaufen gehen zu können. Auch wolle sie in Düsseldorf Konkretes für die Menschen erreichen. Kraft stutzte sich selbst auf Regionalmaß, beschränkte sich ganz darauf, daheim die „Kümmerin" zu sein. So gesehen war es konsequent, dass sie auch 2017, wie schon 2010 und 2012, darauf setzte, ihren Landtagswahlkampf zu entpolitisieren.

Mit Lebensgefühl-Kampagnen versuchen sich Politiker stets über Widersprüche und eine eher magere Regierungsbilanz hinwegzuhelfen. Unter Johannes Rau hieß der Leitspruch „Wir in Nordrhein-Westfalen", 2010 und 2012 war Kraft mit „NRW im Herzen" sehr erfolgreich. 2017 warb die Sozialdemokratin dann mit der merkwürdigen Abkürzung

„NRWIR". Es war der Aufguss vom Aufguss. Auf den SPD-Plakaten sah man kletternde Kinder oder eine an einem Computer sitzende Frau mit einem Mops auf dem Schoß – im Hintergrund der Förderturm einer Kohlegrube. Zum Abschluss ihrer Kampagne plakatierte die SPD dann Großporträts der Ministerpräsidentin mit dem Slogan „NRWIR mit Hannelore Kraft". Die Person war das Programm – notgedrungen, denn einen umfassenden Zukunftsplan hatten Kraft und ihre SPD nicht entwickelt.

Stattdessen steckte die Regierung Kraft nun in den Niederungen des nordrhein-westfälischen Alltags fest. Zunehmend zu schaffen machte ihr das Thema innere Sicherheit. Krafts in den ersten Jahren weitgehend überzeugender Innenminister Ralf Jäger (SPD) stand in der öffentlichen Wahrnehmung für Debakel wie die Kölner Silvesternacht oder den laschen Umgang der Behörden mit dem späteren Weihnachtsmarktattentäter Anis Amri. Hinzu kam die Diskussion über angebliche No-go-Areas im Ruhrgebiet oder Wohnungseinbrüche, deren Zahl in keinem anderen Bundesland so hoch war wie in Nordrhein-Westfalen. Auch auf anderen Politikfeldern häuften sich die unerquicklichen Befunde wie beim Thema Kinderarmut oder beim Thema Wirtschaft. Regelmäßig lag das einstige industrielle Kernland der Republik bei der Wachstumsquote sogar noch hinter einstmals strukturschwachen Regionen Deutschlands. Nordrhein-Westfalen blieb weit unter seinen Möglichkeiten.

Im Wahlkampf gelang es CDU und FDP immer besser, mit Themen wie der mangelnden wirtschaftlichen Dynamik, der inneren Sicherheit, den vielen Staus auf den Straßen und auch den vielen Baustellen in der Schulpolitik durchzudringen. Dass der Abwahlkampf zu zünden begann, zeigte sich, als in den Umfragen die Erosion der Beliebtheitswerte von Hannelore Kraft einsetzte. Ohnehin hatte die Ministerpräsidentin schon seit einiger Zeit recht lustlos in ihrem Amt gewirkt. Dies wurde einer größeren Öffentlichkeit deutlich, als Kraft im Sommer 2014 nach einem Unwetter in Münster zunächst darauf beharrte, im Brandenburg-Urlaub nicht erreichbar gewesen zu sein. Die sogenannte Funkloch-Affäre schadete Krafts Glaubwürdigkeit als „Kümmerin" nachhaltig. Zumal die Ministerpräsidentin auch nach der Kölner Silvesternacht 2015, bei der mehrere hundert Frauen sexuell belästigt worden waren, einräumen musste, tagelang nicht mit ihrem Apparat kommuniziert zu haben.

Noch einmal Hoffnung schöpften die nordrhein-westfälischen Genossen, als Anfang 2017 überraschend Martin Schulz Kanzlerkandidat der SPD geworden war. Denn die Landes-SPD, die in den Umfragen bei 30 Prozent festgefahren schien, verbesserte sich unter dem Eindruck des Schulz-Hypes nun auf Werte von bis zu 40 Prozent. Landauf, landab richtete sich die so lange darbende deutsche Sozialdemokratie an ihrem eigenen Stolz auf. Bei Veranstaltungen wie beim politischen Aschermittwoch in Schwerte im März 2017 konnte man den Eindruck gewinnen, Schulz sei es gelungen, ein sagenhaftes Perpetuum mobile in Gang zu setzten. Minutenlang bekamen im Traditionsgasthaus „Freischütz" 700 Genossen nicht genug vom Jubeln, Pfeifen, vom rhythmischen Klatschen. Wo Martin Schulz in jenen Tagen auftrat, waren Sozialdemokraten wieder stolz, Sozialdemokraten zu sein. Sie freuten sich an ihrer Freude, berauschten sich an ihrem Rausch. Und Hannelore Kraft, die einstige Hoffnungsträgerin, stand im „Freischütz" neben Schulz auf der Bühne und konnte nur noch darauf setzen, dass die Euphorie wenigstens bis zu ihrer Landtagswahl anhalten würde. Umso merkwürdiger ist, dass Kraft trotzdem voll auf ihre „NRWIR"-Kampagne setzte, statt sich geschickt den Umstand zu Nutze zu machen, dass eine Landtagswahl in Nordrhein-Westfalen immer auch als kleine Bundestagswahl gilt. So blieb Kanzlerkandidat Schulz die Chance verwehrt, sich in Nordrhein-Westfalen richtig warmzulaufen.

VII.

Lediglich 31,2 Prozent! Spitzenkandidatin Hannelore Kraft beamte 2017 die SPD gleichsam zurück in eine Zeit irgendwo vor mehr als sechs Jahrzehnten, als sie in Nordrhein-Westfalen weit von der strukturellen Mehrheitsfähigkeit entfernt war. Was bleibt also von der Ära Kraft?

Die Aussichten für ihre Partei sind düster. Alle Umfragen seither sind geeignet, das Trauma der nordrhein-westfälischen SPD noch zu vertiefen. Denn die demoskopischen Institute sehen die Partei mittlerweile sogar bei deutlich unter 30, manche gar nur noch bei knapp mehr als 20 Prozent. Den Niedergang allein Kraft anzulasten, wäre nicht gerechtfertigt. Wie beschrieben, begannen die Schwierigkeiten schon Mitte der 1980er Jahre. Zudem haben beide Volksparteien nicht nur in Nordrhein-Westfalen schon seit langem mit erheblichem Schwund zu kämpfen.

Wenn man das bedenkt, so ist es erstaunlich, dass es Hannelore Kraft gelang, den Niedergang zwischenzeitlich zu bremsen und ihre Partei 2012 in eine komfortable Führungsrolle zu bringen. Keine geringe Leistung ist es auch, dass sie es – wenn auch nach einigem Zögern – wagte, 2010 die erste Minderheitsregierung in der Geschichte Nordrhein-Westfalens zu bilden. In dem sich verändernden Parteiensystem wird sich nach Wahlen künftig häufig die Frage stellen, wie man eine Regierung bilden kann. Meist dürfte es auf Vielfarben-Bündnisse wie in Rheinland-Pfalz oder Schleswig-Holstein hinauslaufen. Dank Hannelore Kraft, der ersten nordrhein-westfälischen Ministerpräsidentin, und ihrer Stellvertreterin Sylvia Löhrmann ist im bevölkerungsreichsten Bundesland aber auch eine Minderheitsregierung keine theoretische Größe mehr, sondern eine Option, deren Chancen und Risiken sich am konkreten rot-grünen Zwanzig-Monats-Beispiel einschätzen und abwägen lassen.

Mit ihrem Herzensanliegen, der Präventionspolitik, ist Hannelore Kraft zwar nach eigenen Maßstäben gescheitert. Das Versprechen, ihr Modellprojekt „Kein Kind zurücklassen" werde binnen weniger Jahre eine Präventionsrendite erwirtschaften, konnte Kraft nicht halten. Aber Kraft vermochte es doch, das wichtige Thema Vorsorge dauerhaft zu etablieren. Am besten lässt sich das am Beispiel des breit angelegten Präventionsansatzes ihres Innenministers Ralf Jäger nachzeichnen. Als CDU und FDP noch in der Opposition saßen, warfen sie Jäger vor, seine Präventionsprogramme wie „Kurve kriegen" für junge Intensivtäter, „Klarkommen" für junge Migranten, die drohen, in die Kriminalität abzugleiten, oder „Wegweiser – gemeinsam gegen gewaltbereiten Salafismus" seien nichts als wirkungsloser Populismus. Als Herbert Reul (CDU) im Sommer 2017 Innenminister wurde, überraschte er manchen Parteifreund mit einem klaren Bekenntnis zur Präventionsarbeit. Anders als sein sozialdemokratischer Vorgänger Jäger setzt Reul zwar deutlich stärker auf Repression, zugleich baut er die in der Regierungszeit von Hannelore Kraft konzipierten Präventionsprogramme aber zielstrebig aus.

Die Haushaltspolitik blieb das weite Problemfeld der Regierung Kraft. In ihrer ersten Regierungserklärung im September 2010 hatte sich die Ministerpräsidentin offensiv zu einer Verschuldungspolitik à la Johannes Rau bekannt. Der rot-grüne Nachtragshaushalt 2010 mit einer Rekordneuverschuldung von mehr als acht Milliarden Euro wurde dann aber vom Verfassungsgerichtshof in Münster als verfassungswidrig verworfen – ein bisher einmaliger Warnschuss eines Gerichts in Sachen Etatrecht. Rot-Grün musste mit zwei Haushaltsgesetzen weitere Niederlagen in Münster hinnehmen. Trotz Steuereinnahmen auf Rekordniveau und trotz historisch niedriger Zinsen brachte Krafts Finanzminister Norbert Walter-Borjans (SPD) das extrem verschuldete Nordrhein-Westfalen nicht konsequent auf Konsolidierungskurs. Einerseits liegt es also nahe, die sieben Regierungsjahre von Ministerpräsidentin Kraft haushaltspolitisch als verlorene Jahre für Nordrhein-Westfalen zu beschreiben; CDU und FDP bezeichneten Kraft gerne als „Schuldenkönigin". Andererseits profitiert Schwarz-Gelb nun aber von der Arbeit der Vorgängerregierung. Von 2020 an darf Nordrhein-Westfalen mit rund 1,5 Milliarden Euro mehr aus dem von Ministerpräsidentin Kraft mit ausgehandelten neuen Länderfinanzausgleich rechnen. Schwarz-Gelb kann auch deshalb in seiner mittelfristigen Finanzplanung mit schönen Überschüssen kalkulieren.

In Sachen Steuergerechtigkeit konnte Finanzminister Walter-Borjans neue Maßstäbe setzen. Der Sozialdemokrat ließ – unter so lautstarkem wie wirkungslosem Protest der Schweizer Regierung – „seine" mittlerweile legendäre Steuerfahndung Wuppertal insgesamt elf Datenträger mit Informationen mutmaßlicher deutscher Steuerbetrüger kaufen. Sieben Milliarden Euro konnten Bund, Länder und Gemeinden nach Angaben Walter-Borjans' dadurch eintreiben. Ohne Walter-Borjans' Hartnäckigkeit wären weder Steuerhinterziehungsfälle wie die Causa Uli Hoeneß bekanntgeworden, noch hätten sich Schweizer Großbanken auf enorme Strafzahlungen eingelassen. Es ist ein Rätsel, warum Kraft die Steuergerechtigkeits-Kompetenz ihres Genossen Walter-Borjans im Landtagswahlkampf nicht groß zum Thema machte.

VIII.

Die abgewählte Ministerpräsidentin wirkte beinahe gelöst, als sie sich um kurz nach acht am Abend des 14. Mai 2017 ihren Weg aus den provisorischen Fernsehstudios im Foyer des Landtags hinauf in die Räume der SPD-Fraktion bahnte. Keine zwei Stunden war es her, dass sie nach den ersten Hochrechnungen ihren Rücktritt als Landes- und stellvertretende Bundesvorsitzende der SPD verkündet hatte. Nun nahm Kraft einen Genossen nach dem anderen tröstend in den Arm. Für jeden fand sie ein paar aufmunternde Worte oder einen mitfühlenden Blick. Kraft wirkte, als sei sie wieder bei sich, in der Rolle der „Kümmerin", mit der sie einst zur Hoffnungsträgerin der SPD geworden war.

Der Unterschätzte: Armin Laschet hat die Macht nicht erobert. Sie ist ihm zugefallen. Was fängt er mit ihr an?

von Stefan Willeke

Wäre Armin Laschet nicht als Mensch auf die Welt gekommen, sondern als Rennpferd, dann hieße er vielleicht „Schabau" und wäre im Juli 2018 beim Derby in Hamburg gestartet, einem Großereignis des Galoppsports in Deutschland. Das Pferd mit dem Namen Schabau ist ein eigenartiges Wesen. Man kann nicht behaupten, dass es ein Siegertyp sei. Man kann aber auch nicht sagen, es sei ein Verlierer. „Schabau" ist mal dies, mal das und wer das achte Rennen während des Derby-Sonntages in Hamburg beobachtete, der wurde Zeuge einer erstaunlichen Entwicklung. Die Wettquote auf „Schabau" fiel mäßig aus, aber als es losging, setzte sich der Hengst im mittleren Feld fest. Ganz zum Schluss aber, kurz bevor sich das Rennen entschied, holte Schabau auf, zunächst unmerklich, dann immer deutlicher. Auf der Außenbahn galoppierte das Pferd in anziehendem Tempo, steigerte sich kontinuierlich, ließ die Konkurrenten hinter sich und ging schließlich als Sieger ins Ziel. Nur 30 Sekunden zuvor hätte kaum jemand darauf gewettet, dass „Schabau" sich durchsetzt, nichts hatte auf seinen Erfolg hingedeutet. Dieser Sieger war keiner von denen, die schon in der Startbox eine Ahnung davon verströmen, dass man auf sie achten müsse. Dieser Sieger war einer, der den Zuschauern Rätsel aufgab. Warum ausgerechnet der?

So ähnlich ist es dem Christdemokraten Armin Laschet ergangen, als er im Mai 2017 die Landtagswahl gegen die damalige Ministerpräsidentin Hannelore Kraft von der SPD gewann. Hannelore Kraft wurde von Armin Laschet besiegt, konnte das wahr sein? War sie nicht die Spitzenpolitikerin, die in der Bevölkerung so gut ankam? Die Heldin der

Marktplätze? Die Volksversteherin? Die Frau mit dem sieben Jahre währenden Amtsbonus? Die hemdsärmelige Politikerin mit der schneidigen Stimme? Die ihre Genossen so sehr von sich überzeugte, dass sie eine Weile als mögliche Kanzlerkandidatin der SPD gehandelt wurde?

Und war der heute 58-jährige Laschet nicht der ewige Zweite? Der Herausforderer, der viel zu brav und zu zahm daherkam? Der keinen Biss hat, kein Charisma, keinen Willen zur Macht? Der blass ist, austauschbar, weich?

Wie konnte so einer in die Staatskanzlei einziehen? Galten die Gesetze der Machtpolitik nicht mehr?

Das alles lässt sich nur erklären, wenn man Armin Laschet versteht als einen Politiker, der schon immer unterschätzt worden ist. Es kann ein großer Vorteil sein, unterschätzt zu werden, zumindest dann, wenn man eine Wahl gewinnen will. In gewisser Weise hat Laschet die Macht gar nicht erobert, er hat sie aufgefangen, als sie von Hannelore Kraft abfiel. Fest gerechnet hat er damit nie. Es sah lange so aus, als habe ihn nicht einmal der Wahlkampf viel Kraft gekostet, weil er von wortgewaltigen Großangriffen auf die politische Gegnerin nichts wissen wollte. Bei ihm sah alles so unambitioniert aus, so nebensächlich, obwohl er sich die ganze Zeit aufrieb.

Laschet hatte Glück, weil die Linkspartei knapp an der Fünf-Prozent-Hürde scheiterte, deshalb nicht in den Landtag einzog und weil nur wenige tausend Wählerstimmen den Ausschlag dafür gaben, dass Laschets CDU mit der FDP eine Koalition in Düsseldorf bilden konnte. Aber diese Portion Glück kann nicht erklären, warum jemand, der als Nebenfigur galt, das Rennen für sich entschied. Das Glück kann auch nicht erklären, warum ein Typus Mensch auf Zustimmung stieß, der auf Ausgleich bedacht ist, statt Fronten zu eröffnen. Ist das Land nicht aggressiver geworden? Sind nicht viele Menschen stärker auf Krawall aus? Warum dann der Regierungschef Armin Laschet? Offenbar gibt es eine nur unzureichend ausgeleuchtete Verbindung zwischen dem Politiker Laschet und dem Zustand, in dem sich das Land befindet. Man muss Laschet im Kontext der Verhältnisse sehen, dann erkennt man genauer, was diese Verbindung auszeichnet. Dann tritt nämlich auch das Politikverständnis eines Christdemokraten zutage, der zwar so handelt, wie kein Hardliner handeln würde, seine politischen Standpunkte aber auf andere Weise durchzusetzen weiß. Auch hierbei kann man sich leicht in ihm täuschen.

An einem freundlichen Tag im Juli des Jahres 2018 lässt sich Armin Laschet in seiner schweren Dienstlimousine zu einer Fabrikhalle in Aachen bringen. In der Halle sollen bald Elektroautos hergestellt werden, die Vorboten eines neuen Zeitalters, das an diesem Tag gefeiert werden soll – die Ära des kleinen, leichten, leisen Mobils. Es könnte kaum einen größeren Gegensatz geben zum gepanzerten Auto des Ministerpräsidenten. Aber Armin Laschet ist kein Mensch, der sich in Gegensätzen verbeißt. Er lächelt oft selig, er strahlt Zuversicht aus, er bäumt sich selten gegen Widerstände auf, er kann sich auch fallen lassen. Vor der Autofabrik begrüßt ihn der Chef der Firma überschwänglich, nennt ihn vor den geladenen Gästen den „Durchbruchs-Ministerpräsidenten". Laschet hört das gern, wischt das Kompliment aber sofort weg. Überhöhungen sind ihm unangenehm. Schon während des Wahlkampfes war es ihm peinlich, als Mitglieder der Jungen Union „Armin, Armin!" skandierten, sobald er bei CDU-Veranstaltungen auftrat. Die Armin-Rufe waren eine Reaktion auf den „Martin, Martin"-Chor der Jusos, adressiert an den damaligen SPD-Kanzlerkandidaten Martin Schulz, und wie sich dann herausstellte, fiel die Schulz-Euphorie schnell in sich zusammen. Das konnte Laschet nie passieren. Bei ihm kann keine Euphorie verpuffen, weil Euphorie nie aufgekommen ist. Auch in dieser Hinsicht ähnelt er Angela Merkel, mit der er viele politische Positionen teilt, selbst wenn er sagt: „Ich bin nicht von Merkel abgeleitet. Ich bin nicht ihr Angestellter. Als Ministerpräsident bin ich frei." Aber auch Laschet versucht, die politische Mitte zu besetzen, und er tut es langsam, vorsichtig, ohne Besatzermentalität.

Als Armin Laschet auf der festlichen Bühne in der Fabrik steht, spricht er von „einem besonderen Tag". Hier in Aachen, wo er geboren wurde und noch heute lebt, geschieht etwas, das lange nicht geschehen ist. Es ist das erste Mal, dass in Nordrhein-Westfalen wieder ein Autowerk eröffnet wird, das erste Mal seit 1963, als sich der Konzern Opel in Bochum ansiedelte. Das Opel-Werk ist inzwischen tot, auch andere Großunternehmen stehen nicht gut da. Er müsse sich um Thyssenkrupp kümmern, sagt Laschet. Thyssenkrupp, das sind etwa 40 000 Arbeitsplätze in Deutschland, fast 160 000 weltweit.

Darin spiegelt sich die unübersichtliche Spannbreite dieses Bundeslandes. Der Steinkohlenbergbau ist erledigt, die Stahlwerke werden von billigen Importen aus China, den Strafzöllen der USA und steigenden Kosten durch den Emissionshandel in ihrer Existenz bedroht. Zugleich aber prosperieren die Möbelfabriken in Ostwestfalen, Gleiches gilt für Familienunternehmen im Sauerland. Die Innenstädte in Münster, Köln und Düsseldorf pulsieren, der Binnenhafen in Duisburg boomt. Überall Theater, Konzerthallen und Museen, überall Fachhochschulen und Universitäten, aber auch Armut, Gewalt und Kriminalität, vor allem im nördlichen Ruhrgebiet. Kaum ein Bundesland ist derart zerrissen wie Nordrhein-Westfalen. Es ist zur Hälfte evangelisch, zur Hälfte katholisch, es gibt viele ländliche Bereiche und viele Städte, Wohlstand und Elend, viele Akademiker und viele Ungelernte. Es ist, als habe sich jemand vorgenommen, die Bundesrepublik im Kleinen nachzubauen, mit all ihren Gegensätzen. Deswegen muss jeder Spitzenpolitiker in Nordrhein-Westfalen darauf aufpassen, es sich nicht mit großen Teilen der Bevölkerung zu verderben, sobald er eine Position einnimmt, die Menschen ausschließt, statt sie einzuschließen. Wer Nordrhein-Westfalen als Miniaturland der Bundesrepublik begreift, der verhält sich nicht wie ein Ministerpräsident Bayerns, sondern wie jemand, der die Verschiedenheit im großen Maßstab stets vor Augen hat, auch wenn er im Kleinen regiert.

Laschets politische Startbahn wurde im Jahr 2005 gebaut, als er in der Zeit des CDU-Ministerpräsidenten Jürgen Rüttgers das neugeschaffene Ministerium für Integration übernahm. Die Integration zielte auf ehemalige Gastarbeiter, ihre Kinder und Enkel. Damals wurde Laschet mit dem Spitznamen „Türken-Armin" verspottet. Er hat die Häme ertragen, denn eigentlich gab es für ihn kaum etwas Passenderes als die Überschrift „Integration", weit über die Themen der Einwanderungspolitik hinaus. Heute wehrt er sich gegen die Stimmen in der Partei, die einen Rechtskurs verlangen und eine härtere Flüchtlingspolitik.

Kaum etwas ist ihm verdächtiger als das unverhohlene Machtverlangen des CDU-Rebellen Jens Spahn. Laschet hat sich für einen mittleren Weg entschieden, der schwarz-grün aussehen kann. Das macht ihn für wild entschlossene Erneuerer zu einem ewig Gestrigen, einem unbelehrbaren Merkelianer. Nicht einmal auf dem Höhepunkt der Flüchtlingskrise in Deutschland rückte Laschet von ihr ab. Er mochte es nicht, wenn andere Politiker von einer „Flüchtlingswelle" sprachen. „Welle", das Wort klang ihm zu sehr nach einer Bedrohung. Laschet hielt es stets für ein Gebot der Nächstenliebe, Asylsuchende aufzunehmen. Wer auf den Tag wartete, an dem sich Laschet von Merkel und ihrer Politik lossagte, um sich davon einen Vorteil zu verschaffen, der wartete endlos.

Fast alle Ministerpräsidenten Nordrhein-Westfalens glaubten von sich, sie könnten auch Bundeskanzler sein, darin ist Armin Laschet keine Ausnahme. Nur Hannelore Kraft glaubte das nicht, und mit diesem Eingeständnis orchestrierte sie ihren politischen Abstieg. Die anderen ließen erkennen: Wer NRW kann, der kann auch ganz Deutschland. Laschet ist im Jahr 2018 oft gefragt worden, ob er sich das vorstellen könne: Kanzler der Bundesrepublik, Merkels Nachfolger. Er hat darauf meist nur knapp geantwortet: derzeit kein Thema. Aber Laschet sagte auch: „Ich werde nicht Hannelore Krafts Fehler wiederholen und die Kanzlerfrage von mir weisen."

Als er nach dem Termin in der Autofabrik wieder in seine Limousine steigt, um sich von seiner Chauffeurin zu einem Festakt nach Münster fahren zu lassen, ist im „Stern" gerade ein Interview des früheren SPD-Kanzlers Gerhard Schröder erschienen, der Armin Laschet als Kanzler ins Spiel gebracht hat. Eine erstaunliche Empfehlung. Wollte Schröder bloß seine Partei ärgern, oder glaubte er wirklich an Laschet? Armin Laschet sitzt im Fonds des Autos, schaut auf sein Smartphone und liest die SMS, die gerade eintreffen. Er lächelt. Es macht ihn stolz, als Merkels möglicher Nachfolger gehandelt zu werden. Ein Politiker der FDP schreibt Laschet: „Dann bilden wir demnächst doch noch eine Koalition." Ein anderer Politiker schreibt: „Vielleicht werde ich unter dir noch Minister." Spricht man Laschet auf die Kanzlerfrage an, antwortet er: „Ich denke nicht dreimal am Tag daran." Vielleicht tut er es auch nur einmal.

Was für eine unwahrscheinliche Karriere. Anfang Mai 2017, kurz vor der Landtagswahl, hätte sich Laschet noch mit der Idee anfreunden können, aus der Politik auszuscheiden, falls die SPD wieder an der CDU vorbeiziehen und Laschet bloß die Opposition im Düsseldorfer Landtag anführen sollte. Er war schon fast erledigt, so schien es. Im Juli 2018, vierzehn Monate später, beginnt die Debatte, ob er es zum Kanzler bringen könnte. Das ist sehr früh sehr viel auf einmal, zu viel, zu früh. Laschet hat sich zu jener Zeit gerade erst mit der Aufgabe vertraut gemacht, das Land NRW zu führen.

Am Morgen wunderte er sich noch, wieviel Macht er plötzlich hatte. Telefonisch wurde er in eine Besprechung der Krupp-Stiftung geschaltet, bei der es um die ungewisse Zukunft des Konzerns ging, und Laschet wollte eigentlich nur zuhören. Dann aber merkte er, dass die anderen Teilnehmer der Sitzung die ganze Zeit darauf warteten, seine Meinung zu erfahren, und er sagte etwas. „So machen wir das, Herr Ministerpräsident", erwiderte einer der Zuhörer in der Konferenz. Laschet fällt nun öfter auf, wie viele Menschen diese Anrede verwenden, „Herr Ministerpräsident". Nicht mehr „Herr Laschet", nicht mehr nur „Armin".

Bevor ihn die Chauffeurin in Münster absetzt, wo am Abend der Internationale Preis des Westfälischen Friedens verliehen werden soll, erreicht eine Nachricht Armin Laschet. Kurz nach der Landung auf dem Flugplatz Münster/Osnabrück hat sich die Frau des Bundespräsidenten verletzt, sie müsse in eine Klinik, der Bundespräsident begleite sie und verspäte sich deshalb. Nun solle Laschet die Ansprache vor dem Beginn der Feier übernehmen. Laschet steigt aus dem Auto, wuchtet seinen Aktenkoffer heraus, schaut sich lächelnd um und sagt halblaut: „Sehen Sie, gerade noch Kanzler und jetzt schon Bundespräsident."

Die Geschichte des Armin Laschet ist eine Geschichte der Vorurteile. Mit seinem rheinischen Dialekt und seiner kumpelhaften Art gerät er schnell in die Rolle eines Politikers, der von manchen Beobachtern belächelt wird. Er wohnt noch heute in Aachen, der Stadt, in der er geboren wurde. Er ist seit 1985 mit derselben Ehefrau zusammen, der gelernten Buchhändlerin Susanne Laschet. Er ist ein engagierter Katholik, einer seiner Brüder ist Domsyndikus in Köln. Armin Laschet liebt den Karneval, er mag Volksfeste, er ist kein skeptischer Beobachter der Verhältnisse, er wirft sich mitten hinein. Wenn er ohne Krawatte in einer Menschenmenge steht, kommt man nicht auf die Idee, ihn für den Regierungschef des bevölkerungsreichsten Bundeslandes zu halten. Mit seinen 1,72 Metern ist er nicht gerade groß. Macht er sich auch habituell zu klein, um politische Größe verkörpern zu können?

Landespolitik ist auf Vergrößerung angewiesen, um noch wahrgenommen zu werden. Das hat Laschet erkannt. Landespolitik ist ständig von Verkleinerung bedroht, zumindest in der öffentlichen Aufmerksamkeit, weil die Welt den Menschen so nahe gerückt ist. Auch Europa ist sehr nahe gekommen, erfreulich nah, bedrohlich nah, je nach Perspektive. Was ist Düsseldorf schon gegen Washington, Moskau oder Brüssel? Es hätte wenig Sinn, die Globalisierung zu leugnen, um der Verkleinerung zu entgehen. Es klappt nur andersherum: nordrhein-westfälische Interessen vergrößern zu einem nationalen Thema, um auf diese Weise Relevanz zu erzeugen.

Das tut Laschet öfter, wenn er seinen Kollegen in Berlin erklärt, dass Deutschland nicht nur auf Start-ups angewiesen ist, sondern auf Schlüsselindustrien. Zu Recht ist Laschet vorgeworfen worden, er benutze sein

Amt, um sich durchs politische Berlin zu bewegen, dort von der Kanzlerin wahrgenommen zu werden – und regelmäßig in Talkshows zu sitzen. Er sei gar kein Regierungschef aus Düsseldorf, der sich in Berlin bli-
cken lässt, sondern ein Berliner Spitzenfunktionär, der gelegentlich in
Düsseldorf gastiert. An diesem Eindruck ist Laschet nicht unschuldig.
Aber selbst wenn man unterstellt, ihn treibe allein die Eitelkeit nach Berlin, so kommt doch noch ein Kollateralnutzen dabei heraus: die Sicht-
barkeit Nordrhein-Westfalens. „Wir haben so viele Einwohner wie die
Niederlande", sagt Laschet gern. „Man darf Nordrhein-Westfalen nicht
unter Wert verkaufen."

Als die Welt noch kleiner schien, zu Johannes Raus Zeiten, war es
einfacher, groß zu wirken. Da reichte schon der Hinweis auf die Fläche
des Bundeslandes, um sich zu behaupten. Das hat sich inzwischen grundlegend verändert. Deswegen war es so fatal, als die Ministerpräsidentin
Hannelore Kraft bekundete, in der Bundespolitik keine wichtige Rolle
spielen zu wollen. Der ständigen Gefahr der Verkleinerung fügte sie den
Willen zur Provinzialisierung hinzu, so dass der Einfluss Nordrhein-
Westfalens sank und sank. Gelingt Laschet ein Neubeginn?

Zumindest besaß er die Größe, die Vorgängerin nach ihrer Wahlniederlage freundlicher zu verabschieden als viele ihrer SPD-Genossen
im Landtag. Vor den Augen der Abgeordneten überreichte ihr Laschet
einen Blumenstrauß und dankte ihr in seiner ersten Rede als Ministerpräsident. „Ich finde so etwas stilbildend", sagt er heute, „das ist wichtig
für die Demokratie." Auch Hannelore Kraft war dabei, als er im Mai 2018
die vier noch lebenden Amtsvorgänger um sich sammelte, anlässlich des
70. Jahrestages der Gründung Israels. Armin Laschet verlagerte den Sitz
des Regierungschefs wieder in die alte Staatskanzlei, keinen Prunkbau,
eher ein großes Rathaus, schlicht und würdevoll – nicht so ausdrucks-
los wie der verglaste Büroturm, in den der frühere Ministerpräsident
Wolfgang Clement gezogen war und in dem auch die Beratungsfirma
Boston Consulting untergebracht ist. Laschet ist sehr darauf bedacht,
eine politische Repräsentanz zu schaffen, die „für ein Land wie Nordrhein-Westfalen angemessen" sei. Er hat ein Faible für Rituale und Ze-
remonien, die manchen Beobachtern altmodisch erscheinen, einigen sogar albern.

Als im Juli 2018 die Präsidentinnen Estlands und Litauens in Düsseldorf zu Gast waren, ließ Laschet vor der Staatskanzlei einen roten Teppich ausrollen und nahm sich für die Gespräche viel Zeit. „Zwei Staats-

oberhäupter in zwei Stunden, das schafft nicht mal die Kanzlerin", sagte er hinterher. Beim Besuch spielte das Polizeiorchester, das zuvor sehr selten eingesetzt wurde. Seit Laschet regiert, haben die Musiker ständig Termine. Gern zeigt Laschet den Saal, in dem sein Kabinett tagt. Die Sitzungen finden wieder dort statt, wo sie in den Jahren nach dem Krieg stattfanden, und die Minister benutzen wieder die Stühle, auf denen schon in den fünfziger Jahren Minister saßen. Auch damals wurde das Land von der CDU regiert. Sogar den Konferenztisch aus jener Zeit hat Laschet beschaffen lassen. An der Stirnseite hängt ein Bild Andreas Gurskys, es zeigt eine Flusslandschaft und heißt Rhein II.

Laschet achtet darauf, dass die Politiker des kleinen Koalitionspartners vor gemeinsamen Sitzungen nicht später ans Buffet dürfen als seine CDU-Leute. Solche Benimmregeln sind ihm wichtig. Laschet empfängt die Botschafter jedes EU-Landes, mehr als 30 Botschafter waren schon bei ihm. Er fährt mit Delegationen nach Israel, in die Niederlande, nach Polen. Wo es etwas zu repräsentieren gibt, da repräsentiert Laschet.

Er war sehr gern Politiker im Europaparlament, er fand dort seine Erfüllung. Man muss nur einmal mit Armin Laschet durch seine Heimat fahren, das Dreiländereck Deutschland-Belgien-Niederlande, und man begreift sehr schnell, wie stark er an der Idee eines vereinten Europas hängt. Zu jedem Dorf fällt ihm eine Geschichte ein. Er war auch mal Berichterstatter des Europaparlaments für die Vereinten Nationen. Armin Laschet ist viel internationaler ausgerichtet, als es klingt, wenn man ihn bloß den Dialekt seiner Heimat sprechen hört. Der rheinische Singsang verleitet dazu, aus Laschets Worten allein die Provinz herauszuhören, obwohl einige seiner wichtigsten Reden von der Komplexität der Welt handeln oder dem europäischen Geist Konrad Adenauers. Im November 2018 fuhr er nach Paris, um zwei Minister Frankreichs zu treffen, kurz darauf auch den französischen Präsidenten Macron. Es liegt Laschet viel daran, die Beziehungen zu Frankreich zu pflegen.

So wenige erbitterte Gegner Laschet in der Politik hat, so sehr steht ihm manchmal ein Mann im Weg, den er niemals wird beseitigen können: Armin Laschet. „Wenn er die Chance haben will, Merkel zu beerben, dann muss er warten können. Und er darf bis dahin keine Fehler machen", sagt einer seiner Berater, „und zu Fehlern neigt er ja."

Der peinlichste Fehler ereignete sich im Jahr 2015, als er noch Oppositionsführer im Landtag war und nebenher Lehrbeauftragter an der

Universität Aachen. Laschet hatte die Klausuren seiner Studenten verloren, ihnen aber dennoch Noten gegeben, um die Panne zu vertuschen. Die Mauschelei fiel auf, weil er 35 Noten vergeben hatte, obwohl nur 28 Arbeiten eingereicht worden waren. Der Fall wuchs sich zu einer politischen Affäre aus, weil sich der studierte Jurist Laschet in windige Erklärungen zu retten versuchte, statt das Malheur sofort einzugestehen. Am Ende gab er den Lehrauftrag zurück, seine Fluchtversuche waren gescheitert. So konnte sein Verhalten als Beleg dafür gewertet werden, dass an dem Klischee von der rheinischen Schludrigkeit doch etwas dran ist. Die Ernsthaftigkeit, an der er schon im Europaparlament so entschieden gearbeitet hatte, wurde mit einem Mal durch einen Skandal entkräftet, der ihm viel Spott einbrachte.

Während seiner Zeit als Ministerpräsident hat sich in seinen Augen noch keine Situation ergeben, von der er glaubte, sie könne ihm politisch gefährlich werden. „Ein Ministerpräsident stolpert nicht so schnell", sagt er, „da muss schon viel passieren."

Fragt man Laschet, ob es für ihn eine große Umstellung gewesen sei, im Juni 2017 die Regierung in Düsseldorf zu übernehmen, dann erwidert er: „Nein. Den Alltag als Ministerpräsident habe ich so erwartet. Ich kannte das Regierungsgeschäft aus meiner Zeit als Minister." Auffallend ist, wie oft er auf die Uhr schaut. Seit dem Wahlkampf im Frühjahr 2017 hat er acht Kilo zugenommen, und manchmal versucht er es mit der Diät „Schlank durch Schlaf". Dafür müsste er aber früher ins Bett gehen. Seine Arbeitstage enden in der Nacht, von der rheinischen Gemütlichkeit bleibt ihm nicht viel.

Einmal erzählte ihm seine Frau, dass sie im Auto ganze vier Stunden gebraucht habe, um von Aachen im Westen nach Detmold im Osten Nordrhein-Westfalens zu gelangen. Man könnte darin ein Beispiel für das ungelöste Verkehrschaos sehen, aber Laschet erkennt darin die Größe seines Bundeslandes, die Größe seiner Aufgabe, vielleicht auch seine Größe. Man fragt sich manchmal, wo bei ihm die Grenze verläuft – zwischen natürlicher Unbekümmertheit und professioneller Gelassenheit. Vielleicht ist es auch gar keine Grenze, sondern eine Schlangenlinie. Man kann nämlich nicht behaupten, dass die etwa anderthalb Jahre, die vom Beginn der Regierungszeit bis zum Redaktionsschluss dieses Buches vergangen sind, für Laschet eine sorglose Zeit gewesen sind.

Im Herbst 2017 nahmen die Proteste gegen die geplante Abschaffung des nordrhein-westfälischen Sozialtickets in Bussen und Bahnen zu, Laschet gab klein bei und ließ das Vorhaben fallen. Er gestand dem Koalitionspartner FDP jedoch zu, eventuell Studiengebühren einzuführen – für Ausländer aus Staaten außerhalb der Europäischen Union. Es blieb vorerst ein höchst umstrittener Plan.

Armin Laschet musste seine Landwirtschaftsministerin Christina Schulze Föcking austauschen, die als politische Hoffnung galt, sich dann aber in eine politische Affäre um Tierquälerei in Mastbetrieben der eigenen Familie verstrickte. Schnell wurde eine Nachfolgerin gefunden, die Laschet in höchsten Tönen lobte. Wenn er davon erzählt, dann klingt es nicht nach einem ärgerlichen Zwischenfall, sondern nach einer glücklichen Fügung. Laschet ist, gerade in Zeiten der Blamage, ein Spezialist auf dem Gebiet der Verfröhlichung.

Laschet musste seinem Minister für Europa, der anfangs auch für Medien zuständig war, das Ressort Medien wegnehmen. Stephan Holthoff-Pförtner, der 70-jährige Minister, war Sprecher einer einflussreichen Familie, der das Zeitungshaus Funke Medien gehört. Er ist auch Adoptivsohn einer Zeitungseigentümerin. Erstaunlich, dass erst öffentliche Kritik anschwellen musste, damit Laschet die politische Unvereinbarkeit einsah und diese Konstellation beendete. Auffällig ist auch, wie schnell das Prinzip Familie in die Regierungspolitik einzog und Laschet dort Scherereien macht.

Alte Weggefährten hat er auf einflussreiche Posten befördert, ein Old-Boy-Network. Die Schlüsselfigur ist Herbert Reul, der 66-jährige Innenminister Nordrhein-Westfalens. Wo Reul ist, ist der Konflikt nicht weit entfernt. An Reul hat Laschet die Aufgabe delegiert, im Land aufzuräumen, und der Minister nimmt diese Mission so unsentimental wahr, dass es kracht – etwa während der heftigen Auseinandersetzungen um den Hambacher Forst.

Reul und Laschet kennen sich aus dem so genannten Leichlinger Kreis, einem lockeren Zusammenschluss eher liberal gesinnter Christdemokraten, der sich seit Anfang der achtziger Jahre regelmäßig trifft. Fragt man Laschet, inwiefern er ein Konservativer sei, dann will er dieses Wort nicht gelten lassen. Christlich, das natürlich, aber konservativ? Dazu will ihm nichts einfallen.

Das ist bei Reul anders. „Er ist auch sehr konservativ", sagt Reul anerkennend über Laschet. „Er ist verlässlich, sehr katholisch, er liest viel. Er ist gut in Grundsatzreden, er ist kein Sprücheklopfer. Er hat ein Fundament. Er ist ein Menschenfischer, er kann ein neuer Johannes Rau werden."

Reul sieht seine Aufgabe darin, verloren gegangenes Vertrauen in den Staat zurückzugewinnen, indem er die Law-and-Order-Politik verwirklicht, die Laschet im Wahlkampf ankündigte. Die Polizei geht heute systematischer als früher gegen arabische Banden und gegen die Kriminalität von Clans vor. Innenminister Reul lässt es sich nicht nehmen, die Polizei zu begleiten und am Einsatzort das Geschehen zu beobachten. Er sitzt auch schon mal in einer Shisha-Bar im Ruhrgebiet und studiert das Vorgehen der Fahnder. In Köln und Düsseldorf ließ er die Demonstrationen tausender Kurden auflösen, nachdem dort Fahnen der Terrororganisation PKK gezeigt worden waren.

Muss die Polizei härter auftreten? Diese Frage beschäftigt Reul. Beim Versuch, das nordrhein-westfälische Polizeigesetz zu verschärfen, legte er sich mit vielen Kritikern an. Nie zuvor ist ein solches Gesetz, das die Befugnisse des Staates deutlich erweitern sollte, auf so viel Gegenwind bei einer Expertenanhörung im Düsseldorfer Landtag gestoßen. Der kritisierte Gesetzentwurf wurde danach überarbeitet.

Als sich der nordrhein-westfälische Integrationsminister Joachim Stamp von der FDP im Juli 2018 über ein Gerichtsurteil hinwegsetzte und den mutmaßlichen Bin-Laden-Leibwächter Sami A. nach Tunesien abschob, nahm Laschet den Minister zunächst in Schutz, und Reul erklärte, die Entscheidungen von Richtern sollten „dem Rechtsempfinden der Bevölkerung entsprechen". Später entschuldigte sich Reul für diesen Satz.

Im Hambacher Forst, einem Wald, den der Energiekonzern RWE für die Förderung von Braunkohle roden lassen will, ließ Reul die Polizei aufmarschieren, um die Baumhäuser der protestierenden Menschen zu räumen. Erst ein Gericht stoppte die Aktion der Polizei, und viele tausend Menschen zogen in das Protestgebiet, um den Sieg über RWE und die Landesregierung zu feiern. Es war ein kleiner Sieg, denn das Gerichtsurteil gilt nur vorläufig, aber es war auch ein Sieg über Herbert Reul. Um die Militanz mancher Demonstranten zu zeigen, ließ er vor Journalisten beschlagnahmte Waffen präsentieren. Die Waffen lagerten aber schon zwei Jahre zuvor bei der Polizei und spielten bei den aktuellen Konflikten im Hambacher Forst gar keine Rolle.

Reul. Immer wieder Reul. Als politisch Mitverantwortlicher geriet er auch ins Zwielicht, als ein Syrer, der bei der Verhaftung verwechselt worden war und unschuldig in der Haftanstalt Kleve saß, bei einem Zellenbrand im Herbst 2018 ums Leben kam. Wieso wurde der Mann verwechselt, und wieso brach Feuer aus? Reul hatte dafür keine plausible Erklärung, aber er gab Fehler zu. Er wirkte selten kleinlaut. Gewöhnlich bewegt er sich in einer ungleich offensiveren Rolle, der des Anklägers, der öffentlich Missstände anprangert. Reul beklagt die Verrohung an Schulen, die alltägliche Gewalt in manchen Wohnvierteln, die Überforderung der Polizei, die Defensive des Staates.

Reul hilft Laschet dabei, den mittleren Weg beibehalten zu können, ohne dass sich der Regierungschef dabei vorwerfen lassen muss, den unbequemen Themen auszuweichen. Die Schmutzarbeit nimmt ihm Reul ab. Der versöhnliche Konservatismus, der Laschet ausmacht, dieser lächelnde, fürsorglich wirkende Kumpel-Konservatismus, der nicht einmal das Wort „konservativ" noch zulässt, wäre nicht denkbar ohne den Null-Toleranz-Konservatismus des Herbert Reul. Das ist ein geschicktes und vielfach erprobtes Prinzip und wenn man es zusammenfassen sollte, dann müsste man auf all die Stellvertreter-Eigenschaften abheben, die diesem Prinzip innewohnen: den Zutaten eines delegierenden Konservatismus, der seinen Kern bewahrt, indem er ihn zerkleinert und stückchenweise nach außen schiebt, in den Machtbereich wichtiger Minister.

Noch heute steht Laschet ein Politiker zur Seite, den er während des Wahlkampfes als Sheriff der Partei eingesetzt hatte: Wolfgang Bosbach. Er leitet die 16-köpfige Sicherheitskommission der Landesregierung, die vertraulich arbeitet, Defizite in der inneren Sicherheit benennen und Lösungswege aufzeigen soll. Es geht viel um den Kampf gegen Terroristen und um Cyber-Kriminalität. Die Büros von Bosbach und Laschet liegen nicht weit voneinander entfernt.

Bosbach sagt über Laschet: „Er hat einen gesunden Ehrgeiz, ist aber kein Zocker. Er bietet für die politische Konkurrenz wenig Angriffsfläche, und die muss sich daher schon mächtig anstrengen, um Argumente gegen ihn und seine Politik zu finden." Vor vielen Jahren, während einer gemeinsamen Dienstreise nach Syrien und Jordanien, fiel Bosbach auf, wie stark sich Laschet über Politik definiert. Die Reise dauerte mehrere Tage, aber Laschet habe nicht einziges Mal über unpolitische Themen gesprochen. Man weiß nicht recht, ob Bosbach ihn dafür bewundert. Wahrscheinlicher ist, dass er sich über ihn wundert.

Armin Laschet fragt sich manchmal, was Leute meinen, wenn sie sagen, sie seien konservativ. Er kann bei ihnen oft nicht das intellektuelle Profil erkennen, das dieser Begriff doch mit sich bringen müsste. Wir tun was, ihr redet nur – ist es das? Ist das konservativ? Wir greifen durch, ihr nicht? Im Wahlkampf hat Laschet die Themen Einwanderung, Kriminalität von Flüchtlingen und Islam gemieden, obwohl ihn einige Parteikollegen in diese Richtung drängen wollten. Aber inzwischen hat Nordrhein-Westfalen mehr abgelehnte Asylbewerber in die Heimat zurückgeschickt als Bayern.

Das Wort „konservativ", erzählt Laschet, gelangte erst im Jahr 1978 durch den damaligen CDU-Generalsekretär Heiner Geißler ins Programm der Partei, vorher war das Wort nicht in der Partei angekommen. In dieser Tradition sieht sich Laschet, der sich gegen den Konservativen Jens Spahn abgrenzt. Laschet hält nicht viel von politischen Lagertheorien, und er hatte immer etwas gegen Provokationen und Ressentiments. Er spricht respektvoll über den Grünen-Vorsitzenden Robert Habeck, mit dessen Amtsvorgänger Cem Özdemir pflegt er eine Freundschaft. Bestens versteht er sich mit Winfried Kretschmann, dem grünen Ministerpräsidenten Baden-Württembergs, der Laschet auch schon am Bodensee besucht hat, wo dieser regelmäßig seinen Sommerurlaub verbringt. Müsste man Laschets Grundverständnis, den Laschetismus, auf eine Formel bringen, dann lautete sie: Katholizismus plus Merkelismus mal Pragmatismus – minus Machiavellismus.

Wäre der behutsam auftretende Laschet nicht gewesen, dann wäre die schwarz-gelbe Koalition in Düsseldorf vielleicht gar nicht zustande gekommen. Unmittelbar nach der Landtagswahl wollte der FDP-Chef Christian Lindner dieses Bündnis nicht, seine Unlust am Mitregieren war stark, so lange jedenfalls, bis Laschet auf ihn zuging. Später wurde Lindner zwar nicht müde, die schwarz-gelbe Regierung in Düsseldorf für ihre Arbeit zu loben, er brachte auch einen möglichen Bundeskanzler Armin Laschet ins Gespräch, aber am Anfang sah es so aus, als verweigere sich der FDP-Chef.

„Armin Laschet hat den Willen, sich durchzubeißen", sagt Andreas Krautscheid, der gemeinsam mit Laschet im Kabinett des ehemaligen Regierungschefs Rüttgers saß und heute die Geschäfte beim Bundesverband deutscher Banken führt. In den Machtkämpfen der nordrhein-westfälischen CDU unterlag Laschet den Konkurrenten Karl-Josef Laumann und Norbert Röttgen, aber als die Partei am Boden lag, nach ihrem Wahldesaster im Jahr 2012, zog sich Laschet nicht beleidigt zurück, sondern arbeitete sich aus der zweiten Reihe langsam an die Spitze. „Er ist keiner für Hauruck-Aktionen", sagt Krautscheid, „er setzt auf Evolutionen."

Aber ist das nun eine Stärke oder eine Schwäche? Auch Serap Güler hat sich das schon gefragt. Die 38-jährige Staatssekretärin mit türkischen Wurzeln hat Armin Laschet ihren Einstieg in die Politik zu verdanken, seinetwegen trat sie 2009 in die CDU ein. Drei Jahre später rückte sie bereits in den Bundesvorstand der Partei auf. Im Jahr 2012 erlebte sie, wie der Wahlverlierer Röttgen frustriert davonschlich, während Laschet versuchte, in den Trümmern der Partei neues Leben zu entdecken. „Armin Laschet ist ein Stehaufmännchen", sagt sie, „er macht nach Niederlagen einfach weiter. Manche werfen ihm vor, dass ihm der Biss fehlt, aber ich finde wichtiger, wie er mit Niederlagen umgeht."

Nathanael Liminski, der 33-jährige Chef der Staatskanzlei in Nordrhein-Westfalen und einer von Laschets wichtigsten Beratern, schrieb früher Reden für den hessischen Ministerpräsidenten Roland Koch und beschäftigte sich intensiv mit Kochs rigider Auffassung von Konservatismus. Viel hat Koch und Laschet nie verbunden, weder menschlich noch politisch, und doch fällt Liminski eine Gemeinsamkeit auf: die Lust an der Gegenfrage. Hat jemand einen Einwand, der so stark ist, dass man die eigene Position verändern muss? „Das hat Laschet geistig jung gehalten", meint Liminski.

Mehrfach sprach sich Laschet für eine Kooperation des Westens mit Russland in der Syrienfrage aus, während sich viele seiner Parteikollegen fragten: Was ist bloß in Armin gefahren? Laschet wandte sich schon früh gegen die „Dämonisierung Putins", und im April 2018, nach der Vergiftung des ehemaligen britisch-russischen Doppelagenten Skripal, twitterte Laschet zum Entsetzen vieler Russlandkritiker: „Wenn man fast alle Nato-Staaten zur Solidarität zwingt, sollte man dann nicht sichere Belege haben?" Der Chef der nordrhein-westfälischen Staatskanzlei meint: „Laschet scheut sich nicht, seinen eigenen Weg einzuschlagen, wenn die anderen alle in dieselbe Richtung marschieren."

An einem Tag im September 2018 bringt Armin Laschet seine Frau Susanne zu einem Termin in der Ruhrgebietsstadt Bottrop mit, außerdem einen seiner drei Brüder und seinen Vater, der früher Bergmann war. Mit der Familie wird er gleich in einen Aufzug steigen und in die Tiefe der Steinkohlenzeche Proper-Haniel fahren, 1130 Meter tief. Eine

Abschiedstour, bald wird das Bergwerk für immer schließen, die Zeit der Steinkohle endet.

Nach dem Besuch untertage stellt sich Laschet den Fragen von Reportern. „Warum sind Sie denn so schmutzig?", fragt einer von ihnen. Keiner von Laschets Begleitern hat so viele schwarze Flecken im Gesicht wie der Ministerpräsident. Nur Armin Laschet ist den staubigen Maschinen sehr nahe gekommen. Er steht da wie ein Junge, der das Abenteuer gesucht und es bestanden hat.

Aber mit diesem Abenteuer stimmt etwas nicht. Denn an diesem Tag kommen mehrere Dinge zusammen, die schlecht miteinander vereinbar sind. Während Laschet das Ende der Steinkohle zelebriert, gehen die Kämpfe um den Braunkohleabbau im Hambacher Forst unvermindert weiter. Dabei hat die Kohlekommission bereits empfohlen, die letzten Kohlekraftwerke im Jahr 2038 abzuschalten.

Laschet hat ganz sicher die Symbolkraft dieses Tages verstanden, an dem er die Steinkohle beerdigt und die Braunkohle verteidigt. Deswegen versucht Laschet, dem Dilemma in wenigen dahin geworfenen Sätzen zu entkommen, als die Journalisten ihn darauf ansprechen. Es gäbe, sagte er noch kurz vor der Grubenfahrt, inzwischen nicht nur wirtschaftliche, sondern auch ökologische Gründe, sich von der Steinkohle zu verabschieden. Diese ökologischen Gründe gelten für die Braunkohle nicht? Kaum etwas ist für das Klima schädlicher als ein Kohlekraftwerk. Und dennoch wurde ein massives Polizeiaufgebot in den Hambacher Forst geschickt? Es war ein Schutzwall gegen die ökologische Vernunft. Selten ist Armin Laschet von den Grünen, mit denen er sich auch politisch oft glänzend verstanden hat, so weit entfernt gewesen wie an diesem Tag, der die unauflösbaren Widersprüche seiner Regierungspolitik zum Vorschein bringt.

Als Natalia Köhler ihren späteren Chef Armin Laschet kennenlernte, im Jahr 1999, war Laschet noch Dozent an der Universität Aachen, und sie war Studentin. Später arbeitete sie für ihn in seinem Brüsseler Büro, und sie wurde seine Büroleiterin, als Laschet 2005 das neu geschaffene Ministerium für Integration übernahm. Nachdem die Landesregierung rot-grün geworden war, im Jahr 2010, trennten sich die Wege. Inzwischen ist Natalia Köhler Sprecherin eines Familienunternehmens in Düsseldorf. Denkt sie an die Laschet-Jahre zurück, sieht sie ihn noch heute auf seiner Büroterrasse am Landtag stehen, den Blick auf den Rhein gerichtet. Der Rhein schien Laschet wichtig zu sein, weil ihm der Fluss ein Gefühl für Heimat vermittelt.

Natalia Köhler, die aus Tadschikistan stammt, drei Jahre in Russland lebte und sich in Deutschland ein neues Leben aufbaute, hat mit großer Bewunderung verfolgt, wie Laschet ein christdemokratisches Antithema, die Einwanderung, in seine Mission verwandelte. Zu Beginn lächelten viele seiner Parteikollegen über den Sonderling Laschet, der sich mit einem vermeintlichen Orchideen-Ressort zufriedengab, statt an der Machtfrage zu arbeiten. „Aber er hat aus dem weichen Thema einen harten Kern geformt", sagt Natalia Köhler heute. Der Mann, der aus weichen Bestandteilen seinen Kern formt – besser lässt sich Laschet kaum beschreiben.

Laschets früherer Chef, der ehemalige Ministerpräsident Rüttgers, ist ein hoch gewachsener Politiker, der nicht viel sagen musste, um sofort Autorität auszustrahlen. Gleiches gilt für die früheren Ministerpräsidenten Clement und Steinbrück. Bei Armin Laschet war es immer anders. Während die anderen von oben herabblickten, schaute Laschet von unten auf die Welt. „Sein Weg zur Macht war länger, weil er einigen zu weich war. Das wurde ihm oft negativ ausgelegt. Dabei ist es etwas Positives, besonders heute, da der Ton im politischen Raum so rau geworden ist", meint Natalia Köhler.

Schließlich spricht sie noch einen Satz aus, über den es sich nachzudenken lohnt. Er lautet: „Nett sein, das ist politisch in diesen Zeiten." Denn was richten all die hart gesottenen Männer an? Hat die Welt Trump wirklich so viel zu verdanken – oder Putin oder Netanjahu oder Assad? Ist Härte in Wahrheit nicht bloß eine unzureichend verdeckte Schwäche?

Als Angela Merkel im Oktober 2018 ankündigte, den Parteivorsitz abzugeben, vergingen nur wenige Stunden, bis die Nachrichtenagenturen meldeten, dass Jens Spahn und Friedrich Merz aus Nordrhein-Westfalen kandidieren wollten. Von ihrem CDU-Landesvorsitzenden Armin Laschet war zunächst nichts zu hören. Er hätte Grund zum Jubeln gehabt, weil sich auch ihm nun eine einmalige Karrierechance bot, aber er hielt sich zurück. Er verkündete schließlich, dass er nicht kandidieren werde.

In jenen Wochen gab Armin Laschet keine glückliche Figur ab. Spahn und Merz hatten Laschet nicht einmal über ihre Absichten informiert. Laschet lief den Ereignissen hinterher, so, als sei er bloß ein Zuschauer mit einem Logenplatz, nicht aber ein Mitspieler. Blitzartig rückte die

Kanzlerfrage, die ihn monatelang umschwirrt hatte, sehr weit von ihm weg. Laschet wurde von den Ereignissen überrollt, schien sich darüber aber nicht groß zu ärgern.

In ihn war eine sedierende Theorie eingesickert: die Verschleißtheorie. Die Theorie geht so: Laschets Amtsvorgängerin Kraft hatte sich politisch verschlissen, deswegen fiel Laschet die Macht zu. Bei der Kanzlerfrage könnte es, wenn an dieser Theorie etwas dran sein sollte, ähnlich laufen: Sobald die neue Parteichefin Annegret Kramp-Karrenbauer zu einem Gesicht der ausgezehrten Koalition in Berlin geworden ist, dann wird auch sie im politischen Alltag verschlissen. Dann könnte es passieren, dass am Ende ein unverbrauchter Kanzlerkandidat gesucht wird. Etwa Armin Laschet? Auf dem Parteitag in Hamburg, den Kramp-Karrenbauer im Dezember 2018 als Siegerin verließ, hatte Laschet auffallend unverblümt erklärt, dass nicht über den künftigen Kanzlerkandidaten abgestimmt werde. Sollte ausgerechnet Laschet am Ende profitieren? Das Dumme an der Arminologie, der Lehre vom strategischen Sinn des Wartens, ist, dass sie den Reiz der Erneuerung viel zu gering schätzt. In Nordrhein-Westfalen stand Laschet im Mai 2017 für einen Kurswechsel, im Vorstand der Bundespartei wird in ihm bloß eine Variante des bekannten Politikstils gesehen – Merkel für Männer.

Sollte Armin Laschet ein politisches Geheimnis haben, dann umfasst das Geheimnis die Einsicht, dass die Macht an Rhein und Ruhr auf sozialem Ausgleich beruht. Die Macht ist dort nicht die Summe gewonnener, sondern die Summe vermiedener Schlachten. Man kann Laschets Bedürfnis nach Harmonie als bloßen Charakterzug abtun, als persönliche Schrulle. Man kann darin aber auch die Fähigkeit sehen, Lösungen für gesellschaftliche Konflikte anzubieten. In einer Zeit, in der Empörung und Wut das öffentliche Leben immer stärker bestimmen, wirkt Laschet wie ein Relikt aus einer unbekümmerten Vergangenheit. Er könnte aber auch ein Heilmittel gegen die Verrohung sein, zugegeben: ein pflanzliches Mittel.

Der Binde-Strich im Land –
Ein Lob des Föderalismus

im Nachwort von Bodo Hombach

Vielleicht sollte man sich als Herausgeber nicht selbst in einem Buch äußern, das an manchen Kontaktstellen des Themas mit der eigenen Biografie verwoben ist. Man erlebt die Diskrepanz zwischen Selbst- und Fremdwahrnehmung teilweise so intensiv, dass sich Widerspruch und der Wunsch nach Richtigstellung regen. Aber ich werde mich hüten. So kundige, erfahrene und exzellente Autoren, wie sich hier versammelt haben, lassen sich nicht hindern, in ihrem Beitrag unabhängige und unbeeinflusste Erkenntnisse und Erfahrungen zu äußern. Und der Leser müsste jede Harmonisierung oder Einebnung mit Recht und gutem Grund bedauern. Er ist ja auch quasi Co-Autor. Wesentliche Teile des Buches entstehen als „allmähliche Verfertigung" in seinem Kopf, im Dialog mit überraschenden Einblicken, auch Urteilen, denen er zustimmen oder an denen er sich reiben kann – beides wärmt, motiviert und ist deshalb auch gut so.

Ein weiteres Quantum Trost: Ein solches Buch unterscheidet sich von einer historisch-wissenschaftlichen Abhandlung, in der alles mit überprüfbar methodischen Dingen zugeht. Es wendet sich auch nicht an ein Fachpublikum, das eigentlich schon alles weiß und nun nur noch wissen will, was die Autoren davon halten. Natürlich nimmt es keinem Historiker die Chance, den gleichen Stoff mit den Werkzeugen seiner Zunft zu bearbeiten. Auch die Bonner Akademie für Forschung und Lehre praktischer Politik (BAPP) wird mit Sicherheit, wie andere auch, am Thema und an der Würdigung der handelnden Personen bleiben.

Eines ist gewiss: Ein solcher Strauß von Monografien über Persönlichkeiten der unmittelbaren Zeitgeschichte, also noch ganz im Abkling-

becken „der Parteien Hass und Gunst", kann nur lebendig – also kritisch – gesammelt und dargestellt werden. Dazu gehören steile Thesen
und mutige Aperçus. Sie würzen die historische Einordnung.
Das tut gut, und es ist gut. Für Arnold Toynbee war jede Geschichts-
schreibung „Prophetie nach rückwärts", und Egon Friedell betonte: „Der
Mensch ist zu allen Zeiten ein höchst komplexes, polychromes und wi-
derspruchsvolles Geschöpf gewesen, das sein letztes Geheimnis nicht
preisgibt. (…) Sollte aber einmal ein Sterblicher die Kraft finden, etwas
absolut Unparteiisches zu schreiben, so würde die Konstatierung dieser
Tatsache immer noch große Schwierigkeiten machen, denn dazu gehört
ein zweiter Sterblicher, der die Kraft fände, etwas so Langweiliges zu lesen" (Kulturgeschichte der Neuzeit).

Die Zeiten sind unruhig …

… und langweilig waren sie nie. Schon gar nicht im größten Bundesland
der Republik. Diese ist ein föderaler Staat. Das hat historische Voraussetzungen und immer noch gute Gründe. Den Besatzungsmächten lag
1946 sehr daran, die Zentrale des Weststaates durch starke Regionalge-
walten an neuem Machtmissbrauch zu hindern. Diese Grundstruktur
spiegelt die stammesgeschichtliche Topografie mit ihren Dialekten und
Eigenheiten, aber nicht als Folklore, sondern als elementarer Faktor politischer Willensbildung.
    In Zeiten technischen Umbruchs, globaler Ungewissheit und rings-
um wachsender Neigung, wieder auf Handelskriege oder gar militärische Konzepte zu setzen, sehnen sich die Menschen nach übersichtli-
chen Verhältnissen. Das Wort des Jahrzehnts heißt „Vertrauensverlust".
Wer an nichts und niemanden mehr glaubt, ist nicht glücklich, sondern
auf der Suche nach neuer Orientierung. In einer zunehmend gespalte-
nen Gesellschaft steigen Bindungen im Kurs. Die Übersichtlichkeit der
Region, also Heimat im guten Sinne, auch für Menschen, die hier eine
neue suchen, kann Halt und Identifikation für Entwurzelte bieten. Nur
wer festen Grund unter den Füßen spürt, wagt den nächsten Schritt oder
gar große Sprünge.
    Populistische Bewegungen stehen bereit, Ängste – auch eingebilde-
te – zu wecken, zu schüren und die Sehnsucht nach Halt zu missbrau-
chen.

Regionale Vertrautheit vertieft die Akzeptanz wichtiger Reformen. Sie ermöglicht kluges Zusammenführen von Interessen und damit die Suche nach einem tragfähigen Konsens. Das Freund-Feind-Denken ist leichter zu vermeiden. Im engeren Erlebnisraum versteht man: Friede braucht Sicherheit. Sicherheit ist Bürgerrecht. Das geht nicht ohne wirtschaftlichen Erfolg und nicht ohne Chancengerechtigkeit und Teilhabe. Wer aber Transferleistungen nötig hat, braucht das Bündnis mit denjenigen, die sie wollen und finanzieren. Spaltung beschädigt beide.

In NRW gab es immer grelle Lichter und tiefe Schatten. Probleme, die auch andere hatten, stellten sich hier früher, oft heftiger. Wir kennen die Geburtsschmerzen des Strukturwandels und die Wachstumsschmerzen der Globalisierung. Integratives Miteinander muss man hier nicht erfinden. Es hat lange Tradition. Wir haben auch Leute und Gruppen, die anpacken, mit Kreativität und Geduld. Wenn sie nicht zum Zuge kommen, sind sie immer noch Wählerinnen und Wähler. Dann findet sich die frühere Regierungspartei plötzlich auf den härteren Bänken der Opposition.

Der in der letzten rot-grünen Legislaturperiode beklagten Selbstverzwergung der Landespolitik wird wieder heftig entgegengearbeitet. Dass die Lokomotive des Aufstiegs in Deutschland zum Schlusslicht in fast allen statistisch messbaren Bereichen wurde, scheint überwunden. Sieben verlorene Jahre müssen aber erst aufgeholt werden.

Menschen machen die Geschichte

Rosa Luxemburg hat einmal den klugen Satz formuliert: „Menschen machen ihre Geschichte nicht aus freien Stücken, aber sie machen sie selbst." Aus diesem Grunde ist es auch unverzichtbar, sich intensiv mit denen zu beschäftigen, die bereit waren und sind, politische Verantwortung zu übernehmen. Das schafft nicht nur Transparenz. Es kann auch motivieren, alle Möglichkeiten auszuschöpfen, Bürgerinnen und Bürgern dieses Landes eine gute Zukunft zu eröffnen. Schlechtreden oder Schmeicheln hilft nicht. Kritiker sind nützlicher als Gesundbeter.

Die in diesem Buch beschriebene Galerie von elf Ministerpräsidenten mit sehr unterschiedlichen politischen Temperamenten und Charakteren hat nicht nur den Nutzen ergiebiger Information, nicht nur den Reiz lebendiger Erinnerung, sondern auch den Unterhaltungswert subjektiver Einschätzung. Das gemeinsame Kennzeichen der Protagonisten ist ja nicht ein bestimmter Platz auf der Regierungsbank, sondern der dynamische Wettbewerb kämpferischer Persönlichkeiten, die ihn sich erobert haben. Dafür liefern alle brillanten und anregenden Beiträge die Belege. Sie sind eben nicht nur Interpretation, sondern auch Appell und Motivation, die Chancen des Föderalismus zu erkennen und zu nutzen.

Großartige Autoren

Die Verfasser sind überwiegend bewährte, exzellente Journalisten. Sie haben die Landesväter und die eine Landesmutter als professionelle Zeitzeugen begleitet. Besondere Merkmale und Handlungsweisen haben sie interessiert oder sind ihnen aufgefallen. Sie haben in ihren Tagebüchern gestöbert, alte Artikel überprüft und – mit Lust und Laune, auf jeden Fall mit ihrem ganz persönlichen Temperament – versucht, Gestalten zu erinnern, die das Land in objektiven Gegebenheiten durchaus subjektiv geprägt haben.

„Sie schaffen damit zugleich eine kurzweilige und authentische literarische Reise durch über 70 Jahre Landesgeschichte", so Evonik-Chef und Förderer dieses Buchprojektes Christian Kullmann in seinem Vorwort. Er betont: „Wäre das Land ein eigener Staat, stünde es wirtschaftlich auf Rang 19 in der Welt – hinter der Türkei und vor der Schweiz." So bezweifelt auch keiner der anderen Autoren, dass die elf Ministerpräsidenten (zehn Männer und eine Frau) mit der Ökonomie des Landes standen oder fielen. Diese hatte aber auch immer eine kommunizierende Komponente: die Sozialpolitik. Wo sich beides in einem pulsierenden, dynamischen Gleichgewicht entwickelte, war das Gemeinwohl der Gewinner.

Einen spannenden und originellen Überblick über diese wechselvolle Geschichte gibt der erfahrene Ulrich Reitz, der fast ein Buch im Buche geschrieben hat. Der frühere Chefredakteur der „Rheinischen Post", der „Westdeutschen Allgemeinen Zeitung" und des „Focus", führt eigenwillig, aber erkenntnisfreudig die Aspekte zusammen, die aus seiner Sicht Verstehen schaffen. Er liefert den starken Basisbeitrag, äußerst gründlich recherchiert und zugleich spürbar engagiert. Das regt jeden Leser an, manchen vielleicht auch auf. Das freut jeden, der beim Lesen lernen möchte.

Die Aufbauphase beschreibt der präzise Dr. Detlev Hüwel („Rheinische Post" und Verfasser einer politischen Biografie über Karl Arnold). Sie geschah – wie überall im keimenden Weststaat – von unten nach oben. Die kommunale Ebene musste aus dramatischem Mangel die nötigste Versorgung organisieren. Dann konstituierten sich die Länder, unter strenger Steuerung durch die Besatzungsmächte, später die Bundesrepublik mit ihrer provisorischen Verfassung, die so nicht heißen durfte. Die in Westfalen und Rheinland zuständigen Briten hatten Listen demokratisch verlässlicher Personen. Im sauerländischen Städtchen Fredeburg fuhr z.B. ein Jeep vor, und Minuten später war der parteilose Rudolf Amelunxen damit betraut, beim „Aufbau eines anständigen deutschen Staates mitzuarbeiten". 1947 wurde Karl Arnold zum ersten regelrechten Ministerpräsidenten des neuen Landes. Hüwel schildert lebendig und präzise die sofort einsetzenden Positionskämpfe der Parteien mit changierenden Reflexen auf die robuste Bundespolitik Kanzler Adenauers. Fritz Steinhoff (SPD) kam per Misstrauensvotum ins Amt, regierte aber gegen den Wind, denn mit seinem Nachfolger Franz Meyers errang die CDU 1958 die absolute Mehrheit (wie 1957 die Bundes-CDU). 1966 verschoben sich mit der Bergbaukrise die Akzente des Meinungsspektrums. Die Sozialdemokraten erschienen als die besseren Sachwalter und verdrängten die Christdemokraten von der Regierungsbank.

Prof. Dr. Dieter Düding erweckt mit seinem Beitrag Heinz Kühn zum Leben. Der Kölner Historiker, ausgezeichnet mit dem Wissenschaftspreis des Deutschen Bundestags 2011, verbindet mit Prägnanz und geübter Gestaltwahrnehmung die Eigenschaften des „Multitaskers" Kühn (rhetorisch, kommunikativ, teamfähig, planend), der sich als „Erneuerer und Gestalter" hohes Ansehen erwarb. Nach zwölf Jahren zeigte sich jedoch, dass gegen weltpolitische Umstände (Ölpreisschock, Weltwirtschaftskrise, Rezession) in Düsseldorf kein Kraut gewachsen war. Kühn: „Es gibt Situationen, in denen die Verteidigung des Erreichten das Maximum des Erreichbaren ist." Vor dem Ende der Wahlperiode trat er zurück.

Der bekannte Journalist Hans Leyendecker widmet sich liebevoll kritisch dem Kühn-Nachfolger Johannes Rau, den er als eine vorzeigbare Version des protestantischen Predigers in Tateinheit mit konkreter und verantwortlicher Politik kennzeichnet. Bibelfestigkeit war bis dahin bei Sozialdemokraten kein markantes Merkmal. Zwanzig Jahre im Amt dieses Ministerpräsidenten, dreimal mit absoluter Mehrheit gewählt, erwiesen ihn als geduldigen Weichensteller (Hochschulpolitik!), dem eine erfolgreiche Tarifrunde wichtiger war, als „ehrenvolle" Narben des Klassenkampfs. Er wollte versöhnen, statt spalten. Das „Wir in Nordrhein-Westfalen" wurde sein Markenzeichen. Leyendeckers Beitrag gerät anekdotenreich und mit trefflichen Pointen zur posthumen Laudatio, wofür er sich an keiner Stelle verbiegen muss.

„Immer unter Dampf", so etikettiert der brillante Hartmut Palmer, langjähriger „Spiegel"-Autor, Raus Nachfolger Wolfgang Clement. Der galt als Ziehsohn des Landesvaters und war doch in vielem sein genaues Gegenteil. Den Wahlkampfslogan von Präsident Clinton „It's the economy, stupid!" hätte er auch sagen können. Zuletzt litt die Freundschaft zu Johannes Rau. Überhaupt ist Clement das Beispiel eines Spitzenpolitikers, der sich nach und nach von seiner Partei entfremdete und sie schließlich demonstrativ verließ. Dass das weniger Starrsinn, sondern mehr Charakter und Prinzipienfestigkeit war, werden Historiker belegt finden. Palmer gestaltet seinen Beitrag lebendig aus Gesprächen mit Wegbegleitern. Sein etwas rheinisch-bösartiger Witz, der Clement als Macher denunziert, der immer erst hinterher die Fakten checkt, zieht sich als dramaturgisch geschicktes Leitmotiv durch die Darstellung. Der in klare Abläufe verliebte Rationalist Clement wird auch das mit Humor nehmen.

Dr. Nils Minkmar, angesehener Journalist, Historiker und Publizist, skizziert Peer Steinbrück, der Wolfgang Clement beerbte. Der zugereiste Hanseat schien von Anfang an zu fremdeln wie in einem kratzigen Pullover. Obwohl glänzender Redner, der von Pointe zu Pointe eilte und Worte „beflügeln" konnte, zweifelten viele an seinen „pastoralen Fähigkeiten". Konnte er den „Menschenfischer" à la Rau geben, „der auch die skeptischen, eigenbrötlerischen und wütenden Bürgerinnen und Bürger wieder für sich und die Sache des Gemeinwesens gewinnen konnte"? Seine Amtszeit ging als „merkwürdig" in die Geschichte des Landes ein. Mit drei Jahren war sie auch zu kurz, um Skepsis aufzulösen und Hoffnungen zu erfüllen. Es folgte ein Machtwechsel.

Der abwägende Professor Bernd Mathieu, Chefredakteur, Journalist und Honorarprofessor in Aachen, skizziert die Wahlperiode des Jürgen Rüttgers, die verheißungsvoll begann und durch ein desaströses Abrutschen der CDU endete, obwohl dieser Mann durchaus das Zeug zur „Ära" gehabt hätte. Eine beachtliche Bilanz steht aber nicht im Gegensatz zu den „Pleiten, Pech und Pannen", die seiner Partei 2010 den Wahlkampf vermasselten. Wir lesen die schlüssige Monografie eines Politikers, der noch einmal den „Rheinischen Kapitalismus" (oder bei Rüttgers auch Khatolozismus) tapfer gegen die sich anarchisch entwickelnden Weltfinanzstrukturen hielt. Rüttgers stellte mit „Nachdenklichkeit und Elan" rechtzeitig die Fragen, die heute – dringlich, aber verspätet – so schwer zu beantworten sind, nach Mathieus Ansicht auch durch das Versagen von Medien, bei denen die „Skandalfähigkeit über den Nachrichtenwert entscheidet".

Die Geschichte eines Regierungsamtes handelt zumeist von Aufstieg und Fall. Politische Karrieren enden selten mit friedlicher Pensionierung, sondern nach dramatischer Wahlschlacht. 2012 triumphierte die SPD, nachdem sie zwei Jahre als Minderheitsregierung überlebt hatte. Hannelore Kraft, der viele Partei-Granden nicht den Hauch einer Chance zugebilligt hatten, erschien nun den Genossen als Hoffnungsträgerin. Parteigenossen, die ihr Ämter in Berlin anboten, ließ sie abblitzen. Sinkende Sozialdaten im Bundesvergleich, Denkblockaden durch „moralische Sperrgebiete" beschädigten nach und nach ihren Nimbus der „Kümmerin" und bescherten ihrer Partei einen Sinkflug mit harter Landung. Der hervorragend und distanziert beobachtende Landeskorrespondent der „Frankfurter Allgemeinen Zeitung", Dr. Reiner Burger, macht aus diesem „Plot" eine Novelle in acht Abschnitten, aus der sich wichtige Erkenntnisse über die Folgen der gewandelten Parteienlandschaft gewinnen lassen. Koalitionsfragen mit personellem Ränkespiel überlagern viel länger als früher die Sacharbeit.

Der Sprint durch die Jahrzehnte mündet in der Gegenwart und bei Armin Laschet, der die Macht nicht erobert habe. „Sie ist ihm zugefallen", diagnostiziert vortrefflich zuspitzend Dr. Stefan Willeke, Chefreporter der Wochenzeitung „Die Zeit". Für ihn ist der Aachener „der Unterschätzte" unter den Ministerpräsidenten des Landes, keiner also, dem der Siegertypus auf der Stirn geschrieben steht. Er zeigt, was in ihm steckt, wenn er – aus welchen Umständen auch immer – die Gelegenheit bekommt. Er hat den großen Maßstab vor Augen, auch wenn er im Kleinen regiert. Und er handelt nach Grundsätzen, die er sich nicht für einen tagespolitischen Vorteil abkaufen lässt. Das könnte diejenigen zur Verzweiflung treiben, die nur auf Bestätigung ihrer Klischees und Vorurteile hoffen. – Dem Autor gelingt ein Charakterbild des modernen Politikers. Das ist nicht mehr der „Silberrücken" mit Hauruck-Methode, sondern der behutsame Evolutionär. Er setzt nichts auf eine Karte. Wenn nichts mehr geht, zeigt er, dass es trotzdem geht.

Ein vielfarbiges Mosaik

Vor dem inneren Auge des Lesers entsteht das „pointilistische" Porträt eines Bundeslandes, das mit seiner Größe und Bedeutung ein absolutes Schwergewicht im deutschen, europäischen und globalen Konzert war und ist.

Kluge Landespolitik hat dieses Gewicht zur Geltung zu bringen. Das ist mehr als notwendige Interessensvertretung. Es stärkt Selbstbewusstsein und Identitätsgefühl. Hier pochte das industrielle Herz. Hier entstand zugleich eine der dichtesten Kulturlandschaften der Welt. Hier galt und gilt es, schroffe Gegensätze zu mildern oder zu ertragen. Hier sind manche Probleme ergiebiger als anderswo die Lösungen.

Es gab fruchtbare Jahre mit starken Wirkungen nach außen und/ oder innen, sprunghafte Entwicklungen und „Hochebenen", wo sich scheinbar wenig tat, aber Altes klärte sich, und Neues sammelte Kräfte. Jeder Beobachter wird bei der Bilanzierung der Legislaturperioden eigene Akzente setzen. Nicht zuletzt vergab auch der Wähler in der Einsamkeit der Kabine seine Zensuren: Es gab verlorene Jahre. Es gab und gibt gewonnene Zeit. Es gab falsche oder überzeugende Prioritäten. Es gab Phasen nicht genutzter Chancen, im Ranking der Mitbewerber einen dramatischen Abstieg. Und dann kam vielleicht einer, der hatte nicht sein Fähnchen, aber die Nase im Wind. Der traf den Ton und wurde verstanden.

Die Bilanz von Armin Laschet ist noch nicht geschrieben. Aber zu lesen, dass manche kriminelle Gruppe sich im Ruhrgebiet, Köln oder Düsseldorf ernsthaft gestört fühlt, macht Freude. Dass endlich Bundes- und Europazuschüsse für Infrastrukturentwicklung rigoros und so komplett wie möglich abgegriffen werden, ist für die Bürgerinnen und Bürger positiv, selbst wenn sie mehr Baustellen ertragen müssen. Es sind landespolitische Kompetenzen und Möglichkeiten, die Realitäten gestalten, die im Alltag der Menschen erfahrbar sind. Natürlich braucht auch Landespolitik Ziel und Vision, aber in erster Linie geht es um Präsenz, Tatkraft und steuernde Kompetenz.

Ist Nordrhein-Westfalen nur eine Verwaltungseinheit oder auch …

... eine Identität?

1946 verfügte die Militärverordnung Nr. 46 der britischen Besatzung die Auflösung der preußischen Provinzen. An ihre Stelle trat das neue Land Nordrhein-Westfalen, wenig später ergänzt durch das Land Lippe. Am 2. Oktober 1946 konstituierte sich der neue Landtag in der Düsseldorfer Oper. Auch die Landeshauptstadt war ein Oktroi der Briten.

Der Bindestrich deutet es an: Hier wurden geografische Bereiche zu einem Bundesland zusammengefügt, die scheinbar nicht zusammengehörten. Die Aktion „Operation Marriage" der Besatzungsmacht war eine „arrangierte Ehe" und keine Liebesheirat. Spannungen waren vorprogrammiert. Das Gebiet war gekennzeichnet durch Vielfalt und Kontraste. Zwischen Ruhrgebiet und Sauerland, Münsterland und Rheinschiene, Niederrhein und Bergischem Land war die Schnittmenge gemeinsamer Interessen so übersichtlich wie der Teller in einem Luxusrestaurant.

Auch in der langen Geschichte gab es keine Zentralgewalt wie etwa in Bayern, Sachsen oder Hessen, die das Land auf sich zugeordnet und den Bewohnern eine gewisse Identität aufgeprägt hätte. Der Hellweg war eine Heer- und Handelsstraße mit einer Kette von Kaiserpfalzen. Daraus entwickelten sich nach und nach Städte, die sich nicht selten befehdeten und eifersüchtig auf sich selber achteten. Eine vielfältige Gemeindestruktur kennzeichnet noch heute das Gebiet. Die industrielle Revolution mischte alle Karten neu. Kohle und Stahl entfesselten ungeheure Kräfte. Sie zogen Arbeitsmigranten aus den Elendszonen Europas an. Es entstand ein spannungsreiches Mit- und Nebeneinander, ganz zu schweigen von den sozialen Gegensätzen zwischen Malochern und Ruhrbaronen. Die Kumpelromantik konnte das nur teilweise überdecken.

Experten sagen, Städte werden sinnvollerweise so groß, wie man sie mit dem aktuell angesagten Verkehrsmittel in einer Stunde durchqueren kann. Das Wohn- und Lebensgefühl der Leute ist geprägt von der Region, in der sie wohnen, arbeiten und ihre Freizeit verbringen, wo sie die Sprache verstehen, das Brauchtum erleben und nach den gewohnten Rezepten kochen. Trotz enorm gestiegener Mobilität und verschwimmender Konturen von Stadt und Land beziehen sie ihre individuelle und kollektive Identität ganz überwiegend aus diesem Raum. Vermutlich reden sie nicht viel darüber. Vielleicht sind sie Mitarbeiter eines Weltkonzerns, verbringen ihren Urlaub auf Bali oder Trinidad, und sie sind auch nicht Mitglied eines Trachten- oder Heimatvereins, aber sie werden wach und widerborstig, wenn der „Pullover" plötzlich kratzt, weil exogene Faktoren das vertraute Milieu real oder gefühlt unter Stress setzen. Nicht einmal die Nationalsozialisten wagten es, Kardinal von Galen, den „Löwen von Münster", wegen seines öffentlichen Protests gegen das Euthanasie-Programm und den Kirchenkampf zu verhaften. Mitten im Krieg hätten sie das gesamte Münsterland abschreiben müssen. Offenbar gab es dort noch eine landsmannschaftliche Identität mit religiösem Überbau, an der die Parole „ein Volk, ein Reich, ein Führer" scheiterte.

Regionale Identität ist nicht automatisch provinziell, eng, biedermeierlich. „Wir sind vielleicht etwas langsam", sagen die Sauerländer, „aber so wird uns auch der Weltuntergang später ereilen als andere." Alles, was scheitert, war meistens zu groß. Eine schwer zu lernende Lektion für kategorische Zentralisten.

Im Zentrum Europas

Das regionale Element war den Deutschen nie wesensfremd. Im Gegenteil. Sie sind ein in der Geschichte immer wieder durch- und aufgemischtes Volk, also eher eine Bevölkerung. Helmut Schmidt empfahl einmal seinen Landsleuten, die europäische Geschichte von Mitteleuropa aus zu betrachten als eine schier endlose Folge von Kämpfen zwischen Peripherie und Zentrum und umgekehrt zwischen Zentrum und Peripherie. Deutschland könne nicht zur Normalität zurückkehren. Dagegen stünden zwei Faktoren: Erstens die ungeheure historische Belastung durch Diktatur, Weltkrieg und Holocaust, zweitens seine überdimensionale ökonomische Stärke. Deutschland als „geballte Macht" würde von seinen Nachbarn immer als Bedrohung empfunden.

Europa war immer ein Kontinent der Regionen. In der längsten Zeit seiner Geschichte waren Staaten nur unscharf definiert, durch den Sprachraum und dynastische Zufälligkeiten. Erst der Nationalismus versuchte, die Grenzen scharf zu ziehen, fast immer auf Kosten der Nachbarn und unter schweren Konflikten. Im letzten führte nationalistischer Wahn in den erweiterten Selbstmord. Erst das Konzept der EU verließ diesen Irrweg. Es weichte die Grenzen wieder auf zugunsten eines in sich vielgestaltigen und einzigartigen Ensembles von Völkern und Regionen. Wer dem Kontinent eine Zukunft zutraut und abverlangt, kann nicht an die

Re-Nationalisierung denken. Er denkt eher an ein „Europa der Regionen". Hier wäre jedes Mitglied „in, mit und für Europa" (Helmut Schmidt). Ministerpräsident Johannes Rau schrieb Anfang 1990: „Im vergangenen Jahr ist die Nachkriegszeit zu Ende gegangen. Alle Europäer haben jetzt die Chance, nachdem der eiserne Vorhang gefallen ist, auch die Teilung Europas aufzuheben. Die revolutionären Veränderungen bieten große Chancen. Zu den Risiken, vor denen wir stehen, gehört es, dass überall in Europa, auch in den beiden deutschen Staaten, sich nationalistische Töne mehren. (…) Der gemeinsame Binnenmarkt mit klaren Rahmenbedingungen im Sozial- und im Umweltbereich bis zum Ende des Jahres 1992 ist eine notwendige Voraussetzung dafür, dass alle Europäer sich wirtschaftlich und technologisch im weltweiten Wettbewerb behaupten können und sie sich politisch nicht in eine Nebenrolle abdrängen lassen" (Geleitwort im Sammelband „Die Kraft der Region: Nordrhein-Westfalen in Europa", hrsg. von Prof. Ulrich von Alemann, Prof. Rolf Heinze, Bodo Hombach. Bonn 1990. 650 S.).

Dieser Weg ist betreten, aber das Ziel noch lange nicht erreicht. Es gibt inzwischen die von Rau befürchteten retardierenden Elemente. Sie wetteifern, die europäische Idee zu diskreditieren und attackieren das System schlechthin. Wir fangen gerade erst damit an, das Ranking der Staaten nicht nur an ihrem gegenwärtigen Zustand zu messen, mit Fakten und Daten wie BIP, Lohn-Stück-Kosten, Beschäftigungsindex oder Handelsbilanz, sondern an Faktoren wie Nachhaltigkeit, Beteiligung, Transparenz. Im 21. Jahrhundert geht es nicht mehr um die Mangelbekämpfung durch Masse, sondern um die Mängelbeseitigung durch Qualität. „Nachhaltiges Regieren" (Sustainable Governance) orientiert sich nicht an Großmannssucht und Abschottung. Es fragt nach dem Reformbedarf eines Landes im Hinblick auf die ökonomische, soziale und ökologische Spannkraft, die Qualität des rechtsstaatlich-demokratischen Rahmens und die Reformfähigkeit durch Beteiligungs- und Kontrollkompetenzen von Bürgern, Parlamenten und anderen gesellschaftlichen Akteuren. Das dafür nötige Bewusstsein wachst nicht über die Organigramme und schwer durchschaubaren Strukturen von Berlin oder Brüssel, sondern in den konkret erfahrbaren Problemen und Lösungen regionaler (und kommunaler) Politik.

Nordrhein-Westfalen ist „Globalität im Kleinen". Die Verflochtenheit der Weltprobleme ist hier in der Nussschale zu studieren. Hier könnte man also üben, was im Großmaßstab Europas und darüber hinaus so unmöglich scheint: gewachsene Regionen mit ihren besonderen Eigenschaften per kluger Arbeitsteilung in Übereinstimmung zu bringen mit übergreifenden Strukturen. Es fällt auf, dass die neuen Separatisten in Schottland, Flandern, Katalonien oft nicht die ewig Gestrigen sind, die so gern wieder an ihrem Lagerfeuer hocken würden. Es sind überwiegend junge Leute, die klar für Europa und eine Zukunft offener Grenzen votieren und sich deshalb mit regionalem Standbein vom Rollback der Nationalen distanzieren. Eine spannende Dialektik, die in den Zentralen noch längst nicht begriffen ist.

Zukunft gestalten

Auch der Jahrhundertsprung in die allgegenwärtige Digitalisierung und die Künstliche Intelligenz ist kein Widerspruch. Im Gegenteil. Wenn die neuen Apparate und Algorithmen dem Menschen dienen, anstatt ihn zu beherrschen, dann ändern sie nichts an seiner Emotionalität, bewahren ihn aber vor den Folgen seiner Irrationalität.

Der Computer kann alles, sonst aber auch nichts. In seiner pubertären Phase war der Mikroprotz das neue Werkzeug für altes Denken: Masse, Fließband, Vereinheitlichung. Mit KI könnte er endlich erwachsen werden und Freiräume schaffen für Individualität, Vielfalt und Kreativität. Bei intelligenter Steuerung ist nämlich die Boutique nicht teurer als der Supermarkt. Bei der heute schon möglichen Vernetzung können genossenschaftliche Strukturen den störanfälligen Massenbetrieb ersetzen, mit Zuwachs, nicht mit Verlust an Qualität.

Der geeignete Rahmen für solche Entwicklungen ist ein lebendiger Föderalismus. Die Landtagswahl ist nicht Probe auf die „wichtigere" Bundestagswahl. Im Gegenteil. In der Gestaltung des unmittelbaren Lebensraums der Bürgerinnen und Bürger liegt die eigentliche Aufgabe der Politik. Hier ereignet sich der Wettstreit um wirksame Konzepte. Staat und Superstaat sind Definitionen und Begriffe. Die Regionen werden erlebt und haben Klang und Geschmack. Sie sind übersichtlich. Sie bewahren gewachsene und charakteristische Eigenschaften der Geschichte und ihrer Bewohner. Hier entsteht deren Lebensgefühl. Man kann diskutieren, welche Bereiche zuständigkeitshalber nach Berlin, Brüssel oder auf die globale Ebene gehören, aber der Reichtum des Bundes und Europas sind die Regionen. Die „Befehlskette" sollte nicht von oben nach unten führen, sondern umgekehrt. Es gilt das Subsidiaritätsprinzip. Das hat sich in besonderer Weise bewährt. Nicht nur weil es funktioniert, sondern weil es besonders lebensnah ist.

Föderalismus tut also gut. Überall auf dem Globus, wo ihn künstlich gezogene Grenzen oder der Machtanspruch einer Zentralgewalt verhindern, schwelen kräftezehrende Konflikte und führen oft aus nichtigem Anlass zu gewaltsamen Kontroversen. Die Länderhoheit in der Bundesrepublik ermöglicht einen klugen Ausgleich der Interessen. Sie domestiziert die schlechten Gewohnheiten der deutschen Geschichte. Unvermeidliche Konflikte (Lastenausgleich, Bildungsautonomie) sind weitgehend ritualisiert.

Versöhnen statt spalten

Auch das überkommene Links-Rechts-Schema ist antiquiert. Eine kluge Politik prüft alles und behält das Gute. Der grüne Ministerpräsident Winfried Kretschmann (seit 2011 in Baden-Württemberg, erst mit der SPD und nun mit der CDU) sucht nicht mehr nach den Gräben, sondern den Brücken. „Wir müssen Ökologie und Ökonomie verbinden. (…) Wir müssen Zusammenhalt und Vielfalt genauso verbinden wie Heimat und offene Gesellschaft. (…) Wir müssen Fortschritt und Humanität verbinden. (…) Wir müssen das Regionale, die Nation und Europa verbinden. (…) Ein aufgeklärter und einschließender Patriotismus stärkt den gesellschaftlichen Zusammenhalt. (…) Wir müssen wirtschaftliche Dynamik und sozialen Ausgleich verbinden. (…) Wir müssen Humanität und Ordnung verbinden" („Focus", 50/2018).

Hier zieht einer die Plattform der Gemeinsamkeit breiter, versucht zusammenzuführen, was zusammengehört, und zu versöhnen, statt zu spalten. Eine Tradition, für die einst in erster Linie Politiker aus Nordrhein-Westfalen standen. Es gibt Versuche, zu diesem Weg zurückzufinden, und sie sind jede Unterstützung wert. Auch innerparteiliche Harmonie findet nicht, wer die Plattform der Gemeinsamkeit schrumpft. Am Ende ist er wie „Kevin allein zu Haus". Er steht dann einsam auf seinem Standpunkt, und es zerreißen ihn nur noch die zwei oder mehr Seelen in der eigenen Brust.

Wenn das Land so wichtig und seine Verhältnisse so gestaltbar sind, dann müssen sich die politisch Zuständigen auch seine Zustände zurechnen lassen. Was hat dieses Land geleistet im Verhältnis zu dem, was es hätte leisten können? Wie steht es im Ranking mit den anderen Bundesländern? Wer sich zum Beispiel dem guten Grundsatz „Kein Kind darf zurückbleiben" verschreibt, muss das durch Investitionen für Kindergärten und Schulen beweisen. Wer den Schulen Inklusion verordnet, muss sie darauf vorbereiten und die nötigen Strukturen schaffen, sonst wird aus guten Perspektiven ein schmerzhaftes Debakel. Keineswegs sind für Fehlentwicklungen immer der Bund, Europa, die Welt oder das böse Schicksal verantwortlich.

Wie steht es an Rhein und Ruhr um Strukturwandel, Industrieansiedlung, Energiewende? Sitzt das Land in der Zugmaschine oder im Bremserhäuschen? Wenn „wir in Nordrhein-Westfalen" bei wichtigen Indikatoren wie Bildung, Beschäftigung, Lehrstellenangebot, Integration und Investitionen in Straßen und Brücken hinterherhinken, können wir uns nicht damit trösten, bei Arbeitslosigkeit, Stauaufkommen, Schulden und Firmeninsolvenzen Spitzenplätze zu besetzen. Eine Wahlentscheidung bewertet nicht nur den Status, sondern ist auch ein Blankoscheck auf die Zukunft.

Föderalismus bedeutet manchmal Umweg und häufig Langsamkeit. Das sind ambivalente Eigenschaften, aber nicht selten ist der Umweg die kürzeste Verbindung und Langsamkeit schneller am Ziel. Die Titanic fuhr stur geradeaus. Der Kapitän wollte um jeden Preis den Geschwindigkeitsrekord. Das machte ihn leichtsinnig, und die Passagiere waren ahnungslos. Im Ausguck hatte man die Ferngläser vergessen. Als der Eisberg auftauchte, war alles zu spät. Der Bremsweg war zu kurz.

Der entscheidende Vorteil der Demokratie ist die Teilhabe der Bürger am öffentlichen Diskurs. Das erzeugt einen Überfluss an Alternativen, und man kann über Versuch und Irrtum die jeweils bessere wählen. Der längere Bremsweg macht Fehlentscheidungen und Gefahren frühzeitig sichtbar. Man kann gegensteuern, bevor irreparabler Schaden entsteht. Das demokratische System wurde geradezu erfunden, um egomanische Macht-Junkies und politische „Raser" auszubremsen.

Das Grundmotiv von Johannes Rau war „Versöhnen statt spalten". Das mag manchem altmodisch klingen, aber in einer zerfallenden und polarisierten Gesellschaft ist es aktueller denn je und vielleicht der wichtigste politische Auftrag. Um das zu verstehen, braucht es nicht einmal den Blick über den Atlantik.

Gegenüber dem nationalen Ressentiment und der supra-nationalen Abstraktion eignet der Regionalität und dem föderalen Prinzip ein ausgesprochen ziviles Element. Menschen, die sich an Schreibtisch und Rednerpult leicht in die dünne Luft fernliegender Denkkonstrukte verirren (Menschheit, neuer Mensch, „der" Fortschritt usw.), schätzen in der Nähe ein Mindestmaß an lebbarem Kompromiss. Hier nämlich behaupten sich die unauflöslichen Widersprüche des Lebens. Hier begegnet man dem schrulligen Nachbarn, dem anarchischen Lebenshunger der Kinder und der wenig heldenhaften Geborgenheit in Familie und Verein. Hier würde ein ständiges „Entweder-oder" die Pforten der Hölle öffnen, während es sich mit einem „Sowohl-als-auch" gedeihlich leben lässt. Die Demokratie ist ihrem Wesen nach eben nicht die Diktatur der 51 über die 49, sondern die Bereitschaft, möglichst viele Entwürfe nebeneinander zu ermöglichen. Wer weiß denn schon heute, welcher davon morgen die breite Akzeptanz erreicht?

Die Wertschätzung öffentlicher Aufgaben und Leistungen bestimmt nicht der Wortschwall der Sonntagsreden, sondern …

… das liebe Geld

Dessen Verteilung, in welcher Höhe und für welche Aufgaben, ist von jeher strittig. Hinter konkreten Projekten verbirgt sich immer auch die Sorge, Geist und Realität der Verfassung verschiebe sich zuungunsten der einen oder anderen Seite. Klassische Landeskompetenzen wie Bildung, sozialer Wohnungsbau und Verkehrswege wecken die Begehrlichkeit des Bundes. Dort will man – vielleicht sinnvoll und pragmatisch – vereinheitlichen, bündeln, normieren. Beschneidungen verfassungsmäßiger Rechte werden jedoch misstrauisch beäugt, zum Teil erbittert bekämpft oder nur als schmerzlicher Kompromiss hingenommen.

Jede Entflechtung der Aufgaben bietet Berlin eine Chance, die Linien anzutasten, die dann irgendwann zur roten Linie werden. Dazu braucht es keinen Frontalangriff, der sofort erkennbar wäre und auf klaren Widerstand träfe. Geschickter ist es, „Programme" ins Schaufenster zu stellen, die sich mit Bundesgeld einschmeicheln, aber die Zuständigkeiten und Verantwortlichkeiten vermengen und verwischen. Berlin knüpft seinen Beitrag an Bedingungen. Die Länder müssen ihre Förderakten vorlegen. Das beschädigt ihre souveräne Mittelverwaltung und macht sie zu Bittstellern und bloßen Kostgängern in ureigener Sache. Das „süße Gift" betreibt im Ergebnis die Aushöhlung des Föderalismus, denn es rührt an die Substanz der Eigenstaatlichkeit der Länder.

Diese legen den Finger auf die eigentliche Wunde: die mangelnde finanzielle Ausstattung ihrer Ebene. Es braucht keine Programme oder Projekte in Gestalt gönnerhafter Almosen, sondern eine realistische Steuerverteilung zwischen Bund, Ländern und Kommunen. Das ist den Aufgaben und Zuständigkeiten angemessen. Das Grundgesetz verfügt einen auskömmlichen Anteil. Die Einzelheiten sind auszuhandeln. Auch da ist das politische Gewicht der Akteure entscheidend. Die grundsätzliche und grundgesetzliche Verpflichtung darf nicht eingeschränkt werden. Der Versuch des Bundes, über die Droge finanzieller Ad-hoc-Beteiligung Einfluss auf die Regelung von Projekten zu gewinnen, die in der genuinen Zuständigkeit der Länder sind, ist nicht spendable Großzügigkeit, sondern das Eingeständnis eines strukturellen Defizits. Ein sinnvolles und dringliches Projekt wie etwa der „Digitalpakt" zur Modernisierung der Schulen gebärdet sich dann rasch als Grundsatzstreit. „Da sieht man's mal wieder", sagen die Zentralisten, „die eitlen Territorialherren schließen den Schlagbaum und lassen den Hilfskonvoi nicht herein." Diese kontern: „Wären wir nicht chronisch unterfinanziert, müssten wir nicht hungern." – „Was nun?", fragt sich der freilaufende Bürger. Für ihn klingt es wie: „Geschieht meiner Mutter ganz recht, dass ich mir die Finger abfriere. Warum kauft sie mir keine Handschuhe!" Die Landespolitik hat sich zu erklären.

Landespolitik muss im Gesamtkontext der nationalen Politik regionale Interessen und Besonderheiten verteidigen und durchsetzen. Die Repräsentanten des größten Bundeslandes müssen in Augenhöhe mit den Politikspitzen der Nation verhandeln können. Wer sich da zurücknähme, schwächt die Interessenvertretung derer, von denen er gewählt wurde. In diesem Rahmen sind auch politische Bündnisse zwischen Bundesländern von Nutzen.

Dass sich die gegenwärtige Landesregierung gerade mit der bayerischen Landesregierung auf eine Zukunftskommission zur gemeinsamen Digitalisierung verständigt hat, gehört zum Kapitel „Wirksame Interessendurchsetzung in Berlin oder Brüssel".

Hochseilkunst oder Kärrnerarbeit?

Man betritt die „Hall of Fame" der Ministerpräsidenten Nordrhein-Westfalens mit der Neugier auf die verschiedenen und unterschiedlichen Träger des Amtes. Nach rund achtzig Jahren bieten sie einen eindrucksvollen Katalog der Möglichkeiten. Man verlässt das imaginäre Museum jedoch nicht, ohne sich das jetzt nötige oder künftig wünschbare Exemplar als Steckbrief auszumalen.

Nicht von ungefähr gelten Ministerpräsident oder Ministerpräsidentin des Landes als „Landesvater" oder „Landesmutter". Man erwartet von ihnen nicht nur eine zweidimensionale „Funktion", sondern eine dreidimensionale „Personalität". Nur dann können sie zur Identität von Land und Leuten beitragen.

Als man Peter Sloterdijk nach dem „richtigen" Herrscher befragte, brachte er natürlich sofort Platon ins Spiel, der die Geschicke des Staates nicht in den Händen des Helden, sondern lieber in denen des Philosophen wissen wollte. „Aber", so Sloterdijk, „schon Aristoteles hob warnend den Finger. Nur dann wären die Philosophen die besseren Herrscher, wenn die Ausübung von Politik eine Wissenschaft wäre. Sie ist aber eine Kunst des Wahrscheinlichen, und in diesem Bereich fehlt allen Menschen eine wissenschaftliche Expertise. Es setzt ja kein Studium voraus, anwesende Gefahren zu beurteilen. Ein Experte z.B. des World Wildlife Funds nützt mir nichts, wenn vor mir ein Tiger steht. Dann bin nämlich ich der einzige Tigerexperte, auf dessen Urteil ich etwas geben sollte."

Politik ist nur selten Balanceakt auf dem Hochseil. Im Normalfall ist es Kärrnerarbeit mit sehr viel Bodenhaftung und Kalenderterror: die nächste Rede, die nächste Ausschusssitzung, die nächste Anhörung, die nächste Wahl.

In schwerer See, wenn es durch Klippen und Brandung geht, stehen konkrete Sachfragen im Vordergrund: Wie gut ist das Schiff? Ist die Mannschaft eingespielt? Haben wir genug Proviant an Bord und gibt es präzise Seekarten, einen Kompass für die Richtung und ein Senkblei für die Tiefe? Es wäre auch gut, wenn jeder an Bord seinen Handgriff kann. Besonders, wenn Sturm aufkommt. Wer es versteht, kommt sogar gegen den Wind voran. All das ist wichtig. Aber noch wichtiger ist eine andere Frage: Warum machen wir das überhaupt? Wohin geht die Reise? Gibt es ein gemeinsames Ziel, das auch bei längerer Flaute trägt und die Leute zusammenhält? – Man kennt den oft zitierten Satz von Saint-Exupéry: „Wenn du willst, dass die Leute ein Schiff bauen, dann kippe ihnen nicht einen Haufen Holz, Eisen, Leinwand und Farbe vor die Füße, sondern wecke in ihnen eine Sehnsucht nach dem Meer!"

Wer ein großes Bundesland wie Nordrhein-Westfalen steuern will, braucht vielleicht keine Sehnsucht nach dem Meer, aber ein Leuchtturm wäre schon nicht schlecht. Ohne eine Prise Utopiefähigkeit und Leidenschaft geht es nicht. Die besten Politiker sind Realitätsjunkies. Sie haben Visionen, sind aber immer bereit zum Fakten-Check.

Es geht um die Region. Wenn wir jedoch aus den Katastrophen des vergangenen Jahrhunderts etwas gelernt haben, dann ist es die enge Vernetzung aller Faktoren des globalen Systems. Man muss nicht den berühmten Schmetterling bemühen, dessen Flügelschlag im brasilianischen Urwald letzten Endes einen Tornado in der Karibik auslöst, aber wir erleben es täglich: Scheinbar lokale Ereignisse können enorme Wirkungen haben. Eine niedergeknüppelte Demonstration auf dem Taksim-Platz in Istanbul stellt plötzlich den Bürgermeister von Schwerte vor kommunale Probleme. Eine gute Idee, ausgebrütet in einer Dachkammer von Hückelhoven, beendet vielleicht eine weltweite Denkblockade.

Das Politische

Politik ist der Umgang mit Grenzen im Wandel. Es geht um den Wandel der Werte und um Handlungsspielraum trotz knapper Kassen. Es geht um den Ausbau der Gesellschaft im vielfältigen Diskurs auf gemeinsamer Basis der Verfassungsnormen. Diese verpflichten jeden Amtsträger, den Nutzen der Menschen zu mehren und Schaden von ihnen abzuwenden. Für ihn oder sie ist der Wähler niemals Feind und auch nicht Mittel zum Zweck. Er sieht ihn als Partner, der ihm vielleicht folgt, ihm aber auch in manchem voraus ist.

Das erfordert die Bereitschaft zu Verstehen und Verständigung und damit eine gute Darstellung in der Öffentlichkeit. Der Satz „Auf uns hört ja keiner" ist zu oft zu hören. Gesellschaftlicher Wandel ist kein naturgesetzlicher Prozess, den man nur hinnehmen könnte oder an den man sich nur anpassen muss. Politik greift steuernd ein.

Das war nie leicht. Es ist heute sogar schwieriger in einer Welt, die sich eher durch Gegensätze als durch Schnittmengen beschreiben lässt.

Ein Spaßvogel sagte: „Der exponierte Politiker kann eigentlich alles nur falsch machen. Aber wenn er gut ist, macht er das richtig."

Omas Wandspruch „Wer nichts macht, macht keine Fehler" kann für Politik nur gelten, wenn man keine Politik braucht. Solche Phasen gibt es. Sie haben aber keinen Bestand. Gestaltende Politik darf sich nie abmelden.

Die Gesellschaft der Gegenwart bietet neue Entfaltungsräume, produziert aber auch mehr Egozentrik, Schwächung der Gemeinschaftsfähigkeit, materialistisches Denken und eine naive Dienstleistungsperspektive. Der Staat und alle Institutionen werden als Kosten-Nutzen-Problem gesehen und behandelt. Andererseits gelten als gute Erziehungsziele: Toleranz, Durchsetzungsfähigkeit, ein weiter Wissenshorizont. Es gibt einen Zuwachs an Freiheitswillen und Kritikfähigkeit, andererseits aber auch an Kälte und Vereinzelung.

Die Konsensfähigkeit der Gesellschaft leidet unter einem sprungbereiten Misstrauen gegenüber allen Institutionen und Hoheitsträgern. Freiheitsspielräume werden zu oft nicht zum Guten genutzt, sondern zum Bösen missbraucht. Es gibt eine verbreitete Unfähigkeit, Situationen hinzunehmen, die nicht einem Willensakt unterliegen. Regeln gelten als Übergriff. Das schwächt die Schwachen. Es erschwert die Förderung gesellschaftlicher Ziele. Man unterstützt sie nur, solange die Eigeninteressen nicht tangiert sind.

Das richtige Maß zwischen Regulierung und Strangulierung ist ständig zu justieren. Blockierende, verzögernde, verteuernde und überflüssige Regelwerke schwellen an. Auf der anderen Seite schwächelt die Eindämmung und Domestizierung schädlicher oder chaotischer Prozesse, insbesondere dann, wenn neue Technologien die gewohnten Abläufe und Strukturen grundstürzend verändern.

Langfristige Perspektiven haben es schwer. Das Denken in Generationen findet bei vielen nur im privaten Bereich statt. Die Familie spielt noch immer eine große Rolle als Ort verlässlicher Stütze im Krisenfall. Hohe Wertschätzung gilt der emotionalen Heimat, nicht nur der materiellen Unterstützung. Ein vom Einzelnen und erst recht von der Politik nicht einlösbarer Glücksanspruch führt aber zu schmerzhaften Frustrationen und zum Scheitern sozialer Beziehungen. Das Problem sind nicht die realen Verhältnisse, sondern die zu hohen Erwartungen. Generell fröstelt die Gesellschaft in der total durchökonomisierten Leistungs- und Wettbewerbsgesellschaft. Wer den traditionellen Institutionen keinen

Einfluss mehr auf die positive Veränderung der Gesellschaft zutraut, wird anfällig für vereinfachenden Populismus. Man sucht Schuldige. Politik kann dagegenhalten, wenn sie im konkreten Kontext geschieht. Voraussetzung ist eine Rahmentheorie. Dann aber gilt das Jetzt und Hier. Und es gelingt nur mit gemeinsamer Sprache. Menschen stehen verhaltens- und verhandlungstechnisch auf unterschiedlichen Entwicklungsstufen. Das ist immer zu bedenken. Auch Politiker haben Defizite. Die Schwächeren verharren in Vermeidung, Absicherung, Alleinentscheidung. Alle müssen eine Diskurshaltung entwickeln. Einfluss setzt immer Transparenz voraus. Auch der Politiker erlebt eine krisenhafte Phase, wenn er die Bürger zu einer wichtigen Reform ermutigt, die nicht aus der Portokasse bezahlt werden kann oder sogar eine neue Haltung erfordert. Politik hat die Aufgabe, nicht nur mit Know-how einzugreifen und Defizite zu ergänzen, sondern Prozesse anzustoßen, zu begleiten und zum Ergebnis zu bringen.

Wahrheit ist nicht. Sie muss gefunden werden. Deshalb ist sie nicht einfach. Es gibt eine spezifische Wahrheit des Einzelnen. Die Wirkung des Netzes mit seinen Meinungsblasen und Echoräumen will erst noch verstanden und gesellschaftlich bewältigt werden. Die Informationsgrenzen wurden enorm erweitert, die darin liegenden Chancen werden aber nur partiell genutzt. Politik muss verstehen, Brücken bauen und die Leute auch in der neuen medialen Welt intensiv einbeziehen. Die mobilisierende Kraft des Netzes jedenfalls ist schon vielfach bewiesen. Das zu verstehen, bedarf es keiner gelben Warnweste.

Vernünftige und zugleich visionäre Politik muss versuchen, all diese Aspekte zu erkennen und sie in sinnvolles Handeln umzusetzen. Auch das Irren auf dem richtigen Weg gehört dazu. Das menschliche Versagen ist eben ein „menschliches" Versagen. Man sollte es nicht mit Schuld beladen. Ein Parteigenosse, der empört seinen Austritt erklärt, ist kein Verräter oder Lümmel. Die Motive der Verbindung sind auch die Motive der Trennung. Politische Gefolgschaft ist keine Liebesbeziehung. Man kann sich nicht ein Leben lang angucken. Man muss auch nebeneinander gehen können und gemeinsam auf ein Drittes schauen. Wenn die personale Beziehung das konstituierende Element einer Parteimitgliedschaft ist, dann muss auch das Erlöschen dieser Personalität das Ende der Beziehung bedeuten dürfen. Man betritt nicht das fertige Haus, sondern befährt das offene Meer.

Der gute Politiker wird die für richtig befundene Position aufrecht vertreten und sie nicht in eine Grauzone der Beliebigkeit abschieben. In den Kernfragen ist sein Wahlspruch „*Heute* so und *morgen* so", nicht „Heute *so* und morgen *so*". Er weiß auch, dass man eins auf den Deckel bekommt. Auch dann ist er fähig, sich selbst zu reflektieren, schon um frei zu werden für die verantwortete Entscheidung. Er erlebt einen raschen Wandel der Bedürfnisse und der Kommunikationsformen. Das Problem sind jedoch nicht die neuen Werte, sondern der Wertewandel. Es gibt immer zwei Möglichkeiten, wobei die dritte die bessere ist.

„Nichts macht so traurig wie das Versäumte" (Henri Machaut).

Ach ja! Da gibt es noch eine weitere „Identität" des Landes. Es ist die der Karikaturisten, Satiriker und Sprücheklopfer. Was wären sie ohne die grimmigen Kumpel im „Kohlenpott", die Dumpfbacken vom Sauerland, die steif-bräsigen Westfalen und die schlitzohrigen Karnevalsjecken vom Rhein? Alt-Bundespräsident Joachim Gauck wird ja auch der Satz nachgesagt: „Die DDR-Bürger haben vor der Wende vom Paradies geträumt und sind in Nordrhein-Westfalen aufgewacht." Nun gut: Vielleicht hatte er sogar Recht, denn es ist immer noch besser, in NRW aufzuwachen, als vom Paradies nur zu träumen.

Autorenverzeichnis

Reiner Burger

Der Journalist und Kommunikationswissenschaftler Dr. Reiner Burger promovierte 1999 mit einer Arbeit über Theodor Heuss und absolvierte anschließend ein Volontariat bei der *Frankfurter Allgemeinen Zeitung*. Hier trat er Anfang 2000 in die Nachrichtenredaktion ein. Von 2001 bis 2009 war er politischer Korrespondent für Sachsen, seither ist er nordrhein-westfälischer Landeskorrespondent. Für besondere Verdienste um die freiheitliche demokratische Entwicklung im Freistaat Sachsen wurde er 2009 mit der Sächsischen Verfassungsmedaille ausgezeichnet.

Dieter Düding

Professor Dr. Dieter Düding ist Neuzeithistoriker und emeritierter Professor. Er lehrte als Privatdozent und außerplanmäßiger Professor an der Universität zu Köln und als Gastprofessor an der Freien Universität Berlin. Darüber hinaus veröffentlichte Düding zahlreiche Publikationen zur Politik-, Sozial- und Kulturgeschichte des 19. und 20. Jahrhunderts. Für sein Werk *Parlamentarismus in Nordrhein-Westfalen 1946–1980. Vom Fünfparteien- zum Zweiparteienlandtag* erhielt Düding 2010 den Wissenschaftspreis des Deutschen Bundestages.

Bodo Hombach

Prof. Bodo Hombach ist Präsident der Bonner Akademie für Forschung und Lehre praktischer Politik (BAPP) sowie stellvertretender Vorstandsvorsitzender der Brost-Stiftung. Er lehrt an der Universität Bonn und an der Hochschule Bonn-Rhein-Sieg. Er war u.a. zehn Jahre Geschäftsführer eines internationalen Stahlhandelshauses, Minister für Wirtschaft und Verkehr in NRW, Bundesminister für besondere Aufgaben und Chef des Kanzleramtes, Sonderkoordinator der G9, OSZE, NATO und EU für Südosteuropa nach den Balkankriegen. Von 2002 bis 2012 war er Geschäftsführer der WAZ-Mediengruppe.

Detlev Hüwel

Dr. Detlev Hüwel ist ehemaliger Ressortleiter für Landespolitik der *Rheinischen Post*. Nach einem Studium der Geschichte und Sozialwissenschaften an der Heinrich-Heine Universität Düsseldorf promovierte er 1979 mit einer Biographie über Karl Arnold, den ersten gewählten Ministerpräsidenten Nordrhein-Westfalens. Anschließend arbeitete Hüwel in der Nachrichtenredaktion der *Rheinischen Post*, wo er ab 1991 als Landeskorrespondent tätig war.

Christian Kullmann

Christian Kullmann ist seit 2017 Vorsitzender des Vorstandes der *Evonik Industries AG*, deren Vorstand er bereits seit 2014 angehört. Nach früheren beruflichen Stationen bei der *Deutschen Vermögensberatung* und der *Dresdner Bank* übernahm Kullmann 2003 die Leitung des Zentralbereichs Kommunikation & Vorstandsbüro bei der *RAG Aktiengesellschaft*, ehe er 2007 in selbiger Funktion zu Evonik wechselte.

Hans Leyendecker

Der vielfach ausgezeichnete Journalist und Autor Hans Leyendecker schrieb unter anderem für die *Westfälische Rundschau* und den *Spiegel*.

1997 wechselte Leyendecker als Leitender Politischer Redakteur zu der *Süddeutschen Zeitung*, wo er bis 2016 das Ressort Investigative Recherche leitete. Während seiner Tätigkeit für Spiegel und SZ deckte er unter anderem die Affären Flick, Lambsdorff und Kohl auf.

Bernd Mathieu

Bernd Mathieu war von 1995 bis 2018 Chefredakteur der *Aachener Zeitung* und seit 2003 auch der *Aachener Nachrichten*; seit 2003 hat er einen Lehrauftrag der FH Aachen im Fachbereich Elektrotechnik und Nachrichtentechnik inne, seit 2008 ist er außerdem Honorarprofessor der FH Aachen. Seit 2018 bekleidet er ein Aufsichtsratsmandant bei der Medien-Akademie Ruhr (Funke Mediengruppe Essen) und ist dort ebenfalls in beratender Funktion und als Dozent tätig.

Nils Minkmar

Dr. Nils Minkmar ist Historiker, Journalist und Publizist. 1996 promovierte er in Neuer Geschichte und wurde anschließend Redakteur der ZDF-Sendung *Willemsens Woche*. Von 1999 an war er Redakteur der Wochenzeitung *Die Zeit*, bis er 2001 in die Feuilleton-Redaktion der *Frankfurter Allgemeinen Zeitung* wechselte. Als Feuilletonchef dieser Zeitung war Minkmar von 2012 bis 2014 tätig, seit 2015 ist er Autor im Kulturressort des *Spiegel*.

Hartmut Palmer

Hartmut Palmer ist politischer Autor und Journalist. 2010 wurde er Politischer Chefkorrespondent des Magazins *Cicero*. Palmer arbeitete zuvor über zwei Jahrzehnte lang als Reporter und Korrespondent für den *Spiegel* und ist als freier Journalist tätig. Er schrieb unter anderem für die *Süddeutsche Zeitung*, den *Kölner Stadtanzeiger* und die *Bonner Rundschau*.

Ulrich Reitz

Ulrich Reitz arbeitet als Journalist und freier Autor. Frühe Stationen seiner Laufbahn waren der Bonner *General-Anzeiger* und die Tageszeitung *Die Welt*. 1997 übernahm er die Chefredaktion der *Rheinischen Post*. 2005 wurde Reitz Chefredakteur der *Westdeutschen Allgemeinen Zeitung*, bis er 2014 in selbiger Funktion zu dem Magazin *Focus* wechselte. Die Leitung der Chefredaktion hatte er bis 2016 inne.

Stefan Willeke

Der Journalist Dr. Stefan Willeke wurde 1996 Redakteur im Ressort „Dossier" der Wochenzeitung *Die Zeit*. Er war Reporter der Zeitung bis zum Jahr 2008 und leitete das Ressort „Dossier" von 2009 bis 2012. Nach einem Wechsel zum *Spiegel* übernahm er dort die Leitung des Ressorts „Gesellschaft und Reportage". 2014 kehrte er als Chefreporter zur *Zeit* zurück. Seit 2017 ist er Mitglied der Chefredaktion der *Zeit*.

Namensverzeichnis

A

Adamowitsch, Georg Wilhelm 104
Adenauer, Konrad 15–17, 21, 24–28, 31,
40, 43–44, 72–73, 112–113, 123, 166, 169–
174, 178–179, 185, 261, 300, 315
Alemann, Ulrich von 70, 321
Amri, Anis 288
Arendt, Hannah 207
Arnold, Karl 9, 14–17, 25–29, 34, 44, 58,
87, 167–178, 180, 216, 244, 262, 315
Asbury, William 167
Atatürk, Kemal 17

B

Bach, Ernst 21
Barschel, Uwe 63
Barth, Karl 208
Barzel, Rainer 114
Bauer, Kurt 71
Beauvoir, Simone de 159
Beckmann, Max 101
Beermann, Wilhelm 118
Behnisch, Günther 47
Beitz, Bertold 61
Berger, Boris 84, 87
Betz, Anton 170
Biedenkopf, Kurt 18, 30–31
bin Laden, Osama 151, 303
Bismarck, Otto von 40

Blair, Tony 246, 251
Blank, Theo 21
Blüm, Norbert 34, 92, 106–107, 232–
233, 240, 262–263, 270
Böll, Heinrich 109, 125, 219
Bonse-Geuking, Wilhelm 122
Börne, Ludwig 189
Bosbach, Wolfgang 142, 304
Brandt, Willy 24, 29, 43, 45, 80, 114, 147,
190, 193, 208, 227, 231, 246, 251
Braun, Otto 165
Brockmann, Johannes 168
Broder, Henryk M. 45
Brost, Anneliese 62
Brüggemeier, Franz-Josef 113, 116, 124
Brüstle, Oliver 225
Brusis, Ilse 78
Bülow, Andreas von 250
Burger, Rainer 83, 317
Bush, George H. W. 270

C

Carré, John le 47
Churchill, Winston 93
Clement, Karin 223–224, 230
Clement, Wolfgang 15, 18, 21, 24, 30–
32, 54–55, 57, 59, 65, 67, 70, 75, 82, 89–
93, 95, 102–104, 106, 108, 129–132, 134–

135, 137, 223–242, 248–249, 253, 270, 279, 286, 299, 308, 316

Clinton, Bill 8, 246, 251, 316

Cromme, Gerhard 62–64

D

Dehler, Thomas 27

Deng Xiaoping 126

Dogan, Gülcan 158–161

Douglas, Michael 105, 108

Douglas, Sir Sholto 167

Dufhues, Josef Hermann 193

Duin, Garrelt 66, 287

E

Ehard, Hans 171

Ehlers, Hermann 208

El-Mafaalani, Aladin 156–158

Enzensberger, Hans Magnus 219

Eppler, Erhard 211, 217

Erdogan, Recep Tayyip 149–150, 155

Erhard, Ludwig 9, 16, 24, 28, 60, 179–180, 186

Erwin, Joachim 19

Erzberger, Matthias 169

Etzel, Franz 21

F

Farthmann, Friedhelm 63

Fischer, Joschka 18, 23, 30, 239, 246–247, 251

Fischer, Thomas 108

Focke, Katharina 189

Foster, Norman 47

Franz, Justus 250

Frenzel, Michael 99

Friedell, Egon 312

Frigelj, Kristian 84

Frings, Josef 44

G

Gabriel, Sigmar 25, 35–36, 38, 49–50, 90, 96–97, 130

Galen, Kardinal Clemens August Graf von 320

Ganser, Karl 127–128

Gather, Ursula 136

Gauck, Joachim 104, 331

Gauland, Alexander 51–52

Gaulle, Charles de 45

Geisel, Thomas 86

Geißler, Heiner 14, 31, 305

Genscher, Hans-Dietrich 17

Glotz, Peter 45

Gnoss, Ernst 175

Gockeln, Josef 26, 174

Goes, Albrecht 219–220

Grass, Günter 252

Groschek, Michael 287

Grosse, Siegfried 215

Grundmann, Konrad 262

Güler, Serap 156–157, 306

Güllner, Manfred 39

Gursky, Andreas 300

H

Habeck, Robert 305

Halstenberg, Friedrich 191–193, 196

Hammer, Günter 230–231

Hauff, Volker 250

Haverkamp, Wendelin 265

Heidemann, Britta 261

Heine, Heinrich 69

Heinemann, Gustav 207–208, 221

Heinemann, Herbert 63

Heinze, Rolf 65–66, 321

Hengsbach, Franz 176
Herder, Johann Gottfried 49, 213
Herzog, Roman 30, 86
Hesse, Hermann 159
Heuss, Theodor 28
Hinz, Malte 71
Hirsch, Burkhard 17, 146–147
Hitze, Guido 84, 100, 102–103, 204
Höhn, Bärbel 129, 234, 253
Hoffmann, Hans-Christian 104
Hoffmann, Nico 108
Holthoff, Fritz 188
Holthoff-Pförtner, Stephan 67, 302
Hombach, Bodo 71, 76–81, 93, 95, 97–98, 119, 218, 228, 232, 239, 246–247, 283
Honecker, Erich 81
Horion, Johannes 67
Hüsch, Hanns Dieter 56, 207
Humboldt, Wilhelm von 136, 140

I
Immer, Karl 208

J
Jäger, Ralf 37, 269, 288, 290
Jochimsen, Reimut 90, 100
Jünger, Ernst 219

K
Kaiser, Jakob 72
Kaiser Wilhelm II. 42, 47
Kastner, Erich 219
Katzer, Hans 262, 272
Kaube, Jürgen 141
Kaufmann, Dieter 41, 93
Kaufmann, Elvira 93
Kelp, Dieter 63
Kiesinger, Kurt Georg 24, 180

Kinski, Klaus 48
Kissinger, Henry 270
Klimmt, Reinhard 117
Koeppen, Wolfgang 214
Koch, Roland 254, 306
Kohl, Helmut 14, 16, 24, 30–31, 37, 40, 46, 68, 81, 96, 105, 135, 139, 221, 224, 226–229, 232, 246–247, 260, 278
Köhler, Natalia 307–308
Kollorz, Fritz 118
Köppler, Heinrich 262
Korte, Karl-Rudolf 212, 216
Kraft, Hannelore 15, 18, 21–25, 32, 35–39, 48, 59, 66–67, 70, 75, 83, 85, 87–96, 121–122, 139, 154, 257, 267, 275–294, 297, 299, 309, 317
Kramp-Karrenbauer, Annegret 38, 309
Krautscheid, Andreas 87, 305–306
Kretschmann, Winfried 305, 323
Kriwet, Heinz 62
Krumsiek, Rolf 101
Krupp, Margarethe 60
Kühn, Heinz 15, 17, 21, 23, 26–29, 43, 58–59, 67, 75, 90, 99, 136, 146, 179–180, 183–205, 210–211, 286, 315
Kühn, Marianne 184, 189, 199
Kun, Josef 100

L
Ladzinski, Ludwig 115, 118, 121
Lafontaine, Oskar 30, 81, 97, 117, 119, 147, 246–247
Lambsdorff, Otto Graf 131
Lange, Ernst 208
Laschet, Armin 7, 15, 17, 23–24, 35–39, 48, 53, 67–70, 83, 85, 95, 139, 149, 151, 153–156, 236, 258, 267, 277, 293–309, 317–318

Laschet, Susanne 298, 306
Lassalle, Ferdinand 204–205
Laumann, Karl-Josef 19, 85, 305
Lauschke, Karl 216
Lauterbach, Karl 95
Lederer, Klaus 99
Lensing-Wolff, Lambert 71
Lenz, Wilhelm 29, 179–180, 188
Leyendecker, Hans 136, 315–316
Liminski, Nathanael 306
Lindner, Christian 24, 39, 305
Linssen, Helmut 85, 100
Löhrmann, Sylvia 18, 22, 35, 37, 92, 129, 281–282, 290
Löns, Josef 72
Lübke, Heinrich 21
Lücke, Paul 21
Luxemburg, Rosa 313

M
Macron, Emmanuel 226, 300
Maizière, Thomas de 120
Mao Zedong 126
Maruhn, Siegfried 62
Matthöfer, Hans 250
Meir, Golda 199
Merkel, Angela 15, 22–24, 33, 35–38, 46, 48, 51, 80, 87–88, 95, 115, 120–123, 151, 246, 262–263, 285–286, 295–297, 300, 305, 308–309
Merz, Friedrich 34, 51, 226, 260, 308
Meyers, Franz 14, 21, 28, 67–68, 75, 136, 173, 177–181, 183, 186, 194, 262, 315
Michels, Reinhold 82–83
Middelhauve, Friedrich 174
Mikat, Paul 179
Möllemann, Jürgen 31, 238
Morgenthau, Henry 112

Muench, Aloysius 176
Müller, Peter 117, 264
Müller, Werner 117–122
Müller-Reinig, Helmut 83
Müntefering, Franz 32, 153, 237–240, 270
Musk, Elon 144

N
Nes Ziegler, John van 179
Neuber, Friedel 96–105, 107–108
Neuberger, Josef 196
Niedecken, Wolfgang 142
Niro, Robert de 108
Nowottny, Friedrich 99

O
Ollenhauer, Erich 27
Orbán, Viktor 69
Özdemir, Cem 305
Özil, Mesut 51
Özoğuz, Aydan 51–52

P
Papen, Franz von 166
Papke, Gerhard 118
Papst Franziskus 69
Peres, Shimon 88, 270
Pferdmenges, Robert 21
Pierer, Heinrich von 125
Pinkwart, Andreas 139, 264
Pleitgen, Fritz 254
Plessner, Helmuth 45
Pofalla, Ronald 87, 120
Poullain, Ludwig 101
Posser, Diether 32, 211
Prantl, Heribert 152
Priggen, Rainer 269

Putin, Wladimir 24, 57, 306, 308

R

Radermacher, Franz-Josef 260
Radunski, Peter 226–227, 233
Ramelsberger, Annette 223
Rau, Christina 86
Rau, Johannes 15, 17–18, 21–24, 29–32, 40, 48, 59, 62, 64, 67, 74–77, 79–87, 89–93, 95–108, 128, 130, 136, 146, 153, 181, 188, 190, 193, 196, 198, 202, 204, 207–221, 223, 227–229, 231–232, 234–236, 238–239, 245–246, 266, 272–273, 277, 284, 287, 290, 299, 302, 315–316, 321, 324
Reagan, Ronald 77
Renvers, Ludwig von 67
Reul, Herbert 149, 290, 302–304
Reuter, Ernst 43
Robertson, Brian 72–73
Rohde, Achim 102
Röttgen, Norbert 92, 140–141, 270, 283, 305–306
Rütten, Anton 153, 156
Rüttgers, Jürgen 15, 17, 19, 22, 24, 29, 32–37, 46, 48, 67, 70, 75, 83–89, 91, 95, 117–118, 120–122, 137–141, 154, 237, 253, 257–273, 278–281, 296, 305, 308, 316–317

S

Sami A. 151–153, 303
Sarrazin, Thilo 226
Schäuble, Wolfgang 40–43, 45, 228–229, 232
Schartau, Harald 127, 248
Scheel, Walter 17, 29, 190
Schiller, Karl 192–193
Schily, Konrad 136
Schleußer, Heinz 101, 106

Schmidt, Adolf 120
Schmidt, Helmut 18, 30–31, 114, 193, 213, 250, 320–321
Schmoldt, Hubertus 120, 122
Schmude, Jürgen 63
Schneider, Nikolaus 86
Schreiber, Matthias 208
Schröder, Gerhard (CDU) 21
Schröder, Gerhard (SPD) 15–16, 23–24, 30–34, 80, 91–93, 95–98, 102, 105, 115, 117–121, 125, 129, 131, 135, 154, 227, 239–240, 246–248, 251, 262, 270, 276, 297
Schröder, Hillu 239
Schröter, Susanne 150
Schuh, Günther 140–145
Schulz, Ekkehard 119
Schulz, Martin 38–39, 288–289, 295
Schulze, Svenja 130
Schulze Föcking, Christina 302
Schumacher, Kurt 15, 27, 43–44, 72–73
Schumacher, Oliver 34
Schuman, Robert 112–113
Schwarz, Hans-Peter 21, 26, 44
Schwefer, Theo 100–101
Seehofer, Horst 151, 155
Selenz, Hans-Joachim 98
Sengera, Jürgen 107
Simonis, Heide 250, 254
Sliti, Sofiane 152
Sloterdijk, Peter 327
Smechowski, Emilia 148
Smeets, Marlies 19
Spahn, Jens 296, 305, 308
Spranger, Heinz 137
Staake, Erich 130–134
Staeck, Klaus 79
Stamp, Joachim 149–153, 155–157, 303
Steegmann, Theo 63

Steffens, Barbara 251
Stegner, Ralf 48
Steinbrück, Peer 15, 18, 20–21, 31–34, 48, 52, 54–55, 59, 67, 70, 72, 74–75, 82, 90–93, 95, 106–108, 120, 125, 127–128, 227, 232, 235–237, 243–246, 248–255, 279, 308, 316
Steinhoff, Fritz 17, 168, 172–177, 315
Stoiber, Edmund 48, 53, 57–59, 76–77, 240
Stollmann, Jost 119
Stolpe, Manfred 104
Strauß, Franz Josef 48, 53, 58, 60, 76, 78
Struck, Peter 248
Sydow, Max von 159

T
Talleyrand-Périgord, Charles-Maurice de 33
Thierse, Wolfgang 233
Thoma, Helmut 131
Tönjes, Bernd 114–115, 117–118, 120
Toynbee, Arnold 312
Traba, Robert 148
Trittin, Jürgen 35
Trump, Donald 24, 57, 143, 308

U
Uecker, Dieter 188, 200

V
Vassiliadis, Michael 122–123
Vesper, Michael 23, 227, 234–237
Vogel, Hans-Jochen 127
Voigtsberger, Harry 90

W
Waigel, Theo 42, 233
Wallot, Paul 47
Walser, Robert 214
Walter-Borjans, Norbert 291
Weers-Lacey, Ann 86
Wehner, Herbert 24, 185
Weizsäcker, Richard von 107
Wels, Thomas 122
Wenderoth, Erich 170
Wenning, Werner 61
Westphal, Heinz 63
Weyer, Willi 17, 23, 175, 177, 190–191, 196, 201
Wichmann, Peter 106
Wichmann, Sabine 106
Wiesheu, Otto 78
Wiestler, Otmar 225
Willeke, Stefan 94–95, 317
Wittke, Oliver 84
Wobedo, Lothar 244
Wössner, Mark 131–132
Worms, Bernhard 31
Wu Xiangming 126–128, 237
Wüst, Hendrik 267, 269

X
Xi Jinping 24, 57, 126

Y
Ypsilanti, Andreas 85, 238

Z
Zöpel, Christoph 128
Zuckmayer, Carl 50